2017

China Grain Market
Development Report

中国粮食市场发展报告

李经谋 主编

刘文进 孙复兴 副主编

中国财经出版传媒集团

中国财政经济出版社

学术编辑委员会

学术委员会

主　任（按姓氏笔画排序）：
白美清　包克辛　陈锡文　段应碧
聂振邦　高铁生

委　员（按姓氏笔画排序）：
丁声俊　王献立　邓亦武　方　言
卢景波　叶贞琴　朱远洋　乔林选
刘小南　刘文进　李经谋　肖永成
肖春阳　何　毅　何昌垂　宋　则
陈春平　陈晓华　郄建伟　杨光焰
赵文先　赵素丽　张红宇　洪　涛
耿书海　殷久勇　郭晓利　黄守宏
曹宝明　常　清　韩　俊　曾丽瑛
程国强　颜　波

编辑委员会

主　任：刘文进　孙复兴

副主任：肖永成　邱清龙　宋贤君
　　　　许世文　刘正敏

委　员（按姓氏笔画排序）：
　　　　申洪源　石金功　刘文进
　　　　刘正敏　刘新寰　许世文
　　　　孙复兴　宋贤君　肖永成
　　　　邱清龙　杨　京　姚大英
　　　　陶玉德　裴会永

主　编

李经谋

副主编

刘文进　孙复兴

咬定青山不放松

(代　序)　　　　　　李经谋

"新故相推,日生不滞。"岁月的长河奔腾不息,梦想的希冀催人奋进。

已然离去的2016年,是难忘的一年,也是非凡的一年。一则幽默的网络语言颇令人寻味:美国总统,不是她;英国公投,脱了;誓言一生献给国家,被"闺蜜"揭了老底;欧美多国政治动荡,不确定因素增加;恐怖主义肆虐,威胁国际安全;世界经济复苏乏力,贸易保护主义抬头……"凡事如是,难可逆料",无不让人忧心忡忡。

然而,在如此乱局中"风景这边独好":杭州峰会,贡献中国智慧;"一带一路",宏图快速推进;科技成就,惊见异彩纷呈;改革深化,经济触底企稳……2016,中国释放出的温暖成为融化世界政治经济坚冰的深厚滋养。"中国担当了全球经济火车头的角色",达沃斯论坛创始人兼执行主席施瓦布在第47届年会上如是说。

中国经济的出色表现,见证了供给侧结构性改革攻坚之年取得的丰硕成果。一年多来,党中央坚持稳中求进工作总基调,紧紧围绕供给侧结构性改革的目标,明确"三去一降一补"的重点工作,直指多年经济发展沉疴。

"风乍起,吹皱一池春水。"很显然,供给侧结构性改革,已在深化中国经济改革中发挥着重大作用,路透社评论认为,改革将"使市场力量获得更大的发展空间"。

"供给侧"一词,从一个生僻的经济学术语,时间不长,即成为破解中国改革难题的战略重点和炙手可热的十大社会流行语,足见其为"雄才大略,经纬远图",应当为它多点几个赞。

作为"三农"领域的一场深刻变革,过去的一年间,农业供给侧改革高度吸睛,粮食供给侧改革紧锣密鼓。然而,一些深层次结构性矛盾尚未有效缓解,"高库存、高进口、高成本"持续叠加,给我国粮食安全带来严峻挑战——库存高企与粮价走低交织,粮食对农民增收支撑能力下降;国内外粮价长期倒挂,粮食国际竞争能力下降;成本高企与产能透支,粮食可持续发展能力下降;阶段性过剩和结构性失调并存,粮食供需匹配能力下降。应对这些挑战,根本出路在于深入推进粮食供给侧结构性改革,提高粮食的市场竞争力和可持续发展能力。

粮食供给侧改革是一盘大棋局。既要从调整粮食种植结构、更好满足全社会对粮油产品的需求破题,也要在转变粮食经营方式、为粮食发展注入新动能方面谋篇布局。

粮食供给侧改革是一项系统工程。既要矫正粮食供求失衡,提升供需匹配能力,也要通过系统性、整体性、根本性改革,促进粮食供给由过度依赖资源消耗、主要满足"量"的需要,向追求绿色生态可持续、更加注重满足"质"的需求转变。

与以往几次粮食结构调整相比,此次粮食供给侧结构改革,是一场涵盖范围广、触及层次深的既治标又治本的全方位变革,也是一次前所未有的粮食流通格局的战略性转型。因此,博采诸言,推究综括,全面认知粮食供给侧结构改革是十分必要的。

发力供给侧,要下好价格机制和收储制度改革"先手棋"。"不破不立,不塞不流,不止不行。"价格机制和收储制度若不改革,打下的粮食国家照单全收,生产者就无法摆脱政策依赖,就不会有动力优化种植结构,就无法终止过度生产的行为。激活市场,关键是要让价格机制真正引导农业资源合理配置。这是个根本性的问题。此前进行的几次种植结构调整,虽然要求农民面向市场调优生产,也在某种程度上解决了财政负担过重、农民卖粮难和"打白条"等难题,但由于价格机制没有实质性改变,粮食购销市场化改革徘徊悱恻,结构调整陷入循环往复的轮回。

改革价格机制,需要全盘谋划、系统设计。要按照市场定价、价补分离的原则,坚定推进玉米收储制度改革,健全生产者补贴制度,鼓励多元市场主体入市收购,防止出现卖粮难。坚持并完善稻谷、小麦最低收购价政策,合理调整最低收购价水平,改变只涨不降的刚性预期,形成合理比价关系,尽量减少对市场供求的过度干预。大豆、玉米价格与市场接轨后,东北地区可能更倾向于"旱改水",分品种施策固然考虑了不同品种的战略重要性,但要防止"按下葫芦浮起瓢"。稻谷加工链条短,若不能及时纠偏,去库存将面临更大的压力。

改革价格机制,应充分体现优质优价的核心理念。抓紧制订优质米、面、油等质量品质分类标准,建立覆盖范围广的测评体系,定期向社会发布粮油质量信息,引导农民紧跟消费需求变化,调优"米袋子",满足"舌尖上的诉求",靠市场鼓起增收的"钱袋子"。引导有条件的粮食企业通过订单收购、合作入股等方式建设优质粮基地,培育从田间到餐桌的全产业链优质粮油经营模式,增加安全、优质、绿色、健康的中高端粮油的供给。

改革价格机制,亦应给特色粮油作物留出利润空间。制定更加灵活主动、便于操作的结构调整政策,探索建立不同农作物种植收益、不同农业经营主体之间的补贴联动机制,有效引导农民合理调整结构。比如,东北地区种植结构调整补贴低于玉米生产者补贴,势必产生逆向激励,弱化农民种植大豆、杂粮杂豆的动力。统一实施旱粮生产者补贴,或许可以平衡不同品种的比较效益,减少逆向选择行为。

发力供给侧,要唱好去库存"重头戏"。去库存是当前粮食流通领域最为突出的矛盾,也是深化流通体制改革的一场硬仗。科学处理粮食存量与增量的关系,抓好"藏粮于地、藏粮于技"工作,真正从供给侧缓解粮食库存压力。抓住治理环境污染、减霾治霾等环保生态建设机遇,统筹粮食安全、食品安全和能源安全,以霉变玉米、毒素超标小麦、"镉大米"等为原料,在"问题粮食"集中区,稳步适度扩大粮食燃料乙醇生产规模和使用区域;优化南方水网地区生猪养殖区域布局,引导产能向玉米主产区和环境容量大的地区转移，在东北四省区开展生猪种养结合循环发展试点，促进生猪产业转型升级。

结合产业结构调整与转型升级，深入研究消化粮食特别是玉米库存、扩大有效消费新途径，适当调低竞价交易底价，在财政、税收、信贷等方面采取优惠政策，进一步加大对主产区玉米加工转化的支持力度，扶持发展以玉米为原料的生物基材料新兴产业。结合精准扶贫和耕地休养生息，加大生态严重退化地区退耕休耕轮作力度，对退耕、休耕农民给予必要的粮食补助，对贫困人口给予粮油等实物救济。

把好粮食进口关。健全农产品贸易反补贴、反倾销和保障措施法律法规，依法对进口农产品开展贸易救济调查。严格控制玉米及高粱、大麦等替代品进口，把控好肉类、禽类、乳制品等转化产品进口。擦亮"国门利剑"，坚决打击粮食走私。扩大对外粮食援助，为深加工产品出口创造良好的外部环境。

发力供给侧，要紧紧抓住降成本"牛鼻子"。粮食生产离不开土地、劳动、资金、技术等生产要素的投入。近年来，由于要素价格快速上升，使得我国粮食国际竞争力持续下降，出现了"边进口、边积压""洋货入市、国货入库"的尴尬局面。"万山磅礴必有主峰，龙衮九章但挈一领。"补强中国农业的软肋，最终要靠科技创新提高质量效益，要靠制度创新提升生产组织效率。

强化科技支撑，以创新驱动行业发展。在小麦、稻谷、玉米等单产步步登高、连续"跨栏"的同时，大豆单产却原地踏步、踟蹰不前。科技投入过少，造成我国大豆育种、栽培技术等长期落后于国际水平。因此，有必要加大科技投入，瞄准我国与发达国家农业差距的关键环节，加大借鉴和创新力度，取长补短，为降低农业生产成本、提高产量和质量效益"加油给力"。在新一轮结构调整中，要加快适宜机械化生产、轻简化栽培、优质高产多抗广适新品种的选育。特别要注重大豆、杂粮杂豆等特色作物的基础研发、品种改良和技术推广，提高生产效率和比较效益，将政府的宏观目标有效传导给微观经营主体，降低农民调整品种结构的难度和风险，把地方特色小品种做成带动农民增收的大产业。

加快构建培育新型农业经营主体的政策体系，以适度规模经营提升农业竞争力。这是应对城乡人口结构变化和农业兼业化、农民老龄化、农村空心化的必然要求，也是提高农业劳动生产率、控制农产品人工成本过快上涨、增强我国农业基础竞争力的根本出路。

发展规模经营，不能只局限于发展土地的规模经营，规模化服务也是规模经营的重要方面。要坚持以农户家庭经营为基础，大力培育新型农业经营主体和服务主体，通过经营权流转、股份合作、代耕代种、土地托管等多种方式，加快发展土地流转型、服务带动型等多种形式的规模经营。要逐步淡化农业收入型补贴，防止补贴越多，地租上涨越快，租地经营风险越大的被动局面，解决新型农业经营主体资金投入、风险分担、产后服务等方面的现实难题。用好"互联网+"精准利器，帮助新型农业经营主体对接市场，低成本孵化粮油品牌，线上线下互动发展。同时，改善农业基础设施，下决心解决好地块细碎化问题，补齐农业机械化短板，着力推进"机器换人"，良种良法配套，农机农艺结合，为规模化经营打下良好的物质技术基础。

发力供给侧，要补齐市场化经营"新短板"。当前国内粮食市场正处于政策大调整、改革再推进时期。在实现国内粮食供求再平衡的过程中，要努力促进国内粮食市场发育，补齐市场化经营的"新短板"，激发多元主体活力。

信息的准确、透明和及时是市场化的标志。政府作为服务者，要根据市场流通的需要，建立基本的信息服务体系，定期向社会公布为市场运行服务的统计信息、调查信息、预测信息、产量信息、消费信息、库存信息，帮助生产者和企业了解市场基本情况，进而做出合理的价格判断。毋庸讳言，我国在粮油信息服务方面，还有巨大的提升空间，在信息的准确性、系统性、基础性、预期性方面，尚需重大突破。

着力健全三大机制，更好地调动和保护各类经营主体参与购销活动的积极性。建立市场化收购资金保障机制，在继续发挥好政策性银行主渠道作用的同时，鼓励引导商业性金融机构开展收购、加工等信贷业务，解决多元主体入市收购的融资问题；大力促进现货和期货市场发展，建立市场风险转移规避机制，为经营者提供规避市场风险的工具；建立粮食运输协调机制，激活物流产业，打通物流节点，确保粮食运输高效、便捷、经济。

近几年，全球气候变暖，我国极端天气频发，加剧了粮食生产的自然风险，而政策性收储的逐渐淡出，也使得种粮农民不得不承担更多的市场风险。农业保险符合国家调整改进"黄箱"政策，支持扩大"绿箱"政策的导向，比直接补贴操作成本低、市场效率高。粮食收入保险既保产量又保价格，能够同时弥补产量保险和价格保险的不足，是降低自然风险、市场风险损失的"双保险"。可以在主产区、主产县开展区域性收入保险试点，也可以对种粮大户等规模经营主体开展专项试点。

发力供给侧，要拓展国有粮企发展"新空间"。此次供给侧改革，是1993年、1998年、2004年粮改之后，粮食行业又一次重要改革。改革势在必行、不得不为，必然会带来利益的调整，但改革未尝不是凤凰涅槃、再辟蹊径的机遇。

随着超储库存消化、收储规模缩减，基层收储企业面临业务锐减、经营乏力的难题。在当前经济下行压力加大的背景下，国有粮食收储企业一定要努力找准历史定位，破除传统观念，拓展新的业务领域，拼出新的发展空间，"百舸争流，奋楫者先"，决不可重演10多年前大规模下岗分流的悲剧。

"行到水穷处，坐看云起时。"专业化水平低，是我国农业的一个短腿。粮食产后服务，更是短腿中的短腿。为新型农业经营主体和小农户提供代储存、代烘干、代销售服务，有利于粮食提质进档，减少损失浪费，有利于增强市场化收储条件下农民售粮的议价能力。基层收储企业开展粮食产后服务，拥有其他主体不可比拟的先天优势。有条件的企业，要注重发展产业经济，统筹收储运加销各环节，实现贸易、加工双轮驱动、两翼并举。

随着供给侧改革的深入推进，国有粮食企业改革将大幅提速。打破各种藩篱，坚持政企分开、政资分开、所有权与经营权分离的原则，以产权制度改革为核心，加快企业改制步伐，建立健全现代企业制度，发展混合所有制经济，实施跨行业、跨区域兼并重组，培育竞争力强的大型粮食企业集团，以体制改革机制创新促进国有粮企提质增效。

改革开放30多年来，我们经历了数次大规模的农业结构调整。除了1984年的结构调整是由于仓储能力不足而触发，其余几次结构调整都是因经济下行、需求疲软、财政不堪重负而触发的。权宜之计与长远之策相互干扰，致使之前数轮粮改或浅尝辄止或功亏一篑。

去年以来的粮食供给侧结构性改革,将"供给侧+结构性+改革"三个关键词合并为一个义项,彰显了国家高瞻远瞩、毕其功于一役的决心和意志。而改革道路从来不是一帆风顺的。此前数轮粮改的艰难、曲折、复杂提醒我们,"莫言下岭便无难,一山放过一山拦"。哪怕供求形势有所变化,我们也要保持足够的战略定力与历史耐心,锁定市场化改革这个大目标,矢志不渝、坚定不移,做改革的忠实践行者和坚强捍卫者。

自1993年起,二十四载魂萦梦牵,纵使青丝变白发,亦不忘追寻粮食市场化的初心。中国经济结构调整最困难的时期已经过去,由全民创业、万众创新所蕴积的巨大能量迸发在望。让我们使出洪荒之力,在推进粮食供给侧改革的大潮中迎难而上,浴火重生。

"咬定青山不放松,立根原在破岩中。

千磨万击还坚劲,任尔东西南北风。"

2017 年 2 月 15 日

Upright Stands the Bamboo Amid Green Mountains Steep
(Preface)

Li Jingmou

"The new replaces the old, and it will never change as time goes on." The long river of time runs in surge endlessly, and the hope of dream inspires people to go forward fearlessly.

The past year of 2016 is both unforgettable and extraordinary. Some humorous online sayings are really worth consideration: the US president is not her; the result of the British referendum is exit; she is determined to devote all her life to her country, but is exposed by one of her best friends; many countries in Europe and America are in political unrest with uncertainties increasing; terrorism spreads rapidly, threatening international security; the world economy is in sluggish recovery with trade protectionism rising. "Everything is unpredictable just like this," and it is really depressing.

However, in such a disorder, "the scenery here is exceptionally beautiful": the Hangzhou Summit contributed China's wisdom; the "One Belt and One Road" initiative is put into practice rapidly; scientific achievements are coming up one after another; the reforms are deepening and the economy is stabilizing on its bottom...... The heat released by China has helped melt the hard ice in world politics and economy. Just as what Schwab, the founder and the Executive Chairman of Davos Forum said at the 47th Annual World Economic Forum, "China has been playing the role of 'locomotive' in the world economy."

The outstanding performance of China's economy witnessed the abundant achievements of the supply-side structural reforms. Since last year, the central committee of the CCP has insisted on the basic general tone of seeking improvements through stability, aimed at the target of supply-side structural reforms, clarified the key tasks of "Three Removals, One Decrease and One Subsidy", and pointed out directly the lingering problems with China's economic development in the past several years.

"Sudden winds wrinkle spring water in the pool." Obviously, the supply-side structural reform has played a major role in deepening China's economic reforms. According to Reuters, the reform will "make more room for development of market power in China."

From an esoteric word in economics, "supply-side" has quickly become a key strategy in tackling problems with China's reforms and one of the top 10 most popular words. It fully shows that the supply-side structural reform is of "great vision and long-term importance", which are worth appreciation from all of us.

As a profound reform in the area of "agriculture, farmers and rural area", the agricultural supply-side reform caught a lot of attention and got well under way in the past year. Yet, some deep-level structural contradictions are still not relieved, and the constant accumulation of "high inventory, high import and high cost" poses an austere challenge to China's food security——with high inventory causing lower grain prices, grain is playing a smaller role in increasing farmers' income; due to inverted disparity between domestic and foreign grain prices, China's grain is less competitive in international markets; because of high cost and high capacity, development of China's grain industry is less sustainable; periodic surplus and structural imbalance are resulting in weak ability in matching grain supply and demand. The fundamental way to deal with those challenges is to deepen grain supply-side structural reform and to improve competitiveness and sustainability of China's grain industry.

The grain supply-side reform is a big game. For overall planning, we should start by restructuring grain plantings to better satisfy the while society's need for grains and oils on one hand. And on the other hand, we should also change the current grain operation modes to inject new energy into development of China's grain industry.

The grain supply-side reform is a systematic project. We should correct the imbalance in grain supply and demand to improve our ability to match supply and demand. And we should also change from grain supply mainly meeting quantity demand by over-relying on resource consumption to grain supply meeting quality demand to a larger extent by seeking green and ecological sustainability through systematic, overall and fundamental reforms.

Compared to the previous grain structure readjustments, this grain supply-side structural reform is an comprehensive reform that covers more areas and touches deeper levels and that provides both a temporary solution and a permanent cure. It is also an unprecedented strategic transformation of China's grain circulation pattern. Therefore, it is very necessary to adopt and summarize various opinions, and to comprehensively acknowledge the grain supply-side structural reform.

To make the grain supply-side structure reform successful, we should make the "first step" of reforming the current pricing mechanisms and the purchasing and storing systems. "There would be no new establishment without breaking down the old one." If the current pricing mechanisms and purchasing and storing systems are not reformed and harvested grains are all purchased by the government, farmers would not be able to stop relying on the government's policies, to be motivated to optimize their planting structures, and to end overproduction. The key to activate the market is to really enable the pricing mechanism to guide agricultural resources to be reasonably allocated. This is a fundamental issue. During the previous grain planting structure readjustments, farmers were required to optimize production according to market demand, and some tough problems such as over-heavy financial burdens, farmers' difficulty to sell grain and "promissory notes" were solved to some extent. However, those structure readjustments all ended up in a circle as there was no substantial change to the pricing mechanisms, and there was hesitation with the reform of grain purchasing and selling marketization.

Reforming pricing mechanisms involves comprehensive planning and systematic designing. We should firmly promote reform of the corn purchasing and storing system, perfect the producer subsidy system, and encourage diversified market main bodies to purchase in the market so as to avoid farmers' difficulty in selling corn, in accordance with the principle of market pricing and separation of price and subsidy. We should stick to and perfect the policy on minimum purchasing prices for rice and wheat, reasonably adjust minimum purchasing prices, change the rigid expectation for prices to rise only rather than fall, form a reasonable price relationship, and reduce over-intervention in market supply to the largest extent. When soybean and corn prices are integrated with the market, the northeastern region will more probably tend to change from "dry farming to wet farming". It is out of consideration for strategic importance of various crops that we set different policies for different crops, but we should avoid solving one problem only to find another cropping up. The rice processing chain is short, and if we don't rectify deviations, inventory removal would face greater pressure.

Reforming pricing mechanisms should fully embody the core concept of top price for top quality. We should quickly set up classifying standards for quality rice, four, oils, etc., establish a comprehensive assessment system, periodically issue information on grain and oil quality to the society, guide farmers to follow changes in consumer needs, optimize "rice bags", meet "appeals for quality food", and plump up farmers' "purse" to increase income through markets. We should guide potential grain enterprises to establish quality grain production bases by means of contract purchase, partnership through shares, etc., develop quality grain and oil operation modes in the whole industry chain from the field to the table, and increase supply of safe, quality, green and healthy middle and high-end grain and oil.

Reforming pricing mechanisms should also enable farmers to gain enough benefits for planting special grain and oil crops. We should work out more flexible, active and convenient policies for structure readjustment, explore establishing subsidy linkage mechanisms for different crop plantings and different agricultural operation main bodies, and effectively guide farmers to reasonably restructure their plantings. For example, in the northeastern region, if subsidies for restructuring plantings are less than those for corn production, it would surely result in adverse encouragement, and weaken farmers' initiative to plant soybean and other coarse grains. If we standardize subsidies for dry grain farmers, it might balance comparative benefits for different crops and reduce adverse choices.

To make the grain supply-side structure reform successful, we should perform well the "key play" of inventory removal. Inventory removal is both the most prominent contradiction in the current grain circulation area and a tough task in deepening reforms of grain circulation systems. We should scientifically deal with the relationship between grain stock and increment, carry out the task of "storing grain in land and in technology", and really relieve the pressure on grain stock from the supply side. We should seize the opportunity of ecosystem construction to control environmental pollution and reduce smog, make an overall plan for food security, food safety and energy security, make use of moldy corn, toxic wheat, "cadmium rice", etc., in "problem grain" concentrated area to expand ethanol production and usage stably and properly. We should also optimize the arrangement of pig raising zones in the southern water network region, guide capacity to transfer to main corn production areas or areas with larger environmental space, make pilot tests of raising pigs while planting crops in 4 provinces in the northeastern region, and promote the transforming and upgrading of pig raising industry.

We should deeply explore new ways to digest grain (especially corn stock) and to expand effective consumption, properly lower bottom prices for bid trades, and adopt preferential policies in terms of finance, tax and credit to further support corn processing and transforming in main corn production areas, and to support development of new bio-based material industry. We should make bigger efforts for restoration and fallow of farmland in areas with severe ecological regression, provide necessary grain subsidy to farmers for restoration and fallow of farmland, and offer grain and oil relief to poor people.

We should keep grain imports in good order, perfect the laws and regulations on anti-subsidy, anti-dumping and guarantee measures in agricultural trade, and make investigation into trade reliefs with imported agricultural products accordingly. We should strictly control import of substitutes like corn, sorghum and barley, as well as import of transferred products like meat, poultry and dairy products. We should polish up the "sward at border gate", and crack down grain smuggling. We should also expand foreign grain aid, and create good external environment for export of deeply processed products.

To make the grain supply-side structure reform successful, we should hold firmly onto the "bull nose" of decreasing cost. Grain production involves input of production factors like land, labor, capital and technology. In recent years, rapid rise of factor prices has caused continuous fall of international competitiveness of China's grain industry, leading to the embarrassment of "importing while stocking" and "foreign products entering markets while domestic product going into stock". "There must be a main peak among thousands of magnificent mountains, and there must be a collar to an emperor's dragon robe." The key to strengthen China's agricultural industry is improving quality efficiency through technological innovation and enhancing organization efficiency through system innovation.

We should strengthen scientific and technological support, and drive the development of grain industry through innovation. While the yields of wheat, rice and corn have been growing every year, the yield of soybean has been standing still. Serious lack of input of science and technology is the reason why China's soybean breeding and planting technologies have been lagging behind the international level for so long. Therefore, it is necessary to enlarge science and technology input, aim at the key links of China's distance with developed countries in terms of agriculture, make more efforts in learning and innovation, and inject more driving power into lowering agricultural production cost, increasing output, quality and efficiency. In the new round of structural readjustment, we should speed up breeding of new varieties of high quality, high yield, high resistance to several viruses, and high adoption for proper mechanized production, and simplified planting. We should pay special attention to basic research, varieties improvement and technology spreading for special crops like soybean, coarse grains and beans, enhance production efficiency and comparative benefits, effectively link the government's macro-targets with micro-operation main bodies, reduce farmers' difficulties and risks in restructuring planting varieties, and turn rare varieties with local characteristics into big businesses that can help increase farmers' income.

We should set up a policy system for developing new types of main bodies in agricultural operation, so as to achieve scale operation and enhance agricultural competitiveness. It is a necessary requirement to deal with changes in population structure in urban and rural areas, agricultural part-time occupation, aging farmers and hollowing countryside, and it is also the only way to increase agricultural productivity, control rapid growth of labor cost in agricultural production, and enhance China's agricultural basic competitiveness.

Developing scale operation should not be limited to scale operation in developing land. Scale service is also a very important part of scale operation. We should insist on taking farmer family operation as the basis, develop new types of main bodies in agricultural operation and service, and expedite development of various types of scale operations like land transfer type and service driven type, through ways of operation rights transfer, share partnership, consigned plowing and planting, land trust, etc. We should gradually reduce agricultural income subsidy, avoid more subsidies causing faster rise of land rent and bigger risks in rented land operation, and solve the practical problems with capital input by new types of agricultural operation main bodies, risks sharing, and post-production service. We should make full use of "Internet +" as a good way to help connect new types of agricultural operation main bodies with the market, hatch famous grain and oil brands at low cost, and promote interaction between online and offline development. We should also improve agricultural infrastructure, fully solve the problem of land fragmentation, make up for the short board of agricultural mechanization, speed up "robots replacing labors", match good varieties with good practices, combine good agricultural machines with good technologies, and lay a solid material and technological foundation for scale operation.

To make the grain supply-side structure reform successful, we should make up for the "new short board" of marketized operation. Nowadays, domestic grain markets are in the period of readjusting policies and speeding up reforms. In the process of rebalancing domestic grain supply and demand, we should try hard to promote development of domestic grain markets, make up for the "new short board" of marketized operation, and motivate diversified main bodies.

Accuracy, transparency and timeliness of information are one symbol of marketization. As a server, the government should, based on the need of market circulation, set up a basic information service system, periodically issue information on statistics, investigations, forecasts, outputs, consumption and stocks to support market operation to the society, help producers and enterprises keep up with basic information on markets and make reasonable judgments about prices. There is no doubt that there is still much room for great improvement in China's grain and oil information service, and there is an urgent need for great breakthroughs in accuracy, systematicness, basicness and prospectiveness of information.

We should put top priority on perfecting 3 major mechanisms to better motivate and protect diversified operation main bodies in taking part in purchasing and selling activities. We should set up a fund guarantee mechanism for marketized purchases, continue to make policy banks to play a main-channel role, and encourage and guide commercial financial institutions to be engaged in credit business for purchasing and processing at the same time, so as to tackle the fund-raising problem of allowing diversified main bodies to purchase in the market; we should speed up the development of spot and futures markets, and set up a mechanism for transferring and avoiding market risks, so as to provide operators with a tool to avoid market risks; we should also set up a grain transportation coordination mechanism, activate the logistics industry and open up logistics knots, so as to guarantee efficiency, convenience and economy of grain transportation.

In recent years, global climate has warmed up, and extreme climates have frequently happened in China, worsening natural risks in grain production. In addition, the gradual phase-out of policy purchases and stocks has also posed more market risks to grain farmers. Agricultural insurance is in line with the yellow box policy for government adjustment, is in support of expanding the green box policy, and is less expensive but more efficient than direct subsidies. Grain income insurance can not only guarantee both output and price, but also make up for shortcomings of output insurance and price insurance. So it is a double insurance against natural risks and market risks. We can make a pilot test of regional income insurance in main production regions and counties or a special test for scale operation main bodies like major grain farmers.

To make the grain supply-side structure reform successful, we should expand "new room" for development of state-owned grain enterprises. The current supply-side reform is another important one in grain industry after those in 1993, 1998 and 2004. The reform is imperative, and it will surely lead to readjustment of interests. But it is really an opportunity to revive like the phoenix and open up a new way.

Along with digestion of super-large inventory and dwindling of stock scale, basic-level grain purchasing and storing enterprises are faced with problems of business decreasing rapidly and operation becoming difficult. Under the current situation of growing pressure of economy going downward, state-owned grain purchasing and storing enterprises must strive to find out their historic locations, get rid of traditional ideas, open up new business areas, and win new development room. "The most hardworking wins in competition with hundreds of ships. " There should never be another tragedy of lots of employees getting laid off as the one that happened more than a decade ago.

"When you find the stream drying up, you will see the cloud coming up. " Low specialization level is a disadvantage of China's agriculture. Post-grain production service is a more serious disadvantage. Providing new types of agricultural operation main bodies and farmers with services like consigned stock, consigned drying, consigned sales, can help improve and upgrade grain industry, reduce loss and waste, and enhance farmers' bargaining power in grain sales under the situation of marketized purchasing and storing. Basic-level grain purchasing and storing enterprises are naturally in a better position than other main bodies to provide post-grain production service. Potential enterprises should focus on developing industry economy, make an overall plan for all links like purchase, stock, transportation, processing and sale, and achieve success in both trade and processing.

Along with the development of supply-side reform, reform of state-owned grain enterprises will speed up rapidly. We should break down various fences, stick to the principle of separating the government from the enterprise, separating the government from capital, and separating ownership from operation rights, take the reform of property ownership as the core, expedite reform of enterprises, set up and perfect the modern enterprise system, develop mixed ownership economy, carry out mergers and reorganization, breed highly competitive large-scale grain business groups, and motivate state-owned grain enterprises to improve their quality and efficiency through system reforms and mechanism innovation.

For more than 30 years since the reform and opening up, we have been through several large-scale agricultural structure readjustments. With the exception that the structure readjustment in 1984 was triggered by lack of storing capacity, all the readjustments were triggered by falling economy, weak demand and overwhelming financial burden. Interruption between temporary solutions and long-term strategies led the readjustments to end up in some success or to fall short of success for lack of a final effort.

The grain supply-side structural reform that started last year, combines the 3 words, supply-side + structural + reform, into one sense, fully shows China's determination and will to look far ahead and aim high and to accomplish the whole task at one stroke. Yet, the road of reform has never been plain sailing. The difficulty, complication and complexity of the previous rounds of readjustments remind us, "Never say that there would be no difficulty after you get downhill; there is another hill in front of you after you get over one." No matter how supply and demand change, we must keep enough strategic determination and historic patience, stick to the major target of marketized reform, and carry out and defend the reform unswervingly, loyally and firmly.

Since 1993, we have passed 24 years always with dreams in heart. Even if our hair has turned gray from black, we have never forgotten to seek our initial intention for grain marketization. The most difficult period for China's economic structural readjustment has passed, and the outburst of giant energy generated by popular entrepreneurship and innovation is in the corner. Let us make every effort to face difficulties in the current of pushing forward the grain supply-side structural reform, and revive in fire.

"Upright stands the bamboo amid green mountains steep; its tooth-like root in broken rock is planted deep. It's strong and firm though struck and beaten without rest, careless of the wind from north or south, east or west."

February 15, 2017

目录

第一部分　2016年粮食市场概述……………………（1）
　　一、中国粮食市场……………………………………（3）
　　二、世界粮食市场……………………………………（15）

第二部分　中国粮食市场主要品种供求形势……（27）
　　一、小麦市场分析……………………………………（29）
　　二、稻米市场分析……………………………………（44）
　　三、玉米市场分析……………………………………（56）
　　四、大豆及豆油市场分析……………………………（66）
　　五、油菜籽及菜油市场分析…………………………（76）
　　六、花生及花生油市场分析…………………………（89）

第三部分　中国粮食市场专论……………………（97）
　　一、粮食最低收购价政策改革思路与建议…………（99）
　　二、借鉴国际经验改革我国粮食支持政策…………（110）
　　三、2016年我国粮食支持政策回顾与2017年展望…（120）
　　四、构建新型粮食收储体系的思考…………………（126）
　　五、谨防农民收入再次陷入增长徘徊期……………（133）
　　六、我国粮食质量安全现状、问题与对策研究……（139）
　　七、"保险+期货"——农产品市场价格风险管理模式研究…（146）
　　八、吉林省玉米收储制度改革的效果与思考………（153）

第四部分　中国粮食产业专论……………………（159）
　　一、中国小麦（面粉）产业报告……………………（161）
　　二、中国稻谷（大米）产业报告……………………（167）
　　三、中国玉米产业报告………………………………（175）

四、中国食用油产业报告 …………………………………… (186)

第五部分　2016 年中国粮食相关政策法规 ……………………… (199)
　　一、多项政策助推农业供给侧改革 …………………………… (201)
　　二、落实发展新理念　加快农业现代化　实现全面小康目标 … (208)
　　三、2016 年粮食信贷政策与管理 ……………………………… (214)

第六部分　2016 年中国粮食市场体系建设 ……………………… (221)
　　一、粮食批发市场发展状况与展望 …………………………… (223)
　　二、粮食期货市场发展状况与展望 …………………………… (230)
　　三、粮食电子商务发展状况及展望 …………………………… (239)

第七部分　中国粮食市场资料 …………………………………… (245)
　　一、统计数据汇编 ……………………………………………… (247)
　　　　表 7-1-1　全国粮食作物播种面积、粮食总产量 ……… (247)
　　　　表 7-1-2　全国油脂、油料播种面积与产量 …………… (248)
　　　　表 7-1-3　2016 年我国主要农产品产量及其增长速度 … (248)
　　　　表 7-1-4　我国谷物、油料进口数量 …………………… (249)
　　　　表 7-1-5　我国谷物、油料出口数量 …………………… (249)
　　　　表 7-1-6　全国居民消费价格指数（上年=100） ……… (250)
　　　　表 7-1-7　2016 年全国主要粮油批发市场价格指数
　　　　　　　　　（月度综合指数） ………………………………… (251)
　　　　表 7-1-8　全国主要粮油批发市场价格指数
　　　　　　　　　（年度综合指数） ………………………………… (251)
　　　　表 7-1-9　2016 年全国主要粮油批发市场年度平均
　　　　　　　　　交易价格 …………………………………………… (252)
　　　　表 7-1-10　2009—2016 年粮食批发市场交易国家
　　　　　　　　　　政策粮油情况 ……………………………………… (253)
　　　　表 7-1-11　2016 年全国期货市场交易情况 ……………… (254)
　　　　表 7-1-12　芝加哥期货交易所农产品期货交易量情况 … (256)
　　　　表 7-1-13　美国农业部世界谷物统计与预测 …………… (257)

二、2016 年中国粮食市场大事记 …………………………（258）
三、2016 年中国粮食经济重要论著索引 ……………………（292）
　（一）2016 年中国粮食经济重要论文索引 ………………（292）
　（二）2016 年中国粮食经济重要著作索引 ………………（314）
四、小麦、稻米、玉米、大豆价格走势图 …………………（318）

附录　粮食改革启新篇　雄关漫道从头越
　　——《2016 中国粮食市场发展报告》简评 ……………（324）

主要参考资料 ………………………………………………（330）

后记 …………………………………………………………（337）

Content

1. **Overview of Grain Markets in 2016** (1)
   1.1　China's Grain Markets (3)
   1.2　World Grain Markets (15)

2. **Supply and Demand of Major Varieties in China's Grain Markets** (27)
   2.1　Analysis of Wheat Market (29)
   2.2　Analysis of Rice Market (44)
   2.3　Analysis of Corn Market (56)
   2.4　Analysis of Soybean and Soy Oil Market (66)
   2.5　Analysis of Rapeseed and Rapeseed oil Market (76)
   2.6　Analysis of Peanut and Peanut Oil Market (89)

3. **Monographs on China's Grain Markets** (97)
   3.1　Thinking on Reform of Policy on Minimum Grain Purchase Prices (99)
   3.2　Reform China's Grain Support Policies through Lessons Learnt abroad (110)
   3.3　Review of China's Grain Support Policies in 2016 and Outlook for 2017 (120)
   3.4　Thinking on Setting up a New Type of Grain Purchasing and Storing System (126)
   3.5　Guard against Farmers' Income Increase Getting into

　　　　 another barely growing Period ……………………………（133）
　3.6　Current State of, Problems with and Countermeasures to
　　　　 China's Grain Quality Security ……………………………（139）
　3.7　"Insurance + Futures"——Research on Modes of
　　　　 Commodity Market Price Risks Management ……………（146）
　3.8　Effects of and Thinking on Reform of Corn Purchase and
　　　　 Store System in Jilin Province ……………………………（153）

4. **Special Reports on China's Grain Industry** ………………（159）
　4.1　Report on China's Wheat (Flour) Industry ………………（161）
　4.2　Report on China's Rice (Milled Rice) Industry …………（167）
　4.3　Report on China's Corn Industry …………………………（175）
　4.4　Report on China's Edible Oil Industry ……………………（186）

5. **China's Policies and Regulations on Grain in 2016** ………（199）
　5.1　Promote Agricultural Supply–side Reform through
　　　　 Diversified Policies …………………………………………（201）
　5.2　Speed up Agricultural Modernization and Achieve Goal of
　　　　 Comprehensive Well-being through Development of New
　　　　 Concepts ……………………………………………………（208）
　5.3　Grain Credit Policy and Management in 2016 ……………（214）

6. **Building of China's Grain Market System in 2016** ………（221）
　6.1　Status and Outlook of Development of China's Grain
　　　　 Wholesale Markets …………………………………………（223）
　6.2　Status and Outlook of Development of China's Grain
　　　　 Futures Markets ……………………………………………（230）
　6.3　Status and Outlook of Development of China's Electronic
　　　　 Grain Business ………………………………………………（239）

7. Data on China's Grain Markets (245)
   7.1 Statistics Compilation (247)
      Table 7-1-1 Nationwide Planted Area and Output of Grain Crops (247)
      Table 7-1-2 Nationwide Planted Area and Output of Oilseeds and Oils (248)
      Table 7-1-3 Outputs and Growth Rates of China's Major Commodities in 2016 (248)
      Table 7-1-4 China's Import of Cereal and Oils (249)
      Table 7-1-5 China's Export of Cereal and Oils (249)
      Table 7-1-6 Nationwide Consumer Price Index (Last Year = 100) (250)
      Table 7-1-7 Price Indexes of China's Major Grain and Oil Wholesale Markets in 2016 (Monthly Composite Index) (251)
      Table 7-1-8 Price Indexes of China's Major Grain and Oil Wholesale Markets (Annual Composite Index) (251)
      Table 7-1-9 Annual Average Marketing Prices of China's Major Grain and Oil Wholesale Markets in 2016 (252)
      Table 7-1-10 Statistics on Transactions of Policy-Oriented Grain and Oil in Grain Wholesale Markets in 2009-2016 (253)
      Table 7-1-11 Statistics on Transactions in China's Futures Markets in 2016 (254)
      Table 7-1-12 Statistics on Futures Transactions of Chicago Board of Trade (256)
      Table 7-1-13 USDA's Statistics and Forecasts on World Cereal (257)
   7.2 Major Events of China's Grain Markets in 2016 (258)

7.3　Index to Major Monographs on China's Grain Economy
　　 in 2016 ···(292)
　　7.3.1　Index to Major Theses on China's Grain Economy
　　　　　 in 2016 ···(292)
　　7.3.2　Index to Major Works on China's Grain Economy
　　　　　 in 2016 ···(314)
7.4　Diagrams of Trends of Prices for Wheat, Rice, Corn
　　 and Soybean ··(318)

**Appendix　Open a New Chapter of Grain Industry Reform, and
　　　　　Fear Not the Strong Pass Iron – clad on All Sides**
　　　　　——Comments on *Report on Development of China's
　　　　　Grain Markets in 2016* ···(324)

Major References ···(330)

Postscript ··(337)

第一部分

2016 年粮食市场概述

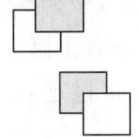

一、中国粮食市场

【内容提要】

2016年是"十三五"开局之年,我国经济发展进入新常态,经济增速虽然有所放缓,但仍保持了中高速增长。2016年党中央、国务院积极稳步推进农业供给侧结构性改革,农业结构调整迈出重要步伐,农村新产业新业态蓬勃发展,农村重要领域和关键环节改革深入推进,民生持续改善,社会保持和谐稳定。我国农业农村发展继续保持稳中有进的良好态势,为经济社会发展大局提供了有力支撑。

2016年,面对错综复杂的国内外经济环境,在以习近平同志为核心的党中央坚强领导下,全国上下统筹推进"五位一体"总体布局和协调推进"四个全面"战略布局,坚持稳中求进工作总基调,坚持新发展理念,以推进供给侧结构性改革为主线,适度扩大总需求,坚定推进改革,妥善应对风险挑战,引导形成良好社会预期,国民经济运行缓中趋稳、稳中向好,实现了"十三五"良好开局。

国家统计局初步核算,2016年国内生产总值744 127亿元,按可比价格计算,比上年增长6.7%。农村居民人均可支配收入12 363元,增长8.2%,扣除价格因素实际增长6.2%,实现连续13年较快增长,增幅连续第7年超过城镇居民收入增幅,城乡居民人均收入倍差2.72,比上年缩小0.01,农民生活继续改善。2016年全国粮食生产再获丰收,全国粮食总产量61 623.9万吨,比2015年减少520.1万吨,减少0.8%。其中,夏粮产量 13 920 万吨，下降 1.2%；早稻产量 3 278 万吨，下降 2.7%；秋粮产量 44 426 万吨，下降 0.6%。2016 年全国粮食产量虽然略有下降，但仍属 2004 年以来的增产周期中的次高水平，也是连续第 5 年稳定在 12 000 亿斤以上（见图 1-1-1、表 1-1-1）。

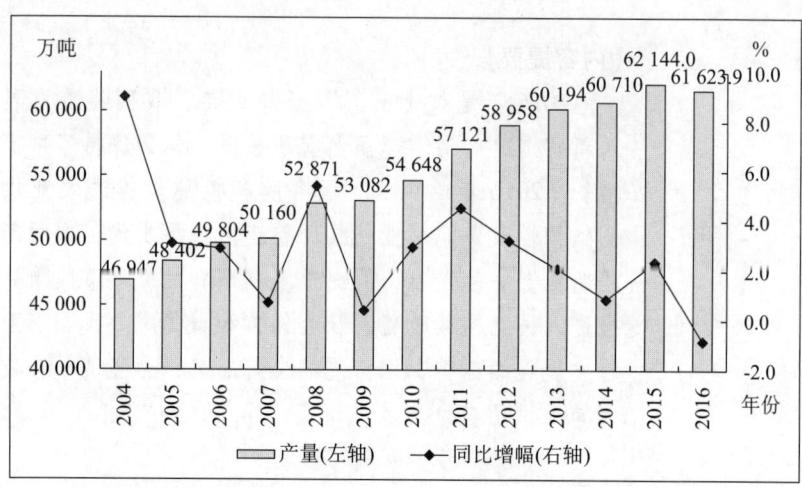

资料来源：国家统计局：《2016 年中国统计年鉴》《2016 年国民经济和社会发展统计公报》。

图 1-1-1　2004—2016 年全国粮食产量及增幅

表 1-1-1　　　2015 年和 2016 年我国粮食产量情况　　　　单位：万吨

	2015 年	2016 年		
	产量	产量	比上年增减	增减幅度（%）
粮食总产量	62 143	61 624	-519	-0.8
其中：夏粮	14 112	13 920	-192	-1.2
早稻	3 369	3 278	-91	-2.7
秋粮	44 662	44 426	-236	-0.6

资料来源：国家统计局：《2015 年国民经济和社会发展统计公报》《2016 年国民经济和社会发展统计公报》。

（一）粮食生产再获丰收，种植业结构调整初见成效

2016年是我国新一轮农业结构调整的开局之年，这一年我国粮食生产再获丰收，但结构性矛盾仍十分突出。面对国内外粮食市场加速融合，国内粮食市场"高库存、高进口、高成本"持续，以及粮食消费需求升级与优质粮油供给不足的供需错配矛盾，中央继续出台第13个涉农中央1号文件，农业"三项补贴"改革全面推开，粮食政策收储范围进一步缩小，各级政府部门稳步推进农业供给侧结构性改革，以玉米为重点的种植业结构调整稳步推进，"镰刀弯"等非优势区玉米种植面积减少，粮豆轮作和粮改饲试点范围扩大，种植业结构调整初见成效。

1. 继续出台第13个涉农中央1号文件

2016年1月27日，中央发布了《关于落实发展新理念 加快农业现代化实现全面小康目标的若干意见》（以下简称《意见》），这是自2004年以来连续出台的第13个关于"三农"问题的中央1号文件。2016年"1号文件"《意见》分为6个部分30条，包括：持续夯实现代农业基础，提高农业质量效益和竞争力；加强资源保护和生态修复，推动农业绿色发展；推进农村产业融合，促进农民收入持续较快增长；推动城乡协调发展，提高新农村建设水平；深入推进农村改革，增强农村发展内生动力；加强和改善党对"三农"工作指导。《意见》强调要用发展新理念破解"三农"新难题，《意见》首次提出要推进农业供给侧结构性改革，加快转变农业发展方式，保持农业稳定发展和农民持续增收，走产出高效、产品安全、资源节约、环境友好的农业现代化道路。《意见》强调"农业绿色发展"，提出以"加强资源保护和生态修复"为手段，推动农业的转型升级，应谋求农业发展和环境保护双赢的格局。《意见》提出"产业融合作为农民收入持续较快增长手段"，要促进农业产业融合向纵深发展，充分发挥农村的独特优势，深度挖掘农业的多种功能，培育壮大农村新产业新业态，为农村发展打开一片新天地。

2. 农业"三项补贴"改革全面推开

2016年国家农业部启动了调整完善农业"三项补贴"政策改革试点，在全国范围内调整20%的农资综合补贴资金用于支持粮食适度规模经营，选择部分地区将农业"三项补贴"合并为"农业支持保护补贴"，支持耕地地力保护和粮食适度规模经营。建立以绿色生态为导向的农业补贴制度，意味着一系列制约农业可持续发展的政策需要完善。2016年，我国农业"三项补贴"改革全面推开，明确以绿色生态为导向，加强耕地地力保护，促进适度规模经营，2016年中央财政共拨付农业支持保护补贴资金1 442亿元。

从试点情况看，合并"三项补贴"达到了预期效果。一是提升了补贴政策指向性。将补贴发放与耕地地力保护挂钩，鼓励了农民提升耕地地力，减少了化肥施用量，实现了"藏粮于地"。二是降低了政策实施成本。简化了补贴资金的审核和发放程序，标准清楚明确，体现了中央强化清理整合规范专项转移支付项目、增强资金统筹使用的要求。三是调动了农业规模经营积极性。调整部分资金用于支持多种形式的粮食适度规模经营，极大调动了新型经营主体生产积极性，社会化服务组织发展迅速，示范带动作用明显。四是创新了金融支农模式。在财政资金助推下，各地农业信贷担保体系实现从无到有、从兼业到专业，为从事农业尤其是粮食适度规模经营的新型经营主体提供信贷担保服务，撬动了更多的金融和社会资本投入到现代农业发展。

3. 粮食收储制度改革取得进展

2016年我国粮食收储制度改革取得重大进展。一方面，国家继续在小麦、稻谷主产区实行最低收购价政策，保持小麦、中晚稻和粳稻的最低收购价格水平与上年持平；小幅下调早籼稻最低收购价格至每50千克133元，较2015年下调2元，调降幅度为1.48%；继续在2016年秋冬播种之前公布2017年小麦最低收购价格，2017年生产的小麦（三等）最低收购价为1.18元/斤，与2016年持平，稳定农民对小麦种植的收益预期。另一方面，按照"市场定价、价补分离"的原则对玉米收储制度进行改革，将玉米临时收储政策调整为"市场化收购"加"补贴"的新机制，玉米价格由市场形成，反映市场供求关系，调节生产和需求，生产者随行就市出售玉米，各类市场主体自主入市收购。油菜籽继续由地方政府负责组织收购，国家继续在东北三省一区实施大豆目标价格改革试点，2016年大豆目标价格定为 2.4 元/斤，与 2015 年持平。

总体看来，2016 年粮食收储政策改革以稳为主，但玉米收储制度改革取得重大突破，政策收储范围进一步缩小。对于小麦、稻谷这两大口粮品种，收储政策继续维持稳定；对于国内明显阶段性供大于求的玉米，取消临储收购，改为市场购销；对于大豆和油菜籽等对外依存度较大的品种，维持了市场化的政策取向。

4. 种植业结构调整取得成效

2016 年 4 月 11 日，国家农业部印发了《全国种植业结构调整规划（2016—2020 年）》，通过有力的国家政策指引和导向，2016 年我国农业种植业结构调整初见成效。国家统计局数据显示，2016 年全国粮食播种面积 113 028.2 千公顷（169 542.3 万亩），比 2015 年减少 314.7 千公顷（472.1 万亩），减少 0.3%。其中谷物播种面积 94 370.8 千公顷（141 556.2 万亩），比 2015 年减少 1 265.1 千公顷（1 897.7 万亩），减少 1.3%。2016 年国家减玉米增大豆的种植业结构调整思路在 2016 年得到了较好的实施。按可食用的籽粒玉米统计，玉米播种面积 5.51 亿亩，比上年减少 2 039 万亩，减少 3.6%。低产作物大豆播种面积 1.08 亿亩，比上年增加 1 046 万亩，增长 10.7%（见图 1-1-2）。

（二）粮食流通运行平稳 库存消化进度加快

2016 年，我国粮食生产连续 13 年丰收，国内粮食供需总体平衡有余，库存充裕，但结构性矛盾依然突出，粮食市场高库存、高进口、高成本并存的"三高"现象持续。2012 年以来，由于实施最低收购价和临时收储政策，我国粮食临储库存迅速累积，2016 年我国粮食去库存进度较上年明显加快，粮食流通运行平稳。

一是严格执行收储政策，市场化收购量占比上升。2016 年国家继续修改完善并及时公布小麦和稻谷最低收购价执行预案。夏粮收购开始后，

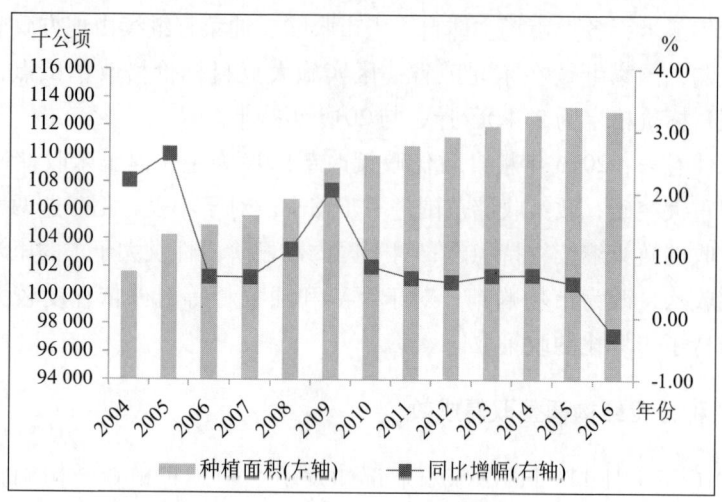

资料来源：国家统计局：《2016 年中国统计年鉴》《2016 年国民经济和社会发展统计公报》。

图 1 – 1 – 2 2004—2016 年全国粮食种植面积及增幅

由于小麦和早籼稻市场价格均低于最低收购价水平，在主产省先后启动了最低收购价执行预案。根据秋粮上市和市场价格情况，在各主产省先后启动了中晚稻最低收购价执行预案。由于取消玉米临储收购，各类粮食企业粮食收购总量同比下降，但市场化收购数量占比呈现上升趋势。

国家粮食局数据显示，2016 年全年各类粮食企业共收购小麦、玉米、粳稻、中晚籼稻、早籼稻、大豆及油菜籽 20 281 万吨，同比下降 6.11%。分品种来看，除玉米和油菜籽收购量明显下降外，其他品种收购量均出现不同程度增加。由于临时收储政策被取消，2016 年玉米收购量出现明显下降，同比降幅达 36.08%；由地方政府主导收购的油菜籽收购数量连续第二年出现明显下降，降幅达 23.18%；由于最低收购价收购数量同比明显增加，小麦和粳稻、中晚籼稻、早籼稻四大品种的市场收购量均出现不同程度的增加；由于 2016 年下半年国际市场大豆价格上涨带动国内油粕价格明显上涨，油厂压榨国产大豆收益理想，油厂积极入市收购及贸易商补充库存，市场购销心态转好，综合造成大豆收购量同比增加。从具体品种来看，据国家粮食局统计，截至 9 月 30 日夏粮收购结束，河南、江苏等 9 个主产区各类粮食企业收购新产小麦 7 582 万吨，比上年同期增加

951万吨；江西、湖南等8个主产区各类粮食企业收购新产早籼稻858万吨，比上年同期增加66万吨；四川、湖北等9个主产区各类粮食企业累计收购新产油菜籽116万吨，同比减少35万吨。截至12月31日，主产区各类粮食企业累计收购中晚稻、玉米和大豆11 725万吨，比上年同期减少2 301万吨；湖北、安徽等14个主产区各类粮食企业累计收购新产中晚籼稻2 627万吨，同比增加112万吨；黑龙江等7个主产区各类粮食企业累计收购新产粳稻3 724万吨，同比增加496万吨；黑龙江、山东等11个主产区各类粮食企业累计收购新产玉米5 250万吨，同比减少2 964万吨；黑龙江等7个主产区各类粮食企业累计收购新产大豆124万吨，同比增加55万吨。

综合来看，由于往年收购数量占比最大的玉米品种在2016年由临储收购改为市场化收购，在政策转变的2016年，各级政府积极引导多元主体入市收购，下游饲料养殖、玉米深加工等企业的入市收购，稳定了国内玉米价格，2016年国内粮食的市场化收购量占粮食收购总量的比重也因此出现了明显的上升。口粮品种执行的最低收购价政策继续发挥了一定的积极作用，针对新产小麦因灾导致不完善粒超标问题，国家有关部门从减轻农民损失的角度出发，合理掌握储备新轮入小麦质量标准，各承储库点利用企业自有资金购置色选设备，免费为农民开展清杂整理，并提供预检预收、联系销售渠道等服务，缓解农民卖粮难问题。据中储粮总公司不完全统计，仅小麦托市收购就为6个小麦主产省农民直接增收110多亿元。针对夏、秋粮收购仓容严重不足的矛盾，中储粮高效实施100万吨跨省移库、206万吨跨县集并计划，并积极协调主产区地方政府出台腾仓扩容的政策措施（见表1-1-2）。

表1-1-2　2015—2016年各类粮食企业分品种累计收购量　　单位：万吨

	总计收购量	小麦	玉米	粳稻	中晚籼稻	油菜籽	早籼稻	大豆
2015年	21 600	6 631	8 214	3 228	2 515	151	792	69
2016年	20 281	7 582	5 250	3 724	2 627	116	858	124
增减幅度	-6.11%	14.34%	-36.08%	15.37%	4.45%	-23.18%	8.33%	79.71%

数据来源：国家粮食局（2016年数据截至2016年12月31日）。

二是粮油去库存进度加快，油脂去库存效果良好。尽管市场粮源充裕，2016 年国家有关部门仍通过定期适量的国家政策性粮油竞价销售，保障了国内粮油市场的正常供应，促进了产销区市场的有效衔接。国家粮食局数据显示，2016 年全年累计销售政策性粮油 1 185 亿斤，同比增加 216%，其中油脂品种去库存效果较好。以玉米为例，2016 年政策性投放总计 11 967 万吨，实际成交 2 183 万吨，成交率 18.24%，2017 年估计仍高达约 2.3 亿吨。而同期举行的油脂油料拍卖成交率较高，去库存进度较快，2016 年临储菜油拍卖成交量 339 万吨，成交率高达 83.63%，2016 年临储大豆拍卖成交量 165 万吨，成交率为 26.18%。

（三）CPI 重回 2 时代　粮价涨幅滞后

2016 年居民消费价格温和上涨。根据国家统计局的数据，2016 年全年居民消费价格比上年上涨 2%，低于全年 3% 的物价调控目标，但涨幅较 2015 年 CPI 增加 0.6%，2016 年 CPI 重回 2 时代，说明居民国内通胀预期有所上升。分类别看，在食品烟酒价格中，粮食价格上涨 0.5%，猪肉价格上涨 16.9%，鲜菜价格上涨 11.7%。2016 年粮食价格涨幅较 2015 年继续下降，与 2010—2011 年两位数的涨幅相比，2012—2016 年粮食价格涨幅回落态势明显（见表 1-1-3）。从 2016 年粮食价格指数的月度走势来看，基本维持在 0.5%～0.7% 的窄幅区间震荡，且呈现前高后低、逐月走低的趋势。在分类指数中，粮价涨幅相对滞后，粮食价格在 CPI 中的"稳定器"和"压舱石"作用日益增强。

表 1-1-3　　2010—2016 年粮食类居民消费价格指数与 CPI

年份	1月	2月	3月	4月	5月	6月	7月	8月	9月	10月	11月	12月	年度CPI
2010	109.8	109.7	109.5	109.8	110.2	110.4	110.6	110.8	110.9	111.1	111.4	111.8	103.3
2011	115.1	114.8	114.9	114.6	114.3	113.9	113.7	113.5	113.3	113.2	112.7	112.2	105.4
2012	106.1	105.7	105.2	104.8	104.6	104.3	104.1	104.0	104.0	104.0	103.9	104.1	102.6
2013	104.7	104.9	105.0	105.0	105.1	105.0	105.1	105.0	104.9	104.8	104.7	104.6	102.6
2014	103.1	102.8	102.7	102.8	103.0	103.2	103.3	103.4	103.4	103.5	103.2	103.1	102.0

续表

年份	1月	2月	3月	4月	5月	6月	7月	8月	9月	10月	11月	12月	年度CPI
2015	102.9	102.9	102.8	102.8	102.7	102.6	102.5	102.4	102.3	102.2	102.1	102.0	101.4
2016	100.7	100.7	100.6	100.6	100.6	100.6	100.6	100.5	100.5	100.5	100.5	100.5	102.0

资料来源：根据国家统计局公布的数据整理。

说明：（1）粮食指人们用作主食的各种成品粮及其加工品，包括大米、面粉、粗杂粮以及各种粗、细粮制品，不包括薯类、豆类及糕点食品。

（2）以上年同期价格指数为100。

从2016年全国主要粮油批发市场主要粮食品种的价格指数看，除粳米和早籼米价格指数同比上涨外，其他粮食品种价格指数均有不同程度的下跌。其中黄玉米、大豆和白小麦位居跌幅前三，晚籼米价格微幅下跌。玉米政策转换为市场化收购加补贴，玉米价格受市场供求影响而下跌，创下了同比两位数的跌幅；大豆目标价格补贴政策继续实施，大豆价格由市场供需决定，受到国际市场大豆价格低位震荡，国内大豆产量增加的影响，国内大豆价格指数跌幅明显。小麦、晚籼米、早籼米和粳米价格指数继续受到最低收购价底价的有力支撑，由于玉米价格大幅下跌，饲用小麦需求减少，小麦价格在前三季度持续走弱，但在四季度因供需偏紧而触底反弹，全年小麦价格指数跌幅相对有限。大米市场"优质优价"的格局愈发明显，粳米价格上涨，而晚籼米价格和早籼米价格涨跌互现，消费者更加青睐优质的粳米，相对于北方粳米市场，南方籼米市场受到东南亚进口大米的影响更明显一些（见表1-1-4）。

表1-1-4 2014—2016年全国主要粮油批发市场价格指数（年度个体指数）

年度	2014	2015	2016
白小麦（普通）	219.77	211.16	204.3（-3.25%）
黄玉米	233.66	219.36	179.84（-18.02%）
粳米	244.48	244.14	253.36（3.78%）
早籼米	227.04	225.46	227.14（0.75%）
晚籼米	243.77	245.69	243.74（-0.79%）
大豆（油脂业）	209.86	194.93	181.89（-6.69%）

资料来源：中华粮网。

说明：基期：1994年6月=100。括号中为同比涨幅。

(四) 谷物进口大幅下降　油料进口继续增加

2016年我国粮食进口呈现谷物进口大幅下降、油料进口继续增加的分化局面。海关数据初步显示，2016年1—12月中国进口谷物及谷物粉2 199万吨，与上年同期相比下降32.8%；进口金额为57.05亿美元，同比下降39.3%，但进口量仍然是近年来仅次于2015年的第二高位。2016年谷物进口量大幅下降，主要原因是国内玉米价格同比大幅下跌，国内外玉米及玉米替代品价格差缩小导致。从谷物分品种的具体数据来看，2016年，我国玉米、高粱和大麦三大饲用谷物进口量同比分别下降33.05%、37.87%和53.36%；而食用谷物品种进口量同比仍维持上升势头，其中小麦进口量同比增加13.51%，稻米进口量同比增加5.51%。由于2016年国内口粮品种继续执行最低收购价政策，且收购底价基本维持不变，国内口粮品种价格维持高位运行，而同期国际市场谷物价格继续下降。联合国粮农组织（FAO）2017年1月发布的粮农组织谷物价格指数2016年平均约为147点，较2015年下跌9.6%，较2011年峰值则下跌39%（见图1-1-3）。这导致口粮品种的内外价格差继续扩大，贸易商进口利润丰厚，小麦和稻米的进口量持续增加。

从年度数据来看，油料进口量整体保持增长，但增幅有所缩小。据海关统计，进口8 323万吨，较2015年仅仅增长1.8%，远低于2013—2015年8%~15%的增幅，创下四年来的最低增幅。同比增幅减少的原因在于我国国内大豆产量提高，加上政府出售国储大豆，制约大豆进口需求。受到国内临储菜籽油大规模拍卖成交的影响，豆油、菜籽油和棕榈油进口量同比均出现明显下降，其中豆油进口量同比下降31.50%，菜籽油进口同比下降14.15%，棕榈油进口同比下降24.22%（见图1-1-3）。

预计未来我国粮油进口将会出现分化，国内农业供给侧结构性改革及粮食收储政策调整将对进口产生巨大影响。一是在国内外口粮品种价差的影响下，国内企业继续加大进口的积极性较高，受到配额内进口利润丰厚的影响，小麦和稻米进口量料将继续增加。二是随着我国城镇化水平提高以及城乡居民收入增加，食品消费结构中肉蛋奶和食用植物油的需求将继

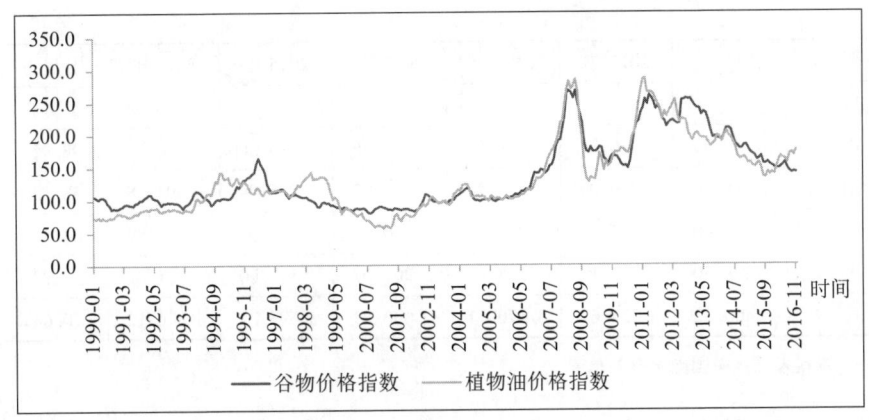

数据来源：联合国粮农组织（FAO）。

图 1-1-3 1990—2016 年联合国粮农组织谷物和植物油价格指数

续保持增长，我国饲用原粮和油脂油料需求增长较快，我国传统的短缺品种如大豆、油菜籽等进口将维持较高的增速。三是玉米临时收储政策转变将对玉米及玉米替代品进口产生巨大影响，国内玉米价格与国际市场接轨，国内市场对国外玉米、大麦、高粱等品种的进口需求将大幅减少，2017 年国内玉米种植面积的增减以及临储玉米是否会大规模去库存，也将影响玉米及玉米替代品的进口（见表 1-1-5）。

表 1-1-5　2011—2016 年我国粮油产品年度进出口数据　　　单位：千吨

项　目	2011 年	2012 年	2013 年	2014 年	2015 年	2016 年	同比（％）
进　口							
小　麦	1 248.82	3 688.62	5 507.05	2 971.39	2 972.74	3 374.28	13.51
稻　米	578.38	2 344.62	2 244.32	2 598.04	3 349.98	3 534.54	5.51
玉　米	1 752.74	5 207.38	3 264.88	2 556.55	4 730.04	3 166.95	-33.05
高　粱	0.05	86.60	1 078.00	5 775.70	10 699.69	6 647.58	-37.87
大　麦	1 775.55	2 528.28	2 335.44	5 413.47	10 731.27	5 005.13	-53.36
大　豆	52 639.55	58 383.82	63 375.15	71 398.98	81 740.34	83 230.17	1.82
豆　油	1 143.19	1 826.11	1 157.59	1 135.47	817.88	560.23	-31.50
油菜籽	1 262.27	2 929.59	3 662.41	5 081.04	4 469.66	3 565.02	-20.24
菜籽油	550.90	1 175.82	1 526.83	809.96	815.06	699.75	-14.15
棕榈油	5 912.23	6 341.16	5 979.07	5 323.89	5 909.66	4 478.53	-24.22

续表

项　目	2011年	2012年	2013年	2014年	2015年	2016年	同比（%）
出　口							
小　麦	39.79	0.00	2.52	0.96	5.30	10.54	98.92
稻　米	515.50	279.09	478.40	419.07	285.94	394.98	38.13
玉　米	136.00	257.26	77.63	20.01	11.07	3.89	-64.81
大　豆	208.30	320.10	208.97	207.07	133.60	127.23	-4.77
豆　粕	406.32	1 232.67	1 070.11	2 090.95	1 695.71	1 876.12	10.64

资料来源：中国国家海关总署。

（郑州粮食批发市场　杨京）

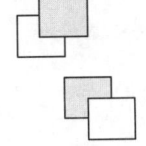

二、世界粮食市场

【内容提要】

2016/2017 年度,世界粮食总产量为 25.92 亿吨,再创历史最高纪录,增长 2.3%。其中,小麦、粗粮、大米全面增产;世界粮食总消费量 25.67 亿吨,比上年度增长 2%。其中,小麦、粗粮、大米消费均有增长;当年度粮食产大于消,期末库存略微增长,为 6.82 亿吨,比期初水平增长 3%。其中,小麦、粗粮库存增加,大米库存略减;世界粮食供求安全系数为 26%,增加 0.2 个百分点,粮食供求形势继续维持良好状态。其中,小麦为 33.2%,粗粮为 19.5%,大米为 33.1%;世界粮食总贸易量 3.91 亿吨,比上年度减少 1.2%。其中,小麦、大米贸易增加,粗粮贸易减少;2016 年,世界市场小麦年度平均价格比上年下降 14%,玉米下降 6.8%,大米上涨 3.2%。

2015/2016 年度,世界大豆产量增长 7.6%,消费量增长 5%,当年度仍然产大于消,期末库存增长 4.1%,贸易量增长 5.9%。2016 年,世界市场大豆年度平均价格比上年上涨 1.9%。

据联合国粮农组织《粮食供需概要》《作物前景与粮食形势》《粮食展望》和美国农业部(USDA)《世界农产品供需预测报告》等机构有关最新(截至 2017 年 2 月)信息资料,现对 2016/2017 年度世界粮食市场形势作如下综合分析。

(一) 世界粮食生产

2016年,世界粮食(包括小麦、粗粮和大米三种主要谷物。其中,大米为碾米,由稻谷折算。下同)总产量预计为25.9196亿吨,继2014年再创历史最高纪录,增产5821万吨,比上年增长2.3%。三种主要粮食品种小麦、粗粮、大米全面增产。发达国家粮食产量比上年增长6.18%,发展中国家略减0.7%。

世界粮食总产量构成比例是:小麦占29.25%,比上年提高0.229个百分点;粗粮占51.61%,比上年提高0.035个百分点;大米占19.14%,比上年下降0.264个百分点。

三种主要粮食品种的具体生产情况为:小麦产量为7.5814亿吨,比上年增产2 282万吨,增长3.1%;粗粮产量为13.3763亿吨,比上年增产3 094万吨,增长2.37%。其中,玉米产量为10.4021亿吨,占粗粮产量的77.76%,比上年增产7948万吨,增长8.27%;大米产量为4.9619亿吨,比上年增产445万吨,增长0.91%(见表1-2-1)。

表1-2-1　　2014—2016年世界粮食生产情况　　单位:百万吨

品　种	2014年	2015年	2016年	2016年比上年增减(%)
粮食合计	2 564.05	2 533.75	2 591.96	2.30
其中:小麦	730.48	735.32	758.14	3.10
粗粮	1 338.74	1 306.69	1 337.63	2.37
大米	494.83	491.74	496.19	0.91

资料来源:联合国粮农组织。

近10年来,世界粮食产量变化特点是:总体上呈小幅增长趋势,但年度间增减互现,个别年份波动较大,2013年增长幅度高达9.9%。其中,低收入缺粮国粮食产量除个别年份外,基本上呈增长趋势,但年趋势增长率略低于世界平均水平(见表1-2-2)。

表1-2-2 近年来世界粮食生产变化情况　　　　　　　单位:%

指标	年趋势增长率	与上年相比的产量增长率				
时间	2006—2015年	2012年	2013年	2014年	2015年	2016年
世界粮食产量变化情况	2.6	-2.2	9.9	1.8	-1.2	1.7
低收入缺粮国粮食产量变化情况	2.1	3.7	1.1	3.1	-5.2	4.7
除印度外其他低收入缺粮国粮食产量变化情况	2.7	5.3	0.6	6.7	-3.7	2.4

资料来源:联合国粮农组织。

（二）世界粮食消费

2016/2017年度，世界粮食总消费量为25.6717亿吨，比上年度增加5041万吨，增长2%，与当年粮食总产量相比，产大于消，产消过剩2479万吨，这意味着可以继续对库存予以一定补充，粮食供求形势持续维持良好状态。

近17年来，世界粮食产消形势可以分为四个阶段：第一阶段，即2000/2001—2003/2004年度，世界粮食连续4年产不足消，4年累计粮食短缺2.1541亿吨，均是靠挖库存弥补产消缺口，致使粮食供求形势持续偏紧；第二阶段，即2004/2005—2007/2008年度，产大于消年度3个，产不足消年度1个，4年累计粮食产消剩余量为2043万吨，即便这4个年度产消相抵有剩余，但因第一阶段产消缺口巨大，致使期末库存量与消费量之比在2006/2007年度、2007/2008年度处于近10年来的最低水平，粮食供求形势处于偏紧甚至严峻状态；第三阶段，即2008/2009—2012/2013年度，产大于消年度3个，产不足消年度2个，5年累计粮食产消剩余量为1.1534亿吨，对库存有较大程度弥补，缓解了持续多年粮食供求形势偏紧的状态；第四阶段，即2013/2014—2016/2017年度，全部为产大于消年度，4年累计粮食产消剩余量为2.0044亿吨，对库存又有较大程度弥补，粮食供求形势恢复为较为安全状态。从第一至第四阶段的17年中，累计粮食产消剩余量为1.2080亿吨，粮食供求形势总体呈供大于求格局（见表1-2-3）。

表1-2-3　近年来世界粮食产消形势变化情况　　　　　单位：万吨

第一阶段	2000/2001年度	2001/2002年度	2002/2003年度	2003/2004年度		4年累计
产量—消费量	-3 280	-1 970	-9 610	-6 681		-21 541
第二阶段	2004/2005年度	2005/2006年度	2006/2007年度	2007/2008年度		4年累计
产量—消费量	4 941	1 340	-4 525	287		2 043
第三阶段	2008/2009年度	2009/2010年度	2010/2011年度	2011/2012年度	2012/2013年度	5年累计
产量—消费量	10 018	4 281	-2 491	2 608	2 971	11 534
第四阶段	2013/2014年度	2014/2015年度	2015/2016年度	2016/2017年度		4年累计
产量—消费量	9 166	6 700	1 699	2 479		20 044

资料来源：根据联合国粮农组织有关资料测算。

2016/2017年度，世界粮食食用消费量占粮食总消费量的43.18%，为11.055亿吨，比上年度增长1.3%，与世界人口增长率基本相当，因此世界整体人均食用消费量近年来基本稳定在每年148.8千克的水平；世界粮食饲料消费量占粮食总消费量的36%，为9.219亿吨，比上年度增长2.7%；世界粮食其他用途消费量（主要是工业用途）占粮食总消费量的20.81%，为5.329亿吨，比上年度略增0.4%。

2016/2017年度，世界粮食总消费量的构成比例是：小麦占28.69%，比上年度增加0.29个百分点；粗粮占51.83%，比上年度减少0.1个百分点；大米占19.48%，比上年度减少0.19个百分点。

2016/2017年度，预计三种主要粮食品种的具体消费情况为：小麦消费量为7.365亿吨，比上年度增加2 188万吨，增长3.06%；粗粮消费量为13.3046亿吨，比上年度增加2 358万吨，增长1.8%。其中，玉米消费量10.3303亿吨，占粗粮消费量的77.64%，比上年度增加7 292万吨，增长7.59%；大米消费量为5.0021亿吨，比上年度增加494万吨，增长1%（见表1-2-4）。

表1-2-4　　2014/2015—2016/2017年度世界粮食消费情况　　单位：百万吨

品　　种	2014/2015	2015/2016	2016/2017	2016/2017比上年度增减（%）
粮食合计	2497.06	2516.76	2567.17	2.00
其中：小麦	703.34	714.61	736.50	3.06
粗粮	1 302.19	1 306.88	1 330.46	1.80
大米	491.53	495.27	500.21	1.00

资料来源：联合国粮农组织。

（三）世界粮食贸易

2016/2017年度，世界粮食总贸易量为3.9108亿吨，比上年度减少467万吨，下降1.18%，三种主要粮食品种中，小麦、大米贸易量增加，粗粮贸易量减少。

2016/2017年度，世界粮食总贸易量的构成比例是：小麦占43.71%，比上年度增加1.22个百分点；粗粮占45.25%，比上年度减少1.73个百分点；大米占11.04%，比上年度增加0.51个百分点。

2016/2017年度，三种主要粮食品种的具体贸易情况为：小麦贸易量为1.7095亿吨，比上年度增加279万吨，增长1.66%；粗粮贸易量为1.7697亿吨，比上年度减少896万吨，下降4.82%；大米贸易量预计在2017日历年为4 316万吨，比上年增加151万吨，增长3.62%（见表1-2-5）。

表1-2-5　　2014/2015—2016/2017年度世界粮食贸易情况　　单位：百万吨

年　度 品　种	2014/2015	2015/2016	2016/2017	2016/2017年度比上年度增减（%）
粮食合计	379.04	395.74	391.08	-1.18
其中：小麦	156.90	168.16	170.95	1.66
粗粮	177.40	185.93	176.97	-4.82
大米	44.75	41.65	43.16	3.62

资料来源：联合国粮农组织。

（四）世界粮食库存

根据对 2016/2017 年度世界粮食总产量和总消费量的最新预测，当年度世界粮食产量略高于消费量，世界粮食期末库存量将增加至 6.8148 亿吨，与本年度期初水平相比增加 1 965 万吨，增长 2.97%。

2016/2017 年度，世界粮食库存的构成比例是：小麦占 35.95%，比上年度增加 1.76 个百分点；粗粮占 39.08%，减少 0.86 个百分点；大米占 24.97%，减少 0.89 个百分点。

2016/2017 年度，世界三大粮食品种期末库存量具体情况是：小麦库存量为 2.4504 亿吨，增加 1 870 万吨，增长 8.26%；粗粮库存量为 2.6629 亿吨，增加 196 万吨，增长 0.74%；大米库存量为 1.7015 亿吨，减少 102 万吨，下降 0.59%（见表 1-2-6）。

表 1-2-6　　2014/2015—2016/2017 年度世界粮食库存情况　　单位：百万吨

年度 品种	2014/2015	2015/2016	2016/2017	2016/2017 年度 比上年度增减（%）
粮食合计	656.09	661.84	681.48	2.97
其中：小麦	211.63	226.33	245.04	8.26
粗粮	269.71	264.33	266.29	0.74
大米	174.75	171.17	170.15	-0.59

资料来源：联合国粮农组织。

在世界小麦库存量中，主要出口国或地区（阿根廷、澳大利亚、加拿大、欧盟、哈萨克斯坦、俄罗斯联邦、乌克兰和美国）拥有的库存量为 7 060 万吨，比上年度增加 620 万吨，增长 9.6%。

在世界粗粮库存量中，主要出口国或地区（阿根廷、澳大利亚、巴西、加拿大、欧盟、俄罗斯联邦、乌克兰和美国）拥有的库存量为 1.061 亿吨，比上年度增加 1 450 万吨，增长 15.8%。

在世界大米库存量中，主要出口国（印度、巴基斯坦、泰国、美国和越南）拥有的库存量为 3 090 万吨，比上年度减少 300 万吨，减少 8.8%。

2016/2017 年度，世界粮食供求安全系数（本年度期末库存量与下年度消费量的比率）为 26%，比上年度增加 0.2 个百分点，比近 10 年最高水平的 2014/2015 年度略微减少 0.1 个百分点，比近 10 年最低水平的 2007/2008 年度高出 5.5 个百分点，远高于世界粮食供求安全指标 17%～18% 的警戒线水平。近 10 多年来，世界粮食供求安全系数最高的年度是 1998/1999 年度和 1999/2000 年度，均为 33%。随后，世界粮食供求安全系数基本上一路下降，2004/2005 年度止降回升，2005/2006 年度继续有所回升，2006/2007 年度又比上年度急剧下降，2007/2008 年度又比上年度略微下降，为历史的谷底水平。2008/2009 年度反弹至 23.8%，比上年度增加 3.3 个百分点，扭转了粮食欠安全的状态。随后几年，基本上维持该水平，呈小幅度波动态势，近三年度则呈小幅提升态势。2016/2017 年度，主要出口国粮食供求安全系数为 16.5%，比上年度增加 0.7 个百分点。

2016/2017 年度，世界主要粮食品种的供求安全系数：小麦为 33.2%，比上年度增加 2.5 个百分点；粗粮为 19.5%，比上年度减少 0.4 个百分点；大米为 33.1%，比上年度减少 1.1 个百分点。

（五）世界粮食价格

2016 年，三大粮食品种价格走势为：

1. 小麦价格

2016 年，国际市场小麦年度平均价格（美国 1 号硬红冬麦，西北太平洋港口交货价）为 194.65 美元/吨，比上年下降 13.97%。分月份看，全年基本呈一路下跌态势。1—7 月份价格呈下降态势，7 月份达到年度最低价 184.34 美元/吨，8—11 月份价格略涨，12 月份价格小幅回落。12 月份价格为 186.48 美元/吨，比上月下降 1.7%，比上年同期下降 10.4%。1—12 月份，各月价格均明显低于上年同期水平，1 月份价格为全年最高价（见图 1-2-1）。

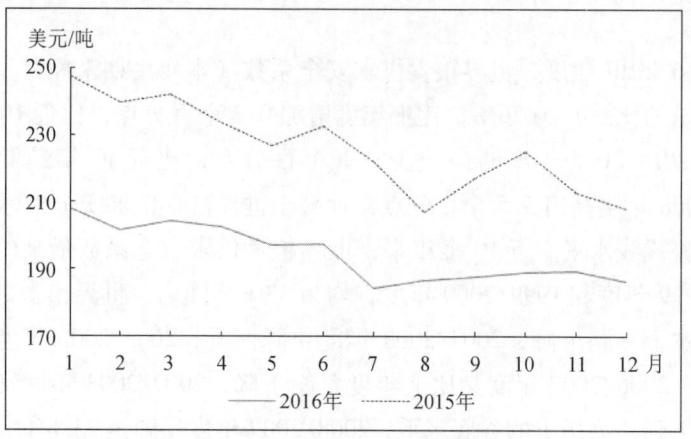

图 1-2-1　国际市场小麦价格走势图

2. 玉米价格

2016年，国际市场玉米年度平均价格（美国2号黄玉米，海湾地区交货价）为159.22美元/吨，比上年下降6.8%。分月份走势看，1—2月份价格呈小幅下降态势，3—6月份价格持续上涨，6月份达年度最高价180.23美元/吨，7—9月份价格较大幅度下降，9月份至年度最低价148.43美元/吨，10—12月份价格小幅回升。12月份价格为152.67美元/吨，比上月略涨0.9%，比上年同期下跌6.8%。1—12月份，5月、6月价格略高于上年同期水平，其他月份价格均低于上年同期水平（见图1-2-2）。

3. 大米价格

2016年，国际市场大米年度平均价格（泰国曼谷大米离岸价，破碎率25%）为385.02美元/吨，比上年上涨3.2%。分月份看，全年呈先涨后跌态势，1—7月份价格持续上涨，7月份达年度最高价423.73美元/吨，随后至11月份呈持续下降走势，12月份止跌略升。12月份价格为363.32美元/吨，比上月略涨1%，比上年同期上涨2%。1—4月份各月价格均低于上年同期水平，其余各月价格均高于上年同期水平（见图1-2-3）。

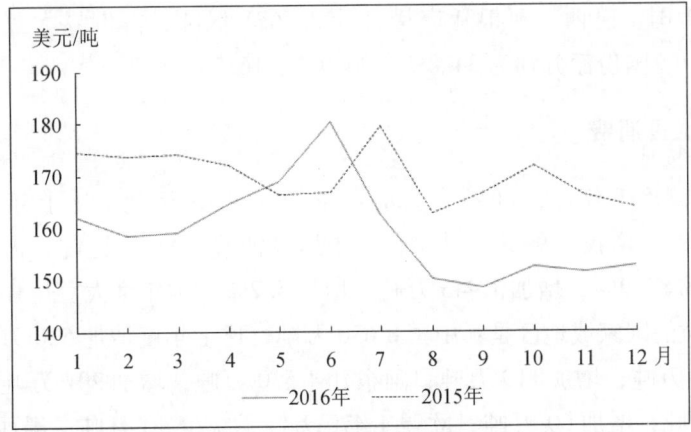

图 1-2-2 国际市场玉米价格走势

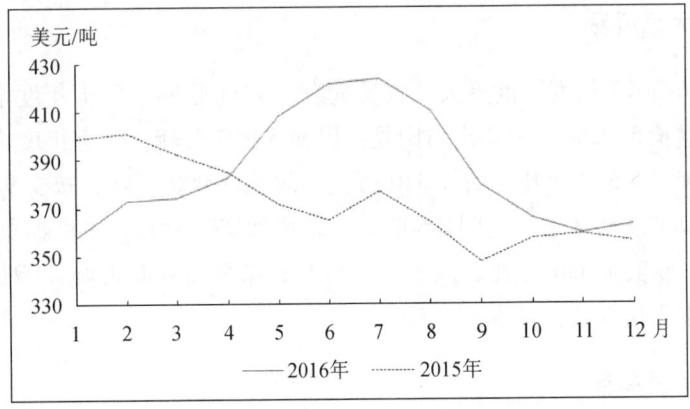

图 1-2-3 国际市场大米价格走势

(六) 世界大豆市场

1. 大豆生产

2016 年，世界大豆产量 3.3662 亿吨，增产 2 365 万吨，增长 7.56%。其中，美国 1.1721 亿吨，比上年增产 1 035 万吨；巴西 1.04 亿吨，增产 750 万吨；阿根廷 5 550 万吨，减产 130 万吨；中国 1 290 万吨，增产 111

万吨。美国、巴西、阿根廷产量合计 2.7671 亿吨，占世界大豆产量的 82.2%，三国份额分别为 34.8%、30.9%、16.5%。

2. 大豆消费

2016/2017 年度，世界大豆消费量为 3.3075 亿吨，比上年度增加 1 571 万吨，增长 4.99%。其中，用于压榨消费 2.9074 亿吨，占大豆总消费量的 87.9%，增加 1 443 万吨，增长 5.2%。本年度大豆压榨量居世界前几位的国家或地区是：中国 8 650 万吨，比上年度增加 520 万吨；美国 5 253 万吨，增加 119 万吨；阿根廷 4 530 万吨，增加 207 万吨；巴西 4 050 万吨，增加 60 万吨；欧盟 1 470 万吨，减少 40 万吨；墨西哥 470 万吨，增加 30 万吨；日本 220 万吨，减少 8 万吨。

3. 大豆贸易

2016/2017 年度，世界大豆贸易量为 1.4011 亿吨，比上年度增加 783 万吨，增长 5.92%。主要出口国是：巴西 5 950 万吨，比上年度增加 512 万吨；美国 5 579 万吨，增加 310 万吨；阿根廷 900 万吨，减少 92 万吨。主要进口国或地区是：中国 8 600 万吨，增加 277 万吨，占世界贸易量的 61.3%；欧盟 1 380 万吨，减少 121 万吨；墨西哥 430 万吨，增加 17 万吨；日本 310 万吨，减少 9 万吨。

4. 大豆库存

2016/2017 年度，世界大豆产量较大幅度增长 7.56%，消费增长 4.99%，当年度产大于消，期末库存增加。世界大豆期末库存为 8 038 万吨，比上年度期末库存（也即本年度期初库存）增加 319 万吨，增长 4.1%。其中主产国中，阿根廷 2 970 万吨，比期初库存减少 225 万吨；巴西 1 938 万吨，增加 75 万吨；美国 1 144 万吨，增加 609 万吨。

5. 大豆价格

2016 年，国际市场大豆年度平均价格（美国 1 号黄豆，海湾地区交货价）为 381.82 美元/吨，比上年上涨 1.9%。分月份看，1—2 月份价格微幅下降，2 月份至年度最低价 336.92 美元/吨，3—6 月份价格连续较大幅度上升，6月份达年度最高价440.21美元/吨，7—10月份价格持续下跌，11—12月份止跌略升。12月份价格为390.05美元/吨，比上月上涨2.7%，比上年同期上涨12.3%。1—12月份，1—4月份各月价格均低于上年同期水平，其余各月价格均高于上年同期水平（见图1-2-4）。

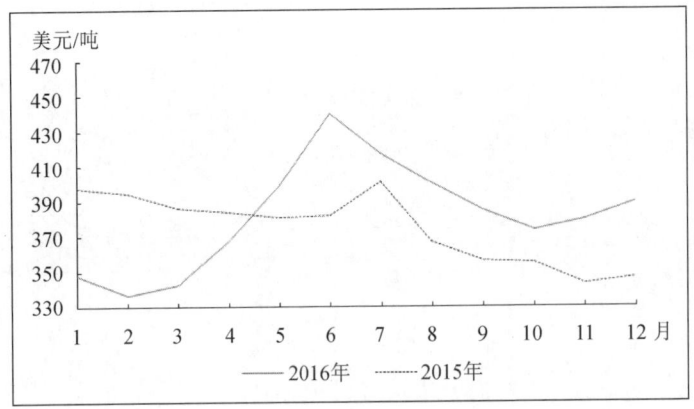

图1-2-4　国际市场大豆价格走势

说明：

(1) 本报告的粮食口径为谷物，即小麦、粗粮和大米，不包括豆类和薯类。粗粮口径为除小麦、大米以外的谷物。大米口径为碾米，由稻谷折算。

(2) 由于各国（地区）粮食生产的季节差异，世界粮食产量、消费量与期末库存数据均以各国（地区）的粮食市场年度为准。各国（地区）的粮食市场年度与其不同品种的市场年度并不完全一致，但分国别（地区）的粮食市场年度基本保持稳定，因而年度汇总数据具有可比性。

产量数据系指市场年度所列第一个年份日历年（1—12月）的产量。例如，市场年度2016/2017年度的产量，系指2016年日历年的产量。

期末库存数据得自各国（地区）市场年度期末结转库存总量，因此不反映某时间点世界库存水平。由于各国（地区）的市场年度不完全相同，期末库存可能不完全等于供给量（产量+期初库存）与消费量之差。

小麦和粗粮贸易量系指市场年度所列第一个年份7月/第二个年份6月的销售年度的出口量，大米贸易量系指市场年度所列第二个年份日历年（1—12月）的销售年度的出口量。大豆市场年度系指所列第一个年份10月/第二个年份9月。

(3) 由于有关国际组织、机构和国家及地区根据掌握的最新信息情况，一直在对世界粮食产量、消费量、贸易量与期末库存数据等进行动态调整，所以本书中的历史数据与往年书中的数据可能并不完全相同。

(4) 低收入缺粮国系指人均收入水平低于世界银行用于确定接受国际开发协会援助资格水平（即 2011 年为 1 945 美元）的缺粮国。根据粮食援助政策及计划委员会商定的准则和标准，在分配粮食援助时应优先考虑这些国家。

（农业部信息中心　刘桂才）

第二部分

中国粮食市场主要品种供求形势

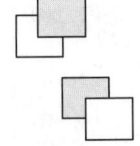

一、小麦市场分析

【内容提要】

回顾2016年,我国小麦产量丰收但品质因灾受损,主产区农民种粮平均收益下降;国家及地方政府及时出手,多措并举降低农民损失;小麦收购量创新高,导致市场供需矛盾凸显,麦价在第四季度大幅上涨;供不足需激活临储小麦交易,仅年末两个月的成交量就占到全年的76%;受宏观因素影响,数据显示2015/2016年度小麦消费量继续减少,且减幅扩大。

展望2017年,农业供给侧结构性改革深入推进,粮食流通政策也顺势而为,尽管托市政策将贯穿整个"十三五"期间,但托市价格继续保持不变似乎不再合时宜。2017年如果不出现极端灾害气候,将仍获丰收,市场供应保持平稳。消费结构中,口粮基础消费稳定,增量消费略涨,饲料消费或受玉米价低影响,难有良好表现。预计2017年小麦价格的底部支撑坚实,但上涨空间有限,更多表现出区域性、结构性和阶段性特征。

(一) 2016年我国小麦供需形势回顾

1. 小麦生产丰收,质量下滑,导致收益下降

2016年,我国小麦播种面积24 187千公顷,较上年增加45千公顷;单产5 327.4千克/公顷,较上年减少65.4千克/公顷;总产12 885万吨,较上年减少134万吨(见图2-1-1)。

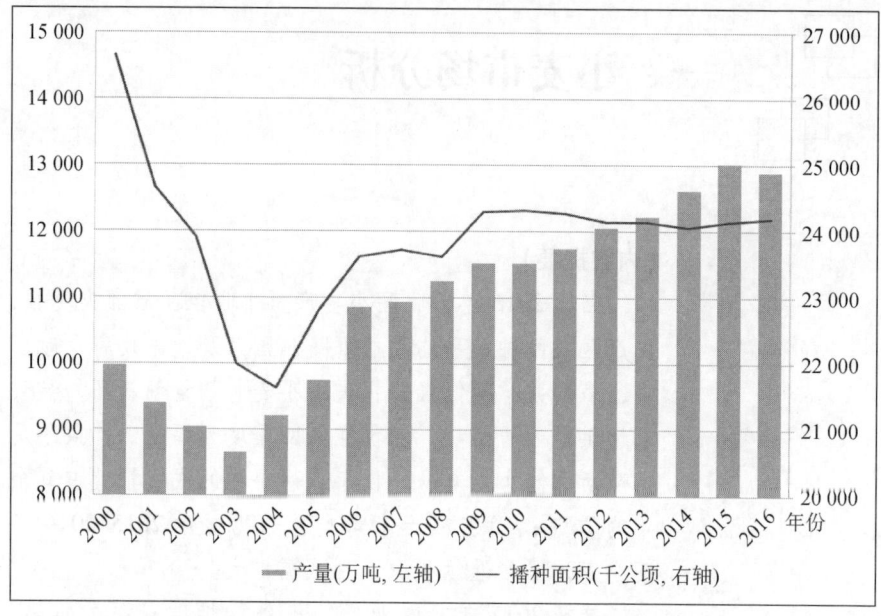

数据来源：历年中国统计年鉴，国家统计局。

图 2-1-1　2000—2016 年我国小麦产量与面积图

小麦总产减少是单产下滑所造成。2016 年春节过后，主产区冬小麦从返青期至成熟期遭遇了一系列的气候灾害，是导致小麦单产下滑的主要原因。气候灾害不仅影响到小麦产量，也明显影响到小麦质量。据公开数据显示，9 省收获小麦的多项指标均有不同程度下降，其中，容重、三等以上占比、硬度指数、符合国标要求（≤10%）的不完善粒含量占比等关键指标下降明显。

受单产减少、质量下降影响，综合测算（不计人工及土地成本），2016 年安徽、江苏、湖北等省平均种植收益较上年有不同幅度下降，河北和山东平均种植收益较上年基本持平。

2. 小麦年度消费减幅扩大

据机构数据，2015/2016 年度我国小麦国内总消费量为 10 977 万吨，较上年度减少 943 万吨，且减幅扩大。其中制粉消费同比减 2.2%，饲用消费及消耗减 50%，工业消费减 9.8%，种用略增（见表 2-1-1）。

表 2-1-1　　　　　　　　中国小麦供需平衡表　　单位：千公顷，吨/公顷，千吨

项　目	2013/2014 年度	2014/2015 年度	2015/2016 年度 12 月份预测值	2016/2017 年度 12 月份预测值
播种面积	24 117	24 064	24 141	24 200
生产量	**121 926**	**126 208**	**130 185**	**128 580**
进口量	6 772	1 495	3 305	3 000
新增供给	**128 698**	**127 703**	**133 490**	**131 580**
制粉消费	96 300	92 000	90 000	88 800
其中：面粉	72 225	69 000	67 500	66 600
次粉	4 815	4 600	4 500	4 440
麸皮	19 260	18 400	18 000	17 760
饲用及损耗	**13 500**	**13 000**	**6 500**	**8 000**
工业消费	13 000	9 500	8 560	7 500
种用量	4 700	4 700	4 710	4 710
年度国内消费	127 500	119 200	109 770	109 010
出口量	0	4	13	5
年度总消费	**127 500**	**119 204**	**109 783**	**109 015**
年度结余量	**1 198**	**8 499**	**23 707**	**22 565**

数据来源：国家粮油信息中心。

制粉消费减少，主因是国内总体消费不振，企业开机率普遍降低所致；饲用消费大幅降低，主因是已经开始实施的玉米市场化改革致玉米价格大跌，小麦饲料替代随之锐减；小麦工业消费减少的主因是国内宏观形势低迷，致粮食深加工行业普遍亏损，用量降低。

3. 小麦进口保持旺盛局面

2016 年，我国小麦进口 337.4 万吨，同比增加 40 万吨，增幅 13.5%；小麦进口均价 237.38 美元/吨，同比降低 61.71 美元，降幅达 20%。小麦出口 1.05 万吨，较 2015 年增加 0.52 万吨；面粉进口 9.02 万吨，较 2015 年减少 2.64 万吨（见图 2-1-2）。

小麦进口保持旺盛势头的主要原因：一是国际小麦价格持续走低，为企业扩大利润空间创造了条件；二是进口小麦品质均衡，不仅能调剂国内

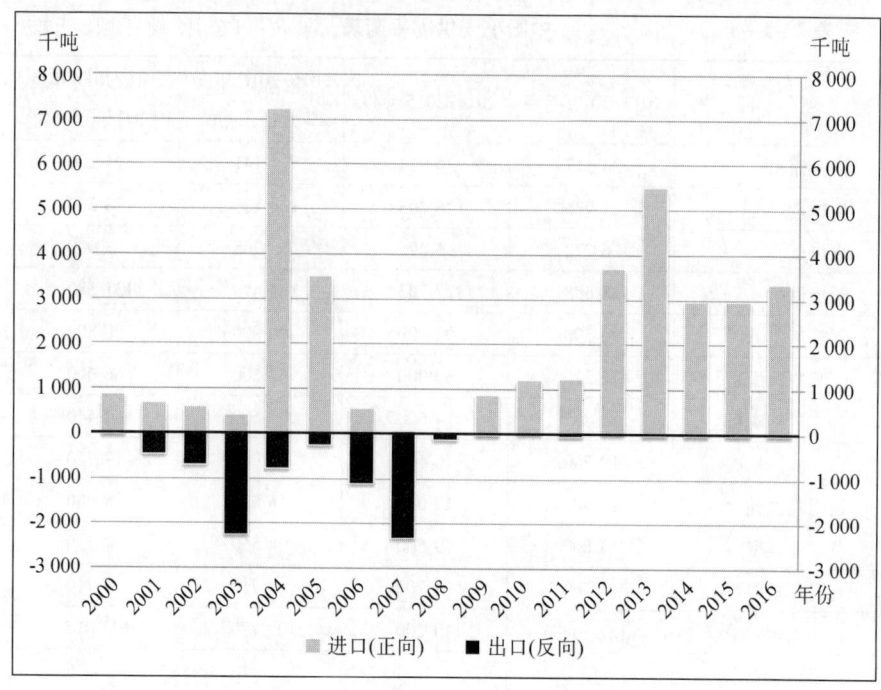

数据来源：中国海关总署。

图 2-1-2　2000—2016 年中国小麦进出口情况

需求余缺，还能在很大程度上改善面粉质量、提升产品等级。

（二）2016 年我国小麦市场行情回顾

1. 行情前期低位震荡，后期快速飙升

2016 年我国小麦行情阶段性特征突出，特别是进入第四季度，小麦价格快速上涨，主产区企业收购价格屡创新高。回顾来看，2016 年国内小麦行情走势主要分为四个阶段。

第一阶段（1 月至 3 月份）：这一时期尽管涵盖了节前采购、节后补库以及节后消费等几个热点时期，但供需脱节令现货价格难有更好的表现，平均价格始终维持在 2 300～2 350 元/吨区间窄幅波动。

分析来看，主要原因有三：一是在元旦过后，主产区的国有粮库为抓住价格相对较高的时期锁定利润，及早开展了储备轮换工作；二是受经济下行压力影响，南方及沿海销区务工人员提早返乡，在春节过后又延迟返城，导致消费显著降低；三是业内对后期预期较低，出货踊跃，但采购意愿较低。

第二阶段（4月初至6月份）：主产区陈麦稳步上涨，至5月下旬新麦上市后，陈麦止涨并略有下滑。6月份，标准品质陈麦收购价基本稳定在2 400～2 500元/吨之间。品质较低小麦也升至2 200～2 300元/吨。市场供应偏紧，加之储备投放和需求采购脱节等因素，共同推高陈麦价格。

从5月中旬开始，新季小麦由南至北陆续上市。由于前期上市量小，"抢购"导致南部地区提前上市的小麦价格快速走高。随着新麦上市量的不断增加，新麦价格回归平稳。但江淮、黄淮地区小麦超标严重，收购进展缓慢，价格基本在2 060～2 200元/吨，华北地区小麦价格也受到拖累，基本在2 280～2 340元/吨。

第三阶段（7月至9月中旬）：整个7月份，各地收购进度依旧缓慢，市场上低质小麦流通量庞大，主产区小麦行情继续弱势运行。8月份后，多个主产省针对不完善粒超标小麦出台了应急收储政策，"定点、定价、定量"措施在很大程度上提振了超标小麦的市场行情。同时，受8月下旬的开学季，以及9月中下旬的中秋、国庆"双节"提振，产区及销区的加工消费有所起色，小麦行情稳步提升。进入9月份，市场上小麦流通因持续的规模性收储而逐步趋紧，小麦市场获得较强支撑。

至9月中旬，不完善粒在10%～15%的小麦收购价格多在2 320～2 400元/吨，超过20%的小麦多在2 000～2 200元/吨之间。

第四阶段（9月下旬至12月份）：9月中旬过后，集中收储即将结束，但收购进度并未减缓，市场上小麦流通进一步趋紧，加工企业只得不断上调采购价格。10月份主产区小麦价格继续强势走高，华北地区二等及以上、不完善粒在10%左右的小麦采购价格涨至2 540～2 640元/吨。进入11月份，随着国家开始在山东、河北投放2015年临储小麦，加之市场价格已明显超出临储交易的采购成本，主产区小麦价格止涨回稳。随着时间临近2017年的元旦、春节假期，企业备货进度加快，小麦流通持续吃紧导致主产区小麦价格继续呈高位有增态势。至12月下旬，华北多地小麦收购价进入 2 600~2 700 元/吨区间（见图 2-1-3）。

2016 年第四季度小麦行情快速攀高让市场始料未及。主要原因有三：一是持续的规模性收购让市场上原粮流通极度紧缺，已经难以满足企业最基本的加工需求；二是较长时期的消费低迷让贸易、仓储及加工企业库存一直处于较低水平，企业获取原粮的主要渠道只能依靠临储小麦交易，而交易底价较高成为小麦行情"上台阶"的关键支撑；三是国家治理公路运输超限，导致单车运力下降，而运力缺口的意外显现进一步推升运费上涨。

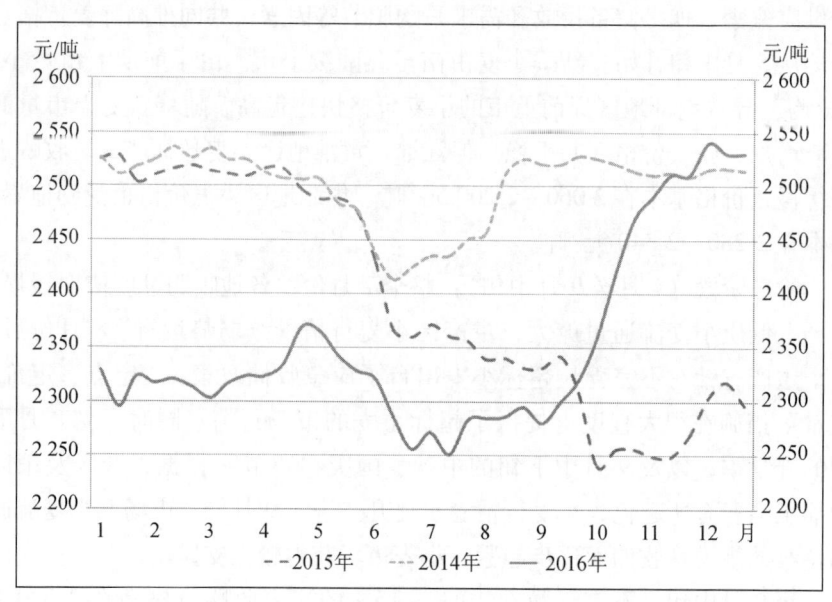

数据来源：郑州粮食批发市场，中华粮网。

图 2-1-3　郑州粮食批发市场白小麦（三等）价格走势图

2. 国家出手解难题，收购总量创新高

受新粮受灾质量下降影响，尽管托市收购全面启动，但收购进度缓慢。为防止农民出现"售粮难"问题，国家及地方及时出手"救市"。回顾来看，2016 年夏粮收购三个特点有别往年（见图 2-1-4）。

（1）多个主产省启动应急收储预案。针对"不完善粒超标，农民受损"情况，国家及多个主产省先后下发通知及具体措施，切实解决农民

"售粮难"问题。国家粮食局7月5日下发《受灾地区夏粮收购工作的紧急通知》,要求帮助农民整理小麦提级进等,并认真落实粮食安全省长负责制,多措并举做好超标小麦的收购工作。同期,河南省粮食局在《致全省售粮农民的公开信》中,表示最大限度地扩大收购范围,还安排专项资金购置设备、给予补贴以及贷款贴息。湖北及安徽也出台相应的救灾减灾的收购办法:放宽收购标准,指定企业按照专项收购价格启动临时收购,在计划收购量内尽量做到应收尽收。

(2) 收购进度前慢后快。在8月份之前,由于主产省对收购标准把控严格,加之企业对后期走势看法不明朗,导致收购进展十分缓慢,收购进度同比均处于落后状态。

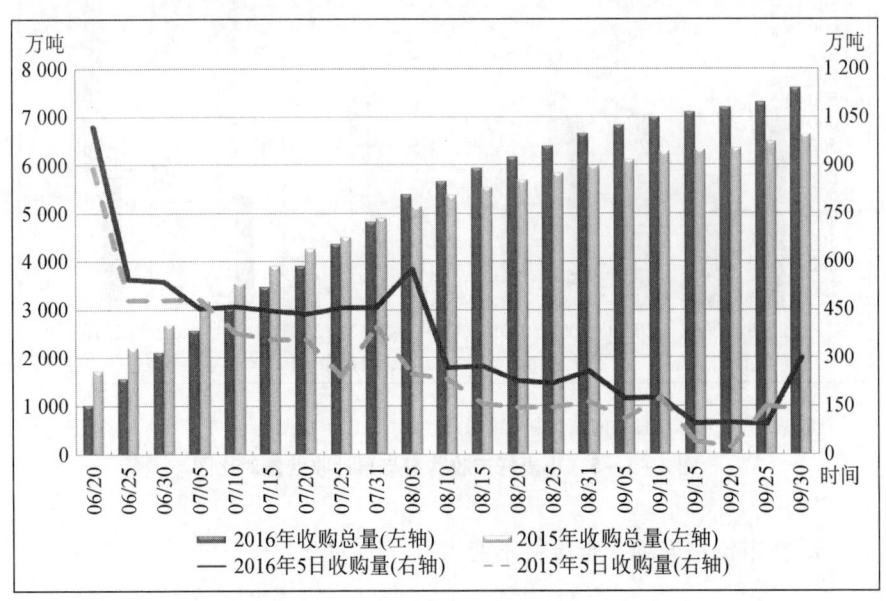

数据来源:国家粮食局网站。

图 2-1-4　2015—2016 年夏收小麦收购进度对比图

进入8月份后,收购进度全面超越上年同期。原因有三:一是多个主产省针对超标小麦启动应急临储预案;二是收购量快速提升、市场粮源不断减少,也改变了其他收购主体对后期的预期;三是8月份以后,新麦加工适用性提升,也进入阶段需求旺季。

(3) 收购总量再创纪录。截至9月30日,主产区各类粮食企业累计收购小麦 7 582 万吨，同比增加 951 万吨，创下近 11 年来的收购纪录，占到总产量的近六成。

按照最低收购价收购的小麦总量也创下 2010 年以来新高，达 2 853 万吨，同比增加 773.7 万吨。其中，河南收购量 1 214 万吨托市小麦，占托市收购总量的 42.6%；安徽托市小麦收购量 554 万吨，占托市总量的 19.4%；江苏、河北、山东、湖北分别收购托市小麦 408 万吨、317 万吨、311 万吨、49 万吨（见图 2-1-5）。

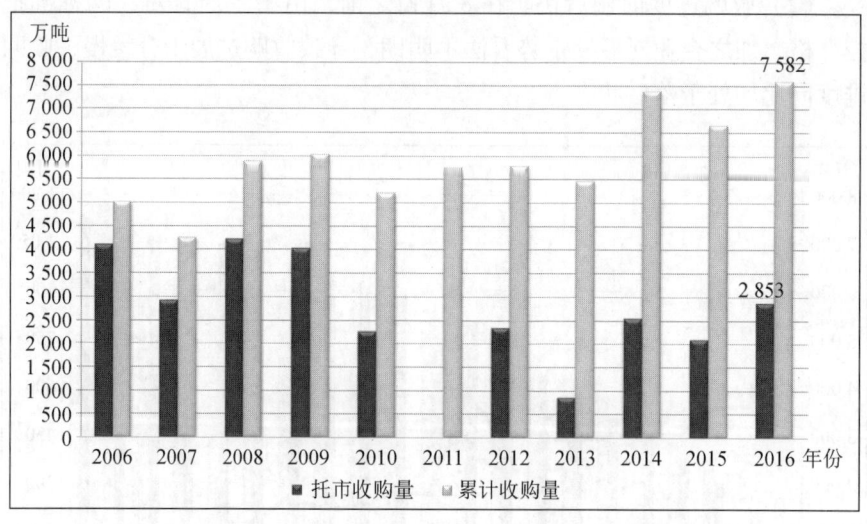

数据来源：国家粮食局网站、中华粮网。

图 2-1-5　小麦托市收购量与累计收购量对比图

3. 托市价格连续 4 年维持不变

国家发展与改革委员会在 2016 年 10 月下旬发布《关于 2017 年小麦最低收购价格的通知》，相比往年发布的时间有所推迟。2017 年继续在小麦主产区实施最低收购价政策，同时，为保护农民利益，考虑到多种因素，2017 年小麦最低收购价为 2 360 元/吨（三等），保持 2016 年水平不变。这是自 2014 年从 2 240 元/吨上调至 2 360 元/吨后，连续第四年维持不变（见图 2-1-6）。

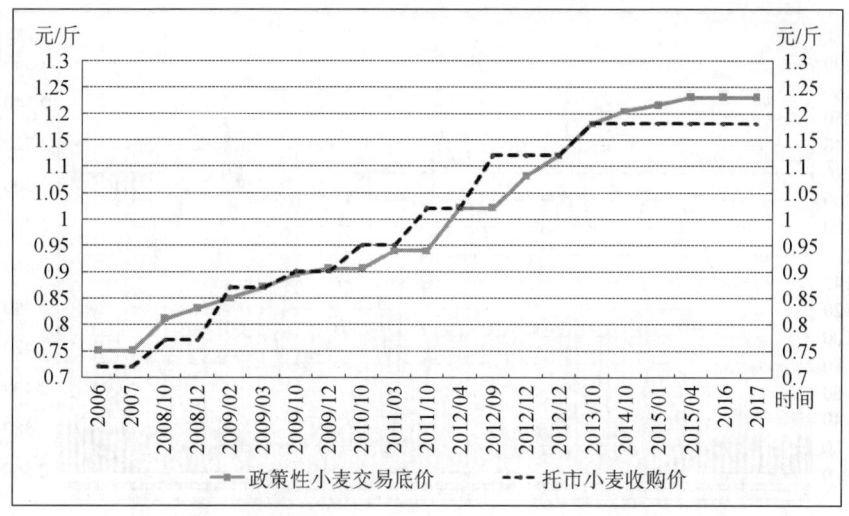

数据来源：国家发展与改革委员会网站。

图 2-1-6　历年小麦最低收购价及政策性小麦交易底价变化情况

4. "休克"多时的临储小麦交易被"激活"

由于终端消费不振、临储小麦交易底价过高等因素影响，2016年前三个季度成交低迷，直到第四个季度，小麦市场价格快速飙涨，超过临储小麦交易底价，临储小麦交易才被"激活"。

临储投放方面，2016年全年共投放50周，周均投放量202万吨，较上年的周均投放量增加93万吨。

临储小麦周均成交8.4万吨，较2015年减少1.6万吨。据统计，成交量在1万吨以下的有23个周，其中有4周"零成交"；在11月、12月的9个交易周中，累计成交320万吨，占到全年418万吨成交量的76%（见图2-1-7）。

临储小麦成交量在年末大幅提升的主要原因有三：一是主产区小麦价格大幅上涨导致临储小麦拍卖成为价格洼地；二是从市场最缺粮的11月份开始，河北、山东、江苏先后安排投放2015年托市小麦，且交易底价维持不变；三是企业库存持续偏低，必须扩大采购才能维持基础加工需求，并满足后期的假期储备。

临储小麦成交均价为2 494.76元/吨，较上年提高33.79元/吨。尽

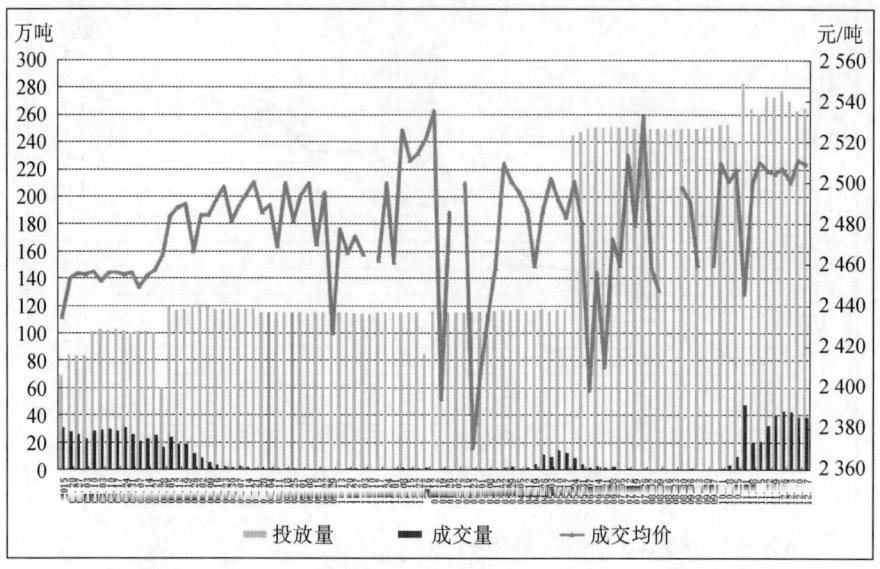

数据来源：国家粮食交易中心、郑州粮食批发市场、中华粮网。

图 2-1-7　2015—2016 年政策性小麦竞价销售交易情况

管交易底价不变，但由于市场对粮源极度渴求，竞价积极导致成交价格普遍高于底价。

2016 年，临储进口小麦持续投放，交易品种为 2013 年"美国 2 号"软红冬小麦。全年累计成交进口小麦 36.4 万吨，较上年增加 12 万吨。成交均价为 2 517.86 元/吨，真菌毒素超标小麦成交 1.6 万吨，成交均价 1 760 元/吨。

5. 强麦品质不佳，后期上演逼仓行情

2016 年，郑州商品交易所强麦期货走势呈"U"型（见图 2-1-8）。年内强麦主力合约最低跌至 2 545 元/吨，最高涨至 3 142 元/吨。从全年走势来看，基本可以分为两个阶段。

第一阶段，1 月至 8 月期间，整体呈震荡下行态势。2016 年第一个交易日冲至 3 002 元后，从 3 月下旬开始走出一波短期快速上扬行情，随后大幅下跌至 2 553 元/吨，跌幅接近 15%，直至 8 月底，强麦期货始终在低位徘徊震荡，最低一度探至 2 545 元/吨。现货行情一直走低直接导致强麦期货出现台阶式下跌，其他诸如强麦仓单品质、进口麦价格等因素，也是导致强麦期货低迷不振的主要原因。

第二阶段，9月至年末，强麦一路走高。这一期间盘面价格最高涨至3 142元/吨，较年内最低时，涨幅达23.5%。推升强麦期货价格不断上涨的原因有二：一是现货价格出现大幅上涨；二是气候灾害也影响到强筋小麦品质，标准仓单注册量减少，而专用粉加工企业作为"天然多头"不断在盘上买入，导致期货价格快速上涨。

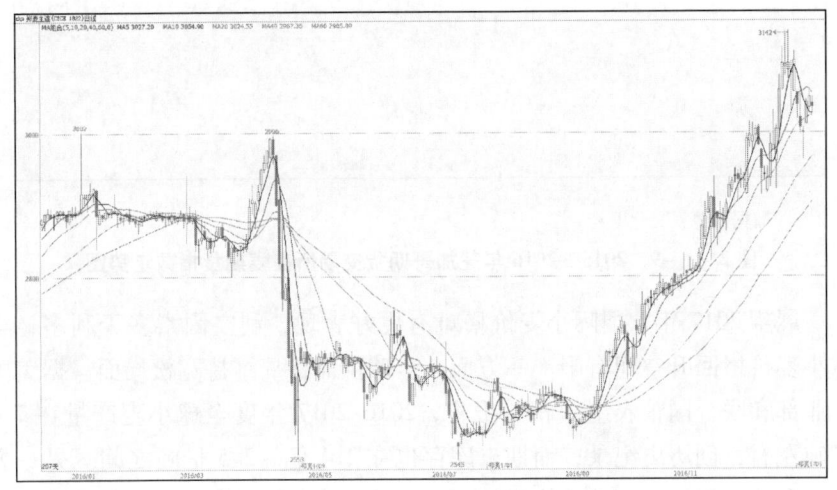

数据来源：文化财经。

图2-1-8　2016年郑麦期货主力合约走势图

（三）国际麦市供需宽松打压麦价

2016年，国际小麦价格震荡下跌。上半年美国芝加哥期货交易所（以下简称CBOT）小麦指数在450~500点间持续做箱体震荡，直至6月上旬，因市场担忧欧洲地区强降雨影响小麦产量，美麦出现短期反弹至年内高点后，即开始一轮大幅下跌。8月底最低跌至395.2点，创10年来新低。相比2008年3月份金融危机时1 293.7点的高位，全球小麦累计下跌近70%，全球小麦供需宽松以及美元强势走高是导致大跌的根本原因。随后的几个月，美麦在400~440点区间继续弱势震荡（见图2-1-9）。

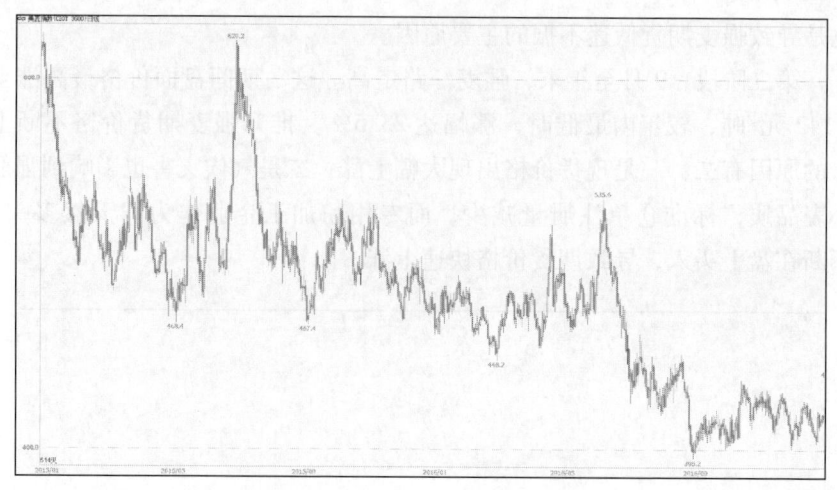

数据来源：义化财经。

图 2-1-9　2015—2016 年芝加哥期货交易所美麦期货指数走势图

展望 2017 年，国际小麦价格难有更好表现，利空因素多于利多，全球小麦价格回升空间有限。一方面，全球供需格局维持宽松局面。据美国农业部和联合国粮农组织相关报告，2016/2017 年度全球小麦产量在 7.5 亿吨左右，创历史纪录，而期末库存也在 2.4 亿～2.5 亿吨之间。另一方面，全球宏观经济及政治格局的不确定性也将制约国际小麦走势。美联储在 2017 年或不低于 3 次的加息预期会让美元继续强势，欧洲多国大选及"右翼"势力的抬头令该区域形势难以捉摸，中东地区难以调解的纷争等诸多因素都将对全球消费市场形成制约。由此预计 2017 年美国 CBOT 小麦指数或将在 400～550 点区间运行。

（四）2017 年我国小麦市场展望

1. 面积稳中有增奠定丰收基础

2016 年秋冬种进展顺利，主产区小麦均适期播种，计划播种面积稳中有增。据机构信息，至 2016 年 12 月底，全国大部分地区无明显农业气象灾害，气候条件适宜。全国冬小麦长势良好，以一、二类苗为主；个别地区冬前气温偏高，或对后期安全越冬不利，但有利于晚播弱苗苗情转化升级。

综合来看，在种植面积和生产技术的保障下，产量和质量的形成最终还是要看不确定性因素最高的气候状况。基于已知的种植面积和冬前生长情况，如果在小麦生长后期不出现极端灾害性气候，预计2017年小麦产量应稳定在1.27亿~1.3亿吨之间。

2. 预计小麦消费表现平稳

小麦的消费主要集中在口粮和饲料用粮两个板块。

近两年的宏观运行回落已经让国内面粉企业经历多轮"洗礼"，行业的产能利用率更降至50%左右。预计在2017年，面粉消费不会出现大幅下滑，相反，随着全社会固定投资增速小幅回升、人民币兑美元汇率存在继续贬值预期、供给侧结构性改革带动大宗商品价格回归常态等宏观因素的持续改善，面粉的集团性消费将会稳步提升。

麸皮和次粉的行情主要受到市场上的供需影响。综合判断，在下游饲养领域稳定发展的情况下，麸皮和次粉的价格波幅将会有所收窄，大幅上涨的空间极为有限，预计2017年，麸皮和次粉的销售价格将会在一定程度上支撑面粉加工企业的经营利润和开工积极性，但依靠其扩大营业收入的难度依旧存在。

在饲料消费方面，除水产饲料和少量禽料定量使用外，小麦的饲料用途主要受玉米的直接替代和高粱、大麦等商品的间接替代影响。综合当前国内玉米的产供销情况，粗略估算2017年玉米的市场平均价格（标准品质，折干）不会高于2 200元/吨，与小麦的平均价差在200~400元/吨左右，将导致小麦饲料消费难以获得显著支撑。

3. 供应渠道收窄，供给总量充裕

受2016年集中收储的影响，预计2017年上半年国内的小麦供应渠道将主要依靠临储小麦投放。根据临储小麦的成交情况，粗略估算，截至2016年底，临储小麦剩余约在6 450万吨，完全能够满足全国的小麦加工需求。

其他的供给渠道只能算是市场供应的补充。受集中收购，以及对行情判断失误的影响,农户及地方的民营企业存粮都十分有限,难以对2017年上半年的小麦流动性产生贡献。其他诸如各省市的地方储备轮换、临储出库等计划性供给,因其数量有限,也难以承担起市场供应主力军的角色。

而2017年下半年,新产小麦以及临储小麦将全面供应市场。如果假设2017年小麦的产量和质量能达到常年平均水平,那么2016年的夏收教训或让企业在新粮上市初期就开展一轮较为明显的竞争。但需要关注的是,终端的消费状况是否能给予企业"采购更多小麦库存"的理由,因为企业一旦扩大采购,不仅是较大的资金占用,还要面临后期消费变化导致的价格下跌风险。

总体来看,2017年市场上的小麦供应不存在大的问题,在政策保持稳定的前提下,市场价格的变化足以熨平供需间的矛盾。

4. 政策粮投放预计平稳,托市价格建议调整

在政策性收购方面,2017年的小麦托市收购价格维持2 360元/吨(三级)不变。但根据2016年四季度小麦的价格走势,以及2017年上半年的市场供应情况,预计小麦最低收购价政策启动的范围或较2016年收窄。基于此,如果新小麦质量平稳,不出现大面积的不完善粒现象,预计2017年的收购总量和托市收购量将同比下降。综合考虑2017年企业经营情况、价格运行情况、国内供需形势、农民购销心态等因素,预计2017年全社会累计收购总量难以超过2016年水平,预计在6 800万吨左右,其中,小麦托市收购量预计在2 200万~2 400万吨之间。

在政策性小麦交易方面,首先,除河北2015年托市小麦交易完毕外,其他各主产省的临储小麦投放主要还是以2014年和2015年的为主;其次,预计临储小麦交易底价出现调整的可能性相对较小,原因是可以利用市场行情的"红利"期,进行仓储结构的调整;第三,呼吁多年的政策粮"进场"交易或在2017年正式提出,以体现粮食流通市场化进一步深化的方向。

对于2017年10月份或将继续发布的2018年小麦托市价格,分析认为,上调托市价格可能性不大。从政策的惯性思维来看,"维持不变"或许有较大可能,但从粮食市场化角度,以及"价补分离"的思路来看,长期的政策价格"维持不变"也不是最好的选择。而适度下调托市价格或更有利于农业供给侧结构性改革的深入推进，同时也有利于农村土地利用率的提升。笔者建议2018年的托市价格调整至2 300元/吨左右。

5. 小麦底部支撑坚实，上涨空间有限

2017年是充满变数的一年，也是充满挑战的一年，多种宏观、中观及微观因素都会或直接或间接地影响着小麦的市场行情。基于2016年的经验和对2017年的展望，临储小麦的常时常量投放在很大程度上遏制了市场上小麦的价格上涨空间，而小麦的质量、运输的成本，以及供给的效率又支撑了小麦的价格底部。在经历了2016年后期小麦大幅度波动的过程之后，预计2017年国内的小麦行情将更多呈现出区域性、结构性、阶段性特征。

以标准品质三等白麦为例，预计在2017年接新前，主产区陈小麦（不完善粒在10%左右）的到厂平均价格或在2 500~2 600元/吨；如果2017年新麦平均质量正常，新麦上市初期的粮库主流收购价格或在2 280~2 400元/吨之间；收购期结束至年底，预计主产区加工企业的入厂平均价格或增至2 520~2 640元/吨。

（郑州粮食批发市场　申洪源）

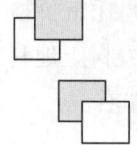

二、稻米市场分析

【内容提要】

2016年国内稻谷播种面积、产量双降，但总产仍连续6年超过2亿吨，消费平稳，产略大于需，进口持续增长，期末库存创15年新高，大米市场价格整体平稳略降，稻谷生产价格指数13年首降。分品种看，早籼稻连续3年减产，市场供需不断萎缩；中晚籼稻供需平衡，价格非常稳定；粳稻由于库存庞大，价格下滑；2016/2017年度进口大米达到500万吨，继续给国内的大米市场，尤其是南方市场以很大的冲击。托市稻的销售仍然非常低迷，成交率创新低，库存居高不下。展望未来，在玉米、大豆价格完全放开的情况下，稻米市场价格的波动区间也将放大，早籼稻有可能退出最低收购价的舞台。

（一）供需分析

1. 稻谷播种面积、产量双降，早稻减产较大

2016年稻谷播种面积和总产双双略降，仍属丰产。根据国家统计局的数字，2016年全国稻谷播种面积3 016.2万公顷，同比减少0.17%，但播种面积已经连续6年维持在3 000万公顷以上；2016年全国稻谷总产20 693.4万吨，同比减产0.63%，产量也连续6年维持在2亿吨以上（见图2-2-1）。

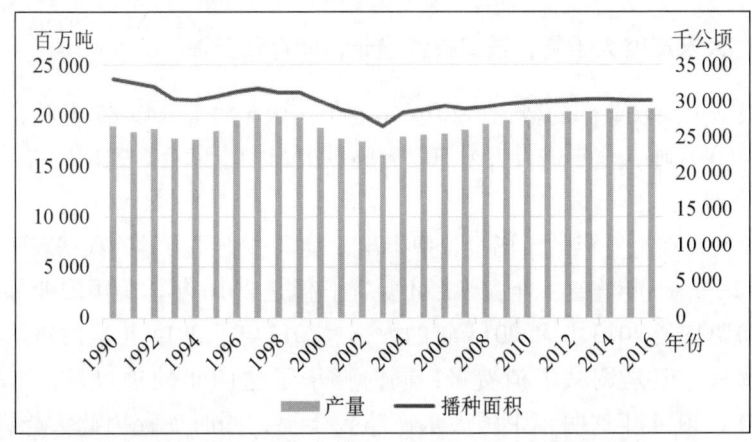

数据来源：国家统计局。

图 2-2-1 1990—2016 年稻谷总产与播种面积

2016 年早稻总产 3 277.7 万吨，比 2015 年减产 92.1 万吨，减幅为 2.71%，减产幅度创 2010 年以来的新高。这已经是连续 3 年减产。过去 10 多年，稻谷总播种面积呈上升趋势，但是早稻播种面积呈下降趋势。10 年前，早稻播种面积还有 600 多万公顷，2016 年只有 562 万公顷，下降了 7%。这 10 年来，早稻的产量在 3 200 万吨左右徘徊（见图 2-2-2）。

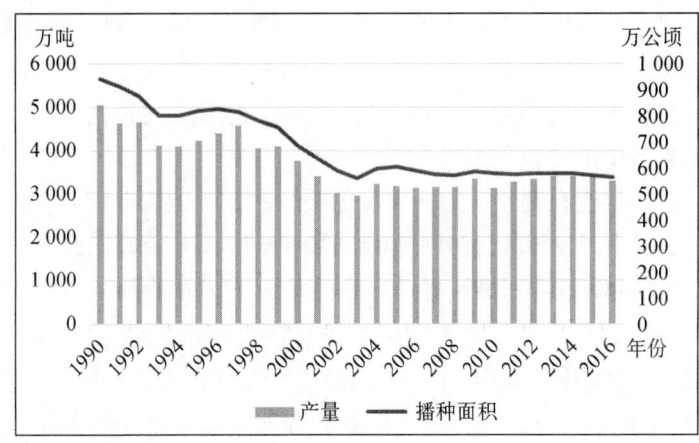

数据来源：国家统计局。

图 2-2-2 1990—2016 年早稻总产与播种面积

2. 大米产略大于需，进口持续增长，库存创新高

根据美国农业部的数据，2016 年度中国大米产量 14 485 万吨，消费量 14 400 万吨，全年进口大米 500 万吨，大米期末库存 6 931 万吨，创下近 15 年新高。

我们曾在上一年的市场报告中指出，美国农业部当时的数据表明，中国 2012—2015 年连续 4 年大米产不足需。但是 2016 年，美国农业部重新估计和调整了 2013 年和 2014 年的数据。2013 年、2014 年这两年的产量没有调整，但是调减了消费量，同时调增了这两年的进口量，结果是 2013 年、2014 年这两年中国大米产略大于需，同时库存因此大幅调增。原来估计 2015 年末的库存是 4 768 万吨，现在估计是 6 374 万吨。2016 年由于继续产大于需，同时进口继续扩大，2016 年末的中国大米库存继续增加。

在产量和消费的估计中，消费是很困难的。产量的估算则相对容易，粮食一旦生产出来，总量既定，准确与否取决于测度的方法。但消费随着价格的变化而变化，价格上升会抑制消费，反之亦然。粮价足够便宜，吃不完的粮食还可以大肆挥霍掉，这些也是算在消费里面的。价格足够高时，人一天吃一顿饭也可以活下来，可以把粮食的消费压缩到极限。所以美国农业部本着积极负责认真的态度，根据掌握的新资料，不惜被打脸，准备随时调整之前的数据，我们对此应予以谅解。但是，不管美国农业部工作有多么尽职尽责，要想得到消费的客观数据是不可能的。因此，对待消费数据的态度是"仅供参考"。

进口的数据也在调整。上一年度的报告中，美国农业部对 2014 年度、2015 年度的中国大米进口估计分别为 432 万吨、470 万吨，此次分别调增到 470 万吨、480 万吨。需要提请注意的是，美国农业部公布的中国大米进口数据包括走私。实际上，中国海关总署公布的大米进口数据远小于此。最近 3 年（2014—2016 年）海关总署公布的大米进口数据分别是 257 万吨、337 万吨和 356 万吨，和美国农业部的数据有不小的差距。而按照市场人士的估计，走私进入中国市场的大米数量惊人，因此美国农业部的数据更有代表性一些（见表 2-2-1）。

表 2-2-1　　　　　　　大米供需平衡表　　　　　　单位：百万吨

年份	期初库存	产量	消费	出口	进口	期末库存
1992	27.52	130.35	127.00	1.40	0.11	29.70
1993	29.70	124.39	128.00	1.52	0.70	25.20
1994	25.17	123.15	129.00	0.03	1.96	21.26
1995	21.54	129.65	130.00	0.27	0.83	21.76
1996	21.73	136.57	132.13	0.94	0.33	25.56
1997	25.56	140.49	135.85	3.75	0.26	26.72
1998	27.00	139.10	136.07	2.71	0.18	27.50
1999	96.00	138.94	133.76	2.96	0.28	98.50
2000	98.50	131.54	134.36	1.85	0.27	94.10
2001	94.10	124.31	134.58	1.96	0.31	82.17
2002	82.17	122.18	134.80	2.58	0.26	67.22
2003	67.22	112.46	135.00	0.88	1.12	44.93
2004	43.92	125.36	130.30	0.66	0.61	38.93
2005	38.93	126.41	128.00	1.22	0.65	36.78
2006	36.78	127.20	127.20	1.34	0.47	35.92
2007	35.92	130.22	127.45	0.97	0.30	38.02
2008	38.02	134.33	133.00	0.78	0.34	38.90
2009	38.55	136.57	134.32	0.65	0.39	40.53
2010	40.53	137.00	135.00	0.50	0.54	42.57
2011	42.57	140.70	139.60	0.44	1.79	45.02
2012	45.02	143.00	144.00	0.34	3.14	46.83
2013	46.83	142.53	146.30	0.26	4.00	46.80
2014	53.10	144.56	144.50	0.43	4.70	57.44
2015	57.44	145.77	144.00	0.27	4.80	63.74
2016	63.74	144.85	144.00	0.28	5.00	69.31

资料来源：美国农业部。

（二）价格分析

1. 零售价格：高位稳定

2016年大米零售价格高位企稳。据国家统计局50个城市大米平均价格数据，2016年底大米平均零售价格为6.31元/千克，同比上涨2.1%。全年大米价格维持在6.25~6.30元/千克。

2009—2010年，大米零售价格上涨速度很快，2011年之后，大米价格上涨速度明显放缓。最近几年，除了年底价格会有突然的跳涨外，大米年度间的零售价格都很稳定（见图2-2-3）。

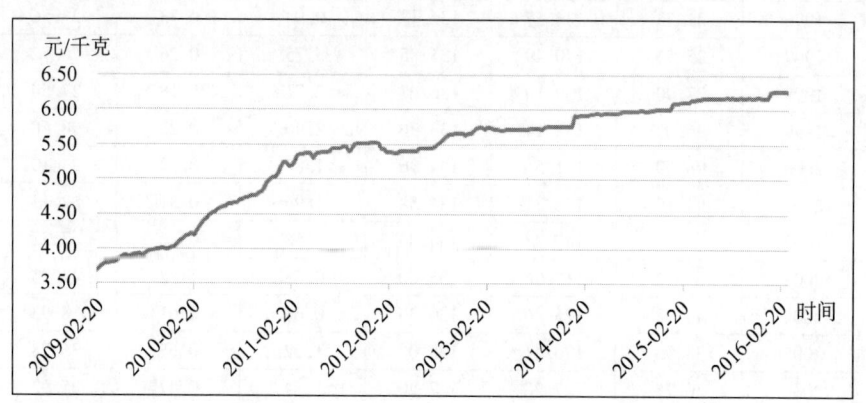

数据来源：国家统计局。

图2-2-3　50个城市大米平均零售价格

2. 稻谷生产价格指数：13年首降

2016年，农民销售稻谷的价格13年来首次同比下降。根据国家统计局发布的农产品生产价格指数（该指数是农产品生产者出售农产品价格水平变动趋势及幅度的相对数），2016年稻谷生产价格指数累计同比下跌1.2%，这是2003年以来的首次下降。在这之前稻谷生产价格指数涨幅已经连续4年下降了，2016年终于负增长。实际上，在高库存的压力下，不但是稻谷，小麦、玉米生产价格指数2016年均同比下降，而且下降幅度比稻谷还大。粮食生产价格指数的全面下滑，给农民增收带来了严峻的考验（见图2-2-4）。

3. 收购价格：平稳略降，粳稻降幅稍大

根据国家发改委公布的月度粮食收购价，早籼稻方面，全年收购价稳定在132.5元/50千克左右，波动极小。与2015年相比，收购价平均下

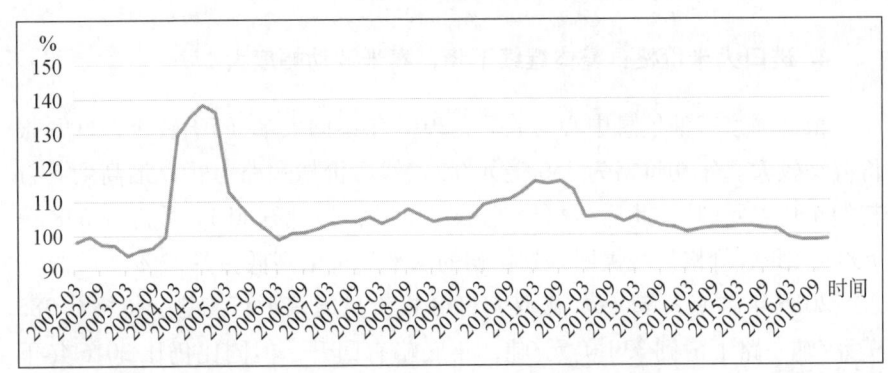

数据来源：国家统计局。

图 2-2-4　2002—2016 年稻谷生产价格指数

降了 1 元/50 千克。

晚籼稻方面：与早籼稻类似，全年收购价也很平稳，基本保持在 137 元/50 千克左右的水平，整体上比 2016 年微跌 1 元/50 千克。

粳稻方面：价格波动稍微大些，但也很稳定，基本在 153 元/50 千克左右，高者不过 156 元/50 千克，低者不过 151 元/50 千克，价格整体比 2016 年下降了约 5 元/50 千克（见图 2-2-5）。

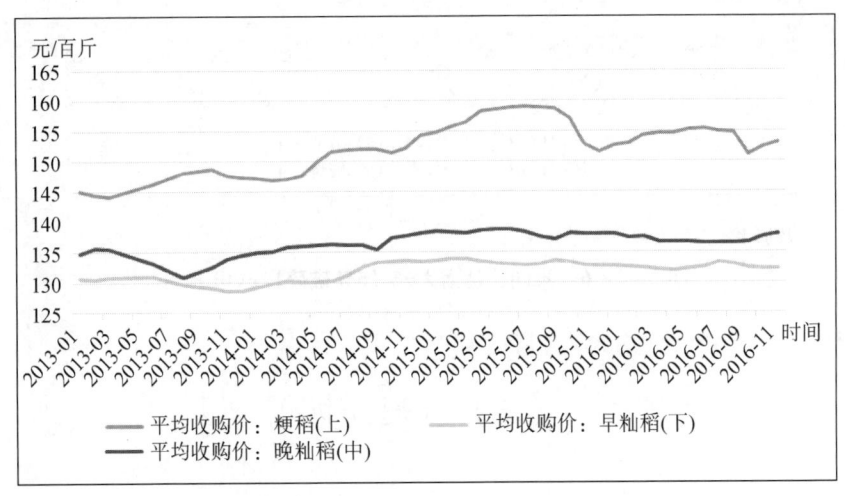

数据来源：国家发改委。

图 2-2-5　稻谷收购价

4. 进口大米价格：整体继续下降，泰米波动幅度大

根据国家粮油信息中心的数据，2016 年泰国大米（5%破碎）FOB 报价波动较大。年初价格为 356 美元/吨，然后价格一路上行，最高到 6 月初的 430 美元/吨；此后价格突然迅速下跌，最低跌到 11 月份的 338 美元/吨，此后价格又缓慢回升到年初的水平。价格高低相差 27%。

2016 年越南大米（5%破碎）FOB 报价呈震荡下行态势，价格从 385 美元/吨一路下滑到 330 美元/吨，年底略有回升，但同比仍比 2016 年下降 10%。

全年整体上，泰国大米仍维持对越南大米的报价优势（见图 2-2-6）。

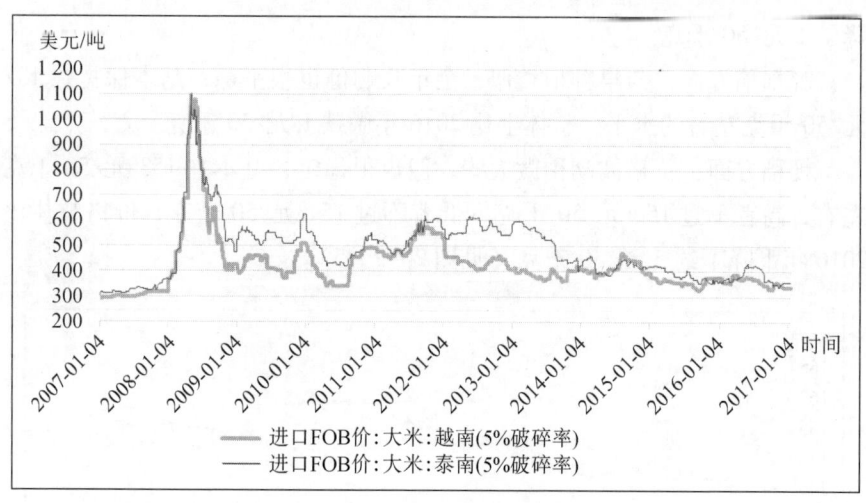

数据来源：国家粮油信息中心。

图 2-2-6 泰国、越南大米（5%破碎）FOB 报价

（三）专题分析

1. 政策分析：早籼稻有可能退出最低收购价

2016 年，政府历史性地首次降低了稻谷最低收购价，具体而言早籼

稻最低收购价每 50 千克降低了 2 元，中晚籼稻和粳稻价格维持不变。2017 年中央"1 号文件"强调，"粮食作物要稳定水稻、小麦生产，确保口粮绝对安全，重点发展优质稻米和强筋弱筋小麦，继续调减非优势区籽粒玉米，增加优质食用大豆、薯类、杂粮杂豆等。"政策信号很明显，国家不再鼓励早籼稻的生产。现在早籼稻越来越少地用作口粮消费了，每年新产的早籼稻绝大部分进了各级粮食储备库，两三年之后轮换出来，最终用于饲料、工业用途，很少被居民直接食用。也就是说，现在早籼稻的地位和玉米是差不多的。既然玉米在 2016 年退出了临时收储政策，实行目标价格制，那么我们有理由推测，降低早籼稻最低收购价只是第一步，接下来早籼稻有可能退出最低收购价，最低收购价政策最终只适用于"优质稻米和强弱筋小麦"。

当前中国粮食库存居高不下，从总量上看，是多了。但是从结构性看，多的是低质大米，优质稻米仍供不应求。因此在去库存的大背景下，重点发展优质大米不矛盾，这样也是"农业供给侧结构性改革"的本义。只有把中国大米的整体质量提升上去了，构成和国外大米的差异化竞争，我们才能对抗国外低价大米的冲击。

2. 托市稻谷销售分析：成交率创历史新低

根据 wind 资讯的数据，2016 年政策性稻谷累计计划拍卖 9 595 万吨，同比增加 593 万吨，实际成交 282 万吨，成交率 3%，创下历史新低。其中，早稻累计拍卖量 2 315 万吨，实际成交 12 万吨，成交率 1%；中晚籼稻累计拍卖量 3 892 万吨，实际成交 160 万吨，成交率 4%；粳稻累计拍卖量 3 639 万吨，实际成交 109 万吨，成交率 3%（见图 2 - 2 - 7 至图 2 - 2 - 10）。

托市稻谷卖不出去只能积压在仓库里，而粮食是有保管期限的。很多四五年前托市收购的稻谷仍然在等着拍卖，实际上这些陈粮的食用价值已经大大降低，或者说已经失去了食用价值。当年高价收购的粮食，花费大量成本保管了四五年，结果价值却越来越低，这好比夏天手捧着一根冰棍，无论多么小心，最终也只能眼睁睁地看着冰棍不断地融化，价值最终归于零。

我们曾在上一年度的市场报告中寄希望于国际市场粮价走强，从而带

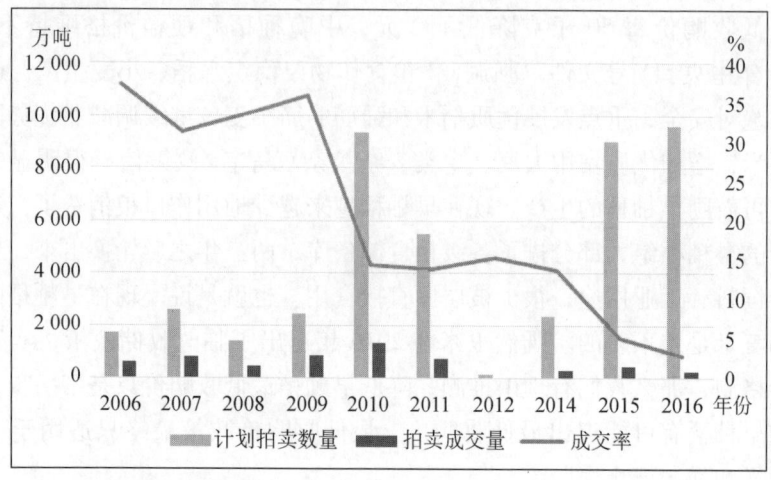

数据来源：WIND 资讯。

图 2-2-7　历年稻谷拍卖成交情况

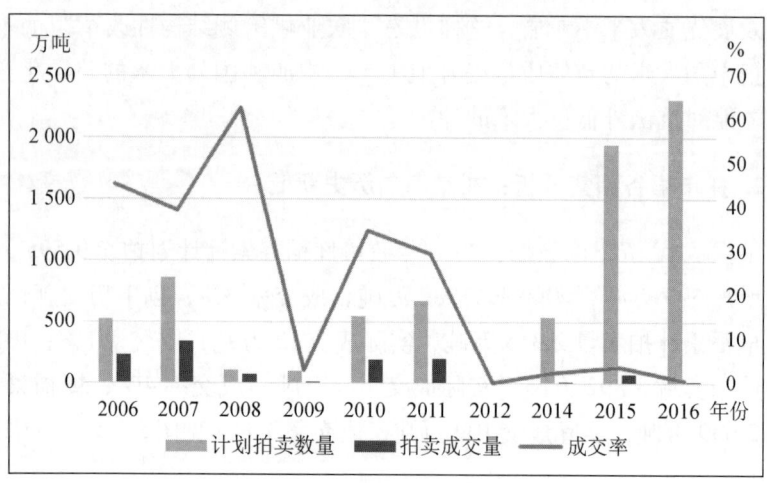

数据来源：WIND 资讯。

图 2-2-8　历年早稻拍卖成交情况

动国内托市稻的销售，但结果事与愿违，2016 年国际粮价继续低迷，托市稻谷销售成交率由此创下新低。稻米不等人，存储了一年的大米其价值又下降不少，即使 2017 年稻米市场回暖，品质下降不少的陈粮也不一定卖得出好价格。此时托市稻若再不大力降价销售，再放几年，其价值恐怕几近于无了。

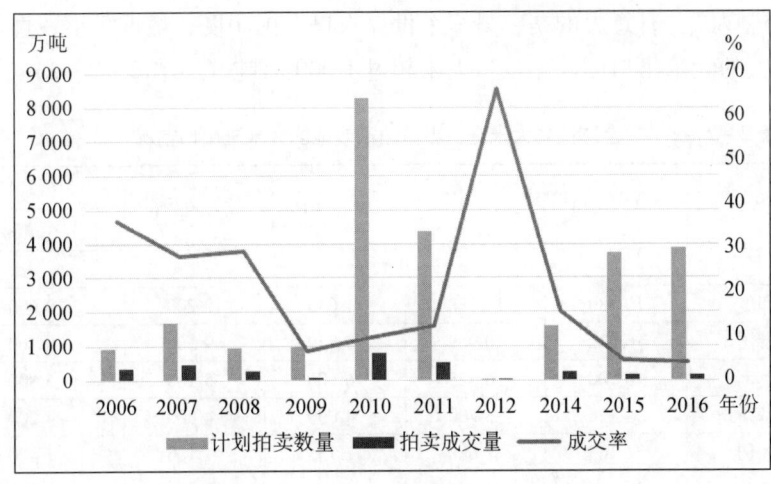

数据来源：WIND 资讯。

图 2 – 2 – 9　历年中晚籼稻拍卖成交情况

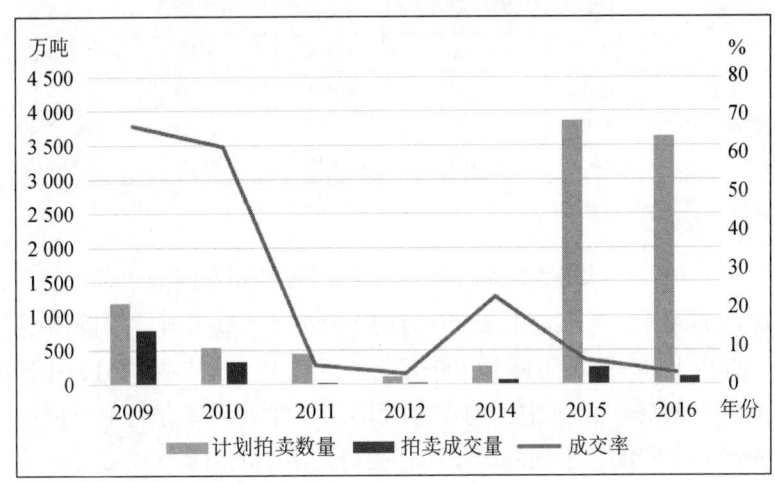

数据来源：WIND 资讯。

图 2 – 2 – 10　历年粳稻拍卖成交情况

3. 进口大米分析：印度、泰国大力去库存

按照美国农业部的数字，2016/2017 市场年度，中国大米进口量达到 500 万吨。2016/2017 年度，全球大米总贸易量是 4 078 万吨，中国已经占到 12.3%，位居世界第一。实际上，最近 5 年，中国一直是世界头号

大米进口国。有意思的是，另一个世界人口大国印度，最近5年一直是全球最大的大米出口国。年出口大米超过1 000万吨（见表2-2-2）。

表2-2-2　全球主要大米进、出口国家或地区大米进出口情况　　单位：千吨

	2012/2013	2013/2014	2014/2015	2015/2016	2016/2017 1月预测
出口					
印度	10 480	11 588	11 046	10 200	10 000
泰国	6 722	10 969	9 779	9 500	9 700
越南	6 700	6 325	6 606	5 100	5 800
巴基斯坦	4 126	3 700	4 000	4 300	4 200
缅甸	1 163	1 688	1 735	1 100	1 400
全球	39 493	44 108	42 627	39 689	40 780
进口					
中国	3 500	4 450	5 150	4 500	5 000
尼日利亚	2 400	3 200	2 100	2 000	1 900
欧盟	1 375	1 556	1 786	1 800	1 850
沙特阿拉伯	1 326	1 459	1 600	1 500	1 550
菲律宾	1 000	1 800	2 000	800	1 400
全球	39 493	44 108	42 627	39 689	40 780

数据来源：美国农业部。

过去几年，全球最大的两个大米出口国印度和泰国的大米一直在去库存。印度的库存由4年前的2 550万吨下降到1 790万吨，下降30%；泰国的库存由1 280万吨下降到700万吨，下降45%。与此同时，中国的库存则上升了39%。由于中国的库存大增，全球大米库存是上升的。去库存有先后，等印度、泰国的大米库存去得差不多的时候，才是中国大米去库存的良机。但是，中国大米库存占据全球的58%，中国需要去库存，意味着国际大米市场价格在今后几年之内难有起色（见表2-2-3）。

表2-2-3　　　　　　　　全球大米库存情况　　　　　　　　单位：千吨

	2012/2013	2013/2014	2014/2015	2015/2016	2016/2017
中国	49 832	53 102	57 436	63 735	69 310
印度	25 500	22 800	17 800	18 400	17 900
泰国	12 808	11 999	10 970	8 170	7 020

续表

	2012/2013	2013/2014	2014/2015	2015/2016	2016/2017
印度尼西亚	6 476	5 501	4 111	3 511	3 611
日本	2 857	3 007	2 821	2 611	2 516
菲律宾	1 487	1 695	2 210	2 060	1 760
韩国	780	899	1 406	1 697	1 821
全球	113 884	113 871	114 662	116 508	118 713

数据来源：美国农业部。

（四）市场展望

第一，在政策上，2017年中央"1号文件"已经很明确，要重点发展优质稻米，继续完善最低收购价政策。在前面的分析中，我们也预期早籼稻最低收购价政策有可能做出大调整。当前，玉米、大豆价格已经完全市场化，大豆、玉米占整个粮食市场的比重已经超过一半。在一个市场一半以上的商品价格市场化的情况下，另一半（稻谷、小麦）的价格要想通过政策进行管控，难度就会相当大，这意味着稻谷（小麦）的最低收购价政策即使保持下去，今后在确定合理的最低收购价水平的时候，必须慎之又慎，要充分考虑大豆、玉米价格的波动情况，否则政策实施成本就相当之高。

第二，在产量上，我们继续维持稻谷的减产预期，早稻继续大幅减产的可能性很大。未来两年，稻谷总产再次跌破2亿吨的水平是大概率事件。

第三，在消费上，前面说过很难估计，美国农业部都在不断调整试错。2016年预测为1.5亿吨，实际降为1.4亿吨，从调整后的数据看，近3年稻米消费基本是原地踏步。中国的人口高峰很快就要到来，稻米总量消费未来应该是要走下坡路的。

第四，在价格上，因为庞大的库存，2017年稻米价格将维持下行态势，但供给侧结构性改革之下，部分优品种或有机会。相对看好优质中晚籼稻米，粳稻库存庞大，价格堪忧，早籼稻与优质稻的价差预计将继续拉大。

（广东华南粮食交易中心　胡锋）

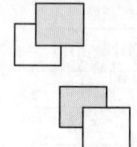

三、玉米市场分析

【内容提要】

2016年是玉米市场化改革的元年。执行了8年的东北玉米临储收购政策取消，玉米生产者补贴紧接落地，并及时到位。

在供大于求没有明显缓解的环境之下，各方主体都经历着"后临储时代"的洗礼。玉米价格市场化打破原有购销僵局，上下游产业参与度提升，政策发布和实施更贴近民生，可谓机遇与挑战共存。而行业和产业自发性、主动性的变革，在瞬息万变的市场形势里、政策调整中、购销博弈下继续探索前行。

（一）2016年玉米市场回顾

1. 中国玉米生产下降

2016/2017年度，全国玉米播种面积为3 660万公顷，同比下降4.8%。其中，东北玉米播种面积为1 445万公顷，同比下降8.4%；华北玉米播种面积为933.7万公顷，同比下降4.4%；西北玉米播种面积为643.9万公顷，同比下降1.1%；其他地区玉米播种面积为638.1万公顷，同比下降0.6%。

2016/2017年度，全国玉米平均单产为5.86吨/公顷，同比下降3.6%。其中，东北玉米平均单产为6.85吨/公顷，同比下降1.0%；华北玉米平均单产为5.31吨/公顷，同比下降8.3%；西北玉米平均单产为5.47

吨/公顷，同比下降 2.1%；其他地区玉米平均单产为 4.79 吨/公顷，同比下降 2.8%。

2016/2017 年度，全国玉米总产量为 21 444.3 万吨，同比下降 8.3%。其中，东北玉米总产量为 9 904.4 万吨，同比下降 9.3%；华北玉米总产量为 4 961.8 万吨，同比下降 12.3%；西北玉米总产量为 3 520.5 万吨，同比下降 3.1%；其他地区玉米总产量为 3 057.7 万吨，同比下降 3.4%（见图 2-3-1）。

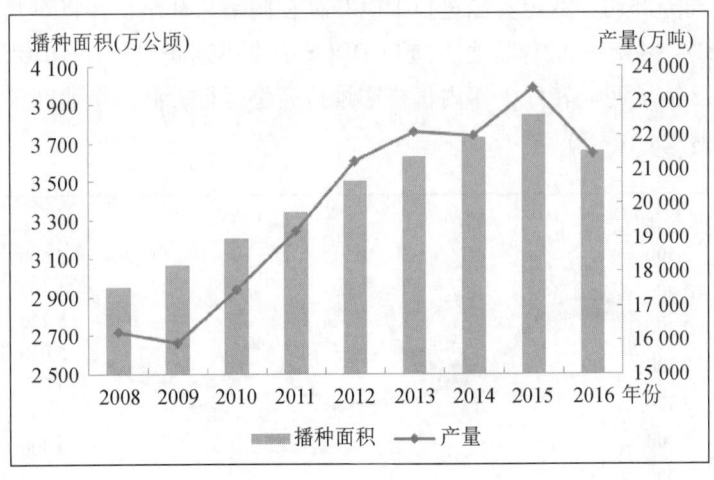

资料来源：中国玉米网。

图 2-3-1 2008 年以来我国玉米播种面积和产量

2. 下游行业回暖，消费增量

受国内 2015/2016 年度糖料减产、商务部对进口食糖进行保障措施立案调查以及严厉打击进口走私等一系列因素的影响，国内白糖供应减少，提振白糖价格持续走高。而淀粉糖价格在玉米价格走低以及供给充裕的情况下持续走弱，果葡糖浆替代优势明显，终端需求有所增加。9 月份我国恢复深加工产品出口退税税率，进一步提高其出口竞争力。数据显示，2016 年我国玉米淀粉出口数量同比大幅增加，同比增长幅度接近 2 倍。除此之外，2016/2017 年度东北地区将新增 200 多万吨玉米淀粉产能，包括 9 月开机的象屿富锦 60 万吨玉米加工装置、11 月开机的象屿北安 60

万吨玉米加工装置以及沂水大地的 100 万吨玉米加工装置,其中象屿集团的 2 家淀粉企业已经先后在 2016 年开始运营。此外,京粮集团投资 30 亿元在黑龙江建设玉米加工项目,预计全部建成后,玉米加工能力达到 260 万吨,其中一期的 100 万吨玉米加工装置预计将于 2017 年末完成。

酒精方面,自 2016 年 2 月份商务部公布对美国进口干玉米酒糟进行反倾销与反补贴调查成立开始,年内对此政策题材炒作长达大半年时间,其对 DDGS(干酒糟及其可溶物)进口数量亦起到明显抑制效果。截至 9 月末,商务部初步裁定美国进口 DDGS 存在倾销与补贴,并将对其征收共计 43.8%~44.5%的保证金。进口 DDGS 成本迅速超过国产 DDGS,致国产 DDGS 需求明显转好,年内价格亦维持高位运行,酒精企业开工得到提振(见图 2-3-2)。

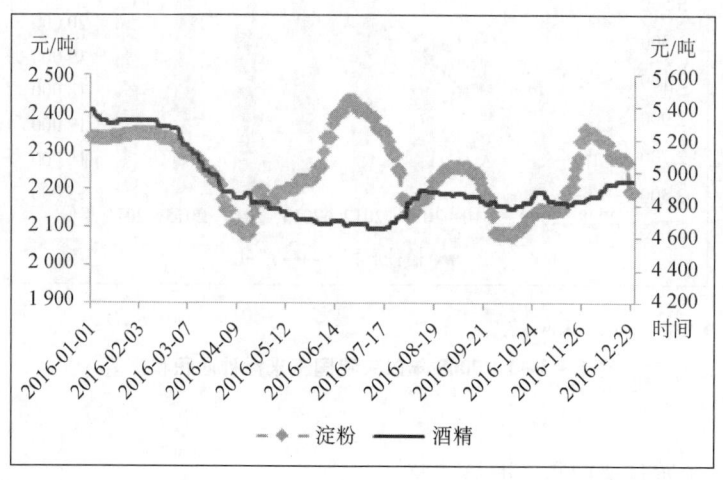

资料来源:中国玉米网。

图 2-3-2　2016 年以来国内玉米淀粉和酒精价格走势图

环保政策高压,冲击我国当前整体落后的养殖方式,养殖准入门槛提高,大量中小散户永久退出市场。饲企主业增长受限,开始积极布局生猪养殖行业,2016 年生猪养殖产业链并购频繁,规模化进程显著加快。而畜禽粪污的处理和禁养区的设定成为畜禽环保治理的重点,全国超 20 个省份都划定了生猪禁养区,全国生猪存栏减少 8%,调减生猪 3 600 万头,其中南方水网地区减少约 1 600 万头,占其整个饲养量的 50%。东部地区生猪养殖行业优势不再，伴随政策鼓励、龙头企业先行，养猪业向西北、东北等潜力增长区和适宜发展区的迁移逐步启动。2016年生猪存栏持续处于低位，直接带动养殖利润在400~1 000元/头区间的较高水平，各家生猪上市企业财报显示，净利同比大幅上涨，生猪养殖行业迎来超级景气周期，一定程度上弥补近两年的养殖亏损情况。但另一方面，自2014年猪肉产量创下历史最高水平5 671万吨之后，猪肉产量持续下滑，至2016年我国肉类产量预计能达到8 480万吨，比2015年减产140万吨，同比下降1.7%，其中猪肉产量5 270万吨，同比下降3.9%，回归至12年前产量，而猪肉占肉类产量比重降到62.1%，处于历史最低水平。禽肉产量独树一帜增长88万吨，占比约22.5%。叠加居民膳食趋于均衡，畜禽养殖整体结构进一步优化（见图2-3-3）。

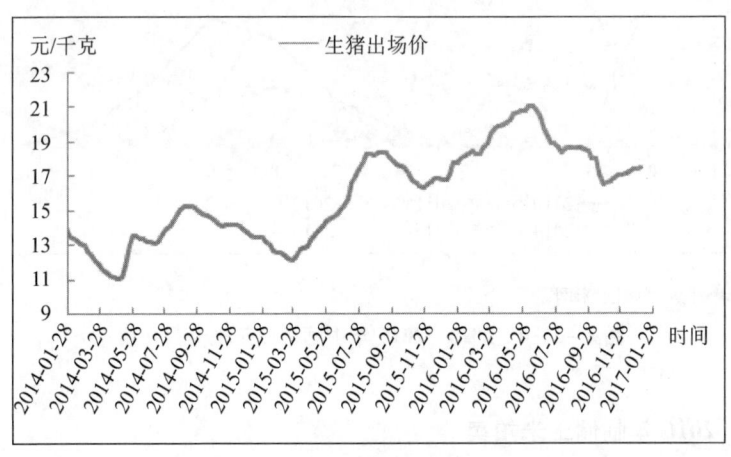

资料来源：中国玉米网。

图2-3-3　2014—2016年国内生猪出场价格走势图

3. 2016年中国进口谷物数量萎缩

2016年中国进口玉米及相关替代品的数量较上年显著萎缩。具体如下：截至2016年11月，中国进口玉米、高粱、大麦、DDGS及木薯干分别为303万吨、645万吨、460万吨、300万吨和676万吨，累计进口共计2 383万吨，较2015年同期萎缩40%。中国进口玉米国别相对稳定。2016年前11个月中国共计进口玉米303万吨，同比降幅约34%，按月度进口情况看，3—5月单月进口量较高，但其他月份单月进口量均不足10万吨，主因是2015年临储收购支撑国内阶段性价格及内外价差持续收窄。从国别分布来看，2016年中国主要玉米进口国家和地区为乌克兰、美国、东南亚及俄罗斯，国别分布基本趋同于上年，其中进口量中的84%来自乌克兰，其次是美国，进口占比不足10%，东南亚占比有所增加，俄罗斯玉米占比为2%，但保加利亚较上年明显减少（见图2-3-4）。

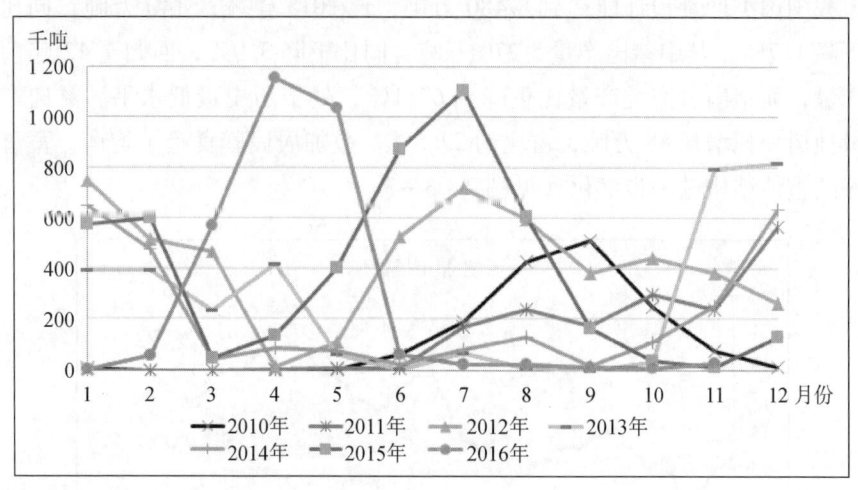

资料来源：中国玉米网。

图2-3-4　2010—2016年中国进口玉米分月数量

4. 2016年临储玉米拍卖

2016年国家去库存多点开花，形式多元。整体拍卖过程从5月27日正式开始，持续至10月12日结束。期间，经历从一周一拍到一周七拍的演变，粮源从超期储存扩展到2013年产的分贷分还再到2014年的临储玉米，渠道上也从国家粮食交易中心到中储粮委托包干销售。

国家去库存态度明显，各阶段起拍价格均与市场主流成交基本吻合，但市场偏空预期强烈，在进口替代及新粮上市冲击下，政策性拍卖成交逐步接近冰点。进入10月份以后也是出于实际成交及不过分打压市场角度考虑，政策性粮源投放暂停。从数据上看，截至10月12日，2016年政策性投放总计11 967万吨，实际成交2 183万吨，成交率仅为18.24%。

其中，2012年产玉米成交735万吨、2013年产玉米成交1 054万吨、2014年产玉米成交392万吨；东北地区玉米成交1 294万吨、南方移库成交880万吨、进口玉米成交近8万吨。

5. 2016年国内玉米期货行情分析

2016年为玉米价格"市场化"元年，受2016年临储取消预期及去库存压力拖累，玉米价格一路走低，期间因临储超预期收购及大宗商品普涨、天气及物流障碍，美玉米期价分别于4—6月及10—11月上旬发起两波反弹行情。第一阶段（2015年10月至2016年2月中旬），受临储收购政策的持续支撑，连盘玉米期价稳步上行，随后两个月玉米主力期价快速震荡回落，主要受后期超期玉米库存定向销售及"市场定价、价补分离"政策预期的压制；第二阶段（2016年4月至2016年6月中旬），受临储收购量创纪录新高、基层余粮尤其是优质粮源偏紧支撑，华北玉米价格阶段性上涨，期价发起一波反弹行情；第三阶段（2016年6月中下旬至9月底），期货价格持续回落，主要因去库存节奏的加快，阶段性供应偏紧行情逐步缓解，现货价格持续回落带动期价持续回落，且8月中下旬开始，新季玉米自南向北次第供应市场，且后续新季玉米大量上市的预期拖累期价创下2006年10月以来的新低；第四阶段（2016年10月至11月上旬），产区持续阴雨天气及运输新规引发玉米现货阶段性供应偏紧行情，同时大宗商品普涨及通胀预期炒作，玉米期价底部快速反弹并冲高至1 600元/吨之上；第五阶段（11月中下旬至今），通胀预期炒作降温、天气及物流缓解、产区集中上量等因素带动期价快速下跌（见图2-3-5）。

6. 2016年国际玉米期现货行情分析

2016年上半年玉米价格波动剧烈，大宗商品普涨、生长期天气炒作带动玉米期价冲高，随着资金情绪回落、天气转好后，美创纪录玉米产量预估过高，拖累期价快速下探至近10年低位，目前处于底部缓慢反弹阶段。

第一阶段（2016年3月之前），美盘玉米期价震荡下行，进入2015/2016年度，受丰产预期、收割进度的推进及出口疲弱的拖累，美玉米期价跌至2015年6月末以来的新低；第二阶段（2016年4月至6月中旬），

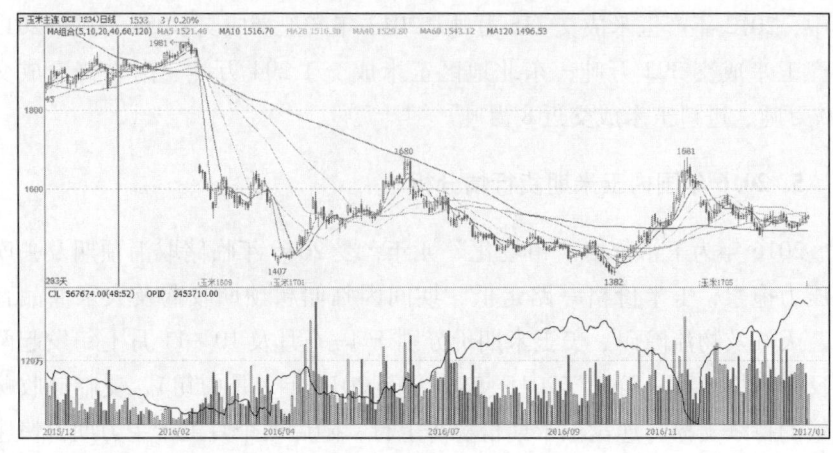

资料来源：文华财经。

图 2-3-5　2016 年国内玉米期货行情走势图

美盘玉米启动上涨行情，最高涨至 440 美分/蒲式耳附近，该轮上涨由南美天气干燥引发，以大宗商品普涨为背景，以美玉米干燥天气炒作及强势出口销售提振为支撑；第三阶段（2016 年 7—8 月），美玉米期价冲高承压并加速下跌，主要因美国中西部玉米主产区天气良好及后期新季玉米创纪录新高预期压制，玉米期价创下近 10 年收盘新低 315 美分/蒲式耳；第四阶段（2016 年 9 月至今），美玉米自底部偏强震荡并缓慢上涨，主要因美玉米创纪录产量利空逐渐被市场消化并进行修正，现货偏强且出口需求强劲、原油暴涨、大豆涨势、南美新季玉米生长状况等因素共同推动，美玉米期价反弹至 350 美分/蒲式耳附近。但从中长期来看，美国创纪录产量及南美巴西丰产预期、强势美元等因素将长期压制美玉米期价走势（见图 2-3-6）。

7. 美国玉米供需形势

2016/2017 年度美国玉米产量创纪录新高，库存使用比创近 11 个年度最高。美国农业部（USDA）公布的 12 月供需报告显示，美国 2016/2017 年度玉米单产预估为每英亩 175.3 蒲式耳，总产预估为 152.26 亿蒲式耳，年末库存预估为 24.03 亿蒲式耳，出口预估为 22.25 亿蒲式耳，占全球出口总量的 38%，饲用及残余需求、工业需求预估分别为 56.5 亿蒲

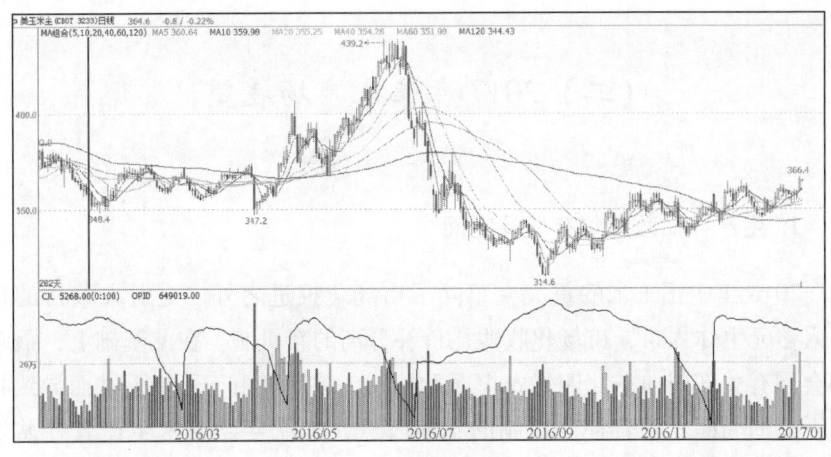

资料来源：文华财经。

图2-3-6 2016年美国玉米期货行情走势图

式耳和67.35亿蒲式耳，均连续多年持续增加。由此，2016/2017年度美玉米库存使用比达到16.45%，创近11个粮食年度以来的最高值（见图2-3-7）。

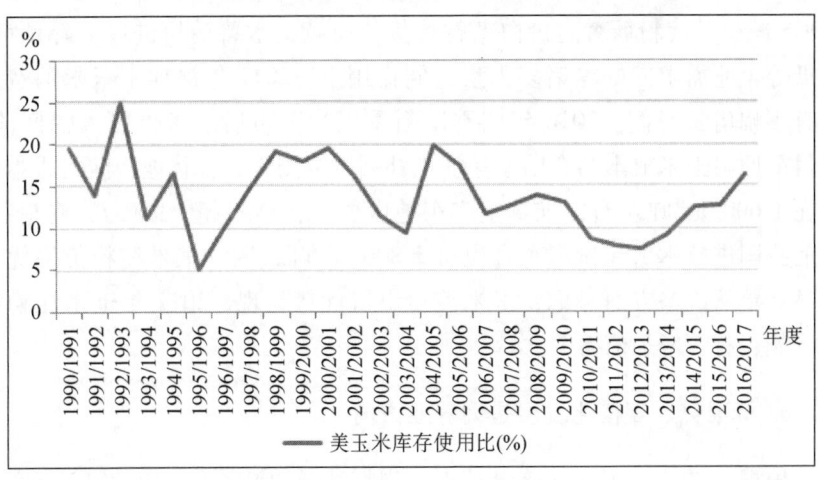

数据来源：美国农业部。

图2-3-7 1990/1991—2016/2017年度美玉米季度库存报告

（二）2017 年玉米市场展望

1. 生产补贴政策仍有发挥空间

2016 年中国玉米的重大变革除了市场化推进之外，更引人瞩目的是引入多元主体入市，市场化收购，价补分离的新机制。在此基础上，财政部会同有关部门向东北四省农户下发补贴，缓解了由于价格下跌而导致收益下降的局面。随着补贴机制的不断改进，2017 年，玉米生产者补贴发放的时间和金额仍存在调整空间。

2. 深加工玉米消费量仍有增长空间

玉米去库存仍将是政策引导方向，玉米深加工作为调节玉米供需平衡的重要手段将继续发挥积极作用。2017 年东北深加工企业将继续获得生产补贴，利润情况将处于较好水平，开工率亦将维持高位。此外，进口DDGS 减少、淀粉糖对高价白糖替代优势持续、木薯淀粉进口下降预期、造纸等工业需求向好等诸多因素共同作用下，2017 年深加工玉米消费量仍有小幅增长空间。2016 年四季度新季玉米上市后玉米价格大幅回落，按目前原料玉米成本结合国家深加工补贴政策测算，吉林地区淀粉成本价格在 1 600 元/吨左右，推算至广东地区成本价格不超 1 900 元/吨左右。目前我国进口木薯淀粉广东含税价 2 800 元/吨，国产玉米淀粉价格优势凸显。单从价格方面考虑，玉米淀粉出口优势显现，2017 年玉米淀粉出口量能否有效增加值得关注。

3. 标准化、规模化发展是饲养业方向

根据《"十三五"生态环境保护规划的通知》要求，在 2017 年底前各地区依法关闭或搬迁禁养区内的畜禽养殖场（小区）和养殖专业户。环保治理是把"双刃剑"，市场竞争加剧、饲料产能持续集中、政府推进粪污资源化利用等绿色发展的同时，政策和监管必然进一步向标准化、规模化场倾斜。

4. 内外价差稳中收窄，国产玉米价格优势或显现

迫于 2016 年临储收购政策的取消及 2017 年临储玉米大库存待释放的双重压力，国内玉米市场仍将面临进一步探底的风险，但其与进口玉米、高粱、大麦等相关替代品之间的价差或将进一步收窄，尤其是国产玉米与进口玉米极有可能出现负价差的情况，国产玉米价格优势的显现或带动其出口规模的显著增加，甚至刺激与原料玉米相关的下游产品的出口需求。

从数据上看，虽然经历了近半年的拍卖，中国玉米大库存格局仍未彻底逆转。统计显示，截至 2016 年 10 月 11 日拍卖毕，2012 年临储结余库存 203 万吨，2013 年临储结余库存 2 946 万吨，2014 年临储结余库存 7 937 万吨，2015 年临储结余库存 12 543 万吨，累计总结余库存 23 629 万吨，供需矛盾依然突出。在此背景下，2017 年国内玉米价格在遵循供需本身规律的同时，阶段性和区域性的行情演绎将更为激烈。

通常情况下，商品定价通常是由风险偏好、货币资金因素和供需逻辑决定的，农产品在此基础上，叠加了季节性特点，也变相扩大了价格波动空间。多方认为，国家不会放任价格跌破种植投入成本，但市场价格的回归，未尝不是国家通过价格下降倒逼非主产区农户从速调整种植结构，并向集约化、规模化经营主体靠拢。因此，种植成本可能并非市场的铁底，或者说，市场价格破位或在成本底部运行可能会成为新常态。

（中国玉米网　冯利臣）

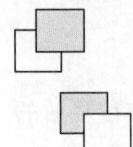

四、大豆及豆油市场分析

【内容提要】

2016年我国大豆播种面积和产量出现增加,进口量再创新高,消费量继续稳步增长。国产大豆价格走出了跌宕起伏的行情。美豆走出连续三年的熊市,在拉尼娜天气炒作与美豆产量数据上调的博弈下,美豆价格重心缓慢上移;东北大豆主产区,新豆上市初期行情走弱,主要受到季节性供应压力以及陈粮出库拖累,但年内的两波较大涨幅也使价格最终摆脱颓势。

由于影响大豆市场不利因素仍将持续,加之国家临储大豆2017年将拍卖销售出库,预计2017年下半年国产大豆市场行情仍难言乐观。但2017年上半年行情看好,因夏季干旱天气导致大豆质量受损,商品大豆供应减少对价格有明显支撑。2016年全球及国内豆类油脂供需基本面总体向好,豆油价格"上行"趋势明了,4季度更是接连突破上行,尽管期间仍未避免震荡反复。资金市特征在下半年尤为凸显,加剧了市场的波动。进入2017年,国内豆油市场仍将在"多空交错、相互牵制"的局面中震荡前行,整体偏强基调有望延续,预计豆油价格仍有上移的空间。

(一) 2016年我国大豆及豆油市场分析

1. 2016年大豆市场

(1) 大豆生产情况。据博朗咨询·大豆网调查预计，2016年度全国大豆种植面积为10 364.9万亩，较上年增加27.8%，平均单产为114.1千克/亩，较上年降低13.4%，总产量为1 183.1万吨，较上年增加10.7%。2016年国产大豆种植面积以及产量出现增加主要受国家政策影响，在国家供给侧改革目标发展下，"大豆进玉米退"的形势出现，国产大豆面积在多年下降后首次出现较大幅度的增加。

表2-4-1　　　　　　中国大豆种植面积及产量表　　单位：万亩、千克/亩、万吨

	种植面积	单位面积产量	产量
2010年	14 466.8	131.5	1 903.2
2011年	12 431.3	126.0	1 566.0
2012年	10 905.0	129.4	1 411.1
2013年	10 523.2	119.3	1 255.8
2014年	9 590.0	129.8	1 245.1
2015年	8 108.0	131.8	1 068.5
2016年	10 364.9	114.1	1 183.1

数据来源：博朗咨询·中国大豆网。

（2）大豆进口情况。中国海关总署统计，2016我国大豆进口量破纪录达到8 323万吨，较上年8 275万吨增加48万吨，增幅为0.6%。按市场年度统计，2015/2016年度我国大豆进口量也为8 323万吨，较上年度7 835万吨增加488万吨，增幅为6.2%。对于进口量继续增加但增速放缓的主要原因归纳为两点：①我国肉类及禽蛋需求保持刚性增长，油厂大豆压榨产能持续提升，这将使得我国对于大豆进口需求维持增长势头。不过尽管生猪养殖利润较好，但环保等原因导致国内生猪存栏量恢复缓慢，特别是能繁母猪存栏量处于下降趋势，生猪养殖前景并不是很乐观。②预计下一年度养殖收益下滑，新季玉米价格大幅下跌，饲料配方中蛋白用量或将出现下调，也不利于拉动豆粕消费需求。另外新季国产大豆产量预计增加115万吨，也将替代一部分进口大豆用量，因此我们预计2016/2017年度中国大豆进口量为8 600万吨，较2015/2016年增加278万吨，增幅为3.3%，增幅有所下降（见图2-4-1）。

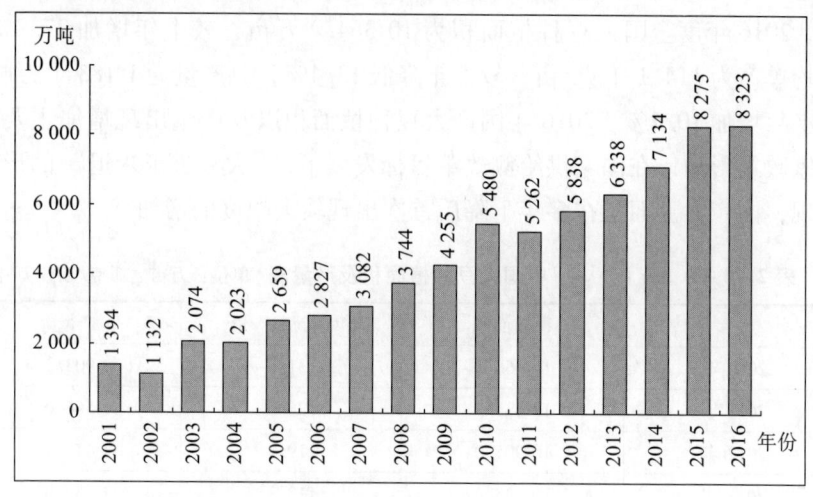

数据来源:博朗咨询·中国大豆网。

图 2-4-1　2001—2016 年中国内进口大豆数量统计

(3) 大豆消费情况。2015/2016 年度中国大豆总消费量为 9 534 万吨,较上年度增加 7.0%。其中,大豆压榨量为 7 950 万吨,较上年度增加 7.9%;食用及食品工业消费量为 1 160 万吨,较上年度增加 1.8%;种用量略增,损耗量略降,出口量略减,期末结转库存量为 1 864 万吨,较上年度降低 7.1% (见表 2-4-2)。

表 2-4-2　　2015/2016 年度中国大豆供需平衡表　　单位:万吨

项　目	2014/2015 年度	2015/2016 年度	同比增减幅 (%)
总供给量	10 913	11 398	4.4
期初库存	1 833	2 006	9.4
年度供给量	9 080	9 392	3.4
国内产量	1 245	1 069	-14.1
进口总量	7 835	8 323	6.2
年度消耗量	8 907	9 534	7.0
压榨总量	7 370	7 950	7.9
国产大豆	230	220	-4.3
进口大豆	7 140	7 730	8.3
食用及工业	1 140	1 160	1.8

续表

项　目	2014/2015 年度	2015/2016 年度	同比增减幅（%）
饲料及其他	250	280	12.0
种用量	46	50	8.7
损耗量	85	83	-2.4
出口量	16	11	-31.3
期末库存	2 006	1 864	-7.1

数据来源：博朗咨询·中国大豆网。

2015/2016 年度我国大豆消费量增加主要是大豆压榨量继续提高。2015/2016 年度我国大豆压榨量为 7 950 万吨。其中，进口大豆压榨消费量 7 730 万吨，较上年提高 8.3%；国产大豆压榨消费量为 220 万吨，较上年度减少 10 万吨，减幅 4.3%。2015/2016 年度进口大豆占中国油用压榨市场份额达到 97.2%，较上年度提高了 0.3 个百分点。随着国家加强融资监管，大豆融资性进口基本被堵住，使得大豆压榨回归本源，而只有在压榨利润为正的情况下，中国油厂才会加大进口。2015/2016 年美豆以及南美大豆价格一直处于相对低位运行，良好的压榨利润鼓舞大多数油厂加大进口大豆压榨量。

2015/2016 年度我国食用及食品工业大豆消费量 1 160 万吨，较 2014/2016 年度增加 1.8%。按照国产大豆供需平衡分析，国产大豆食用及食品工业大豆消费量约为 915 万吨。按照全国食用及食品工业大豆消费量 1 160 万吨计算，进口大豆进入食品数量将达到 245 万吨，占消费总量的 21.2%。

（4）2015/2016 年大豆市场行情走势。2015/2016 年中国大豆现货市场价格整体呈现"过山车"走势，2015 年 10 月至 2016 年 4 月国产大豆在大半年的时间内价格持续下跌，并且跌幅大速度快。从价格变化中我们将 2016 年中国大豆现货市场走势分为四个阶段：低开低走→低位反弹→高位回落→再次上涨（见图 2-4-2）。

2015/2016 年度国内大豆市场价格走势多变，是多种因素共同影响的：①国际大豆市场价格对国内市场的传导作用明显，进口大豆对国内市场的冲击仍是影响国内大豆市场的主要因素。国内大豆市场对外依存度接近 80%，国内大豆价格走势主要受国际市场传导。2015/2016 年监测的东

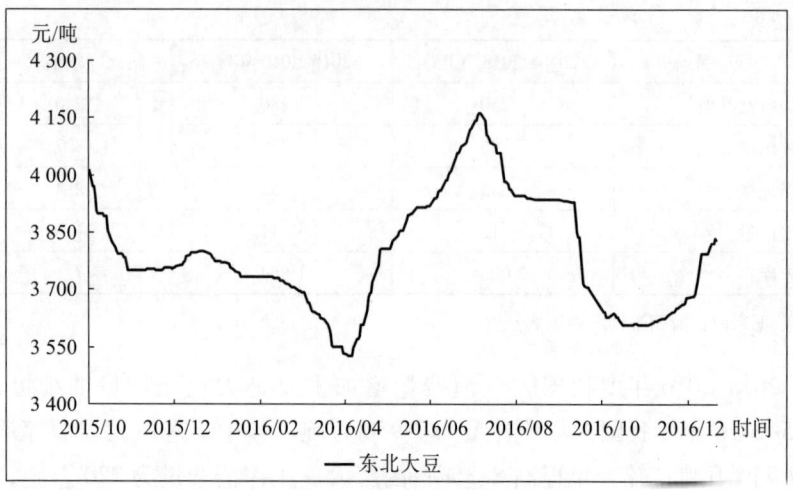

数据来源：博朗咨询·中国大豆网。

图 2 - 4 - 2　2016 年东北大豆现货价格走势图

北大豆现货市场均价走势与美豆走势趋于相同。国际大豆价格在上半年（2015 年 10 月至 2016 年 5 月）大部分时间持续在 850～950 美分区间，在全球大豆丰产预期压力下，芝加哥期货交易所大豆价格始终承压难以反弹，国产大豆受累下行。②国储大豆拍卖增加市场供应拉低市场均价。2016 年 7 月 15 日国家储备大豆开始拍卖，特别是随着 8 月份拍卖力度加大，市场供应量快速增加，价格也逐步向国储大豆价格靠拢。③国内大豆市场需求平平不见起色。东北地区油厂开机率下降导致国产大豆油用压榨量减少至 100 万吨以下，大部分用于食品领域，市场需求较为固定且有进口的非转基因大豆替代，近两年加拿大以及俄罗斯非转基因大豆进口量有增加趋势，挤占国产大豆市场。

2. 2016 年豆油市场

（1）豆油供应情况。据博朗咨询统计数据显示，2015/2016 年度国内大豆压榨总量较上年度增加 7.87% 至 7 950 万吨，其中，国产大豆折合豆油供应量为 35 万吨，进口大豆折合豆油供应量为 1 373 万吨，对市场供应豆油数量为 1 408 万吨，较上年度增加 104 万吨，增幅为 7.98%（见表 2 - 4 - 3）。

表2-4-3 2014/2015—2015/2016年度中国豆油市场供需平衡表　　单位：万吨

项　　目	2014/2015年度	2015/2016年度	增减量	增减幅（%）
总供给量	**1 677**	**1 792**	**115**	**6.9**
期初库存	299	328	29	9.7
年度新增供给量	1 378	1 464	86	6.2
生产量	1 304	1 408	104	8.0
进口量	74	56	-18	-24.3
年度需求量	**1 349**	**1 409**	**60**	**4.4**
国内消耗	1 325	1 385	60	4.5
食用消耗	1 225	1 280	55	4.5
其他消耗	100	105	5	5.0
损耗量	13	14	1	7.7
出口量	10.7	9.6	-1	-9.3
期末库存	**328**	**383**	**55**	**16.8**

数据来源：博朗咨询·中国大豆网。

据海关统计数据显示，2016年中国食用植物油（不包含棕榈油硬脂）进口量为554万吨，较2015年下降122.2万吨，降幅为18.07%。其中，豆油进口量预计为56万吨，较2015年减少25.8万吨，降幅为31.54%；棕榈油进口量为429.90万吨，较2015年减161.06万吨，减幅为27.25%；菜籽油进口量预计为71.37万吨，较2015年减少10.12万吨，减幅为12.42%（见图2-4-3）。

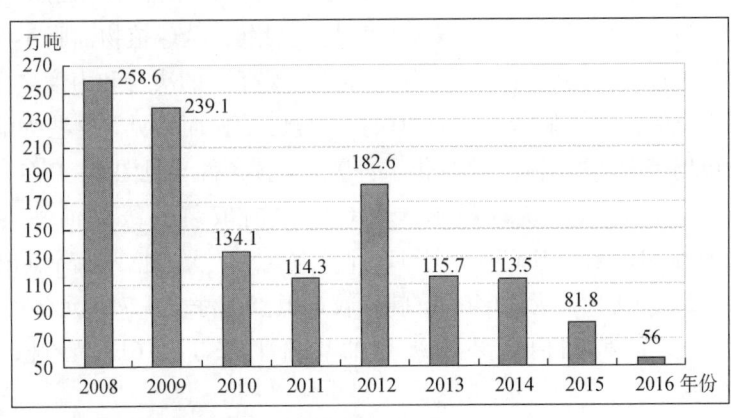

数据来源：中国海关总署。

图2-4-3　2008—2016年中国豆油年进口量统计

(2) 豆油消费情况。2016 年国内植物油消费继续处在缓慢增长的过程中，增速保持在近 4% 的幅度。据国家粮油信息中心数据显示，2015/2016 年度国内食用植物油消费量预计为 3 075 万吨，较上年度增加 115 万吨，增幅为 3.9%；工业及其他消费量预计为 338 万吨，较上年度增加 18 万吨。2015/2016 年度，国内豆油消费包括出口在内的总量为 1 408.6 万吨，较上年度增加 60 万吨，增幅为 4.45%，其中食用消费 1 280 万吨，较上年度增加 55 万吨，增幅为 4.49%，在总的消费需求中占比 90.87%；其他消费，包括工业消费、损耗及出口量为 128.6 万吨，较上年度增加 5 万吨，增幅为 4.04%，在总消费需求中占比 9.13%。据海关数据显示，2016 年，我国共出口豆油预计为 9.42 万吨，较 2015 年减 1.02 万吨，降幅为 9.77%。主要出口国家集中在朝鲜、韩国、新加坡等国家。

(3) 豆油市场行情走势。2016 年国内豆油市场"上行"趋势明了，尽管期间历经震荡反复。从期货盘面上看，豆油市场的"震荡筑底"过程，经由 2014 年、2015 年的漫长构筑后，在 2016 年年初完成了最后的"收尾工作"，描绘出了一条完美的"筑底弧线"，之后在接下来的数月里震荡攀升，4 季度更是接连突破上行。资金市特征在下半年尤为凸显，加剧了市场的波动。外部市场年内可谓"惊喜、惊恐连连"，历史性事件"接连登场"，英国退欧，OPEC 八年来首度达成限产协议，特朗普胜选，美元飙至 14 年高位，期间"风险"与"机会"并存，搅动全球大宗商品及金融市场。在这种大环境下，2016 年全球豆类油脂供需基本面总体向好，南美大豆遭遇恶劣天气炒作，美豆出口持续强劲，全球植物油脂年内呈现明显的"去库存"过程，中国国内年内"去库存"的决心和力度之大，随着临储大豆的拍卖、临储菜籽油的拍卖，也已是显而易见。这些为油脂包括豆油市场年内走出偏强行情提供了直接的支撑条件（见图 2-4-4）。

据博朗咨询跟踪统计显示，2016 年国内散装一级豆油平均销售价格最低点出现在 2016 年 1 月 12 日，为 5 927 元/吨，最高点出现在 2016 年 12 月 19 日，为 7 646 元/吨，较最低点上涨了 1 719 元/吨，涨幅为 29.00%；同期国内散装四级豆油均价上涨了 1 618 元/吨，涨幅为 27.64%。

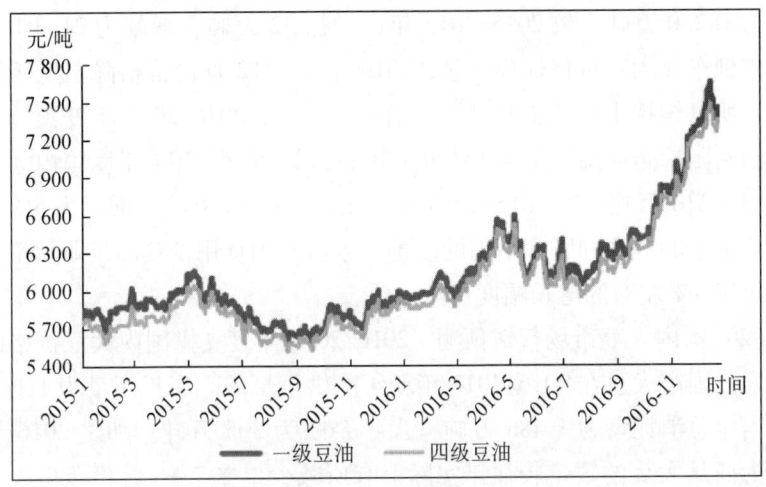

数据来源:博朗咨询·中国大豆网。

图 2-4-4 2015—2016 年国内豆油现货价格走势图

(二) 2016/2017 年度我国大豆及豆油市场展望

1. 2016/2017 年度大豆市场展望

(1) 国内大豆市场供需预计。2016/2017 年度,中国大豆新增供应量预计为 9 783 万吨,较 2015/2016 年度增加 391 万吨。其中国产大豆产量预计 1 183 万吨,较 2015/2016 年度增加 114 万吨,进口大豆总量预计 8 600 万吨,较 2015/2016 年度增加 277 万吨。大豆消费总量预计为 10 005 万吨,较 2015/2016 年度增加 471 万吨,其中:全年压榨总量为 8 250 万吨,较 2015/2016 年度增加 300 万吨。食用与食品工业需求预计为 1 230 万吨,较 2015/2016 年度增加 70 万吨。2016/2017 年度末大豆结转库存预计为 1 642 万吨,较 2015/2016 年度减少 222 万吨。

2016/2017 年度中国国产大豆产量与消耗同步增加,主要是 2016 年国产大豆产量增加,虽然进口大豆数量继续增加,但增速将有所放缓。考虑到国产大豆面积增加以及国际大豆价格走势攀升带动的油、粕价格攀升,企业加工利润可观,因此我们预计 2016/2017 年度中国蛋白豆加工量可能为182.0万吨，较2015/2016年度增加32万吨，增幅为21.3%；另外考虑到东北大豆价格优势明显，2016年11—12月份价格降至低于进口大豆，所以维持生产的企业可能要增加加工量，2016/2017年度预计东北地区油脂压榨企业加工量为131.0万吨；预计2016/2017年度国内大豆食用消费1 230万吨，较2015/2016年度相比增长70万吨，增幅为6%。随着生活水平的提高和膳食结构的改善，今后我国食用及食品工业用量将维持在每年3%左右的增长幅度。

（2）国内大豆市场行情预测。2016/2017年度支撑国内大豆价格的主要因素：国产大豆在2016/2017年新年度供不足需。当年产量为1 183万吨，当年总消耗量为1 488万吨，当年余缺为305万吨。加之2016年可以作为商品大豆的数量较往年实际上有所减少，受7—8月份历史少见的旱情影响，黑龙江及内蒙古东部产区，大豆颗粒较常年偏小，蛋白含量较上年低1~3个百分点，局部地区外观较差，关内安徽、河南大豆质量也不如常年。新产大豆中可以选作商品大豆进入食品市场的用量实际上要低于往年，东北地区有相当一部分大豆只能用作油豆和饲料豆。

2016/2017年度国内大豆市场利空的主要因素是国储大豆拍卖。国家临储大豆还有较大库存，一旦出现农民集中出售、国储拍卖两方面偏空因素集中的情形，东北大豆价格可能要经历一波下跌行情。

2. 2017年中国豆油市场趋势展望

（1）市场供需预测。排除极端恶劣天气出现的可能性，2017年全球油籽、油脂供需预计仍将以总体"宽松"的格局呈现，而2016年全球油脂供需偏紧的状态将在2017年得到明显改善和恢复，尽管供应增幅料或有限，但国内油脂，特别是豆油市场料也难现"紧张"状态，整体而言仍将在"平衡/紧平衡"与"宽松"之间徘徊。油脂需求方面，《油世界》预计，2016/2017年度全球油脂总供应量仅增加530万吨，大部分供应增长将被消费量上升抵消。预计2016/2017年度国内油脂消费还是处在平缓上升的趋势中，增速基本保持在3%~4%的区间。

博朗咨询预计，2016/2017年度，我国豆油新增供应量约为1 508万吨，较上年度增加44万吨，增幅为3.01%，其中大豆压榨供应量为1 458万吨，较上年度增加50万吨，增幅为3.55%，豆油进口量预计为

50万吨,较上年度减少6万吨,降幅为10.71%。影响供应的几个主要因素有:第一,国产大豆的种植面积、期间的天气状况、生长情况及最终的产量,再有就是国储大豆拍卖情况;第二,进口大豆逐月到港数量及压榨量;第三,全球其他油籽的生长、产量及进出口情况,最主要是国内油菜籽的进口情况、国产油菜籽的种植及产量情况等,对菜籽油的供应状况会有影响;第四,全球棕榈油的产量、库存恢复情况。

初步预计,2016/2017年度国内豆油总需求量预计为1 475万吨,较上年度增加66万吨,增幅为4.68%,其中,国内消耗总量1 450万吨,较上年度增加65万吨,增幅为4.69%。食用消费量1 340万吨,较上年度增加60万吨。年度豆油结余量为33万吨。

(2) 2017年国内豆油市场行情预测。2017年国内豆油市场仍将"多空交错、相互牵制",整体偏强基调有望延续。若从根本的"供需"角度看,2017年国内豆油市场供需料总体表现相对宽裕,预计价格也难出现极端性趋势变化。在大环境偏好的预期背景下,豆油价格在目前价位基础上存在进一步震荡上移的空间。预计2017年国内散装四级豆油销售均价有望在6 500~7 800元/吨区间宽幅震荡。在第4季度价格攀升的概率大;在2、3季度则有可能承受库存增加方面的压力而回调。具体的走势还需视多方影响因素间此消彼长的博弈程度。期货操作上,基于我们对2017年的豆油市场依旧偏乐观的看法,年内的操作总体宜保持震荡偏强的思路。现货操作上,在当前市场环境下,现货厂商应根据自身实际出货能力制订灵活的购销计划,维持"低补高卖、及时锁利"的购销策略。

(中国大豆网　刘兆福)

五、油菜籽及菜油市场分析

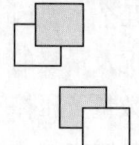

【内容提要】

2016年,国内油菜籽种植面积和总产量继续较上年下降,官方数据6年来也首次下调。由于产量下降、农民惜售及浓香菜籽油需求和压榨利润良好,国产菜籽收购价低开后快速走高。在榨利为负的情况下,主产区国内菜籽压榨企业大部分都未能开机。2016年国内进行了两轮临储菜油拍卖,累计成交约318万吨。由于临储菜油定时定量供给国内市场,国内菜油市场整体表现供大于求,使国内菜油行情在2016年绝大多数时间弱于豆油和菜油,菜油和豆油、棕榈油之间的价差也缩小至历史低位水平。不过,由于2016年主产国棕榈油大幅减产,棕榈油领涨植物油市场。加之社会游资在股指熄火、股市疲弱、楼市限涨的情况下,出于通胀预期,增加了商品类资产配置,推动包括菜籽油在内的大宗商品上涨。而2016年10月第二轮临储菜油拍卖启动后,长线看国内菜油新增供给能力远远弱于豆油和棕榈油,因此游资更喜进入菜油,使得菜油同期波动大于豆油和棕榈油。

预计在2017年,这一因素将继续存在,并使得2017年国内菜油表现好于豆油和棕榈油,为资金提供多菜油空棕榈油进行套利的机会。

(一) 2016年国内油菜籽、菜籽油供求情况分析

1. 官方油菜籽产量6年来首次下降

国家粮油信息中心数据显示，2016年中国油菜籽播种面积710万公顷，较上年753.4万公顷减少5.76%；单位产量为1.972吨/公顷，较上年的1.982吨/公顷减少0.5%；预计2016年中国油菜籽产量1400万吨，较上年的1493.1万吨减少6.24%。其中，主产省湖北省2016年全省夏收油菜籽播种面积为112万公顷，较上年减少9.09%；单产2.07吨/公顷，与上年持平；产量为232万吨，较上年减少9.09%。

2016年我国油菜籽产量官方数据6年来首次下调，但较业内公认的真实数据相差仍较大。下降的主要原因首先还是油菜种植比较收益较低，且较处于同一生长期的小麦费工费时所致。其次，国家退出临储收购后，主产区大型油菜籽压榨企业出于风险考虑，在国产油菜籽收获时多观望，也增加了农民卖菜籽的难度。

由于油菜种植收益继续大幅下降，市场预计2016年秋冬播油菜面积将继续下降。农业部农情调度也显示，2016年冬油菜播种面积较上年稳中略减，"双低"油菜籽比重稳步提高。国家粮油信息中心预计，我国油菜播种面积同比减少5%，减幅低于上年，最终产量的形成还需看2017年3月份以后的生长状况（见图2-5-1）。

2. 2016年油菜籽和菜籽油进口量继续下降

海关数据显示，2016年我国油菜籽进口量为380万吨，较2015年的447万吨大幅减少，减幅15%。2015年我国菜籽进口量下降的主要原因，一是由于和加拿大在进口菜籽杂质率标准方面存在分歧，影响了企业进口油菜籽的积极性。2016年8月菜籽进口数量为42.9万吨，9月下降为19.3万吨，10月更是下降为6.1万吨，远低于2015年同期水平。虽然中、加两国最终就此问题协商解决，我国进口菜籽量在11—12月显著增加，但还是影响了油菜籽全年进口数量。二是2016年我国进行了两轮临

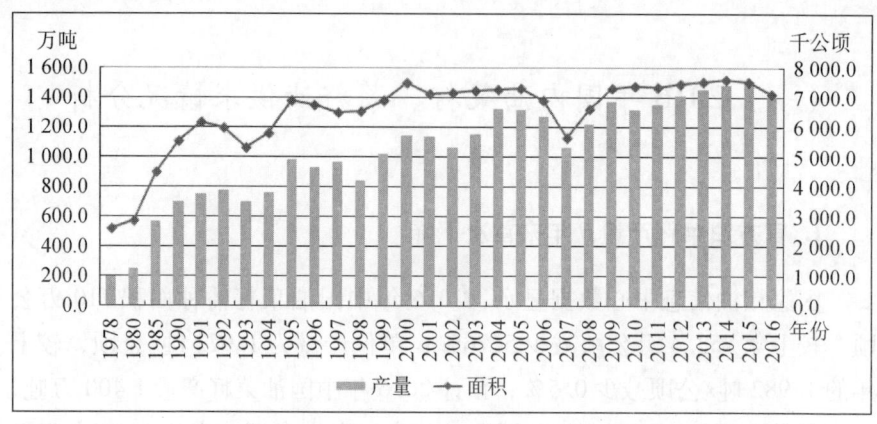

资料来源：2016 年的数据来源于国家粮油信息中心，其他年份来源于《中国统计年鉴》，中国统计出版社。

图 2-5-1　我国历年油菜籽种植面积和产量

储菜籽油的拍卖，临储菜籽油的大量供应，直接挤占了进口油菜籽所榨菜籽油的市场空间，减少了我国对进口油菜籽的需求。不过，由于国内菜籽粕存在需求刚性，在我国油菜籽产量和进口量双双下降的情况下，2016 年我国菜籽粕进口量增加。

预计 2017 年，我国油菜籽进口数量较 2016 年略有增加的可能性较大。一是 2017 年国产油菜籽产量难以大幅增加，在国内菜籽压榨产能严重过剩，尤其是华南沿海地区菜籽压榨产能继续上升的情况下，国内油菜籽进口数量必然会保持在历史高位水平。二是 2016 年多数时间进口菜籽压榨利润较好，在 4 季度更是榨利丰厚，部分压榨企业通过盘面锁定利润，将进口船期甚至安排到 2017 年 9 月，加之在中加油菜籽贸易争端解决后，中、加油菜籽贸易将比较顺畅，有助于 2017 年油菜籽进口量较 2016 年进一步提高。三是随着临储菜油拍卖，后期临储菜油可拍卖量将会减少，预计 2017 年菜油拍卖对菜籽进口的挤出效应将减弱（见图 2-5-2）。

海关数据显示，2016 年我国累计进口菜籽油 69.97 万吨，较 2015 年同期减少 14.14%，继续处于 6 年来的低位水平。主要原因是 2016 年我国进行两轮临储菜籽油拍卖，累计成交约 318 万吨，国内菜籽油现货充裕，使得国内菜籽油现货价格多数时间弱于豆油和棕榈油，也弱于国际菜籽油市场，国内菜籽油内外盘多数时间倒挂，进口菜籽油无利可图，抑制了企

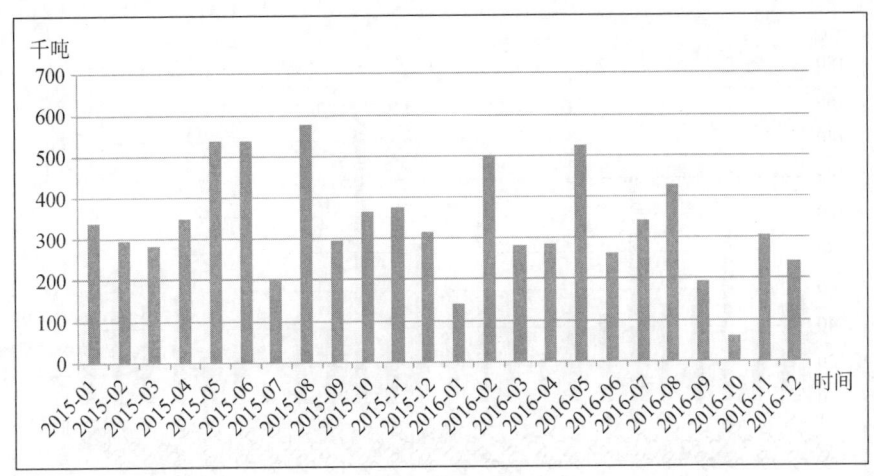

资料来源：海关总署。

图 2-5-2 2015—2016 年油菜籽月度进口量

业进口菜籽油的积极性。

预计 2017 年我国进口菜籽油数量将较 2016 年持平略减。一是预计 2017 年临储菜籽油拍卖将继续进行，并持续到 5 月底，这部分菜籽油再加上 2016 年已拍卖还未出库的临储菜籽油，约有 260 万吨左右，国内菜油供给充裕，将抑制对进口菜籽油的需求。二是中加油菜籽贸易争端解决后，市场预计 2017 年油菜籽进口数量将较 2016 年略增，这也有助于国内菜籽油生产量的上升，减少对进口的需求。虽然以上两个因素将使国内 2017 年菜籽油进口量仍保持在 6 年来的低位水平，不过，由于市场普遍认为临储菜油在 2017 年 9 月前就基本消费殆尽，届时国内菜油缺口明显，且很有可能成为资金炒作热点，国内菜籽油价格表现将强于国外，菜籽油价格内外关系将理顺，有助于 4 季度菜籽油进口量上升（见图 2-5-3）。

3. 国内油菜籽、菜籽油市场供需情况分析

国家粮油信息中心数据显示：2015/2016（6 月至下一年度 5 月）年度，我国油菜籽新增供给量预计为 1 933 万吨，较上年度增加 1 万吨，其中国内油菜籽产量预计为 1 493 万吨，油菜籽进口量预计为 440 万吨。预计该年度油菜籽榨油消费量为 1 800 万吨，较上年度减少 70 万吨，其中包含 1 350 万吨国产油菜籽及 450 万吨进口油菜籽。该年度油菜籽供需结

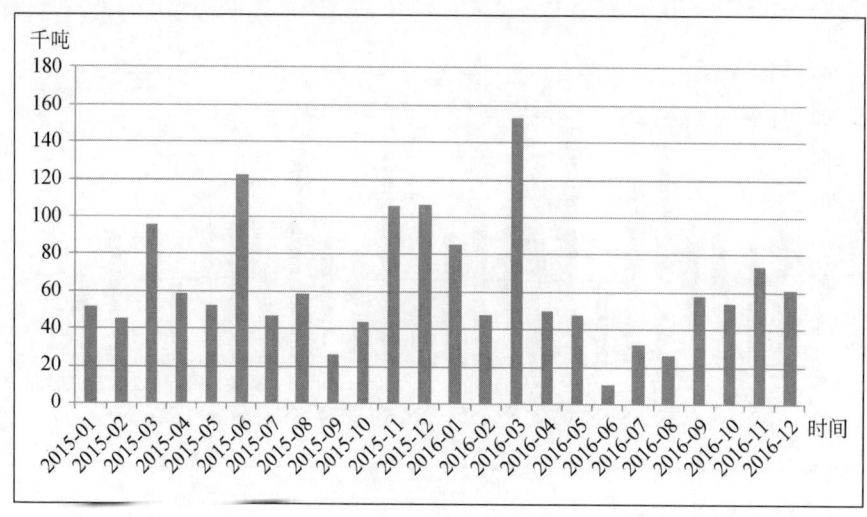

资料来源：海关总署。

图 2-5-3　2015—2016 年菜籽油月度进口量

余量预计为 38 万吨。

2016/2017 年度，我国油菜籽新增供给量预计为 1 780 万吨，较上年度减少 153 万吨，其中国内油菜籽产量预计为 1 400 万吨，油菜籽进口量预计为 380 万吨。预计该年度油菜籽榨油消费量为 1 680 万吨，较上年度减少 120 万吨，其中包含 1 280 万吨国产油菜籽及 400 万吨进口油菜籽。该年度油菜籽供需结余预计为 5 万吨。

2016 年，我国油菜籽新增供给量和年消费量双双减少，在国内油菜籽压榨产能持续提高的背景下，国内油菜籽压榨产业的整体开工率进一步降低。不过，2016 年多数时间进口油菜籽压榨利润为正，部分时间甚至丰厚，因此沿海地区油菜籽压榨企业除因中加油菜籽贸易争端导致个别企业无菜籽可榨而停工外，多数时间开工率较好。而国产油菜籽主产区油菜籽压榨企业，却在国产油菜籽供应量下降、压榨国产油菜籽利润为负的情况下，即使在国产油菜籽上市期也无几家能正常开机，开工率进一步恶化。

预计 2017 年国内油菜籽新增供给量与 2016 年持平略增，在国内油菜籽压榨产能严重过剩的情况下，将继续维持国内油菜籽供需基本面呈紧平衡状态（见图 2-5-4）。

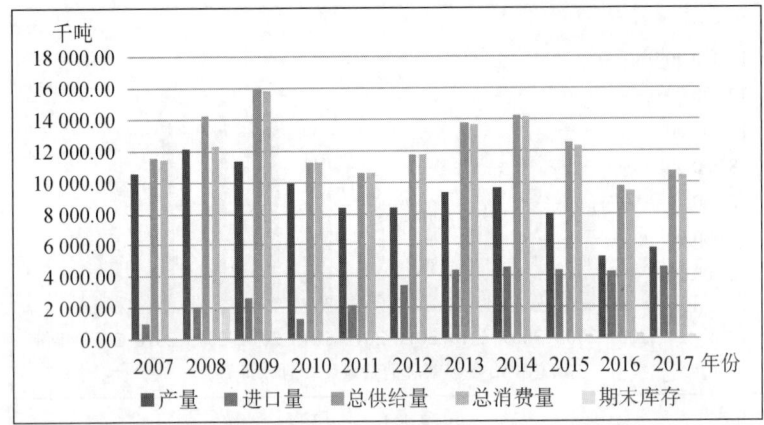

数据来源：万德资讯。

图2-5-4 中国油菜籽供需平衡表

国家粮油信息中心数据显示：2015/2016 年度，我国菜籽油新增供给量预计为758 万吨，其中菜籽油产量预计为668 万吨，进口量预计为90万吨。该年度菜籽油国内消费量预计为780 万吨，较上年度增加150 万吨。年度菜籽油供需缺口预计为23 万吨。

2016/2017 年度，我国菜籽油新增供给量预计为666 万吨，其中菜籽油产量预计为616 万吨，进口量预计为50 万吨。该年度菜籽油国内消费量预计为850 万吨，较上年度增加70 万吨，年度菜籽油供需缺口预计为184 万吨。

从以上数据可以看出，2016 年国内菜籽油新增供给量大幅减少，而国内消费量却大幅上升，国内菜籽油年度供需缺口较上一年扩大近8 倍，国内菜籽油在严重产不足需的情况下，本应表现强劲。而实际情况是，2016 年国内菜籽油和豆油、棕榈油之间的差价缩小到历史最低位水平，在国内植物油主要品种中，多数时间都是表现最弱。主要是2016 年大量临储菜籽油拍卖，所成交的临储菜籽油数量不仅弥补了这一缺口，还有近130 万吨转为企业库存。国内现货市场菜籽油供给充裕，菜籽油价格处于竞价优势，大量替代豆油消费，是2016 年国内菜籽油消费量大幅上升的主因（见图2-5-5）。

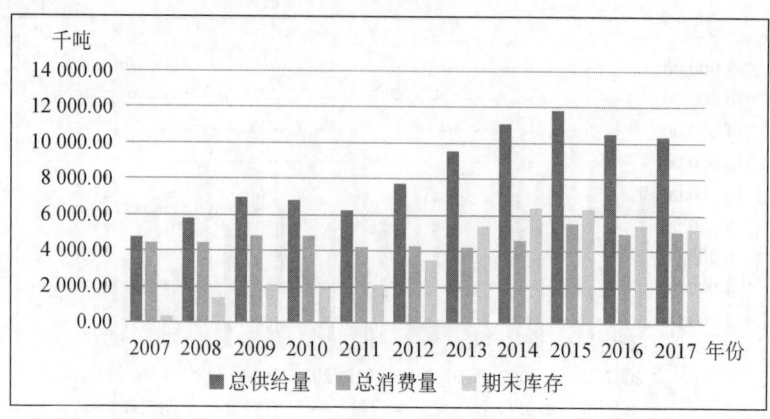

数据来源：万德资讯。

图 2-5-5　中国菜籽油供需平衡表

4. 2016 年国内油菜籽、菜籽油市场回顾

2016 年，是国家退出临储菜籽（油）收购政策的第二年，国内油菜籽市场进一步市场化。同时，因进口油菜籽基本都是直接进厂压榨，并不进入流通领域，国内油菜籽市场主要是国产油菜籽行情。国产油菜籽以夏收油菜籽为主，上市期和压榨期以外，多数时间国内油菜籽市场有价无市。

整体来看，2016 年国内油菜籽行情分为三个阶段：

一是 1 月至 5 月中旬，国内油菜籽市场有价无市，较为稳定。

二是 5 月中旬至 6 月中旬，国产油菜籽收获上市期，收购价低开后快速走高，一个月内主产省油菜籽收购价涨幅 14% ~ 19%，近几年少见。主要原因是产量下降和农民惜售，使得新季夏收菜籽收购价快速走高。不过因 2016 年四川地区并未如 2015 年出台托市政策，加之外省低价油菜籽的流入，在这一时期四川地区油菜籽收购价高开低走。

三是 6 月中旬到 12 月底，国内油菜籽价格在 8 月、11 月和 12 月上三个台阶，累计涨幅 12%。一方面是长江中游地区油菜籽向价高的西南地区流动，拉高价格，但运输成本的增加，抵销了部分地区间价格差带来的上涨空间；另一方面是 11 月份夏收油菜退场秋收油菜籽上市，同时国内菜籽油和菜籽粕双双上涨，油菜籽压榨利润上升，加之年底为元旦、春节备货需求,共同推动国产油菜籽价格上涨。不过同期小榨菜籽油价格没有明显涨势,原料价格偏高,小榨油厂压榨利润下降,也抑制了国产油菜籽的上涨空间。

相较于往年,2016年国产油菜籽市场有如下特点:一是国产油菜籽贸易量进一步下降,截至9月20日,主产区各类粮食企业累计收购油菜籽116万吨,同比减少35万吨。由于消费偏好的存在,在主产区四川、重庆、贵州、云南等地,农户种植油菜更多是为了自己食用,大多在当地小机榨油或换油,近一半的国产菜籽并没有进入流通领域。这导致即便在上市之际,菜籽也往往有价无市,一籽难求。二是更多的国产油菜籽流向小榨油厂,主产区大型油菜籽压榨量进一步下降,出现国产油菜籽上市期也无法开工的现象,部分企业经营开始转型(见图2-5-6)。

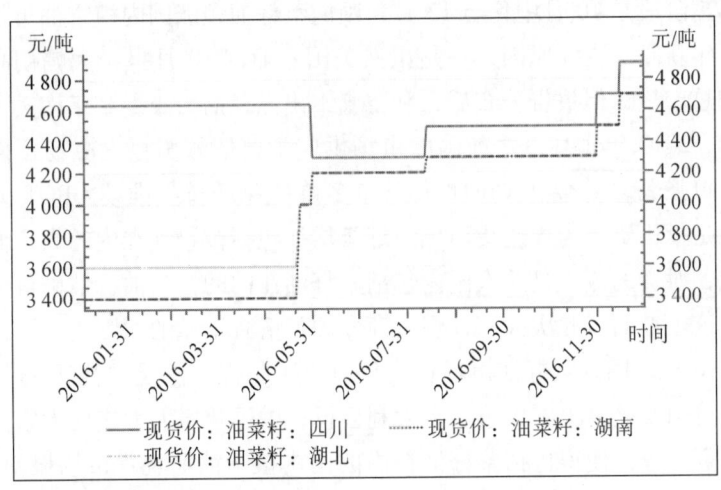

数据来源:万德资讯。

图2-5-6 2016年主产区油菜籽价格走势

2016年,国内菜籽油价格一改过去4年的颓势,全年累计上涨24%。不过,由于临储菜籽油拍卖,国内菜籽油现货供给充裕,基本面明显弱于豆油和棕榈油基本面,国内菜籽油价格在多数时间弱于豆油和棕榈油,菜油和豆油、棕榈油之间的差价也创历史新低。

整体来看,全年国内菜籽油行情可以分为三个阶段:

第一阶段是1月至4月中旬,国内菜油由2015年的熊市进入牛市,尤其进入3月份后出现较大涨幅。主要原因：一是厄尔尼诺引发国际市场对棕榈油减产的担忧，棕榈油成为此番行情的领涨者。二是美国商品基金炒作巴西货币汇率上升以及阿根廷大雨灾害，对空头进行逼仓，推动3月芝加哥期货交易所（CBOT）大豆期价大幅上涨，并传递到国内市场。三是以券商系资金为首的社会游资进入。

第二阶段是4月下旬至9月底，国内菜籽油市场整体宽幅震荡。主要原因：一是第一轮拍卖的临储菜油开始大量出库，国内豆油库存也因油厂开工率处于历史高位而持续上升，美豆产区天气良好市场不断强化美豆丰产预期，基本面不支持行情持续向上。二是人民币贬值预期不断加强，为规避通胀，社会游资加强，包括菜籽油在内的大宗商品类资产配置，逢低买入菜籽油的积极性较高，又对国内菜籽油行情底部支撑明显。

第三阶段是10月中旬至12月，国内菜籽油领涨国内植物油市场，价格见3年新高。主要原因，一是虽然美国农业部10月报告大幅调高美豆单产和总产量，但报告公布后，利空基本出尽，而由于上半年南美大豆销售殆尽，2017年2月份之前国际市场供应主要依赖美豆，市场预期新季美豆出口强劲，基金在CBOT大豆净多单快速增长，推动CBOT大豆向上。二是投机资金为规避货币风险继续增加包括植物油在内的大宗商品资产配置，游资的流入是此次国内包括菜籽油在内的植物油行情破位大涨的主因，这也是面对此次大涨，现货商多呼行情看不懂的原因。

2016年，国内菜籽油市场较往年有以下特点：一是"黑天鹅"事件频发，英国脱欧、美国大选、意大利公投、中国政府大力查处大宗商品期货市场资金等，使得包括菜籽油在内的国内植物油期现货市场振幅扩大，一度出现日内最高价和最低价近500元/吨的波幅；二是政策调控的影响力减弱。四季度临储菜油拍卖重启，但国内菜籽油价格不跌反涨，已印证这一点（见图2-5-7）。

（二）全球油菜籽连续第三年减产

美国农业部预计，2016/2017年度全球菜籽产量为6 776万吨，低于上年度的7 024万吨，连续第三年减产。全球油菜籽期末库存将降至555

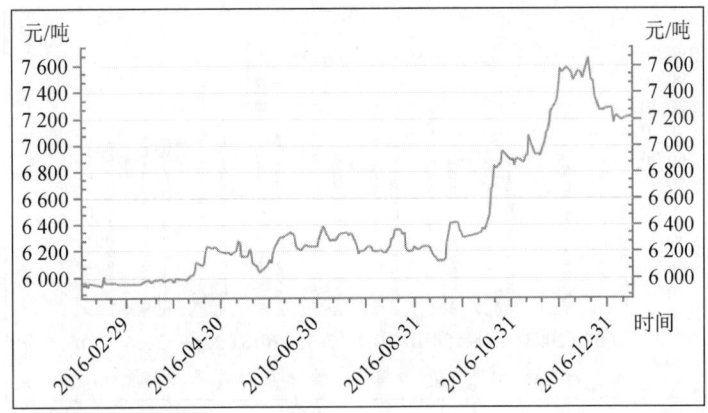

数据来源：万德资讯。

图2-5-7　2016年国内菜油均价走势图

万吨，远低于上年度的 654 万吨。其中加拿大产量预计为 1 850 万吨，高于上年度的 1 838 万吨。欧盟菜籽产量预计 2 000 万吨，同比减少 220 万吨，产量下调的原因在于德国、英国和波兰的单产数据下调，由于今年欧盟油菜籽减产，2016/2017 年度欧盟油菜籽进口预计为 350 万吨，比 2015/2016 年度 340 万吨的进口量略增，同时预计 2016/2017 年度欧盟的期末库存预计为 126.4 万吨，远远低于上年的 196 万吨，澳大利亚产量预计为 360 万吨，同比增加 60 万吨。

加拿大农业暨农业食品部预计，2016/2017 年度加拿大油菜籽产量预计为 1 842.4 万吨，与上年基本持平；出口量预计为 950 万吨，上年为 1 024.5 万吨。虽然加拿大菜籽收获期遭遇暴雪影响，但对产量实际影响有限。

欧盟委员会报告显示，2016/2017 年度欧盟油菜籽产量为 1 990 万吨，较上年减少 7.72%。主要是欧盟禁止使用新烟碱杀虫剂，使得部分地区油菜籽种植难度相对较大。

从以上数据可以看出，虽然各机构给的数据绝对值略有不同，但均反映出 2017 年全球菜籽产量很难增加，外围菜籽供给稳中偏紧，供应紧张将支持 2016/2017 年度国际油菜籽价格，从而使得我国油菜籽进口成本居高不下（见图 2-5-8）。

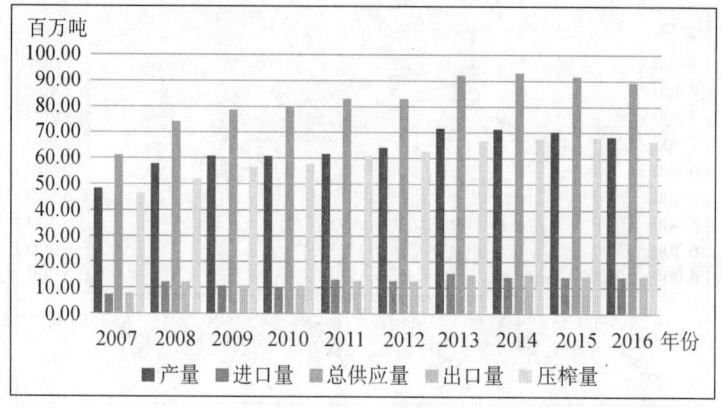

数据来源：万德资讯。

图 2-5-8　全球油菜籽供需平衡表

（三）2017 年国内油菜籽、菜籽油市场展望

1. 预计 2017 年国产油菜籽走势与 2016 年类似但区间偏小

预计 2017 年国产油菜籽实际种植面积和总产量双双下降。种植收益劣势仍是油菜籽种植面积下降的主要原因，预计在未来几年也难有大的起色。虽然 2017 年国产油菜籽单产和总产量还需看后期天气情况，但根据 2016 年 12 月对主产省湖北地区油菜籽种植情况调研，由于 2016 年 10—11 月份当地天气较为干旱，不仅严重影响了新季度油菜籽的种植，预计新季度油菜籽种植面积较上年度继续减少，还将对油菜籽质量和产量造成不利影响。

预计 2017 年夏收油菜籽上市前，国内油菜籽市场仍将有价无市，以稳为主。一是市场留存国产油菜籽数量稀少，虽个别小作坊库存足够支撑到下一季国产菜油上市，但也只能满足自身需求，市场不会有国产油菜籽流通，国产菜籽一籽难求，将支撑其价格。二是小机榨油价格较其他植物油偏高，预计榨利在 2017 年上半年难提高，因此同期国产菜籽油价格也难上升。

预计2017年新季油菜籽上市期间,价格高开高走,但涨幅会低于2016年同期。一是农民惜售、小机榨对国产油菜籽的需求及2016年国产油菜籽收购价的快速走高,均会抬升2017年国产油菜籽的收购价。二是小机榨油价格较其他植物油品种处于劣势,小机榨的利润也难有大的提高,这一因素在2017年新油菜籽上市后将继续生效,并抑制国产油菜籽价格。三是主产区大型压榨企业出于对风险的规避,预计2017年将与2016年一样多观望少收购开工,国内可贸易的油菜籽仍将多流向小作坊。

预计2017年夏收油菜籽收购结束秋收油菜籽上市之后,国内油菜籽价格仍有上升空间。一是双节前是需求旺季,小机榨的需求也会对国内油菜籽价格起到一定上拉作用。二是预计临储菜籽油在2017年9月份将消费殆尽,四季度国内菜籽油价格非常有想象空间,并对国内油菜籽价格利多。

2. 预计2017年上半年国内菜籽油将弱势宽幅震荡,下半年将走出趋势向上的行情,并见两年新高

分析后市,利多因素有:一是人民币仍在下跌通道,市场预期会在7.3~7.5止跌。因此,汇率给国内植物油成本带来的推动仍存在,并传递到国内菜籽油市场,但幅度不会有2016年这样大。

二是国家粮油信息中心数据显示,2016/2017年度,我国食用植物油生产量预计为2 786万吨,较上年度增加43万吨;进口量预计为690万吨,较上年度减少33万吨。该年度食用植物油食用消费量预计为3 190万吨,较上年度增加115万吨,增幅为3.7%;工业及其他消费量预计为365万吨,较上年度增加27万吨。年度食用植物油供需缺口为93万吨,库存继续下降,抑制回调空间,资金逢低进场的积极性也将提高。

三是在股指松绑和股市活跃起来之前,从这个市场流出的资金仍会在商品市场兴风作浪,而国内菜籽油仍处于历史低位水平,向下空间有限而向上空间无限,资金更倾向于逢低多。不过,这部分资金的进出也会加大包括菜籽油在内的国内植物油市场的运行区间振幅和日内波动振幅,尤其菜籽油期货盘子较小,游资比重较高,因此预计2017年菜籽油的振幅会高于豆油和棕榈油。

四是随着拍卖继续,国内临储菜籽油库存所剩无几,按照每周约10

万吨的拍卖进度，预计到 2017 年 5 月底将全部拍卖完，5—9 月滞留在企业的临储菜油也将消费殆尽。而现实情况是，国内油菜籽产量和进口量均难有大的增加，国内菜籽油产量与近两年因低价而大幅增加的国内菜籽油消费之间，存在巨大缺口，历来高价抑制需求，当弥补这一缺口的临储菜油消费殆尽时，只有当国内菜籽油价格涨到消费份额被其他植物油替代，才能再次恢复供需平衡。因此，对资金来说，长线多菜油空豆油，或多菜籽油空棕榈油，均是较为安全的投资机会。

分析后市，利空因素有：一是从统计规律来看，棕榈油产量往往在减产后会在下一年度丰产，市场普遍预计 2017 年印尼和马来西亚棕榈油产量较 2016 年将提高 650 万吨。每年的 4—11 月是棕榈油单月生产旺季，如 2017 年 4 月份以后主产国棕榈油产量和库存将快速回升，棕榈油将由 2016 年的领涨品种，转为 2017 年的领跌品种，并传递到国内菜籽油市场。不过因天气问题带来的产量不确定一直存在，如主产国棕榈油产量和库存量未如市场预期上升，国内菜籽油表现将比预期强。

二是 2017 年上半年国内菜籽油因临储菜籽油的拍卖而供给充裕。同时因 2016 年四季度国内大豆和进口油菜籽压榨利润丰厚，部分企业的套保单做到 2017 年 9 月，因此预计 2017 年上半年国内大豆和油菜籽进口量及压榨企业的开工率都保持在历史高位水平，国内植物油市场整体供给充裕，基本面不支持行情持续向上。

三是与 2016 年类似，2017 年也将黑天鹅事件频发，由此带来的系统风险，及资金为规避风险在市场的进出，均会给包括菜籽油在内的国内植物油市场带来大的震荡和回调。

综上所述，基本面压力和棕榈油带来的回调压力均集中在 2017 年上半年，郑菜油主力合约第一支撑位在 6 900 ~ 7 000 元/吨，第二支撑位在 6 600 ~ 6 700 元/吨。下半年随着基本面好转，国内菜油在资金推动下，价格充满想象空间。操作上，上半年建议观望为主，逢低可轻仓多。在第二季度末第三季度初，可陆续买多。

（郑州粮食批发市场　陈艳军）

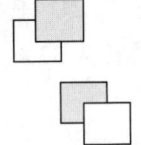

六、花生及花生油市场分析

【内容提要】

2016年,受国内花生价格整体上升影响,农民种植收益有所好转,同时有种植竞争关系的其他农作物价格走弱,农民种植花生积极性提高,花生种植面积有所增加。花生油市场在年初因节前备货高峰期结束而短期小幅回落后,跟随原料花生价格而出现一波上涨行情。6月份,国内进入花生油需求淡季,国内花生油价格大幅下跌近10%,下半年市场呈震荡走高态势,油厂收益增加,经营状况相对好转。

预计2017年,我国花生种植面积和产量有望双增加。上半年花生价格仍存在小幅上升空间,但在新花生上市后,由于原料供应集中,预计花生行情将下跌。花生油价格预计将随主要食用油市场而调整,整体来看或将不及2016年行情。

(一) 2016年国内花生及花生油市场分析

(1) 国内花生种植面积和产量双增加。花生是我国重要的油料作物和经济作物。据国家统计局数据显示,在我国油料生产中,花生种植面积仅次于油菜居第二位,而单产和总产居第一位,河南、山东、辽宁省为国内花生主产省份。受国内花生价格整体上升,农民种植收益有所好转,同时有种植竞争关系的其他农作物价格走弱影响,2016年农民种植花生积极性提高,种植面积有所增加。中华粮网调研数据显示,2016年,花生种植面积预计在 7 120 万亩，同比增长 2.8%；花生平均单产为 241 千克/亩，同比增长 1.68%；花生总产量为 1 716 万吨，同比增长 4.37%（见表 2－6－1）。

表 2－6－1　　2009—2016 年我国花生种植面积、产量及单产

单位：万亩，万吨，千克/亩

年份	总面积	总产量	单产
2016	7 120	1 716	241
2015	6 924	1 644	237
2014	6 906	1 648	238
2013	6 949	1 697	242
2012	6 950	1 669	240
2011	6 872	1 605	233
2010	6 791	1 564	230
2009	6 565	1 471	224

数据来源：国家统计局，其中 2016 年数据为中华粮网预测值。

（2）花生进口数量增加，出口量下降。进口方面，进口花生出油高、价格低，作为油料具有一定优势，进口量从无到有，呈现逐年上升趋势。尤其是 2014—2016 年花生进口量逐年增加，主要进口来源于美国和塞内加尔。其中 2016 年 1—12 月国内进口花生 20.6 万吨，同比增加 77.3%，进口花生到港成本与国产花生之间的价差逐步缩小，进口金额 1.83 亿美元，同比增加 78.4%，另外花生油进口数量为 106 963 吨，同比下降 16.2%；花生油进口金额为 150 985 千美元，同比下降 11.3%。

在国际市场供应相对充足的情况下，我国花生出口价格与其他国家相比价格仍相对较高。海关数据显示，2016 年中国花生、花生仁、花生油出口量较 2015 年下降，金额基本持平，单价有所上涨。其中，花生出口约 11.06 万吨，同比下跌 13.3%；出口金额约 1.91 亿美元，同比下跌 11%。花生仁出口约 8.99 万吨，同比下跌 8.44%；出口金额为 1.49 亿美元，同比下降 14.13%。花生油出口约 0.884 万吨，同比下滑 7.02%；金额 0.238 亿美元，同比增长 9.65%。从数据来看，2016 年我国花生产品出口数量较 2015 年出口数量逐步减少，单价略有提高，而花生油单价相

比增加明显（见表2-6-2）。

表2-6-2　2016年中国花生、花生仁、花生油月出口数据与同比分析

单位：吨，万美元,%

品种	年度	月份	当月		同比	
			数量	金额	数量	金额
花生	2016年	1月	11 591.62	1 849.70	-10.45	-17.45
	2016年	2月	9 078.11	1 400.73	-1.26	-13.40
	2016年	3月	12 682.95	2 003.28	41.34	26.22
	2016年	4月	11 092.09	1 828.75	-31.59	-35.17
	2016年	5月	13 366.35	2 170.30	-26.82	-31.14
	2016年	6月	8 162.53	1 422.75	-42.83	-40.88
	2016年	7月	5 571.63	921.63	-8.34	-8.36
	2016年	8月	5 294.92	866.32	16.51	15.45
	2016年	9月	7 771.74	1 158.37	79.00	63.48
	2016年	10月	10 952.35	1 554.15	65.82	50.30
	2016年	11月	12 385.81	1 897.97	18.43	16.47
	2016年	12月	13 165.40	2 060.20	-16.49	-19.18
	总计		110 683.03	19 134.14	-13.3	-11
花生仁	2016年	1月	8 474.13	1 432.24	-20.21	-25.49
	2016年	2月	6 461.05	1 078.33	-11.15	-20.96
	2016年	3月	9 219.39	1 541.15	26.82	13.55
	2016年	4月	8 239.65	1 451.60	-35.63	-37.83
	2016年	5月	9 256.21	1 604.65	-32.10	-35.66
	2016年	6月	5 806.03	1 084.15	-42.87	-40.22
	2016年	7月	3 490.74	627.37	-19.61	-17.83
	2016年	8月	3 744.09	644.78	16.31	14.70
	2016年	9月	6 378.10	969.78	80.13	63.75
	2016年	10月	9 009.66	1 297.21	74.14	55.15
	2016年	11月	9 831.00	1 564.54	23.70	20.61
	2016年	12月	10 025.00	1 644.63	-18.18	-20.24
	总计		89 935.04	14 940.42	-8.44	-14.13

续表

品种	年度	月份	当月		同比	
			数量	金额	数量	金额
花生油	2016年	1月	386.02	95.85	-56.73	-55.95
	2016年	2月	388.96	92.70	-48.17	-52.29
	2016年	3月	1 192.63	297.07	128.03	121.67
	2016年	4月	556.46	156.33	1.63	10.86
	2016年	5月	778.10	209.04	29.38	33.83
	2016年	6月	783.36	218.46	218.73	217.38
	2016年	7月	637.34	174.42	-12.67	-10.24
	2016年	8月	688.67	188.29	21.45	32.70
	2016年	9月	718.09	196.52	16.38	23.97
	2016年	10月	819.38	233.09	19.90	32.30
	2016年	11月	843.44	229.77	-55.66	-0.28
	2016年	12月	1 050.71	289.64	-27.63	-19.14
		总计	8 843.16	2 381.17	-7.02	9.65

数据来源：海关总署。

（3）国内花生需求增加，整体供大于求。我国花生需求主要由压榨、食用、出口及种子四部分组成，其中花生油压榨需求以及食用加工需求占主要部分。2016年花生种植面积及产量均有所增加，下游压榨量、种子及其他食用需求亦出现明显上升，未来国内花生市场的消费量还将呈现小幅增长的趋势。一直以来国内花生产量的60%左右用于榨油，2015年之前，由于国内植物油价格大幅下跌，花生油市场份额下降，花生油厂开工率处于三年来低位。花生的油用需求同比下降，更多的花生进入利润更高的食品行业，花生需求增长点更多的来自于食用需求。据中华粮网监测数据显示，2016年，由于国内花生压榨利润率有所好转，油用花生消费增速快于食用花生增速，其中压榨用花生占比为45%，食用花生占比为46.8%，种用量约5.2%（见图2-6-1）。

（4）花生行情先跌后涨特点明显。上半年，由于在春节需求旺季前，以及气温上升花生保管难度增加前，农民销售了手中的大量存货，国内花生供给下降，加上花生压榨利润上升，油厂增强了收购力度，花生价格上

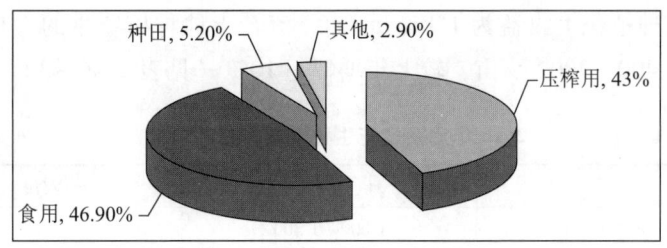

数据来源：中华粮网。

图2-6-1　2016年国内花生消费比例

涨明显，创三年新高，局部产区涨幅达到30%以上。三季度花生油价格从6月初开始急速下落，油厂压榨利润萎缩，油厂下调收购价，花生价格开始下跌。9月份新花生集中上市后，由于供给增速快于需求增速，花生价格出现大幅下滑，局部产区降幅达到21%。10月中下旬，行情有反弹需求，贸易商逢低囤货的积极性较高。供大于需是2016年下半年国内花生价格整体偏弱的主因（见图2-6-2）。

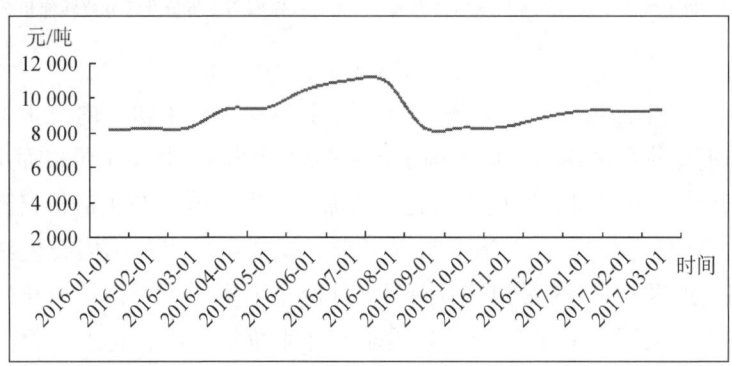

数据来源：中华粮网。

图2-6-2　我国花生市场均价走势图

（5）种植成本基本稳定，收益明显上升。近年来，花生平均总种植成本变化不大，据有关机构调查显示，2016年全国自有地的种植成本521元/亩；其中农药及化肥费用有所缩减，种子成本逐年增加，人工及机械费用也有逐年增加趋势，但普通农户多为家庭成员自行种植及收获，而种子多为自留种，因此实际种植收益有所增加。据中华粮网抽样调查结果显示，2016年河南省花生单产308公斤/亩，同比增2.5%。收益方面，农民自有地种植花生收益为 1 170 元/亩，流转土地种植花生的大户，每亩净收益在 400~700 元/亩，较上年增幅超 10%（见表 2-6-3）。

表 2-6-3　　2016 年河南省花生种植成本收益情况　　　　单位：元/亩

	大户	农民
生产总成本	1 000~1 300	600
物质费用	500	500
其中：化肥	150	150
农药	50	50
种子	150	150
人工	100	100
土地	400~700	
出售总收入	600×2.85=1 700	600×2.95=1 770
每亩利润	400~700	1 170

数据来源：中华粮网。

说明：以上成本中以直观经济支出作为依据，未计入家庭用工折价及区分流转地租金、自营地折租。

（6）花生油市场先抑后扬。2016 年上半年，在年初国内花生油市场在因节前备货高峰期结束而短期小幅回落后，跟随原料花生价格而出现一波上涨行情。6 月份，国内进入花生油需求淡季，国内花生油价格随其他主要食用油品种调整，大幅下跌近 10%；受成本的支撑国内花生油价格在 7 月止跌并在 7~8 月出现反弹，9 月份花生集中上市，带动花生油行情的下调，后因"双节"前备货需求和花生价格上涨，花生油价格再次回升。据中华粮网数据显示，国内一级花生油价格集中在 14 500~22 000元/吨的水平（见表 2-6-4）。

表 2-6-4　　2016 年山东、河南、广东一级花生油价格　　　　单位：元/吨

日期	山东花生油	河南花生油	广东花生油
2016 年 1 月	14 000	13 000	22 000
2016 年 2 月	14 000	13 000	22 000
2016 年 3 月	14 000	13 000	22 000
2016 年 4 月	15 300	14 600	22 600

续表

日期	山东花生油	河南花生油	广东花生油
2016 年 5 月	16 000	15 500	23 000
2016 年 6 月	16 000	15 500	23 000
2016 年 7 月	16 000	15 500	23 000
2016 年 8 月	15 560	15 000	23 000
2016 年 9 月	15 200	14 900	22 700
2016 年 10 月	14 800	14 500	22 000
2016 年 11 月	14 800	14 500	22 000
2016 年 12 月	15 000	14 500	22 000

数据来源：中华粮网。

（二）2017 年花生及花生油市场预测

1. 我国花生种植面积和产量有望双增加

在种植比较效益优势明显、花生品种改良、机械化水平提高等利好作用推动下，加上国家农业供给侧改革的支持，有助于花生种植面积稳中有升。不过，由于机械化程度不高、农户分散种植等因素影响，花生种植面积上升空间也有限。天气正常的情况下，预计 2017 年我国花生产量也将再次实现双增加。

2. 花生行情或将重演先涨后跌的走势

受主产区农户惜售情绪较重，加上下游油厂原料库存量低，厂家对原料收购意向较强支撑，预计 2017 年上半年花生价格仍存在小幅上升空间，但在新花生上市之后，8—12 月国内花生供应普遍充足，随着国内原料供应集中增加，预计花生行情将会出现下跌行情。

3. 国产花生品质逐渐提升，规模化经营将进一步提升

国内花生消费主要在压榨、食品加工以及种用三大方面，最近几年比例也相对稳定：压榨用花生占比为44.27%，食用花生占比为47.07%，种用量5.66%。未来三年，国内花生市场的消费量将呈现小幅增长的趋势，随着近几年国内进口花生量的增加（进口花生米价格较低），将挤占国产花生的市场份额。随着科研水平的提升，国产花生的单产和品质将进一步提升，市场竞争力增强。同时，当前花生初级加工占食用加工75%以上，深加工研究仍不足，花生蛋白等利用率不高，附加值低；行业规范缺失，小作坊加工占比高，技术简单，生产不规范，行业收益低，缺少知名品牌和规模化企业效应，预计2017年花生深加工行业规模化、规范化水平将会进一步提升。

4. 花生油价格将随主要食用油市场调整，整体来看或将不及 2016 年行情

2017年，预计国际市场大豆产量有望再创新高，由于国内农业"调结构"，油料种植面积有望进一步增加，国内外油料供应整体宽松，将会抑制食用油市场行情。花生油走势相对独立，但仍将受到大环境的影响。经过前几年的行情，其他植物油的替代消费作用减弱，国内花生油需求量将较为稳定，但花生原料的增加将会导致花生油供给增速继续大于需求增速，基本面仍呈平衡略宽松状态，因此，2017年国内花生油价格多数时间将弱势震荡，价格运行区间将较2016年有所下移，花生油出厂价运行区间将在12 000～20 000元/吨左右。

综合来看，预计2017年国内花生、花生油市场供应量有所增加，同时受上半年国内食用油市场整体供需基本面偏松影响，上半年国内花生和花生油将会跟随食用油市场弱势调整，下半年尤其是第四季度国内食用油市场基本面好转，预计会给国内花生和花生油带来利多影响，但原料供应集中增加导致的原料行情下降也将会抑制其行情涨势，预计2017年国内花生价格和花生油价格整体运行区间将均较2017年有所下移。

（中华粮网 李娜）

第三部分

中国粮食市场专论

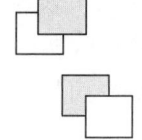# 一、粮食最低收购价政策改革思路与建议

【内容提要】

粮食最低收购价政策自2004年实施以来，对调动农民种粮积极性、促进粮食持续稳定增产、农民收入较快增长发挥了极为重要的作用①。但是，近年来随着粮食最低收购价政策内涵、实施机制与环境的变化，政策的外部性问题日益显现，粮食高产量、高进口、高库存"三高"矛盾越来越突出，下游产业经营困难、政府财政负担加重、国际谈判压力增大等新的挑战也日趋严峻。改革粮食最低收购价政策，既是当前深入推进农业供给侧结构性改革的当务之急，也是新形势下加强和完善我国粮食支持政策体系的关键之举。

（一）粮食最低收购价政策亟待改革

粮食最低收购价政策实施13年以来，其内涵、机制与环境已出现较大的变化，主要表现在：

第一，政策目标，从最初保障粮食有效供给，向既要保障粮食供给、又要保护农民种粮利益转变。2008—2014年，国家连续大幅提高稻谷、小麦最低收购价，累积分别提高97%、67%，"保增收"成为目前的优先目标。

第二，实施范围，从最初支持特定形势下的短缺品

---

① 2004—2015年，国内粮食产量实现"十二连增"，农民增收实现"十二连快"。2016年，尽管国内粮食总产量有所下滑，但仍稳定在6亿吨以上。

种，向覆盖常态下的非短缺品种转变，导致近年粮食最低收购价政策频繁启动和政策性收储大幅增加。2014年以来，粮食最低收购价政策收购已经连续突破5 000万吨，2015年达5 410万吨，相当于稻谷、小麦商品量的20%。

第三，粮食供求，由过去长期供给不足，向目前供需基本平衡乃至阶段性、结构性过剩转变。如2005年稻谷、小麦产需缺口分别为266万吨、241万吨；2015年已分别转变为产大于需1 875万吨、1 599万吨，其中稻谷已连续10年有结余。

第四，粮食价格，由过去国内低于国际，向国内高于国际转变。现阶段国内大米、小麦农户销售价格已经全面高出进口到岸完税价格，国内市场转向使用价格较低的国外粮食，使粮食进口压力骤增，同时也导致粮食大规模涌向政策性收储。这是形成目前粮食高产量、高进口、高库存"三高"的根本原因之一。

第五，国际粮食市场，由前期价格飙升、全球粮食危机，向目前价格低迷、供大于求转变。自2007—2008年粮食价格飙升引发全球粮食危机后，随着粮食主产国加大粮食生产投入、提高粮食生产效率，近5年来，全球粮食产能大幅度提高，粮食库存大幅增加，粮食呈供大于求趋势。加之近几年美元不断走强，国际粮价持续低迷。

在新的形势下，最低收购价政策面临诸多新问题、新挑战，如粮食高产量、高进口、高库存"三高"问题日益突出，下游产业经营困难，财政负担加重，国际谈判压力增大等，政策实施效果逐步衰减，外部性问题越来越严重。例如，目前全国各类粮食企业库存5.8亿吨，相当于全国一年的消费量，同比增长33%。其中，稻谷库存达1.5亿吨，相当于国内消费总量的80%；小麦库存超过1亿吨，接近于国内消费总量；稻谷、小麦库存大幅增加，仓容严重紧张，政策实施已难以为继。

2016年玉米收储制度改革后，国内玉米价格大幅回调，东北产区价格由上一年度的1 900~2 000元/吨下降到目前不足1 500元/吨。如果最低收购价不及时跟进调整，东北地区稻谷相对玉米的比价优势将更加明显，有可能出现稻谷对玉米的大面积种植替代；西北地区则会出现小麦对玉米的种植替代，由此将使稻谷、小麦库存压力进一步加大。

（二）政策改革的方向、原则与思路

根据"十三五"时期我国农业发展的战略需求，目前亟待完善和创新政策支持方式，探索建立既符合国际规则，又能有效促进粮食生产稳定发展的支持政策新机制。初步考虑，现阶段若难以出台其他更加有效的替代政策，建议采取"稳定政策构架，增强政策弹性，改革实施机制"的思路，在保持最低收购价政策构架基本稳定的基础上，从调整政策目标入手，通过改革政策实施机制，增强政策的针对性、有效性和系统性。

1. 改革的基本方向和任务

第一，调整最低收购价的政策目标，增强政策的针对性。目前最低收购价政策具有多重目标，既要促进发展粮食生产、保障国内粮食供给和安全，也要保护种粮农民利益、提高农民种粮收入，同时还要稳定粮食市场价格。研究表明，政策目标的多重性，导致必须采取强度较高的实施措施，由此形成对市场的过度干预机制，这是目前粮食陷入多种矛盾的根本成因。因此，完善最低收购价政策，首先要实现价补分离，由既保供给、又保增收的"增产增收"目标，回归至以解决农民卖粮难为基本目标。

第二，改革最低收购价的实施机制，增强政策的有效性。在现有最低收购价政策构架下，要改革政策实施和操作办法，逐步消除政策的市场扭曲机制。一要建立粮食价格的市场形成机制。即要坚持粮食市场定价，减少对粮食价格和粮食市场的过度干预，逐步消除由最低收购价引起的市场预期变化、资源配置扭曲等问题，促进粮食流通、加工等关联产业持续健康发展。二要建立种粮收益保障机制。这是确保政策改革成功的基础，也是改革的根本要求。在国内粮食供给不足、国内粮价低于国际粮价时，提高粮食最低收购价可同时兼顾"保供给"和"保增收"的目标。反之，在当前国内粮食阶段性过剩、国内粮价高于国际粮价的形势下，则必须把保增收的目标从最低收购价中分离出来①,加快建立种粮收益补贴机制,实现"价补分离",确保粮食生产不出现大滑坡、粮食供应不出现大波动。

第三,要综合配套施策,增强政策系统性。改革粮食最低收购价政策,涉及的利益关系错综复杂,既关乎粮食安全等国家利益,也涉及地方政府、粮食产业和农业生产者等多方利益。如果调低粮食最低收购价,必然导致一系列利益关系的变化和冲突,引发对政策改革的疑虑,特别是对如何保护农民种粮积极性、保障粮食有效供给和口粮绝对安全等担忧。因此,改革最低收购价政策,表面上只是针对粮食最低收购价政策,而实质上是全面综合配套的政策改革,注重改革的系统性、整体性和协同性。

2. 改革的原则与思路

改革最低收购价政策,必须遵循以下原则:一要坚持底线思维,确保口粮绝对安全。稻谷和小麦自给率要求高,必须把"保供给"② 作为政策改革的基本底线。二要激发市场活力,注重发挥市场机制作用。判断政策改革是否有效,要看改革是否促进建立粮食价格主要由市场形成的机制,反映市场供求关系,推动农业供给侧结构性改革,同时调动粮食流通和加工企业积极性,促进粮食产业上下游健康协调发展。三要坚持价补分离,增强政策实施弹性。要调整政策目标,按照价补分离原则改革政策实施机制,增强政策操作的灵活性和弹性,配套建立粮农利益补偿机制,有效保护粮农收益和种粮积极性。四要试点先行,稳中有进。要保持政策架构的基本稳定,通过试点试验,逐步改革政策实施机制,避免政策改革过急过快。在试点取得成功的基础上,逐步建立相对成熟有效的政策体系。

改革最低收购价政策,要牢固树立和贯彻落实创新、协调、绿色、开放、共享的发展理念,深入推进农业供给侧结构性改革,坚持市场化改革取向和保护农民利益并重,在保持政策构架基本稳定的前提下,按照

---

① 有国际经验可资借鉴。如美国无追索权贷款的出发点是解决农场收入持续下降问题;欧盟的价格干预、日本的管理价格、韩国的政府收购价格等政策措施的初始目标是促进农产品生产,解决经济发展中食品供给不足问题,当农产品生产过剩时,价格支持的目标又转变成稳定农户收入。

② "保供给"首先要求"保产能"。有产能才有供给的基础。

"价补分离"原则,逐步分离最低收购价政策"保增收"功能,增强政策的灵活性和弹性,同时建立相应利益补偿机制,综合运用价格和补贴等手段,建立起既能充分发挥市场机制作用,又能促进粮食生产稳定发展、保障农民利益,既符合WTO规则,又符合中国国情的口粮支持政策体系。

(三) 政策改革的路径

按照"稳定政策架构,增强政策弹性,改革实施机制"思路,改革最低收购价政策,有两个可供选择的路径,一是调整政策实施范围,二是改革完善政策实施机制。

1. 调整政策实施范围

调整政策实施范围有两个备选方案:一是,继续保持目前的政策执行范围。其优点是,保持政策框架稳定,有利于保护农民种粮积极性,稳定口粮生产。不足之处是,若最低收购价继续保持目前的高水平,则稻谷、小麦的结构性过剩问题将得不到有效解决,粮食"三高"问题将继续存在。

二是,逐步调整政策实施范围。即按照循序渐进、稳中有进原则,保持最低收购价政策框架的基本稳定,分阶段、分步骤对政策实施范围进行调整。可分两个阶段进行调整:第一阶段,考虑暂停实施早籼稻的最低收购价政策,作为最低收购价调整完善的试点。继续实行小麦、中晚籼稻以及粳稻最低收购价政策,但要适度调低最低收购价水平。第二阶段,2019年以后3~5年或更长时期内,若早籼稻政策改革试点取得成功,可根据国内外粮食市场形势变化、国家粮食安全保障任务需求等,分期分批调减粳稻、中晚籼稻、小麦最低收购价的实施范围。

其中,之所以考虑选取早籼稻作为改革试点,其原因在于,目前早籼稻占稻谷总产量的17%,其口粮直接消费仅占稻谷总口粮消费的12%,加工消费比重较大,且下游产业市场化程度较高,政策改革对粮食生产总体影响不显著。其意义在于,一是促进早籼稻价格回归市场,释放粮价市场化改革的信号;二是理顺上下游产品价格,充分发挥市场机制作用,激发市场活力，促进粮食产业上下游健康发展；三是有利于优化稻谷生产结构，促进优质优价，调节稻谷供求平衡；四是减轻国家收储压力和财政负担，促进农业可持续发展。目前湖南、江西部分地区的重金属超标早籼稻生产问题有待解决，不仅大幅度增加收储销各环节的处理费用，而且存在较大的食品安全风险。暂停实施早籼稻最低收购价，配套实施耕地重金属治理修复等支持补贴政策，既有利于这些产区解决超标早籼稻生产问题，根除食品安全隐患，也有利于减轻国家收储压力和财政负担，更有利于促进耕地资源可持续利用和农业可持续发展。

但是，政策改革也存在一定风险，一是早籼稻价格回归市场，会在一定程度上拉低稻谷价格，使目前实施最低收购价5省区的种粮农民利益蒙受一定损失。二是有可能会导致主产区水稻种植双改单，水稻产量或许会有一定程度下滑。三是可能带动中晚籼稻、粳稻价格下降，进而影响粮食市场，加大其他品种收储压力。

目前，湖南、江西两省早籼稻产量占5个最低收购价执行省区早籼稻总产量的65.3%，占全国早籼稻总产量的49.6%，且近三年两省早籼稻最低收购价收购量占到全国早籼稻最低收购价收购总量的95%以上，因此，为应对暂停早籼稻最低收购价政策可能带来的风险和问题，建议中央财政对湖南、江西两个主产省给予适当补助，作为耕地重金属治理修复补贴（或称之为"粮食产能保护补贴"）兑付给农民[①]，尽可能减少政策改革对农民种粮收益的不利影响。

2. 改革政策实施机制

改革的关键在于，要针对现阶段粮食供需出现阶段性和结构性过剩、国内粮价大幅高出国际粮价的新形势、新情况，在稳定最低收购价政策构架的基础上，按照价补分离原则，用3~5年时间将最低收购价调整至合理水平，使最低收购价不再承担"保增收"功能，今后主要起兜底收购、解决卖粮难的作用，逐步建立以市场定价为基础的粮食价格形成机制，消除最低收购价的市场干预和扭曲影响。按此路径推进改革，有两种情形可供考虑：

---

① 农户须参与耕地重金属治理修复项目，或与重金属治理修复有关的生产行为挂钩。

第一种情形：将最低收购价调低至生产成本，去除政策的"增收"功能。参照 2013—2015 年粮食生产的平均总成本，小麦平均每斤 1.15 元，早籼稻 1.26 元，中晚籼稻 1.18 元，粳稻 1.20 元，最低收购价每斤可分别下调 0.03 元、0.07 元、0.20 元和 0.35 元。可见，今后小麦价格可一步调整到位，稻谷则可在 3~5 年内调整到位。

以粮食生产总成本作为调低最低收购价的基准，其好处是：

（1）将促进回归最低收购价政策的设计初衷，突出"保供给""保底线"的政策定位，即弥补农民种粮成本[①]，解决农民卖粮难问题，有利于稳定口粮生产。

（2）各方面容易理解和接受，也有利于增强农民的风险意识和市场意识，提高粮食的国际竞争力，促进农业结构的优化调整。

（3）符合 WTO 黄箱补贴的微量允许承诺。若以 2013—2015 年平均生产总成本确定最低收购价，根据当年最低收购价实际收购量来估算黄箱补贴水平。结果表明，小麦、大米的黄箱补贴，均不会突破 8.5% 的微量允许上限。今后 2~3 年，如果国际粮价没有大幅波动，逐步调低最低收购价，有利于激发粮食市场主体的活力，促进农业供给侧结构性改革，使粮食政策性收储量进一步下降，更是不会突破微量允许上限。

但也有一定的问题和风险，一方面，改革后在以生产成本作为定价基准的最低收购价政策支持下，粮食价格水平仍然有可能大幅高于国际市场。如以 2015 年的进口价格作为比较基础，改革后的小麦最低收购价将高出 2015 年进口均价 20%，早籼稻价格高出约 25%，这意味着今后的进口压力有可能仍然存在。另一方面，有可能打破不同品种间的比价关系，品质差价依然没有理顺，如粳稻价格低于早籼稻，小麦价格与中晚籼稻大体持平，因此有可能出现难以预见的种植结构调整格局。

第二种情形：将最低收购价调低至配额内进口完税成本。这是一种近乎极端市场化的改革设计。若按此改革，意味着国内粮食价格基本由市场形成。尽管今后继续保留最低收购价政策构架，但在实际操作中，将难以真正启动政策性收储，不能发挥兜底作用，也难以解决农民卖粮难问题。此方案的意义在于，以配额内进口完税成本作最低收购价参考目标，将使

---

① 包含现金成本、自营地折租、家庭用工折价。

国内粮食价格与国际市场价格接轨，国内粮食生产直接参与国际竞争，有利于挡住粮食进口。但潜在的问题是，在此政策构架下，粮食价格水平可能显著低于生产成本，对生产不能起到直接激励作用；对补贴配套措施要求较高，若补贴机制不到位，有可能导致国内稻谷、小麦产量出现大幅下滑。因此，需谨慎研究设计此方案实施的时机与可行性。

由此可见，在政策改革过程中，最低收购价格水平的实际调整幅度，需根据粮食供求状况、国内外市场粮价、农作物比价关系、财政承受能力、WTO 规则等多种因素，坚持底线思维、稳中有进，综合确定、审慎决策。

（四）改革方案与配套措施建议

根据中央关于推进农业供给侧结构性改革的总体部署，今后推进粮食最低收购价政策改革，要坚持农产品价格形成机制改革方向不动摇，按照"稳定政策构架，增强政策弹性，改革实施机制"思路，采取下述分品种改革方案。

（1）小麦。国家已公布 2017 年小麦最低收购价为 1.18 元/斤，自 2014 年已连续 4 年保持不变。建议做好 2018 年调整最低收购价的准备。基本选项是，按照政策功能保供给、保底线，不再保收益的改革思路，将最低收购价调低 0.03 元/斤，调整至 1.15 元/斤（即相当于 2013—2015 年小麦平均总成本）。

（2）早籼稻。一种选择是：自 2018 年起，暂停实施早籼稻最低收购价政策。若采用此方案，早籼稻价格回归市场，可能有较大幅度下滑，种粮农民收益有可能出现下滑，因此需建立收益补偿机制。建议中央财政对湖南、江西两个主产省给予适当补偿，以"耕地重金属治理修复补贴"或"粮食产能保护补贴"（归入绿箱中的环境支付）方式，在一定期限内对参与重金属治理修复项目，或采取环境友好生产方式的农民给予直接补贴，切实改善耕地质量。考虑到早籼稻价格下滑带来的收益损失、种植双季稻的可能性等，亩均补贴应在 100~120 元，补贴期限暂定 3 年，3 年后取消或进一步调整。

另外一种选择是：按照政策功能不再保收益的改革思路，将最低收购价进一步调低0.04元/斤，调整至1.26元/斤（即相当于2013—2015年早籼稻平均总成本）。考虑到口粮价格形成机制改革的艰巨性，建议2018年暂停早籼稻最低收购价政策，辅以种粮利益补偿措施，观察粮食市场影响和反应，积累改革经验。

（3）粳稻。建议2018年将粳稻最低收购价从今年每斤1.50元再下调0.1元，至1.4元。在此基础上，根据国内外市场情况，2019年可考虑再调低0.2元/斤，调至平均生产总成本水平（即1.2元/斤），但需另行配套设计种粮收益补偿机制。

（4）中晚籼稻。建议与粳稻同步进行调整，分两年调到平均生产总成本水平（即1.18元/斤）。考虑到早籼稻、粳稻和中晚籼稻的比价关系，建议2018年将中晚籼稻最低收购价在今年下调的基础上，再下调0.06元/斤，至1.3元/斤。2019年再综合根据粳稻价格调整以及整个粮食供需情况，进一步调低价格水平。

改革粮食最低收购价政策，必须处理好中央与地方、国际与国内、政府与市场、产业上游与下游、财政承受能力与保护农民利益、合理化解库存与促进种植结构调整等关系。建议实施以下配套政策措施。

第一，改革收储机制。改变目前中央"大包大揽""一竿子插到底"的做法，发挥地方政府在粮食生产、收储、流通、加工中的积极作用，支持有仓储条件的粮食加工企业、贸易企业、新型经营主体等社会化市场主体参与收购，多措并举激发市场活力，让粮食流通起来并实现加工消化，防止形成储备的"堰塞湖"。加快研究实施促进多元市场主体入市收购的金融、信贷和竞拍等配套政策。

建议支持仓储条件好、加工能力强、开工率高的粮食加工企业参与政策性收储，并要求所储粮食在半年后到1年内对其实施定向拍卖。若按储存半年计算，加工企业每吨收储和保管可获得93元的财政补贴，竞拍加工可节约出库、短距离运输和财务等成本130元，即每吨原粮节本223元，且新米售价好于陈米，使加工企业效益增加，开工率提高。这既加快了库存消化，节约了保管和利息费用补贴，减少了新陈差价损失，又相当于对加工企业实施了定向补贴（无需地方政府再次补贴），降低了财政成本，提高了补贴效率。

第二，严格控制进口。加强进口关税配额管理，从严安排国营贸易配额动用数量，并指导企业把握好进口节奏，防止集中到货打压国内市场。加强对非国营贸易配额使用的监督检查，严肃查处违法违规行为，维护好正常的进口秩序。严厉打击走私，切实堵住走私非法渠道入境，坚决遏制走私猖獗的势头。

第三，合理安排消化库存。切实做好库存粮食销售工作，短期可采取降价拍卖方式，积极消化库存并腾出仓容，同时考虑市场空间有限，需把握好节奏和方式。建议优先安排近两年的新粮竞拍出库和供应市场，减少新陈品质差价损失，防止陷入"新粮变陈粮、陈粮变陈化粮"的循环。对品质较差和超期储存粮食，通过补贴定向销售给加工企业，避免坏粮和进一步损失。加强对定向销售陈粮流向的监管，防止流向餐桌，保障食品安全。

第四，创新粮食市场调控体系。抓紧建立与最低收购价政策改革配套的新型粮食调控体系，推动政策从目前的以价格支持直接干预为主导的"增产取向"，向以价补分离、市场机制为基础的"供求基本平衡"转型，逐步形成以政策补贴为基础，预期引导、风险管理、储备调控、贸易补充等工具相结合的新型调控体系，防止市场粮价过度下跌或上涨。

第五，建立预期引导机制。定期发布各种粮食的供需平衡表、生产成本信息，发挥信息的引导作用，辅助农户进行生产决策。当前需尽快确定完善最低收购价政策方案及相关配套措施，抓紧通过多种途径（如官方半官方研究机构、权威人士等），对外发文发声，强化政策前期舆论解读，有效引导社会预期。在此基础上，正式公布详细政策方案和措施，通过多种方式广泛宣传，重点组织县乡村组培训宣传，做到户户知晓、人人明白，让基层干部和种粮农民熟悉新政策、了解新办法，确保政策能够不折不扣落地、扎扎实实到位。

第六，推进种植结构调整。整合现行目标价格补贴、轮作补贴等支持黑龙江发展非转基因大豆、小麦和杂粮，减轻玉米收储改革带来的旱改水压力。严格控制超采地下水发展水稻，积极引导重金属超标地区种植结构调整。坚持稳面积与提品质并举，扩大优质稻种植面积，促进提质增效。大力发展市场紧缺的用于加工面包的优质强筋小麦和加工饼干蛋糕的优质弱筋小麦，带动用于加工馒头、面条的中筋或中强筋小麦品质提升。

其中，粮食产能保护补贴是新型粮食市场调控体系的结构调整工具。通过提供一定的收益补偿，引导农民对耕地轮作休耕，或实施保护性耕作，退出超载粮食产能，促进粮食结构调整，推进农业生态修复、环境保护，增强农业可持续发展能力。从政策的可操作性看，建议以行政区划为单位，集中连片对重金属超标区、地下水漏斗区等试点耕地轮作休耕计划，对计划内土地面积纳入粮食产能保护补贴，并实施生态治理修复。同时也在一定程度上减少对重金属超标粮食收购、保管、处理等费用。

第七，加强粮食经营风险管理。探索建立由政策性保险、商业化保险、巨灾保险、大灾救助等构成的风险管理体系，利用保险、期货、补贴、灾害救济等综合措施，有效分散和管理粮食经营的自然风险和市场风险。现阶段，要加快规范农产品期货发展，积极防范、加强监管金融投机对期货的推波助澜作用，逐步探索和有效利用期货的风险管理功能。

第八，大力发展粮食产业经济。采取有效的政策措施，支持主产区大力发展粮食深加工，延伸稻谷、小麦产业链，把当前具有的资源优势变成产业优势，促进粮食供求关系趋于平衡。

（国务院发展研究中心　程国强）

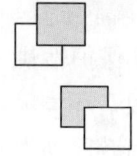

二、借鉴国际经验改革我国粮食支持政策

【内容提要】

发达国家已对农业支持政策进行重大调整，削减价格支持而转向不扭曲生产和贸易的其他支持，新的支持政策更加强调农民收入、风险管理、环境外部性和创新问题。我国现行以价格支持为主导的粮食支持政策造成"高价格、高库存、高进口"等问题。2014年以来先后实行的大豆目标价格补贴、玉米生产者补贴等改革措施仍存在多重政策目标未能分离、政策间系统协同性缺乏、精准施策的能力不足等问题。尽快从托市收购造成的困境中走出来，提高粮食生产综合效益和竞争力，是农业供给侧结构性改革的重要内容。应在深入总结过去三年相关改革实践和充分借鉴发达国家经验的基础上，尽快建立起以非价格支持为主导的新型粮食支持政策体系。

我国以价格支持为主的粮食支持政策实施10余年来，对促进农业增产、保障农民增收、稳定农产品市场发挥了重要作用。但随着国内外市场形势变化而不断叠加的多重政策保障功能，致使"保底价"变成"托市价"、临时收储变为常年收储，造成严重的市场扭曲，到了迫切需要改革的关口。作为一个人口众多、农业人口比重较高但却已高度融入全球农产品市场的发展中国家，我国粮食支持政策改革面临国内成本上涨与国际农产品价格下跌的双重压力、国内农业政策目标与WTO补贴限制的双重约束，需要在借鉴发达国家经验的基础上，全盘谋划、系统设计和慎重推进。

(一) 发达国家已对农业支持政策进行重大调整

发达国家一度以价格支持为主对农业进行支持和保护。但鉴于价格支持导致的农产品过剩、财政负担加大、市场调节失灵、农业竞争力下降等问题,以及多哈和乌拉圭回合农业谈判中面临的压力,欧美国家自20世纪90年代就开始推进农业支持政策改革,逐步削减价格支持而转向与价格和生产脱钩的其他支持,新的支持政策更加强调农民收入、风险管理、环境外部性和创新问题。从表3-2-1可以看出,发达国家农业支持政策结构发生了明显变化。美国、欧盟、澳大利亚和新西兰价格支持占农业总支持的比重已由20世纪80年代的60%以上下降到目前的20%以下,而公共服务和非生产性支持的比例显著提升。具体来说,政策调整的方向大致可以分为三大类:

第一,向综合的风险管理转型。美国在调低最低保护价(即无追索权贷款的贷款率)的同时,引入了营销贷款、目标价格差额补贴、生产灵活性固定补贴、反周期补贴,以缓解政策调整对农户收入的冲击和强化政策的精准性,同时不断加强农业信贷和保险服务,为农业生产建立了政策与市场机制相结合的多重风险防线。2014年美国新设立价格损失保险计划和农业风险保障计划,替代了直接支付、反周期补贴和平均作物收入选择补贴,这意味着更加积极地利用市场化服务来提升政策支持的效率和降低对市场运行的干扰。

表3-2-1 发达国家或地区农业支持政策的结构变化

		1986—1988年平均	1995—1997年平均	2013—2015年平均	2014年
欧盟	农业总支持(亿欧元)	1 007.55	1 070.1	974.35	933.16
	价格支持占农业总支持比重(%)	74.23	50.61	20.45	17.36
	投入支持占农业总支持比重(%)	4.51	6.06	11.85	11.91
	非生产支持占农业总支持比重(%)	0.42	0.95	39.92	41.78
	服务支持占农业总支持比重(%)	8.18	8.08	12.14	12.48
	生产者补贴等值占农业总收入比重(%)	39.2	33.8	19.0	18.1

续表

		1986—1988年平均	1995—1997年平均	2013—2015年平均	2014年
美国	农业总支持（亿美元）	485.34	482.92	876.13	980.94
	价格支持占农业总支持比重（%）	24.73	23.47	10.25	13.65
	投入支持占农业总支持比重（%）	14.55	13.75	9.90	8.54
	非生产支持占农业总支持比重（%）	1.92	11.73	12.23	13.50
	服务支持占农业总支持比重（%）	6.40	8.78	10.29	8.04
	生产者补贴等值占农业总收入比重（%）	21.2	11.9	8.8	10.0
澳大利亚	农业总支持（亿澳元）	21.54	22.04	21.36	20.70
	价格支持占农业总支持比重（%）	67.18	37.84	0.00	0.00
	投入支持占农业总支持比重（%）	15.04	27.86	24.95	22.51
	非生产支持占农业总支持比重（%）	11.61	10.34	12.45	10.58
	服务支持占农业总支持比重（%）	6.13	23.19	57.82	61.69
	生产者补贴等值占农业总收入比重（%）	10.1	5.8	1.6	1.5
新西兰	农业总支持（亿新元）	9.78	2.59	6.77	6.76
	价格支持占农业总支持比重（%）	10.33	16.60	18.32	19.38
	投入支持占农业总支持比重（%）	32.11	13.51	4.43	4.44
	非生产支持占农业总支持比重（%）	0	0	0	0
	服务支持占农业总支持比重（%）	20.78	69.50	77.25	76.18
	生产者补贴等值占农业总收入比重（%）	10.2	0.8	0.7	0.7

说明：资料来源于 Agricultural Policy Monitoring and Evaluation 2016，OECD。非生产支持包括不对当期生产做出要求而基于过去生产面积、产量、收入等发放的脱钩补贴。

第二，向提升可持续发展能力转型。欧盟进入21世纪后农业政策目标从生产支持转向了对食品安全、农业竞争力和可持续发展以及农村社会发展的支持，将农民职责与功能从单一的食物生产扩展为通过乡村旅游和其他新商业创业与文化活动促进农村发展。2014年欧盟价格支持占农业总支持的比重从1986—1988年的74.23%削减为17.36%，大部分生产者补贴已与当期生产脱钩，超过30%的政策支持以环境保护为目标。

第三，向强化一般性服务转型。澳大利亚和新西兰20世纪80年代开始取消了农产品价格支持政策，并通过服务体系的建设促进农业生产者能力提升和经营成本降低。目前，澳大利亚已完全取消价格支持，新西兰价格支持占农业总支持比重为19.38%，而他们对农业服务（包括研发、农业基础设施、产业支持服务、市场体系建设等）的支持比例分别达到61.69%和76.18%。

发达国家农产品价格支持的削减是以强化投入、服务、保险等支持为基础的，并且在相当长一段时期内价格差额补贴和固定收入补贴还将并行实施，在确保农民收入不出现大幅下降的情况下实现渐进平稳过渡。

（二）我国粮食价格支持政策改革的试点探索与现实困境

针对我国粮食价格支持政策带来的"高价格、高库存、高进口"问题，2014年以来我国推进了相关改革。但由于多重政策目标未能分离、政策间系统协同性缺乏、精准施策的能力不足等原因，改革面临诸多困境，新政策实施效果与改革预期目标有较大偏差。

1. 多重政策目标下的政策功能错位

我国以粮食最低收购价和重要农产品临时收储为核心的农产品价格支持政策，承载了保护农民务农收益、稳定农业生产和保障农产品市场调控等多重目标。在市场变化条件下政策缺乏调整弹性，出现了支持价格只升不降、政策性收储比例不断提高等问题，不仅加重财政负担，而且高原料成本导致下游加工企业开工不足、进而使农产品需求萎缩。以"市场定价、价补分离"为核心的改革，希望通过将保收入的功能分离出去，消除政策对市场价格形成的扭曲，形成市场对产需的有效调节。但在改革实施过程中，利益平衡的压力和政策间的关联影响使改革定位出现重心偏移。三年来的实践表明，大豆目标价格补贴难以兼顾市场形成价格和保障生产者收益的双重目标。

玉米生产者补贴与种植结构调整补贴不协调，影响了调减玉米和支持优势产区政策目标的实现。玉米生产者补贴是调减玉米库存和调整玉米生产结构的辅助政策，其目的是缓解临储政策取消对农户收入带来的冲击，以减轻生产结构调整中的"阵痛"。该补贴虽然与价格完全脱钩，但因为没有与生产脱钩，实施该补贴与调减玉米的目标相冲突。黑龙江省和辽宁省虽然在中央定额补贴资金中提取 10% 左右的种植结构调整资金①，用于对上年种植玉米、当年改种大豆的农户进行补贴，但这个力度远远比不上对继续种植玉米农户的补贴②。2016 年黑龙江省调减玉米 1 530 万亩，相当部分没有获得种植结构调整支持。因而，实际上形成了继续种玉米有补贴，调减玉米不仅没有补贴还要承受调整成本的局面，这势必影响调减玉米的积极性、背离政策设计的初衷。

2. 政策分立实施带来政策转移效应

如果缺乏对不同品种比价关系和供求结构的统筹考虑，针对单一品种的政策调整会加剧农业生产结构的失衡。当前采取"分品种施策"的办法对稻谷和小麦、大豆、玉米实行三种不同的支持政策，考虑的是不同品种供应保障的战略重要性，但却忽视了差异化政策会影响市场对不同品种间生产资源的优化配置。在东北地区，大豆和玉米价格与市场接轨后，水稻在最低收购价支持下明显收益更高和更稳定，具备生产条件和调整能力的农户更倾向于改种稻谷。而且在玉米结构调整压力下，一些地方整合基本农田改造、结构调整资金支持"旱改水"，有些地方甚至不惜打井推进"旱改水"。黑龙江省 2016 年玉米调减后有 200 万亩改种了水稻，吉林省水稻播种面积较上年增加 33 万亩。当前玉米过剩是短期内国内外市场价差导致的出库难形成的。从长期来看，玉米、豆粕等饲料粮的需求将继续增长，预计到 2030 年还将增加 13 129 万吨，而稻谷、小麦的口粮需求在持续下降，到 2030 年将会减少 6 902 万吨。种植结构向稻谷的调整会加剧未来饲料粮的供需矛盾，并可能导致口粮过剩。目前稻谷库存也已处于历史高位，其加工链条短，去库存将面临更大压力。

3. 基础数据的缺乏制约精准施策

相比托市收购，大豆目标价格补贴、玉米生产者补贴对基础数据和政

---

① 黑龙江省是省级层面统筹 10%，辽宁省在省和市分别提取 5% 的种植结构调整基金。黑龙江省补贴的分配和发放均是以当年玉米种植面积为依据，辽宁省补贴资金到市、县的分配额度是以 2014 年基期的玉米播种面积和基期前三年平均产量分别按 60% 和 40% 权重测算确定，补贴发放到户是依据当年生产者实际玉米种植面积。

② 黑龙江省对上年种玉米、2016 年改种大豆的农户，每亩补贴 150 元，全省共补贴 650 万亩。

策执行力有更高要求。为实现分品种精准施策，需要核实各类产品实际生产情况作为补贴发放依据。种植面积的核实需要经过三轮调查工作，存在工作量大、核实困难的问题。随着市场行情变化，农户的种植选择每年都会发生变化，并且轮作、套种以及土地流转越来越普遍，这些都增加了核定补贴对象、补贴额度的难度。如果每年都要对种植面积进行核查，在相关部门有限的人力、财力下难以保障政策执行到位。

还需要注意的是，由于缺乏农业生产基础数据和统一的调查方法，省统计局核查数据与国家统计局调查数据存在较大偏差，加重了政策执行中的矛盾。

4. 价格倒挂下目标价格保险缺乏市场的可持续性

目标价格（或收益）保险可以借助保险公司的服务网络，降低目标价格补贴中核查的行政成本，提高政策支持的精准度。市场化运作的保险公司的参与，有利于科学制定目标价格标准，促进市场价格理性回归。但由于市场价格风险属于系统性风险，保险公司缺乏分散风险的机制。特别是在当前国内农产品成本价持续高于国际市场价格的条件下，目标价格（或收益）保险业务不具有市场可持续性。比如，在黑龙江大豆目标价格保险、重庆水稻目标价格保险试点中，保险公司都出现较大亏损。

（三）进一步推进我国粮食支持政策改革的建议

如何从托市收购造成的困境中走出来，发挥市场机制在农业资源配置中的决定性作用，提高农业综合效益和竞争力，是农业供给侧结构性改革的重要内容。应在深入总结近三年相关改革实践和充分借鉴发达国家经验的基础上，尽快建立起以非价格支持为主导的新型粮食支持政策体系。

1. 对现有价格支持政策改革模式进行调整完善

不同的改革模式具有不同的政策目标和政策属性（见表3-2-2）。应根据不同产品对保收入、保产量、调结构等目标的具体要求，以及WTO规则的约束，调整完善各自的改革模式。

表 3-2-2　我国现有农产品价格支持政策改革模式比较

政策模式	适用品种	操作办法	行政成本	政策功能	政策属性
最低收购价	稻谷 小麦	国家按"成本+基本收益"原则制定最低收购价,播种前公布,市场价低于此价格时国家指定机构入市收购	低	保收入 保产量 保市场	黄箱
目标价格补贴	棉花 大豆	国家按"成本+基本收益"原则制定目标价格和采集市场价格,将价差按当年交售量(棉花)或面积(大豆)补给生产者	高	保收入 保产量	黄箱
		国家按"成本+基本收益"原则制定目标价格和采集市场价格,将价差按基期交售量或面积补给生产者	低	保收入 调结构	蓝箱
市场化收购+生产者补贴	玉米	国家确定补贴标准,按当年面积发放	高	保收入 保产量	黄箱
		国家确定补贴标准,按基期面积发放	低	保收入 调结构	蓝箱
目标价格(收益)保险	部分产品	按政府与保险公司共同确定的目标价格或收益投保,政府补贴保费	低	保收入 保产量	黄箱
		按政府与保险公司共同确定的目标价格或收益投保,政府不补贴保费	低	保收入 保产量	绿箱

一是强化玉米生产者补贴的收入保障功能,缓解政策调整带来的冲击。鉴于当前玉米去库存压力大,现阶段应以 2014 年的种植面积为基期进行补贴①,补贴应设定在一定期限内(如 2~3 年),这既可强化其促进种植结构调整的功能,又实现了与当期生产脱钩。今后需要保产量时,可

---

① 在缺乏历史数据条件下,可采取以 2015 年核定的玉米种植面积加上政策推动调减的面积为基础进行补贴。

在特定产品"黄箱"补贴不超标前提下采取与当期生产挂钩的办法,恢复种植面积。

二是还原大豆目标价格补贴的市场风险缓冲功能,避免对市场信号造成干扰。推进目标价格由成本加基本收益向市场趋势判断[①]定价法转变,将补贴限定在由市场波动造成的损失上。利用 3 年试点的数据积累,与这 3 年的年均面积挂钩,实现与当期生产脱钩,从而实现政策属性由"黄箱"转型为"蓝箱"。

三是稻谷和小麦最低收购价回归底线保护功能,保障国家粮食安全和市场稳定。调整定价原则,增强政策弹性,改变只涨不降的刚性预期,避免造成新的过剩。以科学的需求预测和市场供求形势判断为基础,确立合理的战略储备和市场调节储备规模,以此为标准逐步收缩政策性粮食收储规模。

四是积极扩大目标价格和收益保险范围。完善期货、巨灾、再保险等风险分散机制。也可考虑待市场发展成熟后,将目标价格补贴转变为政策性的目标收益保险,强化对生产者的价格、灾害等综合风险的保障作用。

2. 以农业支付政策转型引领农业发展方式转型

目前采取的将种粮农民直接补贴、良种补贴、农资综合补贴合并为"农业支持保护补贴"的做法,不仅名称看起来像"黄箱"政策、容易授人以柄,而且按目前绝大多数地方的实际做法,仍是对承包户的一种收入补贴,无法达到"提高耕地地力和扶持粮食适度规模经营"的预定目标。可将其转型为"农业绿色发展支付",与农业生产者减肥、减药、节水等绿色发展措施挂钩。去掉"支持保护"和"补贴",冠之以"绿色"和"支付",有利于与国际接轨。

3. 以产业链的价值提升保障农民收入和农业产能

加大对下游加工和服务企业的支持,以产业链价值提升带动农业产能增长和农民收入增加。在流通环节,全面推广农产品质押贷款业务,对签订订单且收购价格在以市场趋势价确定的目标价格之上的企业发放政策性

---

① 可以参考市场平均价格或期货市场价格。

贷款；加强烘干、运输、仓储、质量检测检疫等基础设施和服务能力建设，采取保本微利运营方式向企业提供服务。在生产环节，鼓励在粮食主产区建设加工基地，通过电商、超市直供、集团直购等方式实现产地直采直销；加大对企业和合作社技术升级、研发创新、新产品开发、品牌建设等方面的支持；充分利用国民饮食偏好，以市场差异化战略强化我国特色化、品牌化以及专用品种的竞争优势；以产业链带动，引导农户根据加工企业需求种植特色、专用加工品种以及高品质品种，以优质优价的市场机制倒逼农户生产转型。

4. 以"提能力、降成本"接续价格支持政策承载的保收入功能

价格支持政策承载的保收入功能淡出后，需要有接续力量。我国大宗农产品生产成本不断上涨，国内成本价格倒挂、国内外价格倒挂，重要原因在于投入要素价格上涨过快、依靠过量使用化肥农药的生产方式没有转变以及生产的规模不经济。与欧盟、澳大利亚等国家相比，我国农业支持结构中投入和服务占比明显偏低。应加大对土地集中连片整理、农田基础设施、机耕道等建设扶持力度，创造规模经营和机械化作业条件；创新农业社会化服务机制，以政府购买服务、服务补贴以及项目资助等多种形式促进社会化服务组织的可持续发展，通过统一的机械化作业、水肥管理、植保等服务，实现农业的提质、节本和增效。

5. 充分利用市场化机构，降低政策执行成本

目前采取的主要靠行政机关层层落实农业支持政策的做法，不仅效率低，而且行政成本高。应借助市场力量，提升政策支持效力和效率。为农户提供替代直接补贴的信贷和保险支持可选方案，逐步将与生产挂钩的补贴转换为政策性的信贷和保险支持，使生产者从被动等待发放补贴向主动申请转变，利用市场化机构的业务网络和甄别机制降低政策执行成本、提高支持的精准度。

6. 加强基础数据建设

整合农业、遥感、气象、水利、统计、物价等相关部门数据，加强对农户基本经营、主要农产品市场价格、灾害等基础数据的积累，增强对市

场形势的预判能力。建立覆盖农户和村组的农业补贴数据平台,支持农户和村组自主申报以及农业、遥感、统计、信贷和保险等相关部门的监督核实,对申报数据不实者应取消其获得政策支持的资格并降低其信用评级。

(国务院发展研究中心农村经济研究部　程郁　叶兴庆)

三、2016年我国粮食支持政策回顾与2017年展望

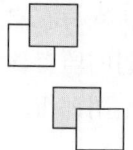

【内容提要】

我国正在着力推进粮食价格形成机制和收储制度改革,这一举措成为农业供给侧结构性改革的重要内容。2016年中央1号文件提出要改革完善粮食等重要农产品价格形成机制和收储制度,国家在继续推行并完善小麦和稻谷最低收购价及开展大豆目标价格政策试点的同时,着力推进玉米市场定价和价补分离改革。总体上看,粮食政策完善及其流通领域深化改革取得了重要进展,成效显著。2017年是农业供给侧结构性改革深化之年,粮食价格形成机制和收储制度改革任务十分复杂且繁重,国家会出台多项政策确保粮食供给侧结构性改革取得积极进展和实效。

(一)2016年我国粮食价格支持和补贴政策

2016年,我国继续在小麦和稻谷主产区实行最低收购价政策。根据国家发展与改革委等部门公布的资料,2016年,当年生产的小麦最低收购价格与上年持平,每50千克为118元;当年生产的三等中晚籼稻、粳稻最低收购价格与上年持平,分别为每50千克138元和155元,而三等早籼稻最低收购价格每50千克为133元,比上年下调了2元。

2016年起,玉米价格形成机制和收储制度改革的核心就是市场定价、价补分离。国家不再在黑龙江、吉林和辽宁等东北三省与内蒙古自治区实施玉米临时收储

政策，玉米价格形成机制发生了重大变化，政府对玉米价格形成基本不再发挥影响力，玉米生产者随行就市出售玉米，各类市场主体自主入市收购。

同时，建立玉米生产者补贴制度，中央支持、省级负责，促进主粮种植结构调整。中央财政将一定数额的补贴资金拨付到省级财政，由各省（区）制定具体的补贴实施方案，确定本省区的补贴范围、补贴对象、补贴依据、补贴标准等。

在实际操作中，中央财政实行定额补贴，2016年由中央财政给予东北三省和内蒙古补贴共计约390亿元，平均到玉米生产者每亩获得的补贴近200元。虽然国家对各省（区）亩均补贴水平保持一致，但由于该项政策鼓励各个地方将补贴资金向优势产区集中，保障优势产区玉米种植收益基本稳定，因此实践中具体到每个玉米生产者获得的补贴力度差异明显，少的可能每亩只能获得100元左右，多的每亩甚至获得近300元。

2016年，在全国范围内将粮食直补、良种补贴和农资综合补贴合并为农业支持保护补贴，用于耕地地力保护和支持粮食适度规模经营，分别向一般农户和新型农业经营主体发放补贴。在操作上，一些地方将"三合一"补贴发放与农民是否焚烧秸秆和滥用化肥农药等挂钩，有力地促进了农业绿色生态发展。

（二）2016年我国粮食支持政策效果简要评价

通过2016年粮食价格形成机制和收储制度改革，早籼稻最低收购价水平的首次下调，玉米临时收储政策的放弃以及价补分离制度的建立，有效地缓解了我国粮食供求结构性矛盾，有力地推动了种植结构调整，粮食需求下降和粮食产量、库存和进口"三量齐增"的格局已经被打破，同时阻止了农民增收过度下滑，玉米去库存也取得成效，稻谷、小麦和玉米的品质差价、地区差价在粮食收购市场充分显现。

2016年，在粮食政策引导下，各地主动优化粮食生产结构和区域布局，适当调减非优势区玉米种植面积，采取玉米改大豆、粮改饲等措施调整粮食种植结构。根据国家统计局数据，2016年，我国谷物种植面积比上年减少126.5万公顷,其中玉米种植面积比上年减少135.9万公顷,相应地,豆类种植面积增加842.5千公顷(见表3-3-1和表3-3-2)。

表3-3-1　　　　2015年和2016年谷物播种面积比较

	2016年 (万公顷)	2015年 (万公顷)	2016年增量 (万公顷)	2016年同比 增长(%)
谷物	9 437.1	9 563.6	-126.5	-1.3
#玉米	3 676.0	3 811.9	-135.9	-3.6
#稻谷	3 016.2	3 021.6	-5.4	-0.2
#小麦	2 418.7	2 414.1	4.6	0.2

资料来源:《中国统计年鉴2016》和《国家统计局关于2016年粮食产量的公告》。

在粮食种植结构调整作用下,粮食总产量下降但豆类产量出现明显增长。从我国粮食口径由谷物、豆类和薯类三个构成来看,2016年谷物产量56 516.5万吨,比上年减产711.6万吨,下降1.2%;豆类产量1 729.4万吨,增产139.6万吨,增长8.8%;薯类产量3 377.9万吨,增产51.8万吨,增长1.6%。谷物产量下降和豆类产量明显增长,反映出农业供给侧结构性改革取得了进展。

表3-3-2　　　　2015年和2016年豆类生产情况

	播种面积 (千公顷)	单位面积产量 (千克/公顷)	总产量 (万吨)
2015年	8 868.0	1 793.0	1 589.8
2016年	9 710.5	1 781.0	1 729.4
2016年新增	842.5	-11.7	139.6
2016年同比增长(%)	9.5	-0.7	8.8

资料来源:《中国统计年鉴2016》和《国家统计局关于2016年粮食产量的公告》。

值得关注的是,2016年国家在东北三省和内蒙古改革玉米临时收储制度,农民销售玉米价格由市场决定,出现了玉米市场价格明显下跌态势。在玉米流通受市场预期影响越来越大的背景下,收购商往往存在着"买涨不买落"倾向。2016年玉米收获季节,由于玉米销售价格相比往年出现明显下跌,局部地区出现部分农民销售玉米困难的情形。

在东北一些地方，农民种植玉米经历过价格低迷和销售不畅的市场行情，部分农民主观认为不种玉米改种稻谷相对有利可图，扩大水稻种植积极性高涨，这可能带来稻谷阶段性过剩的风险。

近年来随着我国粮食连续多年丰收，国内粮食供给充裕，库存水平高，部分粮食进口并非源于国内供需缺口。2016年，在谷物中虽然小麦和大米进口出现不同程度增长，但是主要用于饲料的粗粮进口规模下降幅度大。全年进口小麦341.2万吨，比上年增加40.5万吨；大米356.2万吨，比上年增加18.5万吨；玉米316.8万吨，比上年减少156.2万吨；大麦500.5万吨，比上年减少572.7万吨；高粱664.8万吨，比上年减少405.3万吨。作为玉米制品的玉米酒糟进口306.7万吨，比上年减少375.4万吨。同时，进口木薯770.4万吨，比上年减少167.2万吨。

2016年我国玉米及其制品和替代品进口规模大幅度下降，对于改善国内玉米供求关系和营造玉米收储制度改革环境具有重要积极意义。但是，玉米等粗粮进口与国内生产布局之间关系仍然存在着不确定性，国内粮经饲生产结构构建与玉米等粗粮生产缺乏比较优势的矛盾仍然十分突出。

随着玉米收储制度改革的深入推进，玉米收储价格的不断下降，稻谷与玉米生产者价格的差距不断扩大，不同粮食品种比价关系正在形成。根据国家统计局资料，2016年，小麦、稻谷和玉米三大主粮生产者价格（即农民销售粮食的价格）都呈现出下降态势，其中玉米生产者价格下跌幅度最大，为13.2%；小麦和稻谷生产者价格下跌幅度位列第二和第三位，分别为5.9%和1.2%。比较而言，2016年稻谷生产者价格相对稳定（见表3-3-3）。

表3-3-3 2016年小麦、稻谷和玉米粮食生产者价格指数　　　上年=100

	小麦	稻谷	玉米
第一季度	93.8	99.4	85.3
第二季度	91.4	98.1	84.7
第三季度	95.8	97.5	86.7
第四季度	98.8	99.5	91.4
全　年	94.1	98.8	86.8

资料来源：《2016年国民经济实现"十三五"良好开局》和国家统计局网站。

随着粮食市场供求关系的变化，特别是粮食价格形成机制和收储制度改革的不断推进，以及受国际市场粮食价格低迷影响，近年来农民销售粮食价格水平总体上呈现出下降的态势，这对于保持农民种粮积极性和粮农收益势必产生不利影响。

我国经历了20世纪80年代中后期和90年代中后期的农业结构调整，每轮农业结构调整，农民收入增长往往极度低迷，个别年份甚至出现负增长。2016年受粮食价格下跌等影响，农民人均可支配收入增长速度继续放缓。当然，2016年农民人均可支配收入增加幅度仍然近千元，快于城镇居民的人均可支配收入增长速度。2016年农业供给侧结构性调整，虽然没有扭转农民收入增速回落的态势，但是农民人均可支配收入比上年名义增长8.2%，比城镇居民人均可支配收入名义增速高出0.4个百分点；扣除价格因素农民人均可支配收入实际增长6.2%，比城镇居民人均可支配收入实际增速高出0.6个百分点，这与过去几轮的农业结构调整有明显不同。

粮食市场价格下行，对粮食生产收益影响最明显。实际上，国家发展与改革委员会资料表明，2015年我国小麦、稻谷和玉米三种粮食的亩均净利润仅为19.55元，大豆亩均净利润为 -115.09元，两种油料（花生和油菜籽）亩均净利润为 -81.67元。这意味着在现实生活中出现了主要依赖土地流转和雇佣劳动力从事粮食规模经营的生产者遭遇亏损的情形，且亏损程度不断加深，越亏越多。粮食净利润水平低，部分新型经营主体亏损，要么导致农用地流转动力受阻，要么导致非粮化，这无疑在加大国家粮食安全风险，值得警惕。

（三）2017年我国粮食支持政策展望

2017年是农业供给侧结构性改革的深化之年，粮食领域是深入推进农业供给侧结构性改革的重点和难点。2017年中央1号文件明确提出要深化粮食价格形成机制和收储制度改革，坚持并完善稻谷、小麦最低收购价政策，合理调整最低收购价水平，形成合理比价关系。

2017年国家继续在小麦和稻谷主产区实行最低收购价政策。根据国家发改委公布的数据，小麦最低收购价水平保持稳定，当年生产的三等小麦每 50 千克为 118 元；当年生产的三等早籼稻、中晚籼稻和粳稻最低收购价格每 50 千克分别为 130 元、136 元和 150 元，分别比 2016 年下调 3 元、2 元和 5 元。

根据 2017 年中央 1 号文件部署，将坚定推进玉米市场定价、价补分离改革，健全生产者补贴制度，可能将历史上是玉米生产者而为了调整种植结构改种其他农作物也将享受玉米价外补贴，并鼓励多元市场主体入市收购，为符合条件的有资质收购主体提供政策性收购贷款，防止农民普遍出现"卖粮难"。

根据 2017 年中央 1 号文件部署，将调整大豆目标价格政策。我国大豆目标价格政策自 2014 年试点到 2016 年经历了 3 年时间，总体上说试点成效不明显。2017 年可能彻底放弃大豆目标价格政策试点，将大豆和玉米政策协同起来实施。

2017 年，我国新型的粮食补贴政策框架会加快形成。为了稳粮、优经、扩饲，推进种植业结构调整，继续调减籽粒玉米种植面积 1 000 万亩，改种大豆、杂粮和青贮玉米等作物，必然会借助补贴政策。同时，国家为了在深入推进农业供给侧结构性改革中守住国家粮食安全底线，会启动粮食功能区建设。

（中国社会科学院农村发展研究所　李国祥）

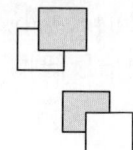

四、构建新型粮食收储体系的思考

【内容提要】

　　基于对 2004 年来我国粮食收储政策的演变与特征分析,指出我国粮食收储体系面临收储过于依赖政府、粮食市场收储主体发展严重滞后、粮食收储政策的调整效应显现不足、粮食收储的支持体系落后等问题。针对粮食收储体系的短板,形成粮食生产能力储存的新思维、大力拓展种植主体的粮食收储功能、积极构建粮食产业链收储体系、积极拓展粮食的"网上储存"空间、有效拓展粮食的海外储存空间,就成为完善粮食收储体系的重要选择。

(一) 2004 年以来我国粮食收储政策的演变与特征

　　粮食的收与储密不可分,收储政策历来是我国粮食流通政策的核心。改革开放以来,我国的粮食流通体制改革经历了一个艰难的过程,但真正市场化还是从 2004 年开始。2004 年 5 月,《国务院关于进一步深化粮食流通体制改革的意见》出台,明确提出,在国家宏观调控下,充分发挥市场机制在配置粮食资源中的基础性作用,放开粮食收购市场和粮食收购价格,建立对种粮农民直接补贴的机制,形成公平竞争、规范有序、全国统一的粮食市场。伴随粮食市场化改革进程,从 2004 年开始,我国对粮食收储政策也不断进行重大调整。

1. 粮食收储政策的演变

（1）粮食最低收购价政策。粮食最低收购价政策是市场化改革的产物。2004年，在《国务院关于进一步深化粮食流通体制改革的意见》《粮食流通管理条例》中都明确提出，当粮食供求关系发生重大变化，必要时可由国务院决定对短缺的重点粮食品种在粮食主产区实行最低收购价格，这为粮食最低收购价格政策的出台提供了法规政策基础。

2004年是我国出台粮食最低收购价政策的第一年，最低收购价政策对保护国家粮食安全、稳定市场粮价、保障农民收入起到了重要作用。但是扭曲市场粮价、加重收储压力、降低补贴效益等负面效应，也使最低收购价政策有调整的必要。

（2）粮食临时收储政策。从2008年起，我国对玉米、大豆等农作物实行临时收储政策，政策执行区域主要覆盖东北的黑龙江、吉林、辽宁和内蒙古。粮食临时收储政策与最低收购价政策一样，都起到托市的作用，但也存在同样的负面效应。

（3）目标价格政策试点。伴随着粮食最低收购价政策、临时收储政策的实施，政府托市收购的压力越来越大，政策的边际正效应出现递减。2014年中央1号文件提出，要完善粮食等重要农产品价格形成机制，逐步建立农产品目标价格制度。在这种背景下，2014年我国率先对辽宁、吉林、黑龙江、内蒙古的大豆和新疆的棉花进行目标价格改革试点，并在试点省（区）取消相关农产品的临时收储政策。

（4）生产者补贴制度改革。2016年国家将玉米临时收储政策调整为"市场化收购"加"政府补贴"的新机制，由中央财政直接对玉米种植者给予补贴。

2. 粮食收储政策的特征

（1）粮食收储的市场化程度在提高。从粮食最低收购价政策、临时收储政策的托市收购，到目标价格改革试点、生产者补贴制度实施，我国压缩了托市收购的粮食品种，扩大了市场定价的范围，粮食市场化改革迈出了实质性步伐。（2）粮食收储实行分品种改革。目前我国的粮食收储已经形成了水稻、小麦实行最低收购价托市收购，大豆、玉米分别通过目标价格改革、生产者补贴制度全部放开收储,鼓励多元化市场主体自主入市收购的格局。

(二) 我国粮食收储体系面临的主要问题

2004年以来,我国粮食收储政策的实施取得了巨大的成效。但是不可否认,粮食生产照单全收,也带来了"三高"压力,粮食供给侧结构性改革迫在眉睫(见表3-4-1)。

表3-4-1　2005年以来我国粮食产量与收购量基本情况　　　单位:亿斤,%

年份	2005	2006	2007	2008	2009	2010
粮食总产量	9 680.4	9 960.8	10 032.1	10 574.2	10 616.4	10 929.5
粮企收购量	3 643	4 032	4 027	5 836	5 753	6 022
粮食收购率	37.6	40.5	40.1	55.2	54.2	55.1
年份	2011	2012	2013	2014	2015	2016
粮食总产量	11 424.2	11 791.6	12 038.8	12 140.5	12 428.8	12 324.8
粮企收购量	6 946	6 375	6 889	7 289	8 465	9 200
粮食收购率	60.8	54.1	57.2	60	68.1	74.6

说明:(1)粮食总产量根据历年中国统计年鉴换算;(2)各类粮食经营企业收购量根据国家粮食局相关资料整理;(3)各类粮食经营企业包括国有粮食企业、其他多元企业收购主体;(4)收购包括直接向种粮农民或者其他粮食生产者批量购买粮食的数量,也包括向粮食经纪人购买的粮食;(5)粮食收购率是指各类粮食经营企业收购量占当年粮食总产量的比重。

1. 粮食收购率不断提升带来的收储压力越来越大

从表3-4-1可以看出,粮食收购率不断攀升,从2005年的37.6%上升到2016年的74.6%。粮食收购量、收购率不断提高,从根本上解决了农民"卖粮难"的问题,在某种程度上保障了种粮农民的收益,但也造成了大部分粮食集中到政府手中。

粮食超高库存会引发一系列问题:(1)政府收购、储存粮食要付出巨额的成本,长此以往难以承受;(2)政府的仓储设施远不能满足收储的需求,仓储建设的任务巨大;(3)容易扭曲粮食市场价格,不利于结构调整和粮食市场对粮食资源的合理配置。

2. 粮食市场收储主体发展滞后

目前，我国粮食市场收储主体呈现出多元化的特点，参与粮食收购的不仅有传统的国有粮食购销企业，还有民营企业、个体粮商、农村经纪人，一些外资企业也纷纷进入粮食收购市场。但是我们看到，一些粮食贸易商、经纪人由于收购资金有限，没有必要的仓储设备，不具备进行大规模收购和长期储存的条件，他们往往是进行转手收购贸易，以获得粮食收购价差为目的。如根据2014年中国粮食行业协会、中国粮食经济学会等对14个省市及所属79个市县粮食经纪人调查的情况看，每年粮食经纪人收集的粮源能占总收购量的70%，在粮食主产区占比更高，主产小麦的河南省达85%以上，无论国有粮食储备和加工贸易企业，还是民营、外资粮企，都主要依靠粮食经纪人提供粮源。但目前，粮食经纪人还处于"小散弱"的状态，属二传手的角色。粮食市场放开后，通过委托代理关系，政府依然是粮食收购市场上的最大主体，粮食库存及粮权主要集中在政府尤其是中央政府手中。

3. 粮食收储政策的调整还处于起步阶段

面对粮食收储的压力，需要调整粮食收储政策。从大豆的目标价格改革试点到对玉米实施生产者补贴制度改革，政府实际是在进行不同模式的粮食收储制度改革的尝试。两种模式尽管有不同的方案，但都是以市场化为改革方向：（1）实施改革后，相关粮食品种的市场全部放开，价格由供求决定，形成购销主体多元化和多渠道流通的市场新格局。（2）实行价补分离，完善补贴机制，都是由中央政府安排补贴资金。（3）都是对粮食种植者进行补贴。

由于这两种改革模式均实施时间不长，改革的效应还未充分体现，但在两种模式下均需注意在市场放开后，有可能还存在政府被迫入市托市收购风险。如果这样的话，改革的效应将会大打折扣。同时，也应防止玉米生产者补贴的长期固化问题。长期来看，目标价格改革应是选择的方向。

4. 粮食收储的支持体系还处于落后状态

粮食收储市场放开,需要完善支持服务体系,目前,我国在这方面还存在很大的局限性,这会限制粮食收储市场放开的进程与效果。如粮食收购的金融支持体系不完善,在托市收购下,收购资金主要由农发行提供,其他金融资金入市并不积极,一些市场主体面临收购资金困难问题;在分散种植、小规模种植的条件下,发挥种植者的收储职能,客观需要仓储服务的社会化,在这方面也很难满足种植者的需求;提供粮食信息是市场放开后政府应该向社会提供的基本公共服务,但现在政府提供的粮食公共信息有限,这也会限制市场主体入市的积极性;我国粮食交易平台还处于分割状态,尤其是面向农民开放的交易平台发展严重滞后。可见,构建新型粮食收储体系,客观需要完善粮食收储的支持体系。

(三) 完善我国粮食收储体系的政策建议

1. 完善粮食收储体系的原则

在现行的粮食收储政策下,我国的粮食库存必然绝大部分掌握在政府手中,完善粮食收储体系将意味着政府粮食库存有所下降,但是粮食库存下降不应影响国家粮食安全与农民收入增长。因此,完善粮食收储体系应该重点遵循以下基本原则:

(1) 国家粮食安全原则。粮食收储制度改革是牵一发而动全身的事情,改革的前提是必须保证国家粮食安全。这里要注意两方面的问题:一是不能因为改革而出现粮食产量大幅下降,粮食产量的调整主要应体现在结构上,适当降低严重过剩的粮食品种的产量,增加优质粮食品种的产量。二是要保证国家粮食储备处于更加合理状态,库存的下降要以保证国家粮食安全为底线。

(2) 农民收入保障原则。不管是粮食托市收购,还是大豆、玉米粮食收购市场放开改革,都遵循了一个非常重要的原则,就是要保障种粮农民收入的稳步增长。2004 年以来,我国农村居民人均纯收入保持了良好的增长态势,这与政府托底收购粮食密不可分,因此,粮食收储制度的改革不应以牺牲农民收入增长为代价,不应出现新的"卖粮难"。

(3)粮食宏观调控原则。随着粮食收储制度改革的深化,粮食库存会出现一定程度的分散化,更多粮源将集中到社会主体手中。因此,政府粮食宏观调控必然要做出相应调整,加快构建与粮食收储制度改革相适应的粮食宏观调控体系,不能出现因为收储制度改革而导致粮食宏观失控问题。

2. 补足粮食收储体系的短板

(1)形成粮食生产能力储存的新思维。应树立粮食安全新观念,把粮食生产能力储存作为粮食储存的新能级,其重点在于"藏粮于地""藏粮于技"。未来,粮食生产能力的大小主要取决于耕地与科技,"藏粮于地"是建立我国粮食安全长效机制的重要组成部分,借助雄厚的粮食技术作保障,我国粮食供求关系的调整才有更大余地。

(2)大力拓展种植主体的粮食收储功能。①对粮食种植者收储粮食进行补贴。粮食安全属于公共产品,粮食种植者履行粮食安全的责任,政府有必要给予补贴。这里并不需要对所有的粮食种植者收储行为进行补贴,可主要对与国家签订收储计划的种植者进行补贴。②提高粮食收储设施的社会化程度。让农民自己出资建造大量的粮食收储设施会存在较大困难,通过政府、企业投资建设仓储设施,实现收储设施社会化,可能是一种选择。③政府进一步加大对农民建设仓储设施的支持力度,调动农户科学储粮的积极性。

(3)积极构建粮食产业链收储体系。根据媒体报道,截至2016年底,我国家庭农场、农民专业合作社、农业产业化龙头企业等新型农业经营主体总量已达到280万个。同时,新型职业农民不断壮大,总数超过1 270万人。适应粮食生产组织方式的变化,必须要创新粮食收储方式,引导粮食企业与种粮大户、家庭农场、农民合作社等新型粮食生产经营主体对接,积极开展订单收购、预约收购、代收代储、代加工等服务,构建从粮食生产、收储、加工、消费的产业链,逐步突破传统的单一主体收储模式,形成粮食产业链收储的体系。

(4)积极拓展粮食的"网上储存"空间。实施"互联网+粮食"行动计划，通过互联网促生粮食收储新业态，要让粮食在网上流动起来，形成粮食的网上储存新空间。

（5）有效拓展粮食的海外储存空间。充分利用国际国内两个市场、两种资源，有效拓展我国粮食海外储存空间。鼓励和支持粮食企业"走出去"，实现粮食生产、仓储加工、科技贸易等国际资源为我所用。尤其注重以"一带一路"沿线国家为重点，通过国际合作，有效实现粮食的跨国生产与经营。

（上海立信会计金融学院　杨光焰）

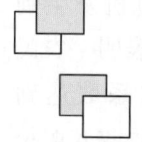

五、谨防农民收入再次陷入增长徘徊期

【内容提要】

持续多年的高增长后，当前农民增收势头已显疲态，新的减收因素不断积累，农民收入步入低速增长期的挑战加大。因此，亟须深化农业供给侧结构性改革，加快释放土地、户籍等制度改革红利，深挖农村"双创"增收潜力，拓宽农民从集体资产中获益的通道，培育农民增收新亮点，防止城乡收入差距缩小趋势出现反转。

2004年以来，受新一轮经济增长景气周期和国家强农惠农富农政策的双重影响，我国农业农村经济形势持续向好，农民收入快速增长。2004—2016年间，农民人均纯收入年均名义增长12.7%，是改革开放以来的一个次高增长期。到2016年，农民人均可支配收入达到12 363元，城乡居民收入差距从2009年的峰值3.33:1缩小到2.72:1。在持续多年高增长后，随着宏观经济增速下行和农业内部条件的深刻变化，新的减收风险因素不断积累，农民收入不排除短期出现徘徊的可能，影响到农村社会稳定和全面小康社会的建设。

（一）农民收入步入低速增长期的挑战加大

根据历史经验，在经济增速下行和农产品供给相对充裕的时期，农民家庭经营性收入和工资性收入增长往往也比较慢，如果转移性收入和财产性收入跟不上来，农民收入就可能进入低速增长期。例如，1997年亚洲金融危机发生到2003年7年间，我国农民人均纯收入年均增长仅为4%。测算表明，农民收入与经济增长存在显著正相关性，1991—2015年间相关系数达到0.9961。经济快速增长时期，农民收入增长相对较快，反之农民收入增长也会随之下滑。

一是工资增长放缓和新增外出务工人员减少影响农民工资性收入增长。近年来受经济增速回落影响，农民工工资增速明显放缓，"十二五"前两年增速达到20%左右，2013年下降至13.9%，2015年下降至7.2%。同时，新增外出务工人员也大幅减少，2016年外出农民工数量仅增加50万人，同比增长0.3%，是进入新世纪以来最少的一年。随着经济增长从高速转入中高速，农民工就业和工资水平增长将受到一定影响，农民工资性收入增速可能进一步趋缓。

二是农业收益率下降制约家庭经营收入增长。近年来，土地、劳动力、农业生产资料等要素价格上涨，推动农业生产成本快速提高，同时国际低价农产品进口冲击加大，抑制了国内价格上涨空间，"一涨一抑"造成主要农产品收益下降。2004—2015年，我国三种粮食平均每亩成本利润率由49.69%下降到1.79%；大豆由50.21%下降到-17.06%；棉花由30.02%下降到-40.27%；两种油料平均由54.60%下降到-7.09%；糖料由11.01%下降到5.35%。未来一个时期，农业生产面临的农产品价格"天花板"封顶、生产成本"地板"抬升压力将有增无减，势必对农业经营收入增长带来不利影响。

三是供给侧结构性改革可能带来区域性、群体性减收风险。供给侧结构性改革是"十三五"经济工作的主线，其中制造业去产能和房地产去库存与农民关系密切，这是农民外出务工就业最多的两个行业，目前两个行业增速已经明显放缓，势必影响农民就业和增收。此外，三大主粮领域去库存也不可避免地影响农民增收。2015年我国玉米单产785.6斤/亩，临储收购价降低0.13元/斤，农民种植玉米平均每亩收入减少102元。

四是农村产权制度改革滞后限制财产性收入增长。目前我国农村大量集体资产处于"沉睡"状态，没有得到有效激活。作为农民最大资产的土地，由于权属关系缺乏清晰界定，对土地资本化的限制过多，不仅导致征地过程中农民利益受损，同时也抑制了土地资产价值的发挥。据统计，在经济发达地区特别是城乡结合部，农村私下流转的宅基地占比为10%～40%。私下交易造成集体土地资产收益流失，也侵害了农民土地利益。

（二）措施建议

1. 深化农业供给侧结构性改革，推进农业增效农民增收

一是深入推进农业结构调整。树立"大农业、大食物"观念，统筹粮、经、饲发展，合理开发农业资源，加快调整优化农业产品结构、生产结构和区域结构。充分发挥价格杠杆调节作用和政府补贴的引导作用，健全农业补贴制度，完善粮食等重要农产品价格形成机制和收储制度，稳步推进耕地轮作休耕制度，保障农民农业经营收益。加强粮食"去库存"、玉米种植面积调减过程中的风险防范，避免出现区域性大规模减收和减产。

二是健全特色农业经营体系。积极培育新型农业经营主体，加强农业新技术、新模式发展，大力发展土地托管、租赁经营、股份合作等多种形式的适度规模经营。完善农业产业化经营利益联结机制，积极培育贸工农相结合、产加销一体化、基础设施和服务配套化的现代农业综合体。完善农业社会化服务体系，创新农业公共服务模式，推广合作式、订单式、托管式等服务方式，鼓励和引导社会化服务组织提供农资、农技、农机、融资和加工销售服务等一站式供应链管理服务。

三是提高农业供给体系质量。适应城乡居民食品结构升级的需要，大力推进农业标准化生产，发展生态农业，促进农业资源利用节约化、生产过程清洁化、产业链条生态化、废弃物利用资源化，提高农产品品质。加强重金属污染耕地修复，实施农药化肥减施工程，推广使用节能型农业机械和测土配方施肥、水肥一体化、绿色防控等技术，扩大无公害、绿色和有机农产品生产规模。积极发展现代农产品流通，健全农产品营销体系，实施"互联网＋绿色农产品流通"行动计划，加大农产品品牌化营销力度，提高消费者对国内农产品的信任度。

2. 推进城乡要素自由流动和平等交换,把土地等财产性收入培育成增收新亮点

一是尽快在农村土地制度改革上取得突破,提高农民土地资产收益。据测算,如果全国30%的农村空置闲置和低效用地能通过"地票"方式盘活,就能产生3.6万亿元的农民地票收益,农民人均可一次性增收5000多元;如果50%的集体经营性建设用地能够顺利入市,就能带来1.4万亿元的收益,农民人均可一次性增收2000多元。如果农村耕地流转面积每年新增2000万~3000万亩,按照每亩租金500元计算,每年能带来100亿~150亿元租金收入(见表3-5-1)。为此,要加快以土地为核心的集体资产股份权能改革,打通农民从集体资产中获取收益的通道。

表3-5-1　　土地制度改革对农民增收带动作用测算

情境	内容	一次性增收(元)
乐观情景	50%空置闲置和低效用地盘活	8 902.1
	80%集体经营性建设用地直接入市	3 240.4
	耕地流转年新增3 000万亩	150亿(年总收入)
次乐观情景	30%空置闲置和低效用地盘活	5 341.2
	50%集体经营性建设用地入市	2 077.2
	耕地流转年新增2 000万亩	100亿(年总收入)

二是探索农村闲置住房盘活利用方式。随着新型城镇化推进,农村住房大量闲置,不仅造成土地资源浪费,也阻碍了新农村建设,盘活农村闲置住房是促进农民增收的又一途径。一要加快推进农村集体土地上房屋所有权确权登记颁证,健全农村房屋价值评估体系。二要探索开展农村廉租房建设,通过协商租赁或回购等形式,将农村空置房用于解决农村无房户、危房户、住房困难户的住房问题。三要在符合条件的地区,研究探索推进农宅向城市居民和农村非集体经济组织成员开放,允许县域居民到农村购买农宅,培育农村住宅交易市场,提高农村房屋交易价值。四要支持将农村闲置宅基地改造用于现代农业发展设施用房,积极推进农房所有权抵押贷款。

三是有序引导城市工商资本下乡。在落实好"三个不得"的前提下，搞好"准入管理"和过程监督，推进相关配套改革，赋予工商资本进入和退出农业领域的自由选择权。一要建立健全工商资本务农全过程风险控制机制，鼓励建立土地流转风险补助金和村级风险保障金，用于企业无法履行流转合同时补偿农民损失。加强对工商资本下乡务农的动态监控，加大对规模流转土地特别是面积达到一定规模以上（如 500 亩）的土地使用情况的监测，防止经营业主改变土地用途。二要完善工商资本下乡服务体系，围绕"用地难、融资难"等问题，积极探索基本农田集中连片地区现代农业附属设施建设用地使用办法，创新土地承包经营权、大型农业基础设施等抵押方式，深入开展农村产权抵押融资。三要建立国外工商资本进入我国农业的"负面清单"，维护我国农业产业安全和农民利益。

3. 强化户籍制度改革对农民增收的带动作用

深化户籍制度改革，打通农民进城落户通道，促进农村人口向城镇转移，有利于减轻人口对耕地的压力，推动农业规模经营，提高农业生产效率；人口在城市特别是县城和小城镇集聚，能创造更多的就业创业机会，为农村一二三产业融合发展和农民就近务工提供平台，辐射带动农民增收；农民进城落户带来城镇建设用地需求增加，对加快农村土地制度改革提出要求也创造了需求，为农民获取土地收益提供了条件。为此，要将户籍制度改革与深化农村综合性改革结合起来，使广大农民也能享受到户籍制度改革带来的好处。

4. 着力提高农民"双创"增收能力

实施鼓励农民工等人员返乡创业三年行动计划，开展百万乡村旅游创客行动。对返乡创业的农民工创办的小微企业，减征企业所得税，免征增值税及其他各种行政性收费，财政部门提供一定额度的创业担保贴息贷款。借鉴城市发展创客空间、咖啡工厂等经验，利用农村闲置宅基地和工厂，建设农民"双创空间"，探索适合农村"双创"特点的发展模式。推进创业培训，对有创业培训愿望并具备一定创业条件的农民工提供免费创业培训，试点"创业培训＋创业孵化＋小额贷款＋产业对接"等创新培训模式。推广农民创业导师制度，打造一支专业知识过硬、教育教学能力突出的创业培训师队伍，为农民提供高效的创业就业辅导。加大农村"双创"示范园区建设支持力度，优化农村创业孵化平台，健全农村公共技术、资源信息、投资融资、人才培养等公共服务体系，加大农业科技成果转化基金对农民"双创"的支持力度。鼓励创建以农业企业为龙头、农民专业合作社为纽带、家庭农场为基础的"双创"联合体，示范带动农民创新创业。

5. 着力提高财政转移收入

加快完善农业生产补贴制度，按照市场定价、价补分离的原则，综合考虑近年大宗农产品特别是粮食价格下跌的趋势，加大国家财政对农业直接补贴力度，将农业"四项补贴"占财政收入比重从目前的1.2%逐步提高到5%，使农民收入中来自政府农业补贴的比例从目前的1.5%逐步提高到5%以上，同时在个别农产品价格下降比较大的地区，探索开展农民收入保险试点。按照织密织牢农村社会保障网、推进城乡公共服务均等化的要求，在广覆盖、低水平的基础上，将农村基础养老金从目前的70元/月提高到200元/月，以保障农村老年人有尊严地生活。同时，按照城乡居民医疗保险制度和标准并轨的要求，继续提高农民医疗保障水平和报销比例，缩小城乡差距。适当提高农村社会救助标准，将农村低保标准和农村五保户集中供养的人均标准分别提高10%。财政困难地区，提高中央财政支付比例。

（国家发展与改革委员会产业经济与技术经济研究所　黄汉权　涂圣伟）

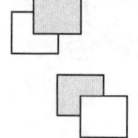

六、我国粮食质量安全现状、问题与对策研究

【内容提要】

粮食安全一直受到国家的高度重视，当前我国粮食数量安全有了较高的供应保障，粮食的品质、质量安全状况总体转优向好。然而，受异常气候、工业化、小农生产方式和"先污染后治理"影响，我国一些地区粮食农药残留、重金属超标、真菌毒素超标等粮食污染带来的质量安全隐患仍然比较突出，对食品安全构成较大威胁。为此，应从完善粮食质量安全监管体制机制、完善标准和法规体系、加强科技与战略研究、健全风险信息交流体系四个方面入手，综合施策。

新中国成立以来，我国粮食数量和质量安全水平均有了较大幅度提高。特别是近年来，我国粮食连年增产，粮食数量安全有了较高水平的供应保障。另一方面，随着人们生活水平的提高和科技的进步，粮食作为整个食物链最基本和最重要的原料，粮食的品质和质量安全状况总体转优向好，为保障食品和饲料安全奠定了重要基础。

（一）我国粮食安全状况总体向好

1. 国内粮食安全保障水平稳步提升

为解决温饱问题，我国千方百计提高粮食产量。粮食产量由1949年的1.1亿吨增加到2016年的6.16亿吨。特别是进入 21 世纪以后,粮食产量连续丰收,人均粮食产量达到 400 多千克,在解决粮食供给数量方面取得了明显的成就。在粮食总产稳步提升的基础上,小麦、稻谷、玉米等主要口粮和饲料粮比重不断上升,有效提高了口粮安全保障水平。

2. 我国粮食供给能力与世界相比仍有一定潜力,但是增产的难度增大

为增加国内粮食供给数量,我国粮食单产水平已达六十多年来的历史高点,单产年际增长率呈现边际递减态势,具体情况见图 3-6-1。

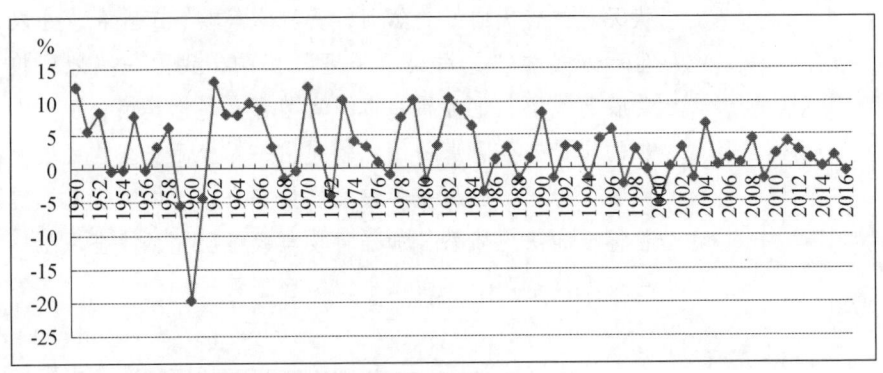

资料来源:历年中国统计年鉴,国家统计局。
图 3-6-1　1950—2016 年我国粮食单产波动率变化状况

我国粮食单产水平与世界最高水平还存在一定差距,我国粮食生产能力仍有一定潜力。分品种看,我国小麦单产为每公顷 4.99 吨仅次于欧盟,高于世界平均水平近 60%;我国玉米单产每公顷 5.87 吨,接近于世界平均水平,低于美国单产近 70%;稻谷单产仅次于美国,位居世界第二位;大豆单产水平低于世界平均水平,与巴西最高单产 3.01 吨/公顷仍有较大差距。但是受水土资源等要素约束,我国小麦、稻谷的单产水平提高潜力有限,玉米和大豆的单产水平仍有较大提高空间。

3. 粮食质量安全监管体系初步形成,但监管模式及体制机制有待进一步完善

粮食质量安全监管的体制与机制。2013 年政府对食品安全监管机构和职责进行了重新调整。涉及粮食质量安全监管的部门主要有:农业部、粮食局、食药总局和卫计委等。农业部门负责产前，主要包括产地、种植环节、农药化肥等农业投入品、监测预警等；食药总局负责产后，主要包括加工和销售环节监管、风险监测、信息公布、问题产品召回和处置、事故应急处置等。卫计委主要负责拟订食品安全标准、开展食品安全风险监测、评估和交流等。粮食局按原三定方案仍然负责粮食收购、储存环节和政策性粮食的质量安全和原粮卫生监管。

粮食生产、收储存、加工销售等环节的质量安全监管制度逐步健全，《农产品质量安全法》《农产品产地安全管理办法》，《粮食流通管理条例》《粮食质量监管实施办法》，《食品生产加工企业质量安全监督管理办法》《国务院关于加强食品等产品安全监督管理的特别规定》《食品安全法》《食品安全法实施条例》《食品生产许可管理办法》等法律法规的相继出台，实现全环节质量安全监管。目前，隶属于省、市、县三级粮食部门的检验机构有800多个，初步形成了覆盖全国的国家粮食质量安全监测网络体系，并针对稻谷、小麦、玉米、大豆等主要粮食品种，按产量权重开展全国新收获粮食质量与安全调查监测。每年大约采集1万份新收获粮食样品（农户样品），检测常规质量、食用品质和农药残留、重金属、霉变及真菌毒素等指标，取得近10万个检验数据。此外，国家粮食局每年还组织开展全国库存粮食质量安全抽查，扦取各类库存粮食样品约5 000份，代表粮食数量约900万吨。

此外，现行主要粮食国家标准和行业标准共有429项，其中国家标准239项，行业标准190项，基本覆盖了粮食生产、收购、储存、运输、加工全过程。粮食质量安全标准也得到全面更新。

（二）粮食质量安全隐患仍然比较突出

尽管我国在粮食质量安全方面做了大量努力，但受异常气候、工业化、小农生产方式和"先污染后治理"影响，我国一些地区粮食农药残留、重金属超标、真菌毒素超标等粮食污染带来的质量安全隐患仍然比较突出，对食品安全构成较大威胁。

1. 粮食质量安全影响因素多、环节交错

影响粮食质量安全的因素有很多,按照性质大致可以分为:化学性危害、物理性危害和生物性危害。按照危害产生的途径,影响粮食质量安全的因素存在于从种植到消费的各个环节,在每个环节、每个过程中都可能发生化学性危害、物理性危害或者生物性危害。影响粮食质量安全的主要风险因子包括重金属、真菌毒素、农药残留、微生物以及非法添加物等。近年来,国家食药总局发布的食品安全抽检结果以及一些机构的调查研究结果表明,真菌毒素和重金属含量超标是粮食及制品最为突出的食品安全风险问题。长期食用农药残留量较高的食品,农药在人体内逐渐蓄积,最终导致机体生理功能发生变化,引起慢性中毒;有些农药如敌敌畏、敌百虫、乐果等具有潜在的致癌、致畸和致突变作用。这些风险因子主要来自于农业生产环节,在粮食储藏、流通、加工过程中,如果管理不善,也会产生真菌毒素、农药残留等污染。

2. 粮食质量安全问题涉及时间长,解决难度大

粮食污染问题不仅是威胁食品安全,同时也影响社会稳定和粮食有效供给。我国的粮食污染问题是一个长期性问题,一方面是由于受到重金属污染的土壤很难得到修复,我们不可能让污染耕地全部休耕或全部进行种植结构调整;另一方面粮食的真菌毒素污染主要是气候等因素造成的,只能努力减少影响,难以完全消除。

3. 粮食质量安全监管体制机制有待进一步完善

总体上来看,我国目前有两套食品安全监测(包括抽检)体系,一套是以农业、卫生等部门为主体,以发现问题开展风险评估为目的监测体系,另一套是以各个监管部门和各级地方政府为主体,以履行监管职责为目的的监测和抽检。从运行情况看,现行监测体制存在许多弊端。一是由于经费渠道不同,多头分散开展监测和抽查,缺乏科学统一规划,随意性很大,往往不是按实际需要开展工作,而是能争取多少经费就开展多少工作,重复、交叉与空白并存,综合成本高,实际效果差。二是缺乏信息共享机制和相关制度约束,监管部门间、层级间信息难以及时共享,特别受地方保护主义倾向影响，个别地方对发现的问题存在隐瞒不报或者避重就轻现象。三是粮食质量安全法律法规亟待完善。对于污染粮食的监管和处置，目前的做法是只堵不疏，监管和处置成本过高。四是粮食质量安全标准发展滞后问题比较突出。一方面是片面强调与国际接轨，标准不适合我国国情，另一方面标准分类不细，限制了部分粮食资源的合理利用。例如，将酿酒的原料与加工面粉的原料同样对待明显是不合理的。

（三）保障我国粮食质量安全的措施建议

根据党的十八届三中全会和2017年中央1号文件的要求，围绕建立和完善粮食质量安全监管制度，提出以下建议：

1. 加强协调，完善粮食质量安全监管体制和机制

一是对粮食等大宗重要产品，按照产品分类原则，集中财力，建立覆盖全产业链、跨部门、跨层级、跨地区的质量安全监测体系，统一制定科学高效的监测计划及应急排查预案，健全质量安全信息网络体系和信息通报机制，在相关监管部门和层级之间，实现监测信息的及时全面共享。二是按照职责与能力相匹配原则，合理确立各级政府的监管职责分工，规范细化各部门和层级的监管内容、监管流程及履职要求，健全督导、协调和问责机制。在实行多部门分段监管的情况下，对粮食等大宗重要产品，应当明确1个专业部门作为牵头部门，负责协调各部门共同做好监管工作。三是健全粮食质量安全公共服务体系，在要求生产经营者认真履行主体责任的同时，政府应当切实履行好公共服务职责。例如，加大病虫害综合防治力度，建立国家和区域性粮食质量安全信息服务体系，规范发布粮食安全预警信息，及时公布粮食污染警示区域，指导粮食企业加强原料收购把关检验，实行分类收购、储存和加工等等。

2. 注重国情，完善粮食质量安全法规和标准体系

法规和标准不是越严越好，应当按照有利于保障粮食总量平衡、有利于确保质量安全风险可控、有利于充分发挥资源效用的原则，尽快完善粮食质量安全法规和标准。一是要细化食品和饲料的分类，根据粮食的不同用途、产品形态和加工工艺，科学设定粮食污染物限量标准和质量控制要求。二是建立覆盖粮食生产、收购、储存、运输、加工、销售全过程的良好作业规范，明确生产经营主体的质量安全保障责任和义务，推进粮食生产流通全程标准化作业。三是建立粮食收购与销售检验出证制度，构建粮食质量安全追溯体系。四是建立健全污染粮食处置法规及相关技术规范，加强对污染粮食处置利用的监督指导。

3. 科技支撑，加强粮食质量安全基础研究和应用研究

保障粮食质量安全，需要依托科技支撑。一是构建粮食质量安全监测预警技术体系，包括基础数据库的建设，共性监测预警技术的开发，监测数据质量的保障，质量安全状况的风险评估等，以全面提升粮食质量安全的保障水平，切实从源头保障粮食质量安全。二是开发污染粮食合理利用技术，充分利用生物、化学、物理等技术，研究污染粮食的无害化处置技术，保障粮食资源充分合理的得到最大程度的利用。三是开发高效、快速、准确的粮食质量安全及品质指标检测技术，提高粮油收购工作效率，保障收购粮食质量和安全，为收购卫生把关、质量定等提供技术支撑。四是研究粮食质量安全过程追溯和控制技术，有效监管粮油生产和流通，实现粮食流通产业链条全程品质信息和卫生指标有效追溯监控以及转基因粮食及其制品可追溯等。五是加强粮油质量安全战略研究，增强质量安全研究的前瞻性、预判性，加大粮油质量安全的宣传。六是加强公益性农技服务体系建设，强化农技服务人员的公益服务属性，加大稳定支持力度。要加大对粮食质量安全研究和科技成果转化的投入，在项目、经费、人才等方面给予扶持。

4. 多方参与，健全粮食质量安全风险交流信息体系

加强现有政府机构粮食质量安全信息体系建设，整合来自政府有关部门、有关各方的信息，加强各相关部门之间粮食质量安全信息的共享。打破目前相关信息的部分分割现状，建立互通有无、高频次交流、共建共享的信息收集、整理、分析和传输利用机制，实现各部门在信件处理、风险信息通报和评估、行动决策、重大事故处理方面的共享、共商。采取有效

措施加强面向生产经营者的粮食质量安全相关法律、法规、标准、规范及相关技术知识的宣传培训工作。充分发挥行业协会、媒体的作用，发挥行业协会在宣传国家的法律法规和实行行业自律等方面的作用。加强社会舆论的监督作用，鼓励新闻媒体和消费者开展深入广泛的舆论监督工作，为政府监管创造更加有利的工作条件。

（国家粮食局科学研究院　亢霞）

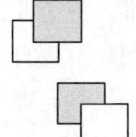

七、"保险+期货"——农产品市场价格风险管理模式研究

【内容提要】

随着农产品价格形成机制改革深度推进和国内外市场深度融合,我国农产品市场价格风险呈加大趋势,作为市场风险管理工具的农产品价格保险被创新和试点,但农产品价格保险大规模推广应用面临着保险产品设计中保障价格设定依据和保险巨额赔付风险的分散两大困境。农产品期货市场具有的价格发现功能和转移风险功能可以有效地破解农产品价格保险推广面临的这两大难题。我国也开始了基于期货市场农产品价格保险产品的设计与风险分散的探索与试点,并总结出一些值得推广的模式和需要进一步改革和完善的问题。

2014年中央1号文件提出"逐步建立农产品目标价格制度""探索农产品目标价格保险试点",2015年和2016年中央1号文件进一步要求"积极开展农产品价格保险试点"和"探索开展重要农产品目标价格保险"。为贯彻落实中央文件精神,保险业界在各级政府的支持下积极开展农产品价格保险创新和试点,目前试点区域达20多个省,试点品种包括粮食、生猪、蔬菜和特色农产品等。虽然试点区域广、试点品种多,但每个试点区域和险种规模很小,很难规模化推广。那么,农产品价格保险大规模推广面临的主要问题有哪些?如何破解这些难题?

（一）我国农产品价格风险及管理工具

1. 农产品市场价格风险呈加大趋势

长期以来，在以政府最低收购价和临时收储为核心的保护性收购政策干预下，我国主要农产品市场价格相对平稳。然而，随着农产品价格形成机制改革的不断深入，农产品价格逐步回归市场已成为改革共识，价格信号对生产和供需的调节作用将不断增强，相伴而生的市场价格风险也将更加凸显；随着我国与东盟、新加坡、新西兰、智利、韩国和澳大利亚等一系列多双边自贸区及"一带一路"建设的快速推进，国内外农产品市场联动性明显增强，国际市场价格波动对国内市场的传导速度加快和影响加大，价格波动不仅能在品种间传导，还能在不同品种间通过替代传导，国内农产品市场风险明显加大；受国际地缘政治角逐、全球气候变化、金融资本投机、生物质能源开发等非传统因素影响，未来农产品市场的不确定性将进一步加剧。

2. 农产品市场风险特性和最优管理工具

由于农产品一般为同质性产品，且生产和需求都很分散，这导致绝大多数农业生产经营者通常为农产品市场价格的接受者，随着市场一体化发展和市场化程度提高，不同区域和不同层级的同一农产品价格波动趋势和特征基本一致，所有生产经营主体面对相同农产品价格变动趋势和特征基本一致。例如，玉米价格上涨所有种植玉米农户收入提升，玉米价格下跌所有种植玉米农户收入降低。所以，农产品价格风险具有明显的系统性特征。由于农产品价格风险的系统性特征，不符合传统保险理论中可保风险是独立性风险的要求，很难完全通过基于"大数定理"的保险在时间和空间上分散及转移，必须利用期货市场的对冲机制进行管理，即同时在现货和期货两个市场上进行商品种类相同、数量相等、方向相反的交易，用一个市场上产生的盈利来弥补另一个市场上发生的亏损，就可以达到锁定价格的目的。所以，农业风险管理理论认为价格风险最优的管理工具是期货和期权,通过期货、期权交易来有效转移和分散价格风险。

(二)农产品价格保险提出及推广难点

1. 农产品价格保险的提出

虽然期货期权是农产品市场价格风险管理的最优工具,然而,由于期货市场是标准化商品的批量远期交易,许多农产品特别是鲜活农产品难以标准化、难以贮藏、易传染疫病等原因,很难符合期货市场上市的条件要求,从而使得上市农产品品种有限;而且期货期权是一种高级市场衍生工具,需要具备相当期货专业知识和技能的主体方能参与交易,广大农产品生产经营者的知识结构与业务素养与期货交易要求不相匹配,期货期权交易较高的门槛使得农业生产经营者直接参与有限;期货市场农产品最低交易量每手动辄10吨以上的规则以及每手数千元交易保证金的要求,与小规模分散经营的农产品生产经营者不相匹配。所以,对于仍以小规模分散农户为主的中国农产品生产经营模式来说,通过农产品期货市场管理农产品价格风险具有很大局限性,需要通过制度和技术创新找到一种农户易于接受且能进行个性化服务的风险管理工具,来转移和分散农业生产经营者面临的日益凸显的市场价格风险。在这样的背景下,农产品价格保险被催生出来。农产品价格保险是指以约定的农产品销售价格为保险标的的一种农业保险,是转移和分散农产品价格风险及保障农业生产经营者收入的一种风险管理工具。它针对不同生产经营群体进行个性化产品服务,简单明了,交易门槛低,容易为农民接受,非常适合中国现阶段农业生产经营实际,具有广阔的推广应用前景。然而,农产品价格保险规模化推广应用也存在一些突出问题,限制了其大规模推广和应用。

2. 农产品价格保险推广应用难题

目前农产品价格保险试点推进中面临着两大难题。第一是农产品价格保险产品设计中保障价格的设定问题。农产品价格风险是未来市场不可预期因素导致实际价格偏离预期价格的可能程度,保险承保的是意外事件引发的不可预期的风险，所以保障价格设定要以未来农产品市场预期价格作为设定依据，那么发现和寻找未来农产品市场预期价格就是开发该种农产品价格保险的首要问题，倘若缺乏未来农产品市场预期价格发现的渠道和方法，那就会因保障价格设定不合理导致农业生产经营者严重的逆选择而使农产品价格保险无法开展。第二是农产品价格保险巨额赔付风险的分散问题。农产品市场价格风险属系统性风险，这种系统性价格风险会导致区域内所有投保者可能同时遭遇价格下降到低于保障价格后造成的经济损失，极易造成保险公司承担巨大的赔付风险，而这种巨额赔付风险很难通过保险基于的"大数法则"予以空间上分散，再保险也不愿承接和转移这种巨额风险，倘若保险公司难以找到转移和分散这种巨额赔付风险的渠道和方法，那么农产品价格保险也难以规模化推广应用。因此，破解这两大难题就成为农产品价格保险推广应用和可持续发展的关键。

（三）运用期货期权破解农产品价格保险面临的难题

农产品期货市场具有的价格发现功能和转移风险功能能够有效破解农产品价格保险推广面临的两大难题。

1. 运用期货价格来设定保险产品中保障价格

有效期货市场中期货价格已经充分包容了各种可预期因素对农产品价格的影响，期货价格更加接近于远期真实价格，保险人和被保险人双方都不会做出比期货市场更好预测，所以期货价格是最理想的预期价格。国外发达国家价格保险都是以期货价格作为预期价格，用于设定保险标的保障价格的依据，未来实际价格低于保障价格的差额完全是由保险合同签订后的不可预期的因素造成的，这样就可以规避逆向选择问题。期货是标准化商品合约，现货和期货对应的标的物不可能完全一致，由于质量和等级差异，当两种商品价格存在着相对固定的比价关系或称升贴水关系时，可依据保险标的物与期货交割标准化商品比价关系，设置保险保障价格为期货价格一定比例或设置一定免赔率，也可利用期货市场点价交易方式由专业风险管理公司提供。

2. 运用期货市场进行价格保险"再保险"

运用期货市场转移保险巨额赔付风险。利用期货市场风险对冲功能，保险公司在承保农业生产者农产品价格风险的同时，在期货市场上卖出与承保品种相同、数量适当的期货合约，从而将从农业生产者转移来的风险全部或部分地再转移到期货市场投资者身上，达到规避价格保险面临巨额赔付风险的目的。具体来说，当保险标的价格上涨时，保险公司的保费收入可以支付期货交易成本，当保险标的价格下跌时，保险公司通过期货市场的盈利可以弥补保险赔款支出。这样保险公司就起到了引导农业生产经营者通过期货市场转移市场价格风险的中介作用。另外，通过购买看跌期权来分散保险巨额赔付风险。保险公司给农业生产者承保就相当于卖出看跌期权，承担了农产品价格下跌的风险，同时需要在场内或场外购买与承保品种相同的看跌期权来对冲承接的风险，当保险标的价格上涨时，保险公司的保费收入可以支付期权费用，当保险标的价格下跌时，保险公司通过选择期权行权所获得的盈利来弥补保险赔款支出，达到规避价格保险面临巨额赔付风险的目的。由此可见，在农产品价格保险的基础上，运用期货或期权工具，通过期货市场交易对冲，将保险机构面临的巨额赔付风险通过期货市场实施了"再保险"。

（四）我国农产品价格"保险+期货"的实践探索

2013年以来，我国各地在农产品价格保险试点中利用期货、期权设定保险保障价格和分散保险机构巨额赔付风险方面开展积极探索，创新了"价格保险+场外期权+期货市场"的模式，该模式为分散数量众多的小规模农业生产经营者面临的市场价格风险提供了一条简单易行、成本低廉、推广性强的新思路和新模式，取得了宝贵的经验，但同时也面临诸多技术和制度上的问题需要改革和完善。

1. 模式探索和试点

该模式由大连商品交易所、人保财险辽宁分公司、新湖期货公司

2015年在辽宁盘锦玉米上试点开展。具体做法是：农民合作社向人保财险辽宁分公司购买1 000吨玉米价格保险，约定价格为每吨2 160元，支付保费11.5万元；人保财险辽宁分公司向新湖期货公司购买1 000吨玉米看跌期权，支付权利金9.67万元；新湖期货公司将保险公司购买的看跌期权在大连商品交易所进行期货市场对冲。由于2015年玉米价格低于约定价格，合作社获得保险赔付24.1万元，保险公司获得新湖期货公司赔付24.1万元，新湖期货公司的赔款来自于期货市场的对冲盈利。同时，大连商品交易所在鸡蛋，郑州商品交易所在油菜籽、棉花等品种上也开展了广泛试点。目前，广西已按照这种模式启动了"糖料蔗价格指数保险"试点。

2. 模式推广需进一步完善

该模式推广涉及农业生产经营者、保险和期货公司、期货交易所和政府多方参与和交易，利用保险、期货期权等市场化手段管理农产品价格风险在我国还是新生事物，农业生产经营者普遍缺乏价格风险管理意识，面对市场价格涨跌只能寄希望于政府补贴或政府稳价；农业等相关部门绝大多数干部对价格风险管理和对冲原理不清楚，对具体操作更是不甚了解，甚至对市场化风险管理持畏惧和抵触态度，难以形成推动模式发展的动力，所以，迫切需要将保险、期货等市场化风险管理工具应用知识纳入新型农民教育内容，开展农产品价格风险市场化管理专题培训。

保险公司在通过期货市场进行风险转移实现"再保险"操作中存在制度性障碍，例如，由于缺乏相关财务和税务指导性文件，保险公司购买场外期权的权利金在财务中无法列支为"再保险"科目，从期货公司获得的赔款也需要列支为"盈利"上税，同样类似问题也困扰着期货公司，严重制约了保险和期货公司主动推广此模式的积极性；我国农产品期货市场和场内期权不完善，上市的农产品品种还较少，且上市的一些大宗农产品受国家直接干预政策影响交易量普遍不大，现货市场价格风险很难通过期货市场完全对冲；另外我国期货交易所还未推出场内期权产品，保险公司只能通过购买期货公司提供的场外期权产品来对冲赔付风险，而期货公司再利用其专业操作优势在期货市场进行相应期权的复制，从而转移和化解市场价格风险，但期货公司采用复制期权方式对冲风险，费用高、风险大,又影响对冲效果,因此,迫切需要稳步推进场内期权、发展农产品期货交易、完善保险公司购买期权相关财务制度,扩大期货市场风险对冲"容量"。

(中国农业科学院农业风险管理研究中心　张峭)

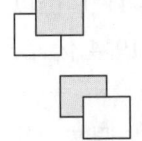

八、吉林省玉米收储制度改革的效果与思考

【内容提要】

以"市场定价、价补分离"为主要内容的玉米收储制度改革,必须坚持,不会动摇。但在推进过程中,更需要各级政府负起责任,体现政府担当,扎实推进农业供给侧结构性改革,以期得到农民、企业、政府都满意的结果。

2016年,以"市场定价、价补分离"为核心的玉米收储制度改革在东北地区推进,将玉米价格调节权力回归市场,让市场在资源配置中发挥决定性作用,标志着玉米从"政策市"过渡到"市场市",具有标杆意义。

就吉林省而言,截至2017年4月19日,累计收购玉米622.9亿斤(其中,储备企业179.6亿斤,玉米深加工企业166亿斤,贸易及饲料企业277.3亿斤),玉米收购平稳推进,农民手中玉米基本售罄。

总体来看,吉林省玉米收储制度改革已取得明显成效:

一是玉米价格回归到相对合理水平,东北与中原产区、产区与销区、国际与国内玉米价格倒挂问题得以解决,基本建立了玉米价格市场形成机制。

二是多元市场主体入市积极性提高,形成了政策性企业、深加工企业和社会购销主体"三分天下"的多元化格局,南北贸易企业互动频繁,吉林省玉米由临储政策时的"就地储"变成"全国销"。

三是玉米深加工企业玉米采购成本较上年同期下降

近40%，在产的15户企业开工率达到98%以上，自2016年11月份以来，玉米深加工企业累计加工转化玉米106亿斤，实现利税19.4亿元，比上年增加20.6亿元，玉米产业得以有效激活。

四是吉林省西部易旱区和东部冷凉区籽粒玉米种植面积逐步调减，其中玉米减少332.6万亩，水稻、大豆、杂粮杂豆分别增加33.3万亩、71.2万亩、58.7万亩，预计2017年籽粒玉米种植面积还将继续调减。

（一）面临的挑战和机遇

随着东北玉米主产区玉米收储改革的推进，农业发展方式加快转变，传统的粮食流通业态正在发生重大变化，给新时期的粮食流通工作带来难得的机遇和挑战。

1. 机遇

一是玉米收储制度改革后，价格由市场形成，吉林省乃至东北地区资源成本优势凸显，销区加工、饲料、养殖企业来投资建厂，以及本地加工企业改扩建意愿增强，给玉米产业发展带来了机遇。

二是随着城乡居民粮食消费结构升级加快，对绿色优质粮油产品消费需求增加，粮食流通引导生产、促进消费作用进一步增强，为带动粮食品种调整、品质提升创造了条件。

三是随着土地流转加快，规模化经营推进，合作社、家庭农场等新型经营主体加快发展，为实现种植、收储、加工、销售一体化经营、促进一二三产业深度融合带来了空间。

2. 挑战

新的改革形势必将带来新的挑战：

一是农民增收形势严峻。玉米价格市场化后，比前几年临储玉米的价格回落，下降幅度较大。同时，农民结构调整虽有积极性，但往往不知道往哪调、怎样调，有的怕找不到市场，担心调啥啥多，不敢调、不会调。

二是玉米深加工效益空间还未充分发挥。吉林省玉米加工产品初级产品多，精深加工产品少，产业链条短，产品同质化现象严重。

三是地方国有粮食企业经营难度加大。虽然地方国有粮食企业具有人员稳定、管理能力较强和风险小等优势，但在市场竞争中，也存在着活力不足、经营主动性弱等问题，"靠国家政策吃饭、靠政府投入发展"的思想难以为继，一旦现有政策性库存消化完毕，企业很可能陷入经营困境。

（二）下一步的工作思路

改革，必须坚持，不可动摇，但在推进过程中，更需要各级政府负起责任，体现政府担当，扎实推进农业供给侧结构性改革，以期得到农民、企业、政府都满意的结果。

1. 继续推进粮食收储制度改革

一要坚持玉米购销市场化方向，落实国家确定的玉米生产者补贴政策。为防止阶段性价格大幅下降和农民"卖粮难"的发生，可由中储粮所属企业把握收购节奏、随行就市收购部分玉米来托市稳价。当然，也可以进一步强化粮食安全省长责任，由国家综合过去几年玉米产量、收购量和财政支出总额等因素，实行中央财政包干，一次性将资金拨付给省，由省里研究具体办法，承担起保障本地玉米收购责任。

二要加快调整完善稻谷最低收购价政策。玉米市场化后，玉米与水稻比价关系改变。如不及时调整水稻等政策性收购价格或定价机制，理顺品种间比价关系，易导致农民由玉米改种水稻，加剧水稻供需失衡。可逐年下调最低收购价水平，与市场价格接轨。改变保增收功能，只起兜底防卖难的作用。

三要鼓励大豆种植。我国几大粮食品种中，大豆缺口最大，不得不大量进口。近年来通过实行大豆目标价格试点，取得一定成效，东北地区大豆种植面积有所增加。今年国家取消大豆目标价格，实行大豆生产者补贴政策，可采取种植者补贴标准高于玉米，将非优势产区玉米生产者补贴、县级用于调整种植结构的10%玉米生产者补贴用于鼓励大豆种植等办法，引导农民加大大豆种植，逐步恢复国产大豆供应量。

四要未来可统一生产者补贴标准,自主决定种植。待玉米、水稻和大豆现行政策执行期结束后,无论种植何种作物,统一一个标准,以保证农民种植成本。最终由市场来调节各品种种植面积、来决定收购价格,也避免分品种种植面积核实带来的诸多行政成本和漏洞。

2. 推进农业产业化经营

突出东北地区粮食资源优势,加快粮食大省向绿色大粮仓转变,加快畜牧业大省向畜牧业强省转变,加快农业大省向农业强省转变。

一是做大畜牧产业。依托地域资源禀赋和产业基础优势,推动粮牧结合、农牧结合、林牧结合发展,启动畜牧业发展基地建设,发展加工—养殖—饲料产业融合,推进循环养殖模式。建议国家有关部门出台相关扶持政策,吸引大型饲料养殖企业来环境容量大的东北地区投资建厂,以加快"南猪北移"的进程、发展奶牛和肉牛饲料加工业,扩大玉米原料需求。

二是做强农产品加工业。充分发挥农产品加工业的引领作用,抓龙头、带产业,抓产业、带农户。围绕项目做文章,破解农产品加工业发展过程中产能闲置问题、产品"初字号"问题、产品档次不高问题。当前,应抓住国家支持燃料乙醇开发的政策机遇,抓好项目对接落地和招商引资,扩大库存玉米转化量。

三是推进规模经营。加强新型主体的整合和再造,打造一批家庭农场联盟、农民合作社联合社。主推土地托管、实物地租、土地入股、代耕代种等经营模式,提高农村土地流转率;加快培育现代农业服务组织,支持开展农机作业、统防统治、农村金融等社会化服务。

3. 积极稳妥推进国有粮食企业改革

探索混合所有制改革的多种形式,可整合优化地方国有粮食购销企业资源,组建国有粮食企业集团,增强企业区域竞争力、影响力;鼓励民营资本参与地方国有粮食企业改制重组,组建国有控股、参股的股份制企业,或与中省直企业进行股份制合资、合作;利用产区粮源优势、销区市场优势,与销区大型企业进行多种形式合作,实现产销深度融合;依托现有收储网点,与种粮大户、专业合作社、家庭农场等新型经营主体进行股份合作,结成利益共同体,实现农企深度融合;发挥国有粮食企业仓容优势，利用深加工企业加工转化能力，鼓励深加工企业延伸发展空间。

4. 多措并举提高农民收入

一是向土地增值要收入。引导和支持农民发展棚膜产业，因地制宜发展"菜瓜果菌花"、育苗等。二是向畜牧业要效益。探索推广规模养殖带户增收模式，如订单养殖、托管养殖、联户养殖、龙头企业带户、养殖小区带户、合作社带户等，支持种养结合带动农户秸秆饲草增值。三是要向品牌要效益。在持续打造"吉林大米"品牌的基础上，围绕"吉林杂粮杂豆"开展品牌建设，打造全国重要的杂粮杂豆优势产区和集散中心，提高农产品市场竞争力和附加值，通过优质优价带动农民增收。

（吉林省粮食局调控处　王涛）

第四部分

中国粮食产业专论

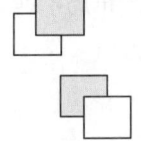

一、中国小麦（面粉）产业报告

【内容提要】

2016年国内经济下行压力大，消费需求增速放缓，国内麦市总量充裕与结构性矛盾突出，小麦优质优价凸显；小麦加工业生存环境艰难，去产能加快行业整合进程，抓质量与控成本成为面企生存关键。在政策定调去库存、降成本、推进麦市价格形成机制市场化的背景下，面麦产业将因市而活。

（一）小麦加工：去产能推进面企规模化政策促加工业转型升级

1. 面粉加工产能严重过剩

近10年来，国内面粉加工业处于由快速发展至产能严重过剩的境地，2006—2015年国内制粉产能从9 400多万吨增至2.2亿吨，翻了1.3倍。但加工方式粗放、大而不强等问题愈加突出，产能结构性过剩与优质产能不足并存。近年来国内普通粉消费需求增速持续放缓，专用粉需求增长空间较大，专用粉占比从"十二五"初期不足7%已增至目前的20%左右。

2. 规模化、集约化水平不断提高

近年来，我国小麦粉加工、产业结构和布局逐渐优化，产业发展内生动力持续增强，形成了以民营企业为主体、多元化市场主体充分竞争发展的市场格局。但加

工企业转型升级相对滞后,产加销脱节,加工业布局与小麦生产布局不匹配,优质优价专收专储能力不足,加工企业面临更大的竞争压力。

3. 融资难、用地难

随着国内经济发展进入新常态,加工企业发展面临资源环境约束加大、要素成本上升等挑战,融资难、用地难现象日益凸显,人工、水电、物流、市场等运行成本快速上升,盈利空间不断压缩。

4. 深加工转化能力不足与成品粮油过度加工并存

产业链条短,成品率、副产物综合利用率、附加值低,创新能力不强,部分品种盲目无序低水平发展等矛盾亟待疏解;单位产品能耗、水耗和污染物排放仍然较高。2016 年国家加大食品质量监督检查力度,部分面粉加工企业因产品质量不达标遭查处。

5. 消费结构升级的冲击明显

国内宏观经济环境的艰难,对于本身处于产能严重过剩且面临消费结构升级的小麦粉加工行业冲击明显,原材料质量参差不齐且采购成本较高,下游产品质量要求高且需求疲软,使得面粉加工业的生存压力较往年明显增加。

6. 小麦粉加工产能利用率不足

据估算,目前国内小麦粉加工产能利用率不足 45%,远低于 70% 的国际公认合理产能尺度。国内面粉加工行业的去产能要通过鼓励企业实行兼并、整合、重组,调整产品结构,运用新技术、新工艺、新设备促进产品创新和品牌建设,提高市场占有率(见图 4 - 1 - 1)。

(二)食品产业政策带来发展机遇

近年来,国内食品行业持续高速稳定发展,市场供应产品种类显著增加,精深加工产品比例不断上升,产品向多元、优质、功能化方向发展。

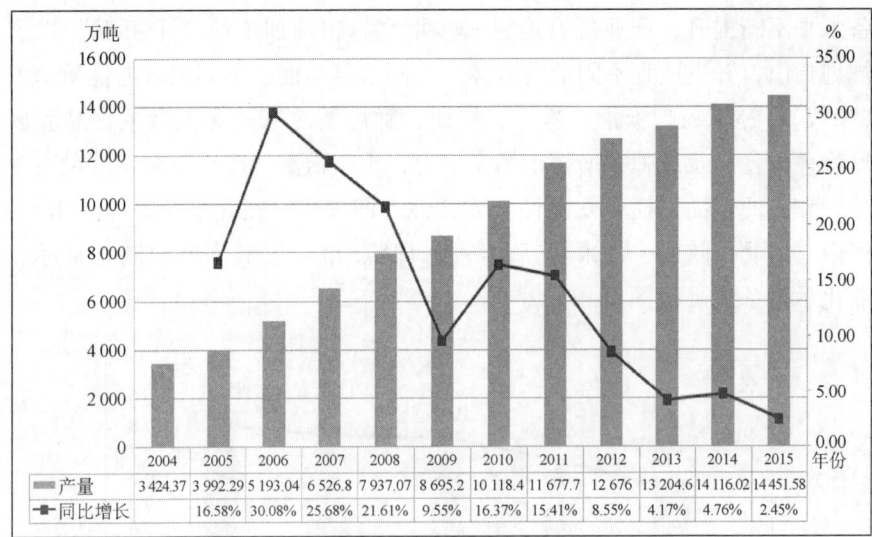

图4-1-1 2004—2015年国内小麦粉产量及增速

虽然国内食品行业发展迅速,但与工业化强国相比还有一定差距。国内食品工业已连续5年换挡降速,利润率下跌。

国家发展与改革委员会与工业和信息化部联合发布的《关于促进食品工业健康发展的指导意见》提出,"十三五"期间将积极推进传统主食及中式菜肴工业化、规模化生产,深入发掘地方特色食品和中华传统食品。到2020年,国内食品工业规模化、智能化、集约化、绿色化发展水平明显提升,供给质量和效率显著提高。产业规模不断壮大,产业结构持续优化,规模以上食品工业企业主营业务收入预期年均增长7%左右。截至2016年6月底,全国规模以上食品企业数量40 442家,较上年增长4.42%,企业数量占到全部工业企业数量的10.85%,其中食品制造企业数量为8 620家。

国家在"十三五"规划中提到,继续淘汰落后和过剩产能;鼓励产业集聚发展,引导食品加工企业向产业园区集聚;推进重点行业兼并重组,培育壮大自主品牌;引导具有技术优势的东部沿海地区食品加工企业到具有资源要素优势的中西部地区投资建厂,优化食品工业区域结构。

近年来,方便食品行业发展整体呈增长态势,经济规模不断提升,产品的方便性、安全性、健康性和营养化程度不断增强,行业研发能力和装备水平不断提升,产业提升度进一步增强。粮油加工业"十三五"发展规划指出,开发适宜不同消费群体、不同营养功能、不同区域的优质米粉(米线)、糙米粉、米粥、馒头、挂面、鲜湿及冷冻面等大众主食品和区域特色主食品及品牌,增强市场竞争力,丰富常温、冷冻冷藏营养型主食品种和方便食品,提升安全性、方便性、即食性;在北京、天津、山东、河南、河北、陕西、甘肃和新疆等省(区、市)发展优质面制主食品产业化示范基地(见图4-1-2)。

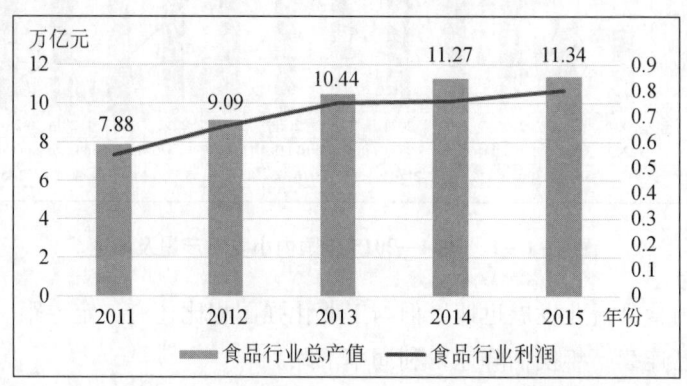

图4-1-2 2011—2015年国内食品行业总产值走势

(三)产业展望:供给侧改革优化产业结构面麦产业因市而活

2017年中央1号文件提出推进农业供给侧结构性改革,在国内面麦产业供需结构失衡的格局下,亟须从生产到流通,再到加工环节,进行"供给侧"的再造,让产业发展的动力源从依靠政策转变为依靠市场,面麦产业将因市而活。

1. 小麦生产以市场需求为导向,种植品种结构逐步优化,生产进一步规模化、专业化

充分发挥多种形式农业适度规模经营在结构性改革中的引领作用,农业支持政策要向规模经营主体倾斜，大力推进国内农业社会化服务组织的发育，通过创新经营体制机制为供给侧改革夯实基础。从专业化、规模化、集约化、一体化等方面，提升劳动生产率以及资源组合效率，推进小麦产业的供给侧改革，降低小麦生产成本；以市场需求为导向，引导生产主体安排好种植结构，实现小麦生产由生产导向向消费导向转变，充分发挥各个区域、各类产业、各种经营模式的比较优势，优化品种品质，发展优势特色产业，打造标准化产业基地，使小麦产品供给不仅数量充足，而且要求品种、质量、安全、营养、方便性契合消费者需要。进一步完善国内小麦市场价格形成机制，充分发挥市场在资源配置中的决定性作用，逐步净化和培育有效竞争的市场，提升供给体系的效率和质量，使产能供给量和需求量大体均衡。鼓励龙头企业与种粮大户、家庭农场、农民合作社结成粮食产业化经营联合体和利益共同体，以品牌为载体，发展规模化种植和标准化生产，通过订单农业、土地流转、土地经营权入股等方式建立稳定的原料生产基地，提供良种供给、技术指导、订单收购、烘干、储存、加工、销售等"一条龙"服务。

2. 加工企业应围绕食品安全及消费升级，加大创新力度，优化产品结构

随着主食品的消费需求升级和城镇化进程加快，安全优质、营养健康和多元化、个性化、定制化、品牌化的中高端粮油产品消费潜力将逐步释放，将推动加工企业向高附加值产品方向转型。通过市场价格手段和产业政策引导，促使加工企业主动淘汰落后产能。坚持供给侧和需求侧共同发力，努力推动重点行业的供需结构在更高水平上实现动态平衡，更好地满足不断升级的消费需求。面粉加工企业应根据自身情况调整产品结构，积极促进企业升级发展，延长产业链条，提升盈利能力。面粉加工企业要坚持走深加工路线，积极利用互联网+所带来的资源优势，延伸自身产业链，由单纯的面粉加工向挂面、拉面、专用粉、富硒粉转变，向主食产业、绿色健康营养食品转变，打通"小麦—面粉—食品"的精深加工链条，真正将小麦的品质优势、资源优势，转化为产业优势、经济优势。重点开发功能性膳食纤维、功能活性物质等食品配料和营养健康食品新技术，开发小麦麸皮功能保健产品、小麦胚油和小麦胚食品。加强企业科技创新能力建设，通过自身努力加强与科研单位、高校合作，在小麦加工产业链延伸、中高端与高附加值产品开发、先进技术装备研制等方面提升科技创新能力。

3. 面麦产业融合度进一步密切

粮油加工业"十三五"发展规划指出，支持优质粮油产区以优势骨干龙头企业为主体，组建全国性或区域性的粮食产业联盟。通过品牌建设，整合种植、收储、加工、销售等环节的资源，引导原粮标准化生产，建立一批规模化优质特色专用原粮生产基地；推进实施"互联网+粮食"行动，发展"网上粮店"，推广"网订店取""网订店送"等零售新业态和新模式，促进线上线下融合发展。国内面麦整个产业链经过整合、重构、优化，竞争力将得以提升，产业链各环节将进一步优化，减少无效及低效环节，产业流程将进一步简化，产业进一步提质增效，尤其是在互联网⁺的推动下，充分发挥大数据的优势，融合整个产业链的信息流、物流、资金流，形成一个面麦产业互联网生态圈。要以小麦食品加工企业为基础，把产业链从小麦生产种植向食品市场延伸；要提高小麦种植、流通、加工、销售各个环节的组织化和产业化，促进一、二、三产业融合互动，通过市场、政策和金融纽带促进小麦经济产业融合发展。

（南方小麦交易市场　张春良）

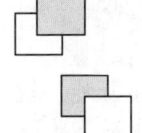

二、中国稻谷（大米）产业报告

【内容提要】

稻米产业由稻谷种植、贸易、加工、物流等环节构成，是关系到国计民生的重要产业。2016年，我国稻谷生产再夺丰收，供给侧改革有所突破，大米加工产业链不断完善，整体科技水平继续提升，绿色发展理念得到强化。同时，我国稻米产业仍处于新旧动能接续转换、产业转型升级的关键时期，面临着临储稻谷库存庞大、大米加工产能过剩、加工过度、整体发展水平不高等问题。提质增效、去产能、去库存、降成本、补短板的任务十分艰巨。

（一）我国大米加工业发展状况

我国约60%以上的人口以大米为主食，在稻谷产量居世界第一的同时，大米产量也稳居世界第一。

1. 行业规模继续扩大

（1）规模以上大米加工企业实力不断增强。据统计，2014年我国大米加工企业为9 830家，较上年减少235家，但企业实力持续增强，龙头企业的规模不断扩大。

（2）大米产能逆势增加。虽然加工企业数量减少，由于规模以上企业增加，大米产能仍逆势增加。2014年全国大米产能33 716万吨，较2010年增长17%。据黑龙江大米协会统计，2009年初全省拥有稻米加工能力 2 300 万吨,2015 年发展到 5 800 余万吨,6 年间产能增长了 152.2%,年均增长 25.4%,2015 年我国大米产能仍维持在 3.3 亿吨以上。

(3) 大米产量继续增长。2015 年,我国大米产量为 13 564 万吨,较上年增加 4.43%(资料来源:中国农业部)。2016 年以来,我国大米产量增速继续放慢。当年 1—11 月,全国大米行业累计完成大米产量 12 490.97 万吨,同比增长 1.2%(资料来源:中国轻工业网)。受稻强米弱和大米需求放缓影响,国内大米产量增速不断放缓,已连续三年增速低于 10%(见图 4-2-1)。

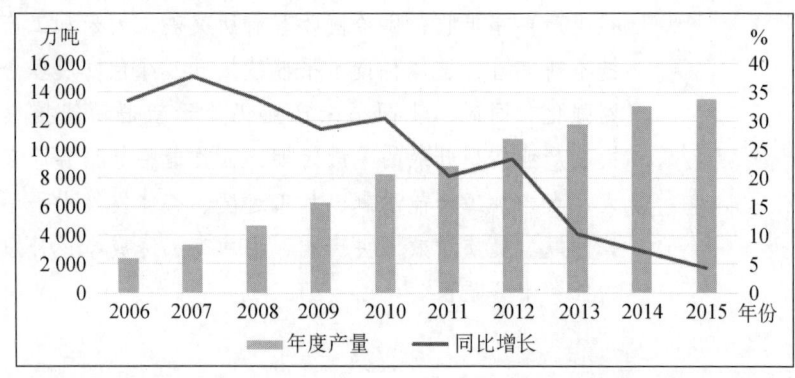

图 4-2-1 2006—2015 年中国大米产量统计图

2. 大米加工区域较为集中

我国大米生产布局与稻谷种植分布高度相关,主要集中在华中、华东、东北三大地区,三地产量合计占国内大米总产量的近 90%。籼米主要集中在两湖、两广、江西和四川等地,粳米主要集中在东北地区、江苏及安徽。其中,大米产量最高的为湖北,2015 年大米产量为 2 958 万吨,其后依次为:安徽 1 939 万吨、黑龙江 1 691 万吨、湖南 1 400 万吨、吉林 1 170 万吨、江苏 1 120 万吨、辽宁 794 万吨、江西 772 万吨、河南 674 万吨、四川 692 万吨。10 省大米年产量合计 13 210 万吨,占国内大米年产量的九成以上。其中,前 6 省大米产量合计 10 885 万吨,占国内大米产量的七成。可见,大米生产较为集中[①]。

---

① 资料来源:千讯咨询。

3. 大米产业链不断延伸

随着经济和科技的发展以及大米加工企业的不断壮大，大米产业链也不断向上下游延伸。为获得优质稻谷和稳定的粮源，大米加工企业日益重视基地建设。在土地流转加快的有利条件下，通过直接生产或订单生产，建立了很多水稻生产基地，既促进了农民增收，又保障了企业生产所需。如黑龙江泰丰粮油食品有限公司拥有自营和订单基地面积达 50 万亩，湖北国宝桥米有限公司建立了各类原料基地 140 万亩。

在产业链向上游延伸的同时，企业研发投入稳步增长，科技创新能力显著增强，我国大米等加工成套装备居于国际先进水平，深加工水平不断提升，产业链日趋完善。除了生产优质品牌大米外，加工企业开展了米糠炼油、稻壳发电等新业务，产品附加值不断提高，能耗持续下降，使企业在逆境中不断壮大。如江西金佳谷物通过订单建立优质稻和有机稻生产基地，拥有各类基地 90 万亩。通过对稻谷的精深加工及副产品的综合利用，形成了一条完整地将稻谷"吃干榨净"的循环经济产业链。

4. 行业集中度继续提升

经过多年发展和竞争洗礼，龙头企业的规模不断提升，使得行业集中度有所提升。其中，黑龙江省年加工能力 10 万吨以上的企业由 2009 年的 41 家增加到 2015 年的 100 多家，30 万吨以上的水稻加工企业已达 51 家。2015 年全国日加工稻谷产能大于 200 吨的企业占比已超过 20%，较 2003 年提高了 15 倍。前三甲的中粮集团、北大荒米业、益海嘉里三家产能合计超 1 000 万吨，占整个稻谷加工市场的 3% 左右。

伴随着行业集中度的提升，大米品牌建设也取得了较大进展。北大荒、福临门、金健、金龙鱼、稻花香等已成长为知名的大米品牌，"五常"等一批优质大米品牌也已深入人心。特别是在小包装领域，品牌大米的市场占有率较高。其中，中粮和益海嘉里在小包装大米市场合计占据了约 36% 份额，余下的则被北大荒、华润五丰以及各地的区域品牌所瓜分。

5. 创收能力有所提升

2014年国内大米加工企业利润只有5亿多元，2015年虽然有所增加，但若单纯从加工环节看，全行业仍难逃亏损。然而，面对稻强米弱、进口大米冲击等困难，我国大米产能却逆势扩张，大米产量不断增加。究其原因：一是部分企业延伸了产业链，实行了深加工，实现了稻谷加工利益最大化，提升了企业效益；二是部分企业实行"基地+农户"的政策，积极生产销路看好的中高端大米，加大品牌推广，大力开拓市场，获取利润；三是加工企业发挥与农户联系紧密的优势，为收储企业代收稻谷，赚取手续费，实现创收；四是利用中储粮仓库紧张和企业仓库富余的有利条件，为中储粮代储来获取补贴。

（二）当前稻米行业发展中存在的问题

虽然我国稻米产业再创佳绩，但也存在诸多问题。当然这只是发展中出现的问题，也必将随着国内稻米产业的发展而被逐步解决。

1. 生态水稻、优质水稻比重偏低

虽然稻谷供应总量充足，但稻米生产长期重量轻质，优质稻种植推广不快，稻谷生产结构性矛盾突出，导致国内大米企业优质粮源难以获取，同质化竞争激烈，影响了产业的发展。

2. 大米加工业产能过剩，转型升级缓慢

大米加工业转型升级缓慢，经营困难。一是水稻初加工产能严重过剩，行业内同质化竞争激烈，僵尸企业不断增多；二是产业升级缓慢，大米产业链条短，产品附加值不高，抗风险能力弱，稻米加工企业产品单一，市场竞争力差，赢利能力低下；三是加工成本高，企业负担重，稻强米弱现象经常性上演，大米加工企业毛利率非常低。同时，大米加工企业对资金需求量较大，财务压力重，经营困难。

3. 企业规模偏小，品牌效益不突出

目前，国内入统的大米加工企业中小型及以下企业产能仍占行业的50%左右，行业集中度远低于面粉、油脂等行业，加上部分企业会使用2~3个品牌用以区分高中低档品质大米，导致大米品牌既多且杂，仅黑龙江省大米品牌就有上千个，但真正有影响的品牌不多。此外，因追溯体系尚不健全，假冒伪劣产品很难杜绝，消费者难以通过品牌辨别大米品质好坏，品牌效益低下。

4. 过度加工现象突出

由于大米分级标准仍停留在20世纪80年代的以加工精度分等的阶段，企业过分追求大米好看，加工时大量使用双抛工艺，加工精细化倾向严重。因过度加工，我国稻谷平均出米率比日本低3%~5%。精米出米率甚至只有55%~65%，每年因此损失大米400万~600万吨。过度加工还造成营养物质损失增加，能源消耗增加。如以全国年过度加工稻谷1.5亿吨计，每年将损失大米450万吨，多耗电近7亿度。

5. 与"互联网+"融合不够

随着电子商务的快速发展，粮油产品网上交易量越来越大，但真正通过粮食电子商务获利的不多。据不完全统计，2014年仅在淘宝开店卖大米的就有2 000多家，但赢利的不足5%。原因在于大米经营企业思维观念老化、定位不准、产品同质化严重、标准化程度低、物流成本高、产品利润薄等。

6. 农村市场亟待重视

随着收入提高和城镇化的推进，农民购买大米的需求越来越大，但很多大米加工企业忽视对农村市场的开发，致使农村市场上可供农民消费的大米品种少、质量差，缺少品牌大米。

（三）稻米产业未来发展趋势

1. 大米加工业转型升级将加快

当前加工企业面临较大困境，必须采取补短板、去产能和降成本等措施，才能从根本上解决问题，促进行业健康发展。

一是补短板。只有大力发展深加工，补齐深加工短板，才能为产业发展注入内生动力、增强市场活力，才能保持大米加工企业持续健康发展。同时，随着主食品的消费需求升级和城镇化进程加快，安全优质、营养健康和多元化、个性化、定制化、品牌化的中高端粮油产品消费能力也将逐步提升，将推动加工企业向高附加值产品方向转型。

二是去产能。必须坚持市场在资源配置中起决定性作用和更好地发挥政府作用，提高行业准入标准，优化存量产能。通过企业自愿整合、开展上下游兼并重组，不断壮大龙头企业，淘汰落后产能，有效化解水稻初加工产能严重过剩的矛盾。

三是降成本。不断改进和完善水稻生产补贴办法，降低政策性稻谷轮出价格，降低企业采购成本。通过引入市场机制等方式确定企业承储国家最低收购价水稻任务。降低不合理税费，减轻企业交易成本。不断优化大米加工工艺流程，减少过度加工，降低加工成本。大力推进物联网建设，减少中转环节，降低物流成本，增强企业赢利能力。

2. 稻米电子商务将快速发展

当前"互联网+"已成为产业振兴的重要引擎，也给稻米产业发展带来了机遇。第一，"互联网+"是米企与经销商加强联系的桥梁，也是企业创新需求、引导消费的良好渠道；第二，随着电商越来越成熟，稻米产品越来越标准化，给稻米产业拥抱电商提供了条件；第三，米企的思维更开放，将会主动适应消费需求升级和购物方式转化，创新生产经营模式和商品流通方式，积极拥抱"互联网+"；第四，随着大米产品的特色化、品牌化、小包装化和中高端产品的大量推出，物流成本所占比重将下降。通过线上与线下的良好互动,将会促进大米电子商务的繁荣发展。

3. 不断开拓农村大米市场

农村人口庞大,大米需求容量巨大。在城市大米市场饱和、后期大米需求面临下降的情况下,谁先占领农村市场,谁就会在接下来的市场竞争中取得先机。预计会有更多的企业在广阔的农村市场抢先布点,拓宽销售渠道。甚至在中心乡镇建厂,就近收购,就近销售。并根据农户心理特点,有针对性地投放广告,加大宣传力度,提高大米产品知名度和品牌忠诚度。不断开发适合农村消费习惯的大米产品,目前农村市场主要以小型本地米厂为主,大米品种少,产品简单,未来商机巨大。

4. 鼓励适度加工,提倡健康消费

要鼓励加工企业生产免抛光大米,合理控制大米加工精度,提高大米出品率,最大程度地保持稻米中固有营养成分。要摒弃以精细大米为美的老观念,改革现行的以大米加工精度进行大米分等的质量认定标准,大力普及大米健康消费新理念,促进糙米、胚芽米、免抛光大米的消费。

5. 创新产品,引导消费

国产大米滞销,主要是普通米销售困难,符合农业部颁布的一级稻米仍供不应求。目前城乡居民已经不满足于"吃得饱",而要"吃得好",吃得安全、营养、健康,绿色优质大米消费需求趋旺。从解决"吃得饱"到满足"吃得好",给我国粮食加工企业带来了巨大的发展机遇,也是他们肩负的使命。因此,在练好内功的同时,大米加工企业要抓住消费者需求特点,创新需求,创新产业链和农民利益联结模式,积极发展优质米、专用米、发芽糙米、留胚米、营养强化米及各类米制主食品等,增加优质米、食品专用米和营养功能性新产品供给,增加糙米及其制品等绿色优质营养健康中高端新产品供给,提升大米产品品质,提高优、新、特产品的比例。

6. 逐步走向规模化、集团化

规模化、集团化生产经营不仅是国家"十三五"发展规划提出的目

标,也是市场发展运行的方向,更是企业增强竞争力、提高盈利的内在要求。目前,我国大米加工企业以中小型企业为主,同质化竞争激烈,企业利润空间越来越小。只有凭借规模优势,依托产加销一体化,积极做大产业链,加大品牌建设,才能不断增强市场竞争力。也只有大型企业才能凭借规模优势,建设完善的大米加工全产业链,实现更高的附加值。

7. 增强品牌意识

政府、企业应不断加大对大米品牌的培育力度,尤其是对中高端优质大米品牌的培育。各地稻米主产区要制定完善的县级、市级乃至省级整合方案,以打响地方品牌。大中型企业大力实施名牌工程,增强市场竞争力。通过兼并、重组,未来 5~10 年,我国大米行业将出现一批以福临门、北大荒、苏垦、国宝、金佳等为代表的一线品牌,其市场占有率将继续上升,而小品牌的市场份额将被挤压。

(浙江衢州新农都实业有限公司 郑红明)

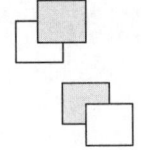

三、中国玉米产业报告

【内容提要】

中国玉米消费中有60%左右用于饲料，30%左右用于玉米加工，10%用于食用及其他。在饲料工业中，玉米主要用于猪料和禽料。中国玉米深加工总量位居世界第二位，一般而言，在中国玉米深加工行业中，淀粉占比接近60%，酒精约占20%，味精占比接近10%，赖氨酸占比接近5%，柠檬酸占比接近5%。玉米市场化后，下游产业在公平竞争的市场环境中，能够发挥规模化优势，在全球市场竞争格局中占据主导地位。随着玉米市场化的深入，中国玉米深加工行业将迎来新的发展机遇期。

（一）中国玉米市场需求格局

中国玉米需求主要包括饲料消费需求和玉米深加工消费需求，其他方面因其相对稳定而在市场分析中不被关注。根据国家粮油信息中心数据，可以绘制我国玉米的国内消费结构图，如图4-3-1所示。

有经验的人常说的"玉米消费中有60%左右用于饲料、30%左右用于玉米加工、10%用于食用及其他"，实际上就是由图4-3-1所描述的。

1. 中国玉米饲料消费概述

饲料消费是中国玉米消费的一个重要领域。在饲料工业中，玉米主要用于猪料和禽料。玉米在饲料中的作

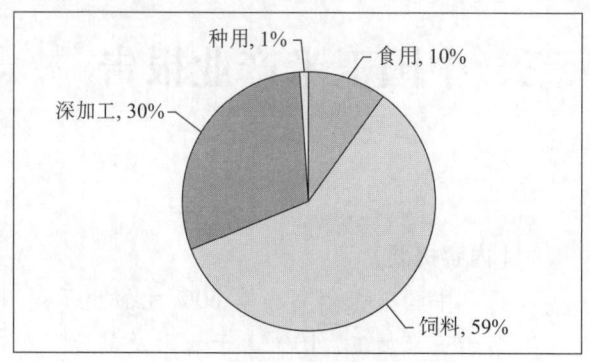

图4-3-1 我国玉米消费结构

用主要是提供能量,可以被多种富有能量的谷物所替代,常见的数量较大的替代品有小麦、高粱、大麦、稻米、木薯等。因此,通常所说的饲料玉米消费应该更广泛地理解为饲料中能量作物的消费。研究玉米在饲料中的消费应该包括其能量替代原料(见图4-3-2)。

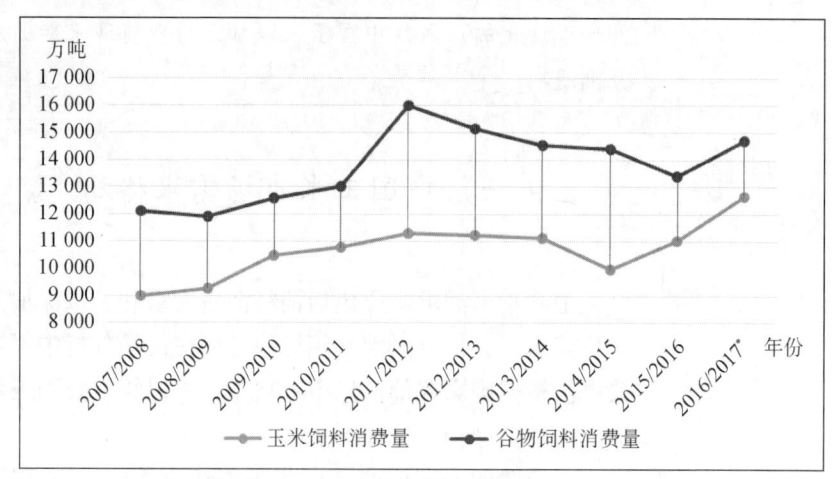

图4-3-2 我国饲用谷物消费和饲用玉米消费量

图4-3-2中是近几年我国饲料谷物和饲料玉米的消费情况,中间的差额部分就是替代谷物的消费数量。替代谷物消费量的庞大或许超过许多人的想象,替代量最大时有5 000万吨之巨。我国替代品主要有两个来源,一个是国产谷物,一个是进口谷物。2011/2012年度主要是国产小麦替代玉米用于饲料,而2014/2015年度中则主要是高粱、大麦等进口谷物

替代玉米用于饲料。一般而言，替代的主要动力就是价差，通常意义上讲，高粱和大麦价格如果能够降低到玉米价格的 90% 就可以规模替代，而小麦价格如果和玉米价格差不多就会有替代发生，当然小麦替代玉米的价差还会受到豆粕价格的影响。

在中国，人们关注养殖业可以从猪周期的变化中来判断，由于我国玉米或能量饲料绝大部分用于生猪养殖，据市场估算占比达到 60% 以上。因此，人们通常根据生猪存栏情况来判断我国饲料养殖消耗玉米或谷物的趋势（见图 4-3-3）。

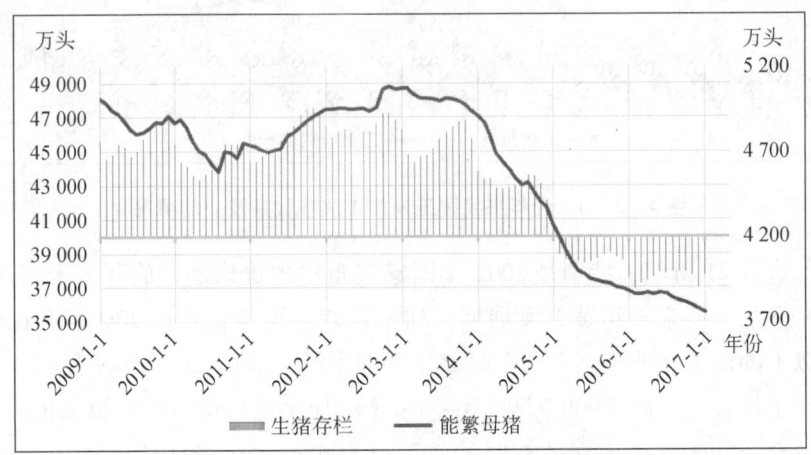

图 4-3-3　我国生猪和能繁母猪存栏情况

从生猪存量来看，2011 年达到顶峰之后一路回落。对照饲料消费和生猪存量的图不难发现它们的时间节点都是吻合的。从目前我国人民消费习惯的改变和当前生猪存量的规模来看，我国饲料谷物消费难以恢复到历史极值，但饲料玉米消费或许能够挤压替代谷物恢复性增长，潜力有限。

2. 中国玉米加工消费概述

中国玉米加工业发展的历史并不长，严格意义上的玉米深加工业发展应该从 1956 年华北制药引进苏联的第一套淀粉生产线算起。很长一段时间，我国的玉米加工业是停滞不前的。改革开放以后，我国玉米加工业迎来了第一次繁荣。在 20 世纪 80 年代，全国各类玉米加工业企业有数千家之巨，但单一规模很小，全国玉米加工总量也很小。直到 21 世纪初，我国玉米加工行业年玉米加工规模首次达到1 000万吨（见图4-3-4）。

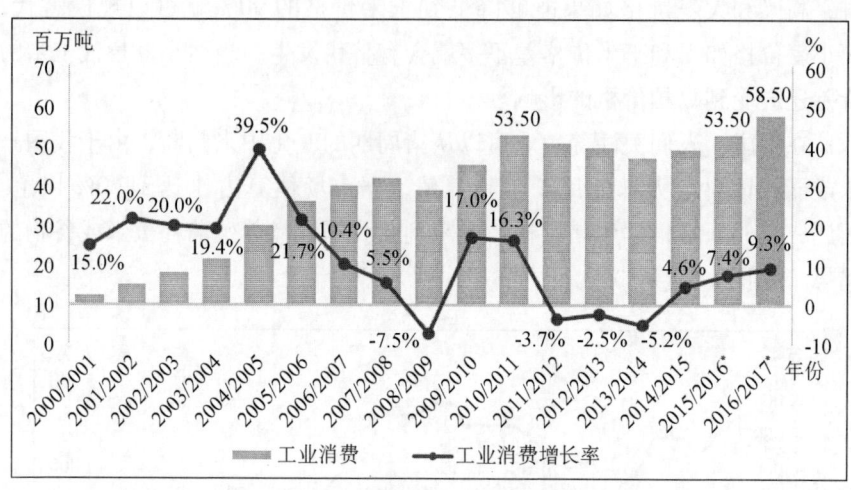

图4-3-4　近年来我国玉米加工消费数量及变动情况

进入21世纪，特别是2002年国家宣布保护价取消，放开玉米市场，玉米深加工迎来五年黄金发展期，加工企业年均增长超过20%。我国规模以上的加工企业多是在这个时期发展起来的。2010/2011年度我国玉米年加工量首次突破5 000万吨，中国玉米深加工总量位居世界第二位，并保持至今。随着国家在放弃临储政策改为实行"市场定价、价补分离"的市场化收购政策，我国玉米深加工的原料成本优势逐步显现，深加工将迎来新的发展。

显然，我国玉米深加工企业多分布在玉米主产省份，主要包括两个区域，即东北区和华北区。每个区域各包括三个省区，东北区包括吉林、内蒙古、黑龙江等，华北区包括山东、河北、河南等。与玉米产区分布对比来看，东北少了辽宁，华北少了山西。

从产品角度来看，一般将玉米加工分为淀粉类和酒精类两个大类。淀粉类就是在生产过程中产生淀粉或淀粉乳的玉米加工产品。按照这种分类，常用淀粉糖、柠檬酸、赖氨酸、味精等都属于淀粉类玉米深加工。在实际过程中，由于味精、赖氨酸和柠檬酸三个产品体量相对较大、品种单一，常常单独出来进行分析。酒精类相对简单，包括食用酒精、燃料乙醇以及下游相关产品。一般而言，在我国玉米深加工行业中淀粉占比接近

60%，酒精约20%，味精占比接近10%，赖氨酸占比接近5%，柠檬酸占比接近5%（见图4－3－5）。

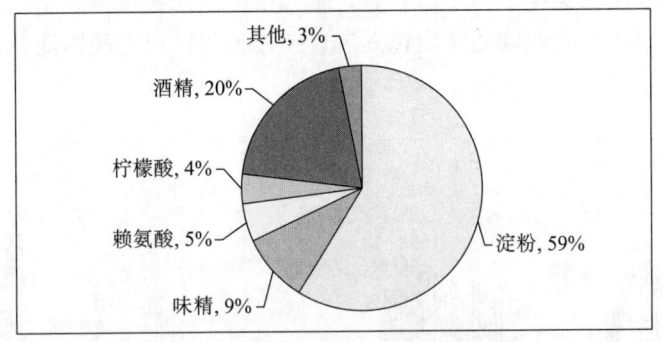

图 4－3－5　我国玉米加工行业分产品占比情况

目前，我国味精、赖氨酸、柠檬酸的产能和产量都是居世界第一位的，继续增长的潜力有限。而淀粉和酒精仍具有进一步增长的空间。

（二）玉米深加工产品现状及展望

1. 玉米淀粉行业现状及展望

我国的玉米淀粉工业可以追溯到1956年从苏联引进的第一套现代化淀粉装置，但是因长期受粮食供给的制约，玉米淀粉工业发展非常缓慢。直到20世纪80年代，随着家庭联产承包责任制的实施，我国玉米产量不断丰收，粮食市场开始逐步放开管制，我国淀粉工业迎来了第一次发展期，各地涌现出大量的淀粉厂。1984年中国淀粉工业协会成立之时，到会淀粉厂就有800余家，分布于全国各地，普遍存在产能小、产量低、消耗大、污染重等问题。1990年，我国的淀粉年产量仅百万吨左右。

1991年，引进国外先进装备和技术的黄龙公司正式投产，标志着我国规模化、现代化淀粉工业的真正开始。从此，我国玉米淀粉工业发展开始驶向快车道，年平均增速约20%。到2005年我国玉米淀粉产量首次跨上1 000万吨台阶。良好的成长性吸引众多的国有、民营和外资企业纷纷进入玉米深加工行业,成为推动产业快速发展的重要力量。这一轮发展呈现出东北的吉林和华北的山东"双龙头"发展模式。然而,2007年之后,随着国家在东北实施临储玉米收购,东北地区的淀粉企业开始止步不前甚至倒退,但山东企业则始终快速发展且一枝独秀,成为我国淀粉产能最大的省份(见图4-3-6)。

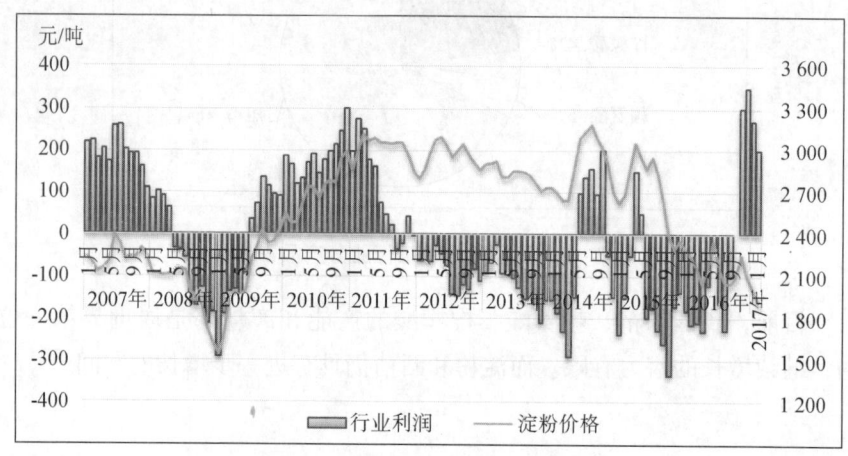

图4-3-6 玉米淀粉价格及行业利润情况

自2011年开始,玉米淀粉行业连续亏损5年以上,直到2016年年底才走出困境,这已经创造了我国玉米淀粉行业的最长亏损期。分析发现,这一亏损周期与以往不同,在于东北企业全年平均巨大亏损和华北全年平均良好盈利平均而得来的全行业整体亏损。其主要原因是国家在东北地区实施的大规模临储玉米收购导致华北和东北玉米价差严重扭曲。

目前,我国规模以上淀粉生产企业近百家。诸城兴贸集团是我国乃至全球最大的商品淀粉生产企业,年加工玉米超过600万吨。中粮集团淀粉板块产量居全国第二位,年加工玉米约300万吨。年玉米加工量百万吨以上的企业还有黑龙江象屿、寿光金玉米、西王糖业、滕州恒仁、抚宁骊骅、宁晋玉锋、西安国维、鲁洲集团等。

2. 玉米酒精行业现状及展望

玉米酒精是深加工行业为数不多的未经淀粉环节直接将玉米粉碎后发酵、蒸馏(脱水)获得的产品。长期以来,玉米酒精一直是政府限制项目,因此起步很晚,直到20世纪末,我国玉米连年丰收后的陈化粮处理和玉米市场化后,才迎来了玉米酒精的黄金发展期。

目前,我国玉米酒精工厂主要分布在玉米主产区,其中吉林、黑龙江、河南、安徽、山东、河北、内蒙古等省区产能占我国总产能的90%以上。一般而言,玉米酒精企业可以分为两个大类,即食用酒精和燃料乙醇。从区域分布来讲,我国玉米燃料乙醇企业有4家,分布在吉林、黑龙江、河南和安徽4省;其他都是玉米食用酒精企业。从实际产量来讲,我国玉米酒精总产能在850万吨左右,年实际产量在300多万吨,其中玉米燃料乙醇200万吨左右(见图4-3-7)。

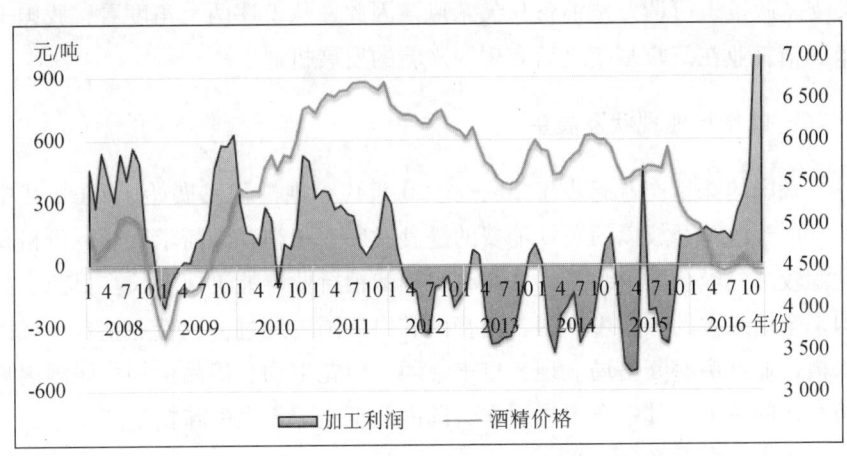

图4-3-7 我国玉米酒精行业的盈亏情况

近年来,除了燃料乙醇企业正常开工外,整个玉米酒精行业开工率持续低迷。据不完全统计,我国不含燃料乙醇的玉米酒精开工率常年维持在20%~30%。低开工率的主要原因是连续多年的亏损,直接原因是低廉的DDGS大规模进口和大规模进口木薯在国内加工成酒精的完美组合,替代了身在产区的玉米酒精加工企业。从2012年开始,我国酒精行业迎来历史最长时间的持续亏损期。2016年以来,国家实施玉米市场化政策带来玉米价格的合理回归,商务部对进口DDGS开展"双反"调查而进口量大幅减少,在这些因素共同影响下,我国玉米酒精行业进入了持续盈利时期。

笔者对玉米酒精行业的发展持积极观点。一是随着玉米相对木薯比价效应的凸显,木薯酒精将逐步退出,为玉米酒精提供了空间。据不完全统计,我国每年木薯酒精产量在 200 万吨以上,如果成本有优势,理论上这些企业几乎全部可以转为加工玉米酒精。二是燃料乙醇将迎来战略发展期。2015 年 11 月 19 日发布的《中国应对气候变化的政策与行动 2015 年度报告》显示,目前中国非化石能源占一次能源消费比重为 11.2%,而同时中国政府在"十三五"规划中指出,到 2020 年非化石能源占一次能源比重需达 15%,理论上燃料乙醇年使用总量将达到 1 000 万吨。从原料角度看,我国政府临储玉米库存 2 亿吨以上,且面临着玉米不易存储的风险和财政压力巨大。燃料乙醇有市场、有原料、有产能,唯独缺少的是相关支持政策,可谓万事俱备只欠东风。因此,从上述两个角度看,我国玉米酒精工业在沉寂多年之后有望迎来新的发展机遇。

3. 味精行业现状及展望

我国的味精产业起步于 20 世纪 20 年代,规模化发展始于 80 年代中期。由于改革开放以后餐饮消费的蓬勃发展,味精产品需求旺盛,价格和利润较高,配合国家政策的扶持,我国味精行业产能迅速增长。目前,我国是全球最大的味精生产国、消费国和出口国。经过多轮行业整合,我国味精行业寡头垄断格局显现,阜丰集团、梅花生物、伊品生物稳居国内味精行业前三甲,其中阜丰集团作为国内乃至全球最大的味精生产企业,其产量约占国内总产量一半。

目前,我国味精行业(按谷氨酸产量计算)有效产能约为 350 万吨,年产量稳定在 200 万吨以上。从主产省区看,内蒙古是我国最为主要的味精生产区域,其产能占我国总产能的 40%,而产量却占全国总产量的 60%。从消费途径来看,我国味精的 50% 销售给下游食品加工企业,30% 销售给餐饮业,其他 20% 则为终端零售市场(见图 4-3-8)。

过去两年,相对于淀粉和酒精而言,我国味精行业总体利润较好,主要得益于我国味精行业整合的基本完成。

作为日常生活调味品,味精的需求受经济波动影响较少,抗周期能力较强。其需求必然伴随着人们生活水平的提高而稳步增长。近年来各项数据分析表明,味精产品在食品加工和餐饮市场已进入成熟期。对于家庭消费市场,味精在发达地区已进入衰退期,而在欠发达和不发达地区分别处

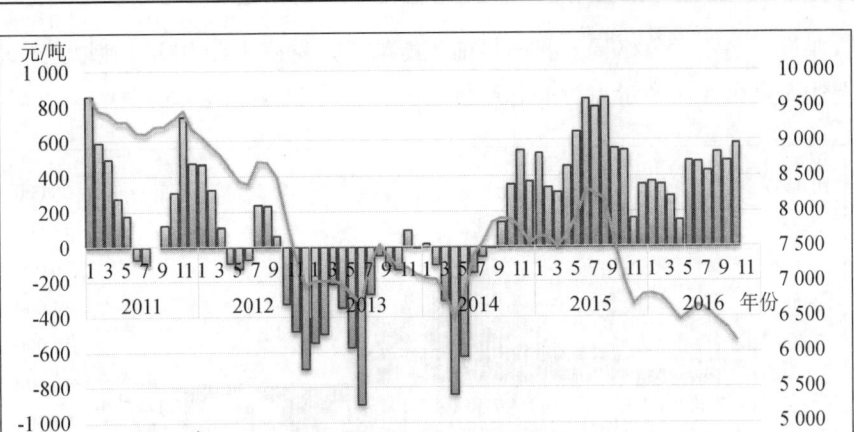

图4-3-8 我国味精行业的盈亏情况

于成熟期和成长期。从长远来看,味精行业是一个稳健发展的行业,具有一定的持续性。

4. 赖氨酸行业现状及展望

赖氨酸,又称L-赖氨酸,是人体必需的氨基酸之一,能促进人体发育、增强免疫功能,并有提高中枢神经组织功能的作用。赖氨酸为碱性必需氨基酸,一种不可缺少的营养物质。在合成蛋白质的各种氨基酸中,L-赖氨酸是最重要的一种,少了它,其他氨基酸就受到限制或得不到利用,科学家称它为人体第一必需氨基酸。由于谷物食品中的赖氨酸含量很低,且在加工过程中易被破坏,故称其为第一限制性氨基酸。

我国最早的赖氨酸生产主要是满足药用需求,之后随着饲料添加剂科技水平的发展,带动了赖氨酸需求和产量迅猛发展。目前,我国已成为全球最大的赖氨酸生产国、消费国和出口国。从阶段上来看,我国经历了与其他深加工行业类似的整合经历。目前,我国赖氨酸企业基本整合完毕。从产能分布看,我国赖氨酸产业多数分布在玉米主产区,吉林、山东和内蒙古等是我国赖氨酸最主要的省区。

过去几年,我国赖氨酸行业进入历史变革期,从长春大成一家独大变为由韩国希杰、梅花生物、伊品生物、长春大成和寿光金玉米等五雄争霸的新格局,这一新的格局特点是没有一家企业占有行业的绝对领导地位,行业进入垄断竞争格局。我国目前赖氨酸年产量稳定在100万吨以上，而上述5家企业年产量占行业总产量的90%以上（见图4-3-9）。

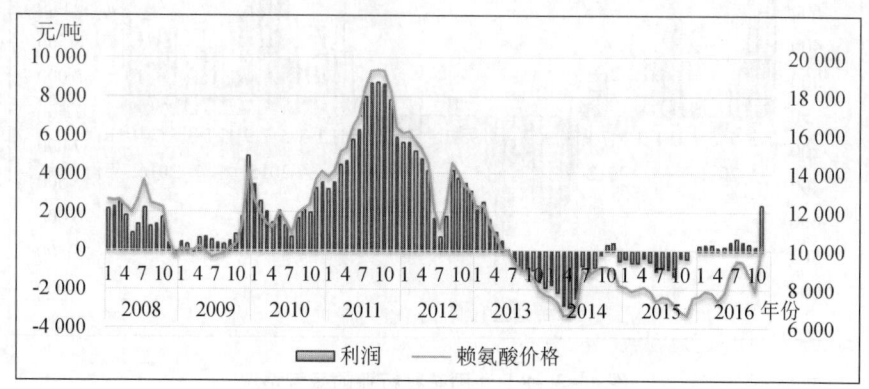

图4-3-9 我国赖氨酸行业的盈亏情况

由于赖氨酸相对属于小品种，赖氨酸价格波动巨大，特别是在2010—2013年，行业进入关键整合期，饲料需求出现巨幅变化，赖氨酸价格呈现出巨大波动，行业利润也随之出现大幅波动。

对于赖氨酸行业而言，行业仍处于整合时期，未来仍存在进一步的整合空间。从行业发展角度看，该行业主要是用于饲料消费和人们的消费，属于一个稳步发展的行业。

5. 柠檬酸行业现状及展望

柠檬酸是最大的有机酸产品，因其显著的物理性能、化学性能、衍生物性能，而被广泛应用于食品、医药、饲料、化工、纺织、环保、化妆品、杀菌等多个领域。

经过多年的发展，我国成为全球最大的柠檬酸生产国和出口国。从区域上看，我国柠檬酸生产的区域性非常集中，全国柠檬酸正常开工企业仅有6家，即潍坊英轩、鲁信金禾、柠檬生化、中粮生化、宜兴协联和莱芜泰禾，总有效产能156万吨，分布在山东、安徽和江苏三省，而其中山东省柠檬酸的产能116万吨，占全国的74%，安徽和江苏分别占13%（见图4-3-10）。

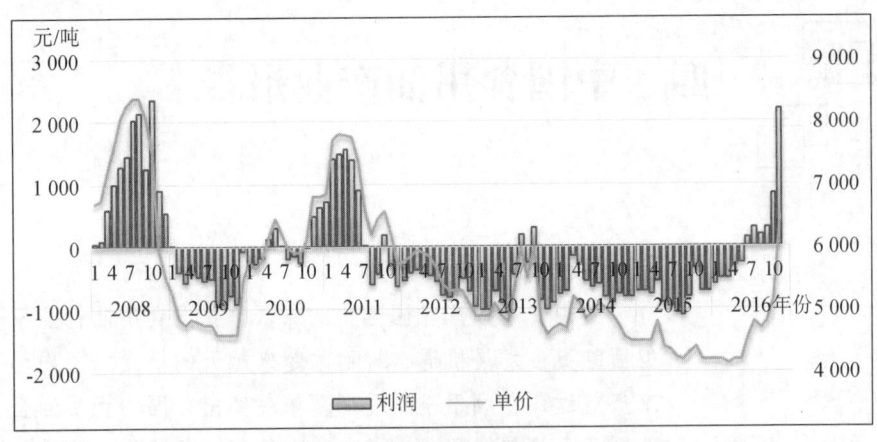

图 4-3-10 我国柠檬酸行业的盈亏情况

近年来我国柠檬酸行业理论上一直处于亏损状态，但由于我国出口量占全国总产量的 70% 以上，多数时间出口市场利润能够弥补国内市场亏损。总体而言，行业处于盈亏波动时期，未来仍需进一步整合空间。

6. 其他玉米深加工行业

玉米深加工产品除了上述几大类外，还有一个非常庞大复杂的品类——淀粉糖，它包括液体葡萄糖、结晶葡萄糖、果葡糖浆、结晶果糖、麦芽糖浆、麦芽糊精、低聚糖系列等多个品种。近年来我国淀粉糖的年商品量一直保持在 1 000 万吨以上，并呈现逐年增长态势。由于淀粉糖产品非常复杂，用途广泛，且通常被认为是淀粉的下游行业，这里不展开论述。

除此之外，其他玉米深加工产品的规模均比较小，具有一定规模的产品还有山梨醇、葡萄糖酸钠、黄原胶、小品类氨基酸、乳酸等多种产品。据行业专家称，玉米深加工产品有 2 000 种以上。

（中粮生化　朱勇生）

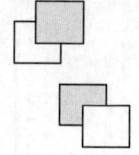

四、中国食用油产业报告

【内容提要】

随着食用油产业国际化的深入，我国食用油行业不但面临更多发展机遇，也面临越来越大的挑战。国内加工产能过剩、利用率不足问题依然突出；国内食用油企业间竞争日趋激烈，兼并、整合不断，行业集中度进一步提升。

随着国内居民消费向安全、营养和多元化方向的发展，品牌包装油和小品种食用油也更加受到普通大众的青睐，这也促使国内食用油行业向着多样化发展。而基于市场价格风险的存在，国内食用油企业运用金融期货、期权则更加深入，金融与农业的结合，也促使国内食用油行业进入了更快、更稳健的发展阶段。

（一）中国食用油产业现状

1. 大型公司经营效益改善

过去相当长一段时间，我国食用油市场产能过剩严重，为了抢占市场份额、减少产能过剩带来的损失，各地食用油价格战异常激烈，大豆油、花生油、玉米油降价促销的牌子随处可见。并且在国际大豆持续丰收的大背景之下，国内外大型油脂企业对大豆、植物油等行情常做出错误判断，进而也加剧了经营亏损的幅度。随着近几年国内食用油购销方式的转变，期货与基差贸易的运用，使得国内多数企业，尤其大型食用油集团经营效益得到明显改善（见图4-4-1）。

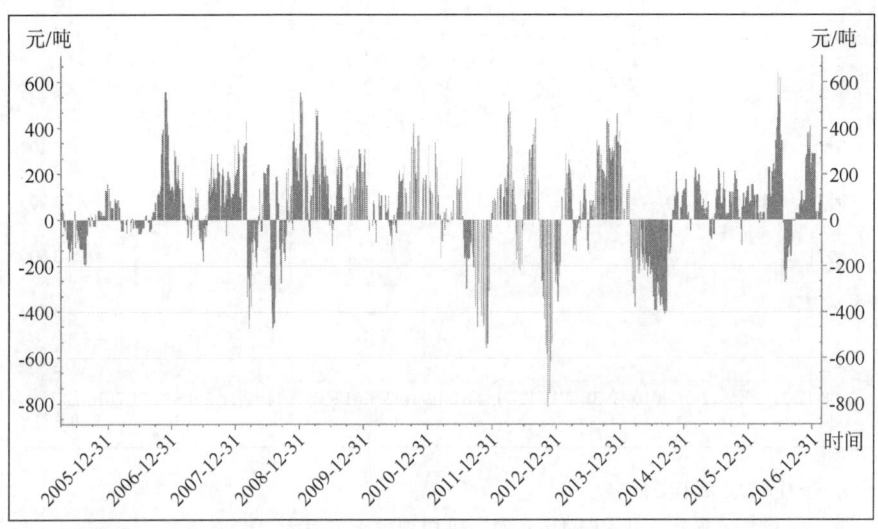

资料来源：然卡实业。

图4-4-1 国内大豆压榨利润

2. 食用油行业利润转稳

在20世纪90年代后期，我国大豆加工行业的利润收入一直较为可观，虽然在2004年、2011年因国际经济问题出现过严重损失，但相比其他行业仍属损失偏少。此后的多数年份，食用油企业效益均较稳定，尤其在进入2013年后，大豆压榨加工企业的收入更加可观，普遍处于压榨1吨大豆获得400~500元的收入水平，这继续刺激了国内食用油行业产能的过剩，也为2014年开始的新的市场整合以及2015年食用油延续低迷埋下了隐患。

2016年，虽然国际大豆价格因阿根廷洪水和美国天气担忧等因素，出现不可预测的波动，但我国油脂企业积极运用期货市场和基差交易，来规避大豆原料波动带来的原料风险，并带来了理想的经营效益。整个食用油行业的收益稳定性，明显好于以往年份，这也标志着国内食用油企业已经逐渐成熟，低于市场风险的能力明显提高，并使食用油行业的整体利润水平得到了一定的提升（见图4-4-2）。

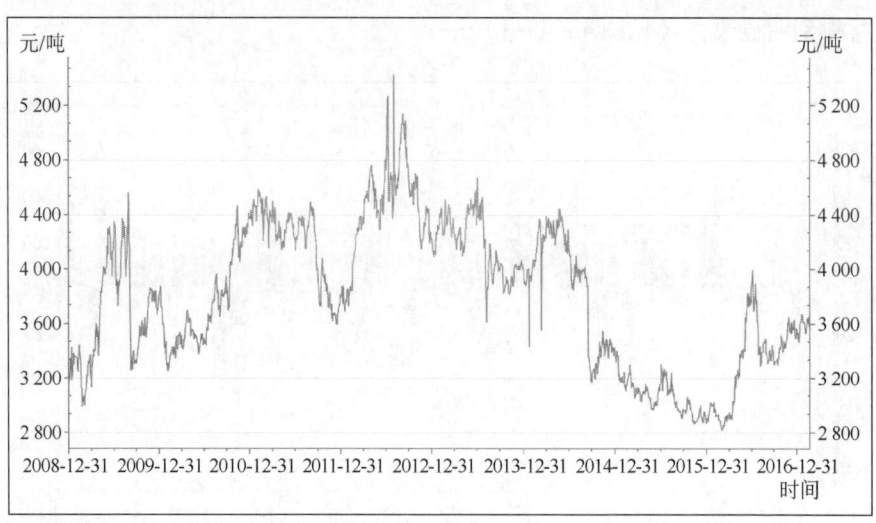

资料来源:然卡实业。

图 4-4-2 进口到港大豆成本

3. 油厂油脂收入略有提高

虽然 2016 年国内食用油行业利润水平有所提升,但整体仍仅维持在微利状态,其主要原因在于国内食用油及原料价格明显高于国外。由于我国植物油原料对外依存度过高,其中我国压榨大豆原料对外依存度超过 90%,而国内消费的棕榈油,完全依靠从马来西亚和印度尼西亚等国家进口,因而国内食用油市场直接受到国外行情牵制。一旦油脂油料采购成本过高,就会给国内企业带来经营上的亏损。

就 2016 年来看,国内很大一部分食用油企业的压榨利润,很大程度仍是通过粕类收益得到的,尤其是 2016 年上半年,虽然下半年食用油获得的收益有所改观,但数据显示,大豆压榨厂的油值比一直处于较低的 33% 左右,表明油厂的食用油收入增长幅度依旧有限。并且相当一部分食用油收入的改善,是因为马来西亚和印度尼西亚棕榈油遭受减产出现的被动上涨带来的,并非食用油真正的消费和效益传导带来的。大豆压榨行业油值比如图 4-4-3 所示。

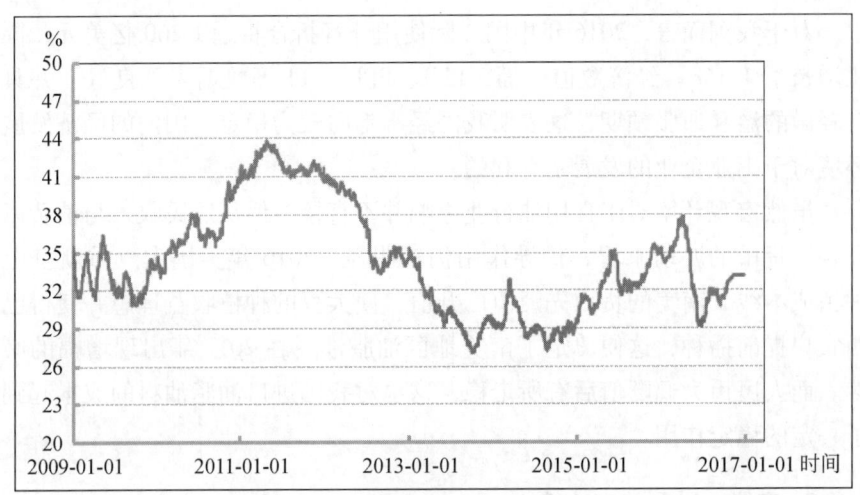

资料来源：然卡实业。

图 4-4-3　大豆压榨行业油值比

（二）食用油行业现状形成的原因

食用油行业之所以长期低迷、微利，一方面是受到宏观经济环境的影响，另一方面是受到供求因素的拖累。供应上，虽然 2016 年马来西亚与印度尼西亚的棕榈油产量降低，但国际主要油脂油料整体产量持续增长；而需求方面，我国对食用油的消费已经高于世界人均水平，并且生物柴油等的消费也因原油、柴油的疲软而难有大幅增长。宏观经济大环境以及我国的经济政策、消费主张，甚至相关制度，也在一定程度上使国内食用油行业在 2016 年延续了相对低迷、微利的状态。

1. 宏观：全球经济环境良好

2016 年，国际市场最为关注的便是美国加息问题，到了 2017 年依旧如此。随着美国失业率和通胀达到目标，美联储或将逐步提高利率，并重返更正常化的政策立场、缩减资产负债表。目前市场预期美国在 2017 年会有 3~4 次加息。

对于我国而言,2016年中国实际使用外资折合将近1 260亿美元,同比增长了4.1%。经济数值方面,PMI、PPI、CPI等数据表现良好,并具有轻微的温和通胀预期,这表明我国经济走向较为稳定,国内的经济发展环境对于工业企业的发展是有利的。

虽然宏观环境对于食用油行业影响并不直接,但从居民收入与消费以及各国货币的波动来看,传导作用仍较明显。2016年美国大豆重新登上种植成本线,南美的货币先贬值后升值,使大豆的种植收益理想并使得巴西农户提前播种,这便奠定了南美地区油脂油料在2017年出现增幅的必然。而人民币大幅贬值后有所走稳,这也对我国进口油脂油料的成本起到了一定的稳定作用。

2. 产能:过剩状态持续

(1) 大豆压榨产能过剩。随着人口数量的继续增长、人民生活水平的不断提高、生活质量的日益改善,人们对于油脂、蛋白的摄入量刚性增长,并且随着经济技术的不断改进、创新,使大豆压榨加工行业迅猛发展,大豆压榨行业的"产能过剩"状况日益突出(见图4-4-4)。

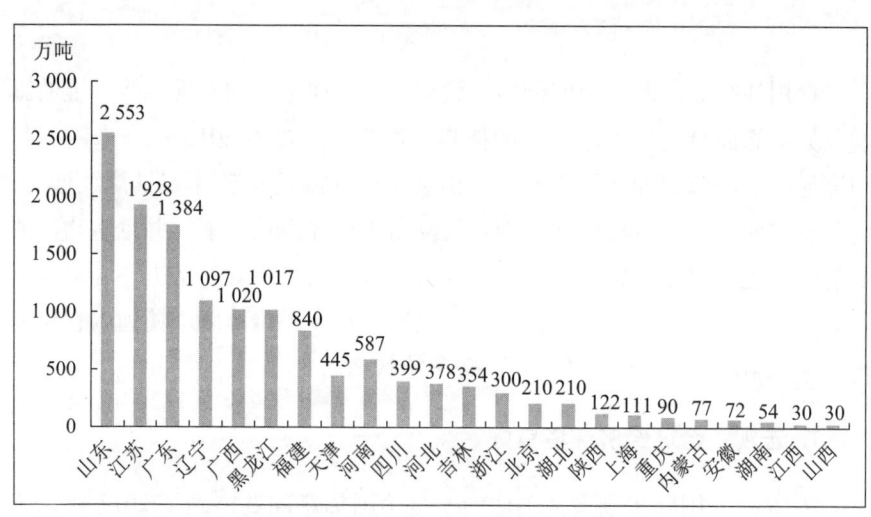

资料来源:然卡实业。

图4-4-4 全国各省、区(市)大豆压榨产能

大豆作为最重要的油料作物,在保证我国食用油、蛋白食品和饲料蛋白原料供应方面,具有举足轻重的作用。随着我国人口的缓慢增长,食品、养殖等工业的日益发展壮大,大豆压榨行业在过去的十余年时间里,也迅猛发展。目前,我国的大豆产量居于世界第四位,而大豆加工与消费量却稳居第一(见表4-4-1)。

表4-4-1　　　　　　　　全国大豆新投产能　　　　　　　　单位:吨/日

地区	工厂	生产能力（吨/天）	新建/扩产	投产时间
盘锦	汇福	4 000	新建	2016年
盘锦	中储粮	6 000	新建	2016年或2017年
沧州黄骅	嘉吉	4 000	新建（与新希望合资）	原计划2015年9月推迟
泰州	汇福	6 000	新建	投产计划推迟至2016年3月
靖江	红蜻蜓	5 000	新建	2015年
江苏扬州	渤海	3 000	新建	正在审批
江苏扬中	中海	10 000	新建	时间未定
北海	中海	4 000	新建	2015年
钦州	北部湾	5 000	新建	2015年底
四川自贡	北部湾	3 000	新建	2015年底
四川广元	中纺	2 000	新建	2016年
日增产能总		52 000		
年增产能总		1 898 000		

资料来源:然卡实业。

在过去的几年时间里,虽然我国政府在政策上已经开始严格控制产能过剩的大豆等油籽加工行业,并对新建、新投产企业的审批工作更加严苛,但因国内粮油产业的发展正处于旺盛阶段,并且油脂油料相关的国际贸易日趋扩大,使得我国的大豆产能不断扩张。当前,我国油籽压榨产能严重过剩、竞争残酷,无论是在大豆、菜籽、棉籽等各个油籽领域,压榨产能过剩的局面在未来3~5年内都难以有明显改观,这也将使食用油行业不断出现兼并、重组等行业整合,不过这只能使食用油生产集中化,而难以在短时间内有效去除过剩产能。

(2)国企、外资、民企三足鼎立。20世纪90年代中期,为满足国内需要，我国逐渐放开大豆进口市场。根据 WTO 准则，2001 年以后，我国大豆市场大门被彻底打开，随着国际贸易的深化，国内外资金进驻大豆压榨行业，形成了国企、外资、民企三足鼎立的局面，并使大豆加工行业处在高度竞争的环境之中（见图 4-4-5）。

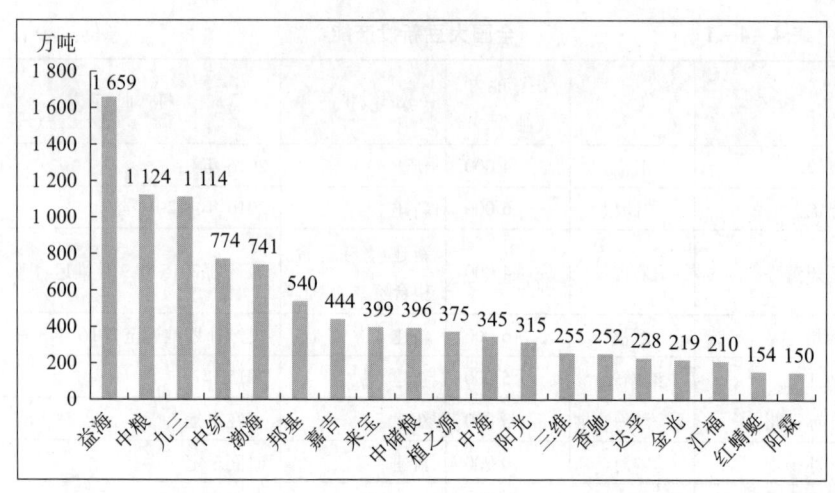

资料来源：然卡实业。

图 4-4-5　国内各集团大豆压榨量排名

2005—2006 年，我国当时最大的大豆压榨集团——益海粮油公司和我国最大的精炼及小包装油生产销售集团——嘉里粮油合并，随后两家国有粮油集团公司——中粮集团和中谷集团合并，长期屈居第二位置，而 2015 年 12 月中粮购入来宝农业，2016 年 7 月中纺集团整体并入中粮集团，使中粮集团成为我国最大的粮油企业。

除了以上两大企业外，外资也曾在 2005 年前后大举进入我国大豆压榨行业，来宝公司、邦基公司、嘉吉公司、路易达孚公司和托福公司等跨国粮商对我国 20 余家油厂进行了资产重组，使得国内中外资金的对决更加激烈（见图 4-4-6）。

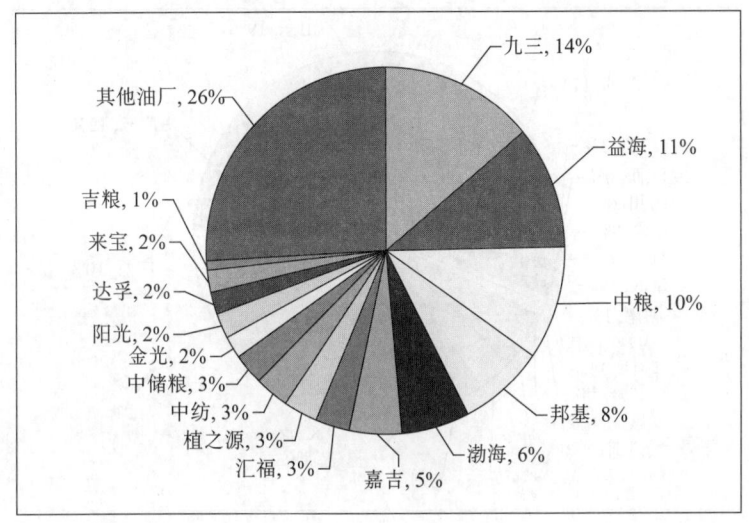

资料来源：然卡实业。

图 4-4-6 国内各集团大豆压榨量占比

3. 产能过剩集中在沿海港口

大豆压榨产业属于传统产业，其设厂的基本原则便是原料产地或消费地域。随着我国国产大豆产量的逐年降低，以及进口大豆冲击国内市场，并逐渐主导市场价格，使得我国大豆新增加工企业普遍集中在港口地区。在产能已经明显过剩的情况下，扩产、新增产能必须把控原料关口，于是，港口地区大豆加工厂越来越多。不同地域的油脂企业由于受其自身条件限制，企业生产成本、销售、盈利情况也各不相同。沿海企业进口油料进厂接卸、产品出口费用低；产成品主销区的企业产品销售市场优势大、出货及时、运出费用低；原料主产区企业占据原料购进和原料运输优势。于是，一港多厂的现象已经在山东、江苏、广东等省份的港口城市普遍出现。

目前，我国大豆压榨企业主要分布于东北和沿海地区。沿海地区大豆压榨能力经过快速扩张，华北、华东和华南沿海各省的油厂日压榨大豆能力便已突破 27 万吨，沿海地区的大豆压榨能力超过 70%，而这些地区的油厂近几年的压榨量已经占全国的 90% 以上（见图 4-4-7）。

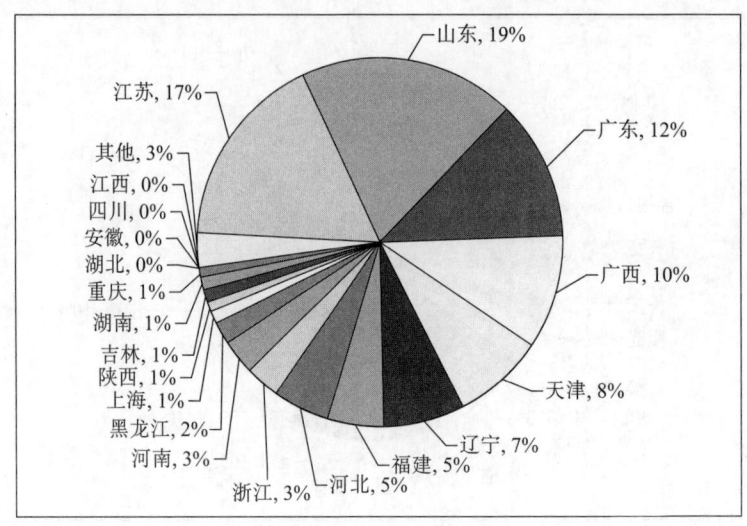

资料来源:然卡实业。

图 4-4-7 大豆压榨量分省区占比

4. 其他油籽压榨产能亦过剩

除了大豆压榨产能外,我国的油菜籽、棉籽、花生油以及玉米油、米糠油等各种食用油产能不断上马,各种油料压榨企业增多,加剧了油籽压榨的过剩局面。不过,类似于菜籽压榨企业,其大多布局在长江沿岸的油菜籽产区,以及进口沿海地区;国内棉籽油压榨企业则分布在棉花产量集中的山东、新疆、河南等地区。而由于压榨产能在2013年之后过剩加剧,加之国内油菜籽产量持续降低,国内菜籽压榨厂的开机率,近三年只能维持在20%上下(见图4-4-8、图4-4-9)。

5. 去产能仍需一段时间

自20世纪90年代中期我国大豆进口市场放开后,便注定了大豆加工行业产能必然过剩。由于我国油粕生产所需要的大豆原料,已经依靠进口完成,由此,具有外资背景的嘉吉、邦基、AMD、丰益国际、来宝等跨国粮商利用其对原料采购的优势,逐步将中国变为全球植物油加工厂是必然的过程。而国产大豆产量逐年降低以及临储政策的存在,进一步使位于东北地区的国产大豆压榨企业规模逐渐萎缩,这也迫使国有及民营大豆加

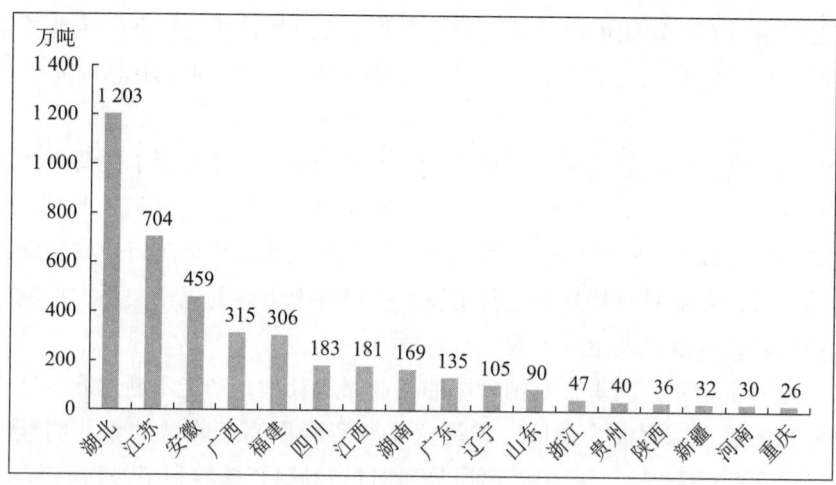

资料来源：然卡实业。

图 4-4-8 全国各省、区（市）菜籽压榨产能分地区图

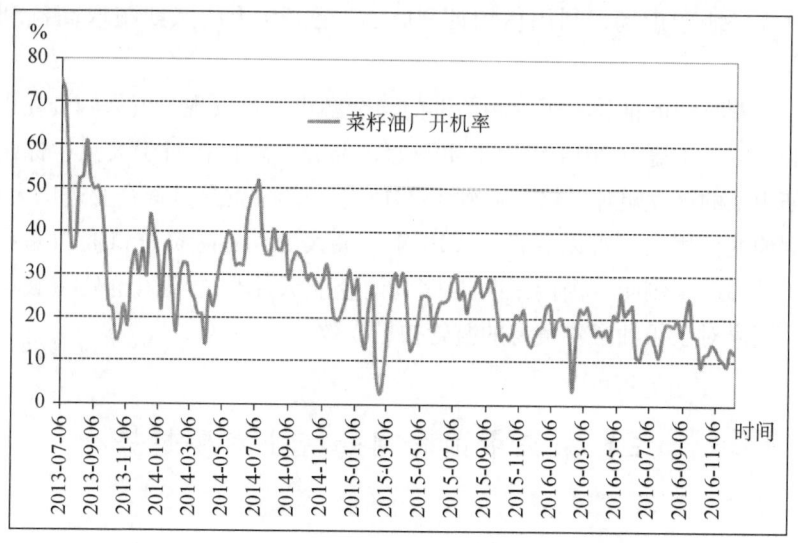

资料来源：然卡实业。

图 4-4-9 菜籽压榨开机率

工企业转向大豆进口区域设厂。

由于跨国粮商具有丰富的国际贸易经验、管理经验、物流优势和资金优势，其与具备政策扶植和支持的国有企业相抗衡，对我国整个粮油市场

的发展也具有一定的借鉴意义。大豆产业上的进口依赖与行业、企业竞争问题，也扩展到菜籽、棉籽、花生等油籽领域，使国内食用油行业整体过剩。

国内食用油产能过剩，尤其是大型集团众多，虽然加剧了民营企业的经营和生存难度，但在较为规范的油籽压榨加工行业，这也利于形成和刺激更多的压榨加工产业的创新和发展。鉴于大豆等压榨加工行业将长期过剩的事实，企业只有从自身经营出发，把握好上下游的供销关系，控制好产销风险，方能长期生存下去。

过去十余年时间里，我国食用油行业兴起壮大，产能不断过剩，这也促使以大豆、棕榈油为载体，进行贸易融资赚取高额收益的企业明显增多。自2000年开始，跨国粮商便已经通过贸易融资赚取利率差和汇率差。而在2004年以后，我国山东、江浙等地出现一些压榨企业，其大量进口大豆、棕榈油后，低价抛售套取现金，再把这些现金放入民间"高利贷"或进入房地产市场，利用信用证90天甚至180天的账期赚取高额利息收入。

随着时间的推移，国家相关部门与金融机构也发现了贸易融资在市场中的弊端。于是自2014年后半年开始，部分金融机构对于大豆、棕榈油等信用证的开立更加严格；而到了2015年，部分贸易融资企业进口大豆、棕榈油的信用证已难以获批。2016年，最大的大豆融资进口商山东昌华集团宣布破产倒闭，国内最大的棕榈油企业天津聚龙集团也处在破产边缘，国家对于粮油融资贸易的监管初见成效。

（三）未来中国食用油行业发展趋势

1. 政策转变，食用油更加市场化

自2008年我国开始实施大豆、油菜籽等临时收储政策后，我国大豆、油菜籽价格不断被抬高，这不但挤压了压榨企业的生存空间，也加重了国家财政负担。自2014年大豆临时收储政策转为目标价格直补政策开始，2016年政府在种植引导、效益补贴、严查进口流向、严控融资贸易，并

适时进行临储去库存拍卖等政策的推进方面，使国内食用油的市场化程度逐渐增强，国内食用油与国际接轨程度进一步提高。

2. 遏制融资贸易，恶性竞争减少

自 2013 年开始，我国开启利率市场化，逐步放开存款利率管制，时至今日，有效遏制了贸易性融资，2016 年的大豆与棕榈油融资贸易已经明显减少，部分企业已经破产消失。随着管控程度的进一步加深，必然会使国内食用油行业进入更为良性的运转周期，也有利于国内食用油和原料贸易步入更为良性的发展轨道。

3. 粮食安全，社会重视程度提高

近几年，中央"1 号文件"反复强调，要完善国家粮食安全保障体系。除了保证粮食供给安全外，在现实生活中，食品安全、健康饮食，被社会广泛关注。2016 年国家在审批进口的转基因品种、监管进口大豆流向方面，已经更加严格；并且在 DDGS、玉米、油菜籽等进口方面，也更加注重质量问题。随着食品安全意识的提升以及监管的严格化，未来国内食用油行业的发展也将进一步向安全化、规范化、健康化迈进。

4. 市场化在增强，产能加速整合

虽然我国开始鼓励大豆、菜籽等油料种植，但随着市场化趋势的到来，国产油料仍难以满足国内的消费增长需求，油脂油料的进口量还将继续维持高位。然而，我国的食用油行业产能维持过剩状态，在去除了融资贸易之后，食用油企业的整合或将有所加速，其中 2016 年中粮集团先后并购来宝农业和中纺集团，便是很好的实例。食用油的生产、贸易向有资金实力和风控能力的央企和知名外企倾斜将不可避免。淘汰落后产能，通过企业兼并、重组，有利于国内食用油行业的发展与壮大，也更有利于参与国际化竞争。此外，食用油在能源燃料领域的份额也将逐渐增加，这不但有利于有效去除食用油过剩库存，使农产品更加健康有序发展，也有利于国内外清洁能源的发展。

5. 高端品牌包装油挤占散油市场

最近几年，国内大中型城市出于食品安全考虑，均已明令禁止销售散装食用油。而随着近几年安全饮食观念的加深，小包装油成为日常家庭消费的首选，这使其在食用油市场中的份额逐渐增加。并且米糠油、玉米油、葵花油、茶籽油、橄榄油等多品种食用油、调和油，以及金龙鱼、鲁花、福临门、龙大等多种品牌间的竞争也日趋白热化。为了保护消费者的知情权和选择权，我国明确规定，食用油的转基因加工原料，必须在包装上进行标注。而国内企业若要成功抢占市场份额，除了积极有效的宣传之外，益于消费者的产品和口碑则更加重要，这对于我国食用油行业的健康发展，也有很重要的促进作用。

6. 食用油行业产业化仍有待完善

近几年，国内大型油脂企业大多在广告宣传中加入了产业链、好产品的品牌产业发展效应。但随着食用油行业竞争的日趋激烈，食用油企业只有真正延长自己的产业链，将种植、贸易、物流、加工等各个环节打通，实行加工的产业化，才能不断降低成本，保证质量，保障利润。然而，若做到产业链、产业化，企业自身的国际化管理水平需要同步提升，不能只是停留在口号层面。

（上海神凯投资管理有限公司　高艳滨）

第五部分

2016年中国粮食相关政策法规

一、多项政策助推农业供给侧改革

【内容提要】
　　农业供给侧改革重点在粮食领域，如何在保证国家粮食安全的前提下推进改革，是"三农"工作面临的新课题。这需要我们用发展的新理念，加大创新驱动力度，加快转变农业发展方式，确保粮食生产能力不降，农民增收势头不逆，农村稳定不出问题，需要我们配套更精准的政策和做出更细致的工作。

（一）农业供给侧改革的关键点

　　2004年以来，我国粮食实现了"十二连增"，但在粮食增产的同时，出现了库存量、进口量大幅增加的现象。粮食领域"三量齐增"的现象隐含了诸多矛盾和问题，主要体现在总量与质量、品种与结构、成本与效益、需求与资源等四个方面。

　　第一，农产品的总量与质量问题。我国是一个13亿人口的大国，吃饭问题始终是头等重要的大事。按照现有人口、未来人口发展趋势，以及全面建成小康社会、户籍人口城镇化率的目标要求，农产品总量必须保持在较高水平。特别是"十三五"期间农民收入快速增长，2015年农民人均纯收入已超过1万元，提前5年达到预期目标，这意味着农村居民农产品消费将有一个很大的提升。同时，随着人民生活水平的提高，对农产品的质量安全要求也越来越高，不仅品质要好，对作物生长的土水环境、施用的化肥农药以及残留量都有更高的要求。简而言之，农产品总量不能少，质量也要优。

第二，品种与结构的问题。近年的粮食大幅度增产并未解决品种结构矛盾和区域矛盾。这与20世纪90年代后期相似，当时粮食总产跃上10 000亿斤台阶，但早籼稻、南方冬麦和东北春麦由于品质原因市场销路不畅，约占总产的20%，粮食压在库里，只好做陈化粮处理，而优质小麦大米供给不足。当下的粮食库存高企，南方水稻爆棚，东北玉米积压，又加剧了"卖粮难"。究其原因，近年粮食提价幅度较大，政策性收储影响了市场在粮价中的作用，造成了玉米的供大于求。此外，前两年肉价连续下跌，也反映出畜牧养殖的阶段性过剩。在粮猪供大于求的同时，部分农产品却产不足需，需要大量进口。一是牛奶，这是我国人均占有量低于世界人均水平的少数农产品之一。国内奶源严重不足，加上食品安全因素，进口乳制品激增，除正常海关进口，出国旅游携带量也相当可观，以致一些国家对我采取限购措施。今年我国和澳大利亚、新西兰等国双边贸易协定已开始生效，乳制品进口关税逐步取消，目前进口常温奶价格已低于国内同类产品，进口奶市场还有较大空间。二是食用植物油，进口大豆一直居于高位，棕榈油等其他食用油脂缺口也在扩大。食糖也产不足需，需要进口。出现"三量齐增"现象，除了国内外价差因素外，国内生产中的品种、结构矛盾，部分产品产销不对路，不能形成市场有效供给，是其重要原因。

第三，成本与效益问题。从2004年以后，国家逐步提高大宗农产品价格。特别是2007年以后，国家对粮食价格采取了小步快跑的提价方针。10年间，大豆价格提高了30%，油菜籽价格提高了14%，棉花价格提高60%，籼稻提高92%，粳稻提高了106%，玉米和小麦提高60%~70%。但是同期生产成本增长更快，水稻和小麦成本增加了140%，玉米成本增加了160%，棉花和油菜籽生产成本增加近200%。生猪生产成本增加了180%，效益增长了150%（见图5-1-1），大宗农产品生产成本的增长幅度远高于价格增幅。尽管国家提高农产品价格对保证农民收益起到了积极作用，但农业比较效益依然偏低，种一季粮不如打工7天的收入。但同时也形成了粮棉的"政策市"，造成了国内外价格倒挂，国外农产品大量进口。不解决农民务农收益低的问题，农业生产就不稳定。

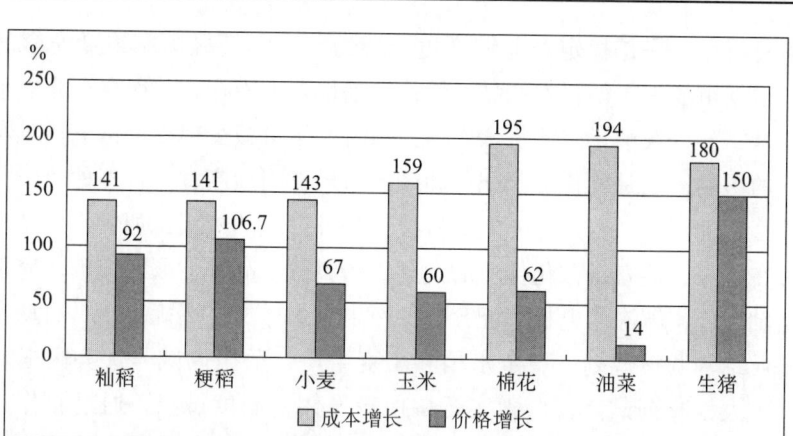

图 5-1-1 2003—2014 年成本与效益增长情况

第四,需求与资源的问题。近年来,城乡居民食物消费结构变化拉动了农产品需求的快速增长,然而中国自然资源禀赋不足,光热水土资源配置不佳,南方地区城镇人口聚集,耕地资源少,特别是西南地区的降雨虽然充沛,但是多山地、喀斯特地貌、土层薄、土壤贫瘠;北方地区土地相对充裕,但是水资源匮乏,需要投入大量资金修建水利工程以及田间渠系;西北等降水 300 毫米以下的地区,发展旱作农业也较困难。资源配置的先天不足造成了我国南水北调、北粮南运的格局。特别是我国的玉米带和畜牧带重叠度不高,形成了北粮南猪的格局,即东三省及内蒙古玉米产量大,肉类产量占全国的比重不高;南方省区畜禽养殖量大,而饲料粮相对不足,特别是云、贵、川、渝四省、市肉类产量占 17%,玉米产量仅占全国的 9.4%。多年来,为满足农产品供给,对农业资源进行了掠夺性开发,草原湿地被占用,地下水超采,土壤有机质下降,黑土地黑土层流失;化肥农药投放及畜禽养殖密度超出了土地和环境的承载能力,面源污染严重,农业资源亮起了红灯。

基于以上四点,调整优化区域布局,转变农业发展方式已十分迫切,必须加快农业供给侧结构性改革,保障农产品有效供给,实现农业可持续发展。

(二)多项政策助推农业供给侧改革

供给侧结构性改革的任务是"三去一降一补",农业的供给侧改革有其自身特点，一是稳定农业综合生产能力，牢牢把握国家粮食安全的底线，根据市场需求调整农产品产量；二是粮食去库存，关键在东北，重点在玉米，要尽快消化东北玉米库存，同时要尽量减少粮食价格下降对农民收入的影响；三是优化资源配置和区域布局，因地制宜，合理种植，宜粮则粮、宜饲则饲；四是补齐农业科技和基础设施的短板，加快优良品种培育，在大豆、适宜机械化作业的油菜、糖料蔗等品种上取得突破，完善田间基础设施，解决水电机等配套条件。中央1号文件明确提出，启动实施种植业结构调整规划，稳定水稻和小麦生产，适当调减非优势区玉米种植；扩大粮改饲试点；探索实行耕地轮作休耕制度试点，通过轮作、休耕、退耕、替代种植等多种方式，对地下水漏斗区、重金属污染区、生态严重退化地区开展综合治理等项重点任务。上述任务落实到地方，即东北区推进玉米大豆轮作，"两带"（玉米带和畜牧带）融合和发展深加工；东三省及内蒙古、甘肃、新疆北疆等地的农牧交错带实施退耕还草还湿（地），华北地下水超采区、南方重金属污染区实行休耕、西南区加大退耕还林力度。同时，国务院还决定在东北三省和内蒙古自治区建立玉米生产者补贴制度；国家发改委、财政部启动了《农业环境突出问题治理总体规划》，出台了《耕地草原河湖休养生息规划》，农业部出台了《关于"镰刀弯"地区玉米结构调整的指导意见》《关于推进马铃薯产业开发的指导意见》等文件，提出了推进农业结构性改革的具体措施。

1. 玉米生产者补贴

2016年，国务院决定，在东北三省和内蒙古自治区建立玉米生产者补贴制度。补贴制度的一大特点就是实行"市场定价、价补分离"。即玉米价格由市场形成，同时中央财政将对东北三省和内蒙古自治区给予一定补贴，并鼓励地方将补贴资金向优势产区集中，保障优势产区玉米种植收益的基本稳定。补贴对象为东北三省和内蒙古自治区合法耕地上的玉米实际生产者，包括本地农民、家庭农场、农民合作社、合法的外来租种者等。

2. 继续开展大豆目标价格试点

当市场价格低于目标价格时，对大豆合法实际种植面积的实际种植者进行补贴。根据国家拨付到省的补贴资金总额和统计部门统计的大豆合法实际种植面积，测算并确定该省每亩平均补贴额，补贴时依据合法实际种植面积进行拨付和发放。

3. 玉米深加工补贴

2016年中央支持东北地区新产的收购加工，中央财政对地方出台的加工补贴政策按照实际执行情况事后对省级补贴给予奖补。中央奖励标准同地方补贴挂钩，中央财政补贴标准拟定为地方财政的1/3，并按最高不超过130元/吨进行补贴。

4. 轮作休耕补助

为改善粮食供给以及治理生态恶化严重等问题，国家尝试休耕制度，目前在河北、内蒙古、辽宁、吉林、黑龙江、湖南、贵州、云南、甘肃省（自治区）等区域开始试点。

轮作补助标准：与不同作物的收益平衡点相衔接，互动调整，保证农民种植收益不降低。结合实施东北冷凉区、北方农牧交错区等地玉米结构调整，按照每年每亩150元的标准安排财政补助资金，支持开展轮作试点。

休耕补助标准：与原有的种植收益相当，不影响农民收入。河北省黑龙港地下水漏斗区季节性休耕试点每年每亩补助500元，湖南省长株潭重金属污染区全年休耕试点每年每亩补助1 300元（含治理费用）。贵州省和云南省两季作物区全年休耕试点每年每亩补助1 000元，甘肃省一季作物区全年休耕试点每年每亩补助800元。

国家安排预算内固定资产投资，重点开展农业环境治理、东北黑土地治理和已垦草原退耕还草等项目建设。

5. 全面推开"三补合一"，实行农业支持保护补贴

2016年5月财政部、农业部印发了《关于全面推开农业"三项补贴"改革工作的通知》，将种粮农民直接补贴、农作物良种补贴和农资综合补贴合并为农业支持保护补贴，主要用于耕地地力保护和粮食适度规模经营，耕地地力保护补贴对象原则上为拥有耕地承包权的种地农民。

此外，2016年11月，中央全面深化改革领导小组第二十九次会议审议通过了《建立以绿色生态为导向的农业补贴制度改革方案》。《方案》提出，要突出绿色生态导向，在保持存量补贴政策稳定性、连续性的基础上，提高补贴资金使用的指向性，调动农民和社会各方面的积极性，提高补贴资金的使用效率。因此，2017年农业补贴在推进供给侧改革中将发挥更大的作用。

（三）政策实施情况

从总体上看，2016年农业供给侧改革在有序推进，粮食生产保持了较高水平，种植结构有所优化。全国玉米种植面积减少近3 000万亩，大豆面积有所恢复，但目标价格水平及大豆种植补贴对大豆种植尚未形成较强的刺激作用（见图5-1-2）。大豆是我国进口量最大的农产品，影响大豆生产的关键因素是单产水平，目前国内采取价格补贴措施既受WTO"黄箱"限制，又达不到农民收入预期，因此，只有加快培育出高产大豆品种，才是振兴东北大豆的根本之策。

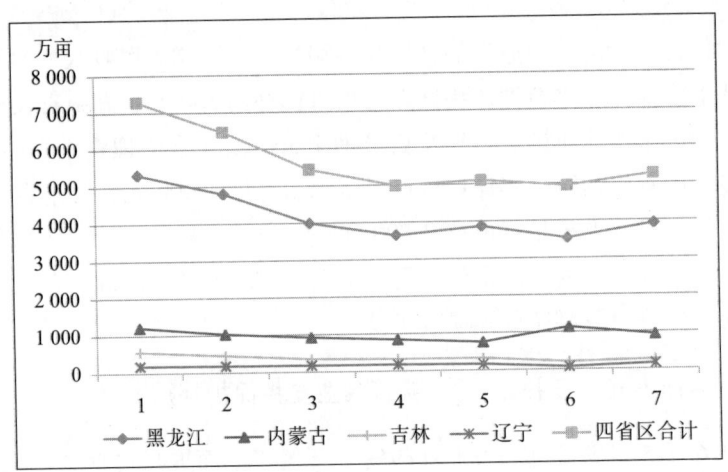

说明：2016年大豆种植面积仅为预测数，最终数据以国家统计局为准。

图5-1-2 2010—2016年黑吉辽蒙四省区大豆种植情况

推进农业供给侧结构性改革,是"三农"领域的一场深刻变革,关系农业的长远发展,任务十分艰巨。在改革过程中,要确保粮食生产能力不降低,农民增收势头不逆,农村稳定不出问题三条底线,还需要更精准的政策和更细致的工作。

(国家发展与改革委员会农村经济司　方言)

二、落实发展新理念 加快农业现代化 实现全面小康目标

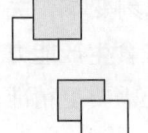

【内容提要】

2016年,是全面建成小康社会决胜阶段和实施"十三五"规划的开局之年。在农业农村发展挑战与机遇并存、困难与希望同在的重要关口,党中央、国务院发出了以"落实发展新理念 加快农业现代化 实现全面小康目标"为主题的2016中央1号文件。文件在分析农业农村发展面临的有利条件和挑战基础上,明确了"十三五"时期农业农村发展的指导思想、主要目标和重大举措,并对2016年的农业农村工作进行了全面部署。

2016年1月,中共中央、国务院发出了《关于落实发展新理念加快农业现代化实现全面小康目标的决定》,对2016年和"十三五"时期农业农村工作进行了全面部署。这个在全面建成小康社会决胜阶段开局之年发出的中央1号文件,明确了"十三五"时期农村改革发展的基本方向、重点任务和重大举措,并对2016年农业农村工作进行了全面部署。

(一) 政策出台背景

在实施"十三五"规划的开局之年,中央继续把指导农业农村工作的文件作为1号文件,明确要求牢固树立和深入贯彻落实创新、协调、绿色、开放、共享的发展理念,大力推进农业现代化,确保亿万农民与全国

人民一道迈入全面小康社会。这一重大决定的出台，既是农业在全面建成小康社会、实现现代化中的地位作用使然，也是农业农村发展形势变化的客观要求，是有效应对挑战、成功抓住机遇、推动农业农村顺利转型升级的重大部署。

从挑战来看，经过近些年特别是"十二五"时期的快速发展，我国现代农业建设迈上了一个新台阶，农村经济社会发展提升到一个新水平，但农业农村发展面临的环境更加复杂、需要应对的挑战更加严峻。一是忽视农业和放松"三农"工作的倾向有所抬头。在"三农"形势持续向好的大背景下，尤其是粮食"十二连增"后出现的市场供求失衡，使一些人对下一步农业农村发展感到迷茫，在思想认识上出现了松懈、重视程度上有所降低、投入力度上出现减弱，给全面贯彻落实强农惠农政策、持续强化重农氛围、主动实现突破和创新带来了严峻考验。历史经验表明，这个问题解决不好，粮食产量就可能出现大的下滑，农业农村好形势就容易出现逆转。二是农业的国际竞争环境更加严峻。随着国内农产品价格倒挂的日趋常态化、WTO规则许可的"黄箱"支持空间逐渐收窄，国际市场价格"天花板"下压、国内生产成本"地板"抬升的双重挤压不断加剧，使主要农产品进口持续快速增长，给统筹利用国际国内两个市场两种资源、提升农业竞争力带来空前压力。置身全球化时代，我国农业对外开放没有回头路可走，如何有效防范国际冲击、维护农业产业安全和农民利益是无法回避的巨大挑战。三是资源环境约束日益趋紧。我国农业发展的资源禀赋先天不足，农业资源开发强度大、弦绷得越来越紧，农业生态环境恶化的趋势没有得到根本遏制，拼资源、拼环境增加供给的路子难以持续、付出的代价也越来越高。与此同时，消费者对农产品质量和食品安全的要求也越来越高。这些都给加快转变农业发展方式、确保粮食等重要农产品有效供给、实现绿色发展和资源永续利用提出了新的更高要求。在消费主导农业发展转型升级的阶段，如果不能适应这些要求，就会陷入产得出来、卖不出去的窘境，就会促使消费者更多地购买国外农产品。

从机遇来看，"十三五"时期农业农村发展面临着许多新的机遇。一是农业现代化仍然是"四化同步"的短板已成为全党全社会共识。党的十八届五中全会明确提出，大力推进农业现代化。农业现代化的加快推进，将极大地拓展农业农村投资空间，促进土地整治、农业基础设施建设、物质装备更新、新技术应用、新农民培养、产加销一体的形成等，为新时期农业农村发展提供强大带动力。二是深化农村改革全面展开。随着农村各项改革的扎实开展和重大改革举措的稳步推进，城乡二元结构的藩篱进一步拆除，城乡产业发展融合程度加深，新业态、新主体、新模式加快涌现，各种沉睡的资源资产不断被激活，农业农村发展的根本动力进一步增强。三是城乡居民消费需求加快升级。我国城镇化率达到54.8%，标志着我国正处于由乡土社会向城市社会过渡的阶段。农业资源的丰富性、乡土文化的独特性、绿水青山的生态性对人们的吸引力越来越大，为拓展农业功能、加快农村新产业新业态发展带来了新的机遇，为农业农村发展注入了强劲牵引力。

上述情况集中到一点，就是我国农业已经进入传统农业向现代农业加快转变的关键时期，到了挑战与机遇并存、困难和希望同在的重要发展关口。只有全面贯彻落实发展新理念，加快推进农业现代化，农业才能顺利转型升级、实现"四化"同步发展，才能为全面建成小康社会强基固本、加力助跑。

（二）主要政策内容

2016年的中央1号文件，围绕落实发展新理念加快农业现代化实现全面小康目标，对当年和今后一个时期的农业农村工作进行了全面部署，提出了一系列重大政策和举措。其中与农业，特别是粮食生产直接相关的内容可以归纳为四个方面：

1. 持续夯实现代农业基础

一是大规模推进高标准农田建设。提高建设标准，充实建设内容，优化建设布局，优先在粮食主产区建设确保口粮安全的高标准农田。二是大规模推进农田水利建设。加快大中型灌区建设及续建配套与节水改造、大型灌排泵站更新改造，大力开展区域规模化高效节水灌溉行动，建立节水奖励和精准补贴机制，深化小型农田水利工程产权制度改革。三是强化现代农业科技创新推广体系建设。建设现代农业产业科技创新中心，大力推

进互联网 + 现代农业，深入开展粮食绿色高产高效创建。四是加快推进现代种业发展。大力推进育繁推一体化，深入推进种业领域科研成果权益分配改革，实施现代种业建设工程和种业自主创新重大工程。五是发挥多种形式农业适度规模经营引领作用。积极培育家庭农场、专业大户、农民合作社、农业产业化龙头企业等新型农业经营主体，支持多种类型的新型农业服务主体开展专业化、规模化服务。六是加快培育新型职业农民，将职业农民培育纳入国家教育培训发展规划，开展新型农业经营主体带头人培育行动。七是优化农业生产结构和区域布局。启动实施种植业结构调整规划，稳定水稻和小麦生产，适当调减非优势区玉米种植，扩大粮改饲试点，支持粮食主产区建设粮食生产核心。八是统筹用好国际国内两个市场、两种资源。加大对农产品出口支持力度，扩大特色和高附加值农产品出口，优化重要农产品进口的全球布局。

2. 加强资源保护和生态修复

一是加强农业资源保护和高效利用。全面划定永久基本农田，落实和完善耕地占补平衡制度，大力实施农村土地整治，推进耕地数量、质量、生态"三位一体"保护。二是加快农业环境突出问题治理。实施并完善农业环境突出问题治理总体规划，实施化肥农药零增长行动，实施种养业废弃物资源化利用、无害化处理区域示范工程，探索实行耕地轮作休耕制度试点。三是加强农业生态保护和修复。实施山水林田湖生态保护和修复工程，扩大新一轮退耕还林还草规模，实施新一轮草原生态保护补助奖励政策，开展退耕还湿，编制实施耕地、草原、河湖休养生息规划。四是实施食品安全战略。加快完善食品安全国家标准，加强产地环境保护和源头治理，实行严格的农业投入品使用管理制度，加快健全从农田到餐桌的农产品质量和食品安全监管体系。

3. 推进农村产业融合

一是推动农产品加工业转型升级。促进主产区农产品加工业加快发展，支持粮食主产区发展粮食深加工，建设农产品加工技术集成基地，完善农产品产地初加工补助政策。二是加强农产品流通设施和市场建设。加快农产品批发市场升级改造，加强粮食等重要农产品仓储物流设施建设，建立健全适应农村电商发展的农产品质量分级、采后处理、包装配送等标准体系。三是大力发展休闲农业和乡村旅游。采取以奖代补、先建后补、财政贴息、设立产业投资基金等方式扶持休闲农业与乡村旅游业发展，开展农业文化遗产普查与保护。四是完善农业产业链与农民的利益联结机制。支持供销合作社创办领办农民合作社，支持农业产业化龙头企业建设稳定的原料生产基地，财政支农资金使用与建立农民分享产业链利益机制相联系。

4. 深入推进农村改革

一是改革完善粮食等重要农产品价格形成机制和收储制度。继续执行并完善稻谷、小麦最低收购价政策，按照市场定价、价补分离的原则，积极稳妥推进玉米收储制度改革，深化国有粮食企业改革。二是健全农业农村投入持续增长机制。加大专项建设基金对三农领域重点项目和工程支持力度，多层级深入推进涉农资金整合统筹，将种粮农民直接补贴、良种补贴、农资综合补贴合并为农业支持保护补贴。三是推动金融资源更多地向农村倾斜。强化中国农业发展银行政策性职能，稳妥有序地推进农村承包土地的经营权和农民住房财产权抵押贷款试点，开展农产品期权试点。四是完善农业保险制度。积极开发适应新型农业经营主体需求的保险品种，探索开展重要农产品目标价格保险，支持地方发展特色优势农产品保险，进一步完善农业保险大灾风险分散机制。五是深化农村集体产权制度改革。继续扩大农村承包地确权登记颁证整省推进试点，鼓励和引导农户自愿互换承包地块实现连片耕种，探索将通过土地整治增加的耕地作为占补平衡补充耕地的指标。

（三）政策实施效果

2016年，在中央1号文件的有力推动和全国上下的共同努力下，农业农村经济呈现稳中有进、稳中向优的良好发展态势，为经济社会发展大局提供了有力支撑。主要表现为"两稳、三进"上：

"两稳"，就是农业生产稳，农民收入稳。据初步统计，全国粮食总产量达到 61 624 万吨，比上年略减，但仍是历史上第二高产年，棉油糖、肉蛋奶、水产品供给充足。全国农村居民人均可支配收入达到 12 363 元，比上年实际增长 6.2%，比城镇居民人均可支配收入增幅高 0.6 个百分点，城乡居民收入差距继续缩小。

"三进"，就是农业结构调整有序推进，农业绿色发展大步迈进，农村改革稳步前进。玉米种植面积调减 2 000 多万亩，大豆种植面积扩大 1 000 多万亩，杂粮、饲草面积明显增加，畜禽养殖规模化率达到 56%，南方水网地区生猪存栏调减 1 600 万头，特色农产品规模持续扩大，休闲农业、乡村旅游、农村电商等新兴产业快速增长。农药使用量继续保持零增长，化肥使用自改革开放以来首次接近零增长，主要农产品例行监测合格率达到 97.5%、同比提高 0.4 个百分点，新一轮退耕还林、耕地轮作休耕试点扎实推进。玉米收储制度改革实现重大突破，农业"三项补贴"改革全面铺开，农村承包地"三权分置"办法公布实施，农村土地承包经营权确权登记颁证面积超过 8 亿亩，新型农业经营主体总量超过 270 万个，多种形式适度规模经营面积占比超过 30%。

（国务院研究室农村司　张顺喜）

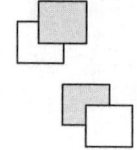

三、2016年粮食信贷政策与管理

【内容提要】

2016年,中央首次提出农业供给侧结构性改革,在粮食收储体制机制调整的重要时期,中国农业发展银行面对政策性收储压力加大、市场化收购贷款风险高发频发的复杂形势,坚决贯彻国家宏观粮食调控措施,积极创新、调整信贷政策,建立东北地区玉米收购贷款信用保证基金;实施"两靠两快两促进"的信贷策略;大力支持地方政府落实粮食安全省长责任制;加大对粮油企业的信贷支持力度。确保了粮食收购资金足额供应,各项宏观调控政策落实,粮食合理消化库存效果显著,信贷管理服务水平不断提高。

(一)政策背景

2016年,粮食信贷政策出台与实施的总体背景是:世界经济复苏缓慢,增长持续低于预期。国内经济从高速增长向中高速转换,经济结构进入新的优化再平衡阶段。在农业领域,我国农产品受成本和价格"两板挤压",农业补贴受到"黄箱政策"的限制,粮食生产受到资源环境的硬约束,主要粮食品种产出结构不平衡等深层次矛盾突出。对此,党和国家针对性施策,首次提出农业供给侧结构性改革,加快转变农业发展方式,保持农业稳定发展和农民持续增收;正式启动东北玉米收储体制市场化改革;加大粮棉油合理消化库存工作力度。

2016年，伴随着经济新常态的来临，国内经济处于结构调整、转型升级的关键阶段，实体经济运行仍然困难，粮食企业贷款风险也呈现高发频发态势。参与政策性收储的个别委托租赁企业，为了多赚取补贴费用，出现将政策性粮食库存抵押融资或偷卖的现象。国家托底价格过高，使粮食购销企业无利可图。"麦强面弱""稻强米弱"问题更加突出，加工企业利润进一步压缩，经营困难，开工率低，大部分濒临破产倒闭，农发行粮油贷款风险防控面临前所未有的压力。

（二）信贷政策

2016年保障粮食收购资金供应任务艰巨，在小麦出现大面积质量超标、东北玉米取消临储收购政策、粮食信贷风险高发频发的情况下，中国农业发展银行（以下简称"农发行"）不忘初心、提升站位、主动担当，积极适应形势变化，及时调整信贷政策，继续发挥收购资金供应主渠道作用，确保没有因农发行自身原因出现大的问题，为国家粮油宏观调控和保证粮食安全托住底。出台的信贷政策主要概括为以下几个方面：

1. 建立东北地区玉米收购贷款信用保证基金

为确保东北地区玉米收购改革顺利进行，经国务院研究决定，建立玉米收购贷款信用保证基金，探索形成政策性银行、商业银行、地方政府和企业互利共赢的贷款资金供应和风险防范新机制。中国农业发展银行、财政部、中国银行业监督管理委员会、国家粮食局联合下发《关于印发〈建立东北地区玉米收购贷款信用保证基金实施方案〉的通知》（农发银发〔2016〕302号），在东北地区建立由政府适当出资，引导符合条件的粮食企业共同出资设立，缴存于农发行账户，专项用于防范东北地区玉米市场化收购贷款风险的基金。基金项下企业按照贷款额的5%~10%缴存信用保证基金。贷款行按基金总额的15~20倍发放市场化收购贷款，贷款行到期未收回的贷款由信用保证基金偿还。同时，农发行采取灵活把握贷款准入条件，对基金存款给予优惠利率，扩大适用纳入基金的企业范围，贷款方式以信用贷款为主，提高信用贷款额度，适度放松"双结零"

约束、周转使用、期限管理等 7 项措施，加快推进基金项下信贷投放工作。

2. 实施"两靠两快两促进"信贷策略

面对 2016 年秋粮收购的复杂严峻形势，农发行制定"两靠两快两促进"信贷策略，支持市场化收购。"**两靠**"**是指**：一靠政策和政府，对政策性收购的地区和粮食品种，运用政策性收购解决收购问题；对市场化收购的地区和粮食品种，督促政府出台市场化收购保障政策，特别是在收购空白点和贷款风险点上给予支持政策；二靠央企和农发行战略性客户，通过中储粮等央企引领和带动市场，通过战略性客户掌控市场和活跃市场。"**两快**"**是指**：督促购销贸易企业快购快销、边购边销；督促加工企业快收购、快加工和快销售。"**两促进**"**是指**：促进市场化收购贷款按粮食年度本息"双结零"，对提前"双结零"的客户，给予一定的优惠政策；促进"北粮南运"，引导南方企业到东北地区调粮和设点收购。

3. 大力支持地方政府落实省长责任制

随着粮食安全省长责任制的强化和地方储备粮食增储政策的落实，地方储备粮油在国家粮食安全和宏观调控中的作用日益重要。为进一步维护国家粮食安全体系，配合粮食安全省长责任制落实，农发行下发《关于进一步做好地方储备粮油信贷工作的通知》（农发银发〔2016〕258 号），强化地方储备粮油贷款管理和服务。一是推动贷款规范管理。进一步明确地方储备贷款和调控粮油贷款支持范围，规范客户准入条件，按照"谁出政策、谁拿补贴、谁承担风险"的原则协调地方政府完善地方储备粮管理办法。二是提高业务发展水平。重点支持省级储备计划，推进省市级储备粮贷款集中统一管理，实现县级储备粮贷款国有企业"一县一企"。三是加强贷款风险防控。严格贷款操作，监督补贴到位，加强库存监管，并做好贷款风险的化解工作。

同时，在小麦出现的大面积不完善粒超标的湖北、安徽、江苏、浙江等地，紧紧依靠地方政府，落实粮食安全省长责任制要求，出台各项地方收储政策，通过地方调控收购解决超标小麦的收购问题，维护区域粮食市场稳定和安全。

4. 积极促进客户结构调整，加大对粮油企业的信贷支持力度

一是积极推进客户群体建设。下发《关于粮棉油信贷客户群体建设的指导意见》（农发银发〔2016〕300号），对现存客户重新分级，将客户分为战略性客户、优质客户、一般客户，并实行差异化信贷政策。同时，探索大型粮油集团客户支持模式。对各省粮食加工行业"十强"，全国粮油加工行业"五十强"的企业和粮油大型集团进行摸底对接。二是下发《关于进一步优化粮棉收购贷款风险度管理的通知》（农发银发〔2016〕255号），进一步优化收购贷款风险度管理，将收购贷款作为一种优惠政策，向战略性客户和配合农发行监管的客户倾斜，适当提高优质企业的收购贷款额度。对同时使用夏粮和秋粮收购贷款品种的企业，只核定一次收购贷款最高余额和累放额，夏粮和秋粮收购贷款共用贷款最高余额和累放额。将粮棉调销贷款纳入风险度管理，粮棉收购贷款额度可以用于发放调销贷款，两种贷款实行总量控制。

5. 进一步完善贷款风险管控措施

下发《关于加强粮棉油产业化龙头企业服务和贷款管理的通知》，要求基层行主动应对国家"去产能、去库存、去杠杆、降成本、补短板"带来的变化，发挥农业政策性银行的带动引领作用，加大对粮棉油产业化龙头企业的支持力度。一是进一步明确客户准入标准，存量客户达不到新客户准入标准的，督促帮助其制订计划，逐步达到新标准。二是合理确定贷款品种和期限结构，对维护类客户续贷时的授信、评级、担保等事项进行进一步明确。三是针对贷款管理的薄弱环节和风险易发多发点，提出加强贷款管理的有效措施。

（三）实施效果

1. 确保了粮食收购资金足额供应

2016年，面对粮棉油收储体制的一系列改革，农发行主动作为，积极应对,坚持在不打"白条"前提下防控风险的指导思想,顺利完成支持粮食收储的各项信贷工作任务,为跨年收购收好了尾、夏季收购托住了底,秋季收购开好了局。2016年累计发放各类粮油收购贷款4 262.09亿元,支持企业收购粮食4 297.16亿斤。其中发放粮食贷款4 242.58亿元,支持企业收购粮食4 275.91亿斤。发放油料贷款19.51亿元,支持企业收购油料21.25亿斤。累计发放粮油政策性收购贷款3 714.50亿元、占比87%,支持企业收购粮油3 234.15亿斤、占比75%,确保了国家粮食宏观调控措施的有效实施。累计发放粮油市场性收购贷款547.59亿元、占比13%,支持企业收购粮油1 063.01亿斤、占比25%,满足了市场化收购资金的需要。

2. 玉米收购贷款信用保证基金发挥重要作用

截至2016年底,东北四省区信用保证基金规模达到11.16亿元,积极支持基金项下企业进行玉米收购,作为玉米收储制度改革的配套机制,信用保证基金发挥了重要作用。一是活跃了市场主体。信用保证基金把政府的责任和银行的贷款结合在一起,使正常经济条件下不具备银行贷款资格的企业能够入市收购,而这类企业往往地处边远的粮食主产区,很大程度上解决了收购"空白点"和农民"卖粮难"问题。二是探索粮食市场化收购的长效机制。2016年东北地区玉米收购的市场化改革,表明了国家对粮食收购体制机制改革的决心。信用保证基金利用经济手段和杠杆效应,由地方政府适当出资,按市场化运作的方式,让地方政府参与管理粮食收购贷款,解决了政策调整期间"企业不敢收,银行不敢贷"的问题,是一种有效的过渡手段,同时也为下一步构建粮食市场化收购长效机制提供了重要参考。

3. 客户结构得到优化

一是凝聚了骨干企业。与中粮集团、中纺集团、中航国际、光明集团和象屿集团签订战略合作协议,推行"总对总战略协议合作信贷模式",实行"统一授信、分别用信",截至2016年底,在农发行开户的大型粮食购销集团共29个,涉及子公司273个。二是客户资信水平大幅提高。截至年底,信用等级AA-以上的有2 871户,A级以上的达到5 274户。

一般类客户 3 499 户，占全部粮棉油客户 60%；地市级客户 994 户，占全部粮棉油客户 17%；省级黄金客户 413 户，占全部粮棉油客户 7%；总行及黄金客户 234 户，占全部粮棉油客户 4%。三是帮助大部分"小、弱、散"企业重组兼并到大客户中，同时也退出了个别僵尸企业。

4. 去库存效果显著，仓容压力得到缓解

2016 年，国家有关部门多措并举，多管齐下，粮油库存消化明显加快，仓容矛盾得到有力缓解。农发行积极配合粮食"去库存"工作，通过定向销售、中储粮包干销售、划转一次性储备和公开竞价销售等方式，累计消化政策性粮食库存 2 026 亿斤。

5. 服务水平不断提高

2016 年，农发行制定了未来三年"互联网＋封闭运行"的规划，逐步实现实时粮棉油库存远程监控系统、粮棉油数据采集传输系统、粮棉油购销"一卡通"系统和粮棉油库存巡查系统。目前已经实现了粮棉油库存远程监控系统，同时启动了"一卡通"系统的研发工作，通过粮棉油"互联网＋封闭运行"体系的有序开发、整合与推广应用，使粮棉油信贷数据深度融合，实现粮棉油库存监管的"千里眼"、粮棉油购销存数据的"顺风耳"。

（中国农业发展银行　鲍建安）

第六部分

2016年中国粮食市场体系建设

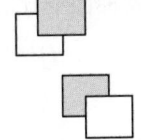

一、粮食批发市场发展状况与展望

【内容提要】

2016年,按照粮食安全省长责任制要求,各地粮食部门加大市场体系建设投资力度,加强粮食批发市场管理,支持全国粮食竞价交易统一平台上线运行,较好地承担了保供稳价、粮食"去库存"等重点任务,为国家粮食宏观调控做出了积极贡献。

2017年,是粮食供给侧结构性改革的深化之年,是粮食流通改革发展、转型升级的关键之年,粮食批发市场的发展面临巨大的机遇和挑战。要认真落实党中央、国务院的决策部署,深入推进粮食供给侧结构性改革,加快转型升级,进一步提升服务水平,在服务国家粮食宏观调控方面发挥更加重要的作用。

(一)粮食批发市场发展外部环境

1. 粮食生产保持较高水平

据国家统计局发布的数据显示,2016年全国粮食总产量61 623.9万吨,比2015年减少520.1万吨,减少0.8%。自2004年以来首次出现下降,但仍居历史第二位,已连续四年保持在60 000万吨以上。产量下降主要有两方面原因:一是部分地区洪涝灾害严重,夏粮、早稻减产,全国粮食产量因单产下降而减产350万吨,占粮食减产总量的66.8%。二是国家有关部门积极推进粮食供给侧结构性改革,主动优化农业种植结构和区域布局,适当调减了非优势区域粮食种植面积,全国粮食播种面积比2015年减少了472万亩,减产170万吨,占粮食减产总量的33.2%。

2. 我国粮食安全形势不容乐观

当前,我国粮食库存居于历史高位,品种结构性矛盾突出,国内粮价面临很大压力,农民增收问题显现。分品种看,玉米、稻谷产大于需,阶段性过剩特征明显;小麦产略大于需,但强筋和弱筋优质品种供应不足;大豆和食用植物油缺口长期存在,需要大量进口。2016年国家积极推进粮食供给侧结构性改革,玉米临储政策调整为"市场化收购"加"补贴"的新机制,极大地促进了玉米加工产业发展,抵挡了部分粮食进口,缓解了玉米产需矛盾,有利于促进玉米供求趋向平衡。我国粮食安全形势总体持续向好,但长远看仍面临粮食消费刚性增长、粮食生产硬性约束的双重挑战,粮食供求还将长期处于"紧平衡"状态。

3. 粮食市场收购取得新成效

2016年,南方遭遇了1998年以来罕见的特大洪涝灾害,给粮食收购带来了严重困难。面对严峻的收储形势,国家有关部门提前谋划部署,及时批复启动预案,确保了夏粮和早稻收购平稳有序。针对夏粮大面积受灾、小麦不完善粒超标较为严重的情况,安徽、湖北、河南、江苏等地通过省级临储、购置设备、贷款贴息等措施,抓好超标小麦收购,切实保护了农民利益。与此同时,深入推进玉米收储制度改革,认真抓好市场化收购。有关地方政府部门主动作为,积极探索玉米市场化收购的新思路、新方法,强化监督检查和市场监管,保证了改革的顺利推进。全年各类粮食企业共收购粮食45 990万吨,有效防止了农民"卖粮难"。

4. 国家加大对粮食批发市场建设的扶持力度

2016年中央1号文件明确指出:"加快农产品批发市场升级改造,完善流通骨干网络","推动公益性农产品市场建设"。《粮食行业"十三五"发展规划纲要》提出"进一步健全粮食市场体系,全面提升各类市场功能,增强粮食市场引导生产、服务调控、配置资源等综合服务能力"。国家有关部门和地方认真贯彻落实中央政策,进一步加大对市场的政策和资金支持力度,在基础设施建设、土地租金、物流运输等方面给予了更有针对性的扶持和优惠,对粮食批发市场的发展起到了重要的推动作用。

(二) 加强行业指导,促进粮食批发市场健康有序发展

2016年是粮食批发市场发展历史上的重要一年。国家粮食局发布实施了《粮食行业"十三五"发展规划纲要》,对未来五年粮食批发市场体系建设做出了明确具体的部署;全国粮食竞价交易统一平台正式上线运行,整合了各地粮食交易资源;各级粮食行政管理部门和粮食批发市场顺势而为,积极进取,进一步加快了全国粮食批发市场体系建设。

1. 加强粮食批发市场建设的规划指导

"十三五"时期是粮食行业落实"四个全面"战略布局、保障国家粮食安全、推进粮食经济持续健康发展的重要机遇期。2016年,国家粮食局发布了《粮食行业"十三五"发展规划纲要》,对粮食市场体系建设进行了具体规划。培育和发展多元市场主体,营造公平竞争的市场环境,构建多元市场主体共同保障国家粮食安全的新格局。拓宽粮食市场服务范围,提升市场综合服务功能。完善全国粮食统一竞价交易平台功能,规范粮食交易。进一步健全以国家粮食交易协调中心为龙头,以区域性粮食交易中心为骨干,以专业性粮食批发市场和期货市场为补充,以粮食收购市场和零售市场为基础的统一开放、竞争有序的粮食市场体系。

2. 加强粮食批发市场间的横向联系

2016年10月,中国粮食行业协会粮食批发市场分会三届五次理事(扩大)会议在黑龙江哈尔滨隆重召开。国家粮食局、中国粮食行业协会、中国粮食行业协会粮食批发市场分会负责同志及会员单位共计100余人参加了会议。会议总结交流了一年来市场改革发展情况,分析了面临的形势和存在的问题,对今后的各项工作进行了具体安排。会议还听取了武

汉、杭州、长春、宁夏等四家市场专题调研成果汇报。与会代表建议国家有关部门重视粮食批发市场基础设施建设，在制度、政策、资金方面给予一定扶持，同时加强对粮食批发市场的顶层设计，促进粮食批发市场间的交流合作，促进粮食批发市场健康持续发展。

3. 全国粮食竞价交易统一平台运行成效显著

2016年1月8日，国家粮食局粮食交易协调中心与各省（区、市）粮食交易中心联网搭建的全国粮食竞价交易统一平台正式上线运行，整合了各省（区、市）粮食交易中心资源，大大提高了宏观调控的精准性、有效性，为国家粮食宏观调控发挥了积极作用。2016年国家有关部门通过全国粮食竞价交易统一平台先后启动了超期和蓆茓囤储存粮食定向销售、2013年"分贷分还"临储玉米和大豆销售等，做好国家政策性粮食日常竞价销售，累计销售成交政策性粮油6 180万吨。既消化了库存陈粮，满足了市场需要，保持了市场平稳，又为重点产区新粮收购腾出了仓容，缓解了收储压力。

（三）2016年各类粮食批发市场专题调研情况

为全面了解全国各类粮食批发市场发展现状和存在的问题，中国粮食行业协会粮食批发市场分会根据年度工作安排和粮食批发市场发展的需要，于2016年6—9月组织武汉国家粮食交易中心、杭州粮油物流中心批发交易市场、长春国家粮食交易中心、宁夏粮油批发交易市场等分别牵头，根据批发市场发展过程中的热点、难点问题，结合实际，拟定调研课题，采取实地考察、报送资料、问卷调查等多种方式，积极开展形式多样的调研活动。

商流市场作为国家粮食宏观调控的重要载体，承担着国家政策性粮食竞价交易任务，近年来得到了较快发展。但随着国家粮食购销政策的不断调整变化也面临巨大的挑战。武汉国家粮食交易中心围绕国家政策性粮油交易、地方储备粮油入市交易情况等进行了专题调研。调研报告详细介绍了全国 25 家商流市场的基本情况、粮食交易情况以及部分市场发展先进经验，深刻剖析了目前商流市场发展存在的主要问题：一是中央储备粮尚未纳入统一竞价交易平台销售；二是政策性粮食顺价销售与市场价格脱节；三是政策性粮食标的投放不均衡；四是政策性粮食出库难问题依然存在；五是部分地区的省、市、县三级地方储备粮尚未全部进入市场交易；六是商品粮尚未进场交易。同时提出了有针对性的意见和建议：一是国家有关部门要搞好顶层设计；二是调整政策性粮食销售政策，加大"去库存"力度；三是多措并举解决"出库难"；四是统一出台地方储备粮入市轮换政策；五是通过提高服务水平拓展商品粮交易市场。

成品粮市场作为我国粮食流通链条上的重要一环，发挥着保供稳价的主渠道作用，近年来，"互联网＋"模式兴起，杭州粮油物流中心批发市场围绕全国成品粮市场在当今"互联网＋"时代，如何突破粮食"点对点"的传统交易模式，进行粮食电子商务网上交易及配送，开展了专题调研。梳理出目前成品粮市场"互联网＋"交易发展的主要特点：一是 B2B\B2C 并行、线上线下融汇一体的交易模式；二是以 B2B 为核心的粮食电商模式；三是面向消费者的 B2C 交易；四是择机而动谨慎探索的模式。提出了存在的主要问题：一是成品粮市场的"互联网＋"尚未被政府重视；二是成品粮"互联网＋"尚处于初级发展阶段，亟待加强管理；三是成品粮"互联网＋"目前还存在安全性与方便性间的矛盾；四是粮食物流配送的不配套制约了成品粮市场 B2C/C2C/O2O 业态的发展。对促进"互联网＋"发展提出了几点重要建议：一是高度重视成品粮市场"互联网＋"体系建设；二是在国家政策、资金上鼓励成品粮市场发展"互联网＋"交易；三是集中力量，重点突破，发展成品粮市场"互联网＋"经营；四是立足当地、因地制宜开拓粮食物流配送，稳定发展成品粮市场的"互联网＋"业务；五是广泛合作，借力发展，打造全国一体化网上交易平台。

东北地区作为全国重要的商品粮基地，近年来粮食库存居高不下，粮食收储矛盾日益加剧。长春国家粮食交易中心就东北地区粮食"去库存"情况进行了专题调研。全面概述了东北地区粮食库存情况，深入分析了高库存的主要原因：一是粮食收购价格过高；二是粮食产量不断增长；三是收购量持续增加；四是进口量不断扩大；五是消费量持续减少；六是竞价销售成交量低迷。指出了高库存所带来的严重危害：一是粮食品质下降，损耗严重；二是储存费用增加，国家财政负担加重；三是仓容不足矛盾突出；四是粮食库存管理难度增加；五是影响了市场粮食经营。提出了去库存的几点建议：一是调整种植结构；二是扩大加工转化；三是扩大燃料乙醇使用范围；四是加大竞价销售力度；五是加强产销协作。

宁夏粮油批发交易市场就西北地区杂粮种植生产等情况进行了专题调研，全面阐述了杂粮的释义及分布种植情况，又着重介绍了目前杂粮产业发展现状：一是小杂粮加工企业不断发展壮大；二是以企业为主导，专业合作社及个体经营者共同发展；三是以品牌占据优势；四是不断创新经营方式；五是市场发展前景乐观。总结了制约杂粮产业发展的几点重要因素：一是缺乏资金；二是加工技术落后；三是缺乏优质的小杂粮品种；四是国家在政策层面对杂粮产业的关注不够。提出了杂粮产业发展的思路与对策：一是进行科学规划，构建产业化发展框架；二是依靠科技进步，促进小杂粮产业发展；三是树立品牌意识，发展小杂粮名牌产品；四是建立优质小杂粮基地，提高规模生产效益；五是加强小杂粮加工技术研究，实现小杂粮加工增值。

（四）2017年粮食批发市场展望

2017年是实施"十三五"规划的重要一年，是粮食供给侧结构性改革的深化之年，是粮食流通改革发展、转型升级的关键之年。粮食批发市场的发展面临巨大的机遇和挑战，在进一步完善粮食批发市场体系，健全市场功能的同时，将在推动粮食供给侧结构性改革和服务粮食宏观调控方面继续发挥重要作用。

1. 国家有关政策将促进公益性农产品批发市场发展

2017年中央1号文件明确指出要"完善全国农产品流通骨干网络，加快构建公益性农产品市场体系，加强农产品产地预冷等冷链物流基础设施网络建设，完善鲜活农产品直供直销体系"。这给粮食批发市场的发展指明了方向，即立足供给侧结构性改革，全面提升市场功能，加快批发市场的经营多元化发展，不断推动公益性农产品市场建设，继续在服务粮食宏观调控方面发挥重要作用。

2. 全国统一粮食竞价交易平台将发挥主导作用

随着粮食收储制度改革的不断深入，粮食市场化交易规模将越来越大。拓展"全国统一粮食竞价交易系统"功能，由以政策性粮食交易为主向商品粮交易拓展，将成为发展趋势，也是粮食行业落实"互联网＋"行动计划的具体举措。2017年，全国粮食竞价交易统一平台将切实做好国家政策性粮食竞价交易工作，保障交易顺畅有序进行，服从服务于国家粮食宏观调控。同时进一步扩大在省级交易中心的覆盖面，提高服务质量，吸纳更多交易客户，让基层粮食企业、种粮大户、专业合作社进入平台交易。积极探索适合粮食流通特点的交易模式，实现标的标准化、合约规范化，解决好交易诚信履约、支付结算、交割方式等方面存在的难题。采取有效措施引导产区、种粮农民、新型粮食经营主体网上卖粮，引导销区、用粮企业网上买粮。引入质量检测、物流配送等第三方服务，探索为种粮农民、粮食企业定制金融产品服务，增强吸引力。努力将全国粮食竞价交易统一平台打造成在全国乃至世界有一定影响的粮食电子交易平台，促进粮食有序、有效、合理流通，推动粮食供给侧结构性改革和粮食流通事业健康发展。

（国家粮食局调控司　姚秀敏）

二、粮食期货市场发展状况与展望

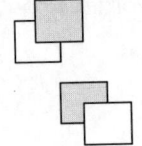

【内容提要】

2016年,粮食市场供给侧改革深入推进,部分粮食品种去产能效果显著,期现货市场快速由"政策市"向"市场市"转化。在市场机制恢复与机制作用不断得到发挥的过程中,粮食产业企业利用期货市场这个平台与期货工具,科学地进行生产经营的积极性增强,产业企业进入期货市场进行各项交易的活动增多,部分企业达到了稳定经营、锁定利润、规避风险、融资合理等目的。

2017年,为促进发挥市场在资源配置中的决定性作用,建设大宗商品国际定价中心,我国将从战略的高度进一步促进期货市场加快发展。创设农产品期货品种、开展农产品期权试点,以及探索建立农业补贴、涉农信贷、农产品期货和农业保险联动机制,稳步扩大"保险+期货"试点等工作将持续加速进行。

(一) 2016年粮食期货市场运行状况

1. 2016年供给侧改革主导粮食期货市场发展,不同品种价格涨跌差异大

2016年,我国大宗粮食和植物油脂、油料期货品种市场交易活跃,在大商所、郑商所上市交易的粮食和油脂、粕类品种总成交量达到了9.8亿手,成交总额为29.15亿元,粮食期货市场得到了全面发展。

2016年，农业供给侧结构性改革深入展开，供给侧改革主导了粮食期货市场的发展，不同粮食品种价格涨跌差异较大。

一是整个粮食期现货市场快速由"政策市"向"市场市"转化，部分粮食品种去产能效果显著，其中玉米、大豆、棉花等市场去政策化进程加快，市场机制得到恢复。在这些品种的市场机制独立运行过程中，个别粮食品种如玉米市场价格出现了频繁和幅度较大的波动。这促使粮食产业企业主动去利用期货市场这个平台与期货工具，科学地进行生产经营，粮食产业企业进入期货市场进行各项交易的活动增多，部分企业达到了稳定经营、锁定利润、规避风险、融资合理等目的。

二是由于各级政府助力、各类机构给力，"保险+期货"等试点工作在粮食主产区稳步扩大，其中东北地区重点开展了大豆、玉米、稻谷，广西地区开展了甘蔗，新疆地区开展了棉花等农产品的"保险+期货"试点工作，初步实现了多方共赢的目的，为粮食期货市场服务实体经济闯出了一个新路子，也让期货市场服务实体经济的模式更加多样化。

从2016年我国粮食期货市场稳定、快速发展的原因来看，政策护航是市场获得良好发展的扎实基础。从国务院印发《推进普惠金融发展规划（2016—2020年）》，到2016年年底国务院办公厅印发《关于完善支持政策促进农民增收的若干意见》，据不完全统计，直接包含利用期货市场和促进期货市场发展等内容的，中共中央、国务院层面的政策文本4个，国务院部门层面（不包括证监会）的政策文本9个，其中不含《东北振兴"十三五"规划》《促进中部地区崛起"十三五"规划》等涉及地域性的政策文本。顶层设计，为粮食期货市场指明了前进方向。

引起市场重视的是，2016年粮食期货市场产业服务机构数量增长提速，市场投资者结构快速优化，粮食期货市场辐射的广度和深度得到大幅拓展，期货扶贫工作等开展得有声有色，期货服务实体观念深化，期现融合和产业服务扎实细致有效。2016年郑州商品交易所、大连商品交易所粮食期货交易情况如表6-2-1所示。

表6-2-1　　　　　2016年郑州商品交易所、
　　　　　　　　　大连商品交易所交易情况表　　　　单位：手，亿元

交易所名称	品种名称	2016年累计成交总量（手）	2015年累计成交总量（手）	2016年累计成交总额（亿元）	2015年累计成交总额（亿元）
郑州商品交易所	早籼稻	2 000	3 545	1.09	1.75
	菜籽油	27 310 246	7 775 243	17 925.53	4 537.73
	油菜籽	18 748	44 179	7.75	16.72
	菜籽粕	246 267 758	261 486 104	57 754.76	55 808.38
	普麦	173	1 175	0.21	1.46
	强麦	499 721	457 594	281.09	252.92
	粳稻	342	99	0.22	0.06
	晚籼稻	334	1 059	0.18	0.59
	总额	274 099 322	269 768 998	75 970.81	60 619.58
大连商品交易所	黄豆	32 570 158	18 810 903	12 241.22	7 722.09
	玉米	122 362 964	42 090 235	19 101.34	8 276.02
	玉米淀粉	67 445 264	27 053 680	13 057.55	5 835.30
	豆粕	388 949 970	289 496 780	111 768.06	76 963.61
	豆油	94 761 814	92 504 264	59 364.65	51 831.06
	总额	706 090 170	469 955 862	215 532.83	150 628.07
全国期货市场交易总额		980 189 492	739 724 860	291 503.64	211 247.65

说明：（1）本表根据郑州商品交易所、大连商品交易所提供数据计算；

（2）表中数据均为单边计算；

（3）表中数据均不含期转现数据。

2. 2016主要粮食期货品种市场表现

（1）小麦。2016年国内普通小麦现货价格先抑后扬，全年交易十分活跃。优质强筋小麦现货价格则表现平稳，但郑州强麦期价却表现坚挺，其中1701合约期价在2016年创出了历史新高3 360元/吨。

2016年国内麸皮价格大部分时间处在历史低位，个别地区麸皮出厂价最低到了0.35元/斤，加上面粉市场竞争激烈，这让制粉行业生存困难，制粉行业对小麦需求不温不火，对小麦价格难以形成较强支持。

虽然制粉企业对小麦的需求不强，但由于2016年我国小麦产量、质

量双双下降,加上最低价小麦收购量过大,最终令小麦价格自8月底开始一路上涨。

从2016年小麦产量、质量和小麦收获上市后的价格变动情况分析,由于收获季节小麦主产区均出现了阴雨天气,这令2016年我国小麦产量、质量双双下降,小麦上市后价格一路走高,其中普通小麦(芽麦占比20%及以下小麦)价格从0.80元/斤左右一直涨到1.33元/斤左右。

从政策面来看,2016年有关机构继续在6个小麦主产省实施了小麦最低收购价政策。由于6个主产省的相关机构收购启动时间早,收购量大,如常年不收购的河北、山东两省2016年也收购最低价小麦数百万吨,这让国内小麦价格在2016年8月以后受到了较强的政策性支持。

2016年虽然郑州强麦期市活跃度不高,但仍有很多制粉企业和小麦贸易商参与了交易,部分企业和贸易商取得了较好收益。详细市场表现见图6-2-1。

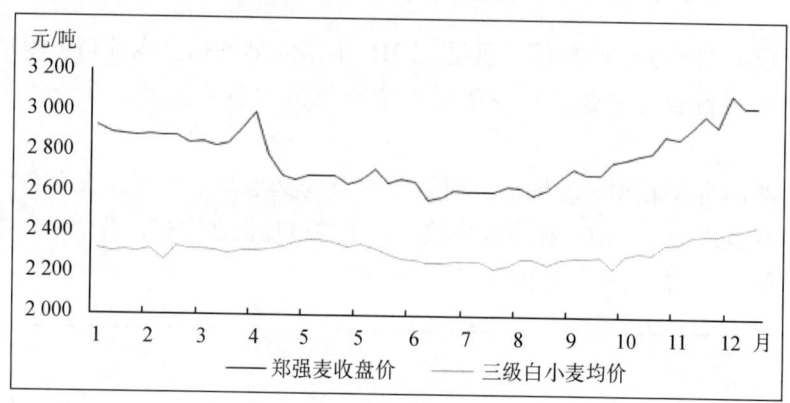

图6-2-1 2016年郑州强麦与国标三级白小麦全国出库均价走势图

(2)玉米与玉米淀粉。在2016年的粮食期货市场,玉米与玉米淀粉凭借价格波动大、成交创天量而成为明星品种,众多产业企业涉足了这两个品种的交易。

整体来看,导致2016年玉米与玉米淀粉市场出现巨变的关键因素是东北地区收储政策的取消,以及价补分离政策的实施。

站在价格涨跌的角度分析,2016年国内期现货玉米与玉米淀粉价格上半年呈现高位振荡走势,下半年维持持续下滑态势,其中在东北2016

年新产玉米上市后,玉米和玉米淀粉期现货价格大幅走低,东北个别产地区30%水分玉米现货收购价格甚至跌到了0.40元/斤以下,河南等地湿玉米棒子的收购价也跌到了0.33元/斤左右(见图6-2-2)。

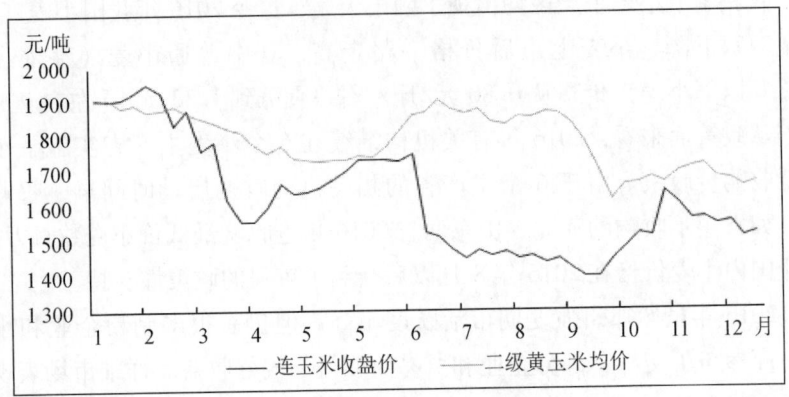

图6-2-2 2016年大连玉米与国标二级黄玉米全国均价走势图

(3)早籼稻、晚籼稻、粳稻。2016年国内早籼稻、晚籼稻、粳稻现货价格运行较为平稳,其中粳稻现货市场需求较为强劲,其价格表现较强。

2016年早籼稻、晚籼稻、粳稻期货市场交易基本停滞,仅有个别合约有少量成交。目前,托市收购政策在稻谷市场仍在实施,整个稻谷市场"政策市"特征明显(见图6-2-3)。

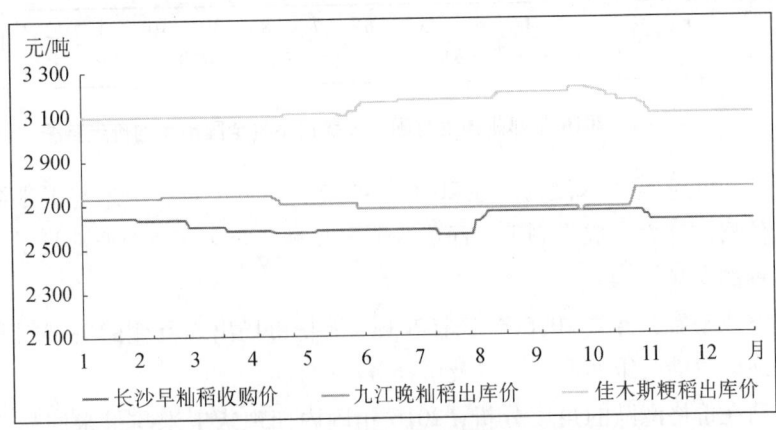

图6-2-3 2016年国内主产区早籼稻、晚籼稻、粳稻现货价走势图

（4）大豆、豆油、豆粕、油菜籽、菜油、菜粕。从 2016 年国内植物油料、油脂和粕类的期现货价格走势分析，虽然整体均呈现振荡上行态势，但品种间仍存在较大差异。2016 年油脂、油料产业链上的企业参与期货交易较多，当前国内大中型油厂的粕类、油类销售基本上是基差交易，期货市场对产业企业如何搞好经营的作用越来越大。

2016 年大连大豆期价一路上行，主力 1705 合约期价到 2016 年 12 月 22 日上涨到了 4 416 元/吨，比年内 2 月 16 日的低点 3 359 元/吨高了 1 057 元/吨。大豆期价走高与 2016 年国产大豆产量低、质量差有很大关系。由于大豆生长期间东北地区出现了长达 50 天的干旱天气，收获期间内地产区又多连阴雨天气，这让符合期货交割标准的大豆数量下降很多。

2016 年年初，豆粕、菜粕期价主要是震荡整理，2 月底至 7 月上旬，随着市场需求的增强和资金炒作，豆粕与菜粕期价一路上行，豆粕主力 1705 合约期价在 2016 年 7 月 1 日涨到了 3 195 元/吨，比年内低点高了 900 多元/吨。进入 2016 年 11 月以后，由于大豆到港货船延期较多，豆粕、菜粕现货价格再度走高，部分油厂甚至出现了停机待料现象，同时环保工作的加强也提振了豆粕价格（见图 6 - 2 - 4）。

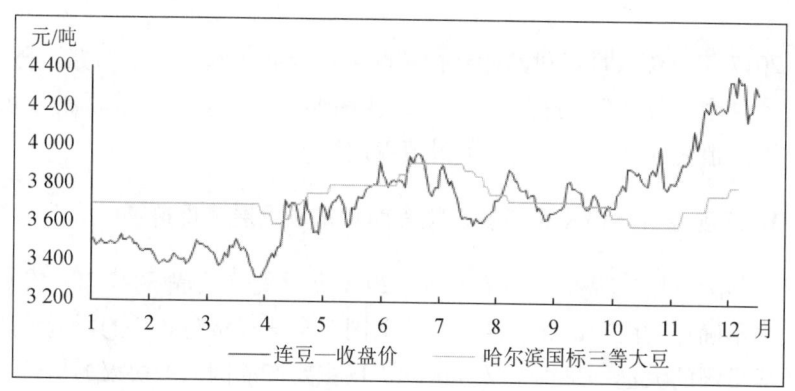

图 6 - 2 - 4　2016 年大连大豆与哈尔滨国标三等大豆均价走势图

豆油、菜油期现货价格在 2016 年 1 月中旬至 12 月中旬一直稳步上涨（见图 6 - 2 - 5）。分析植物油脂类期价上涨的原因可以发现，2016 年我国进口植物油脂数量降幅较大，以及国际市场棕榈油价格等涨幅较大是主要的价格支撑因素。

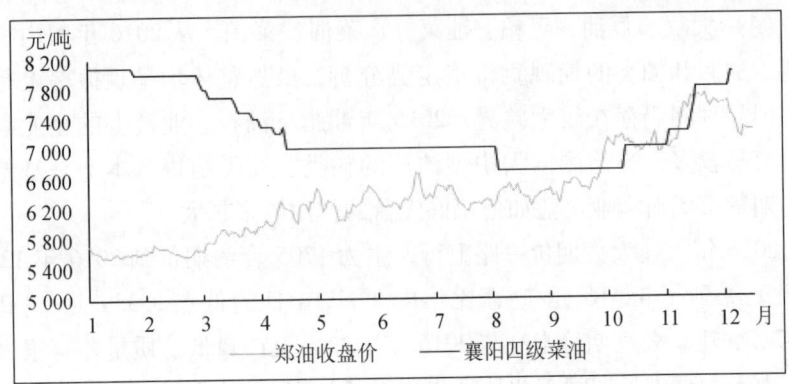

图 6-2-5　2016 年郑州菜油期价与襄阳四级菜油现货价走势图

从海关部门公布的 2016 年 1—11 月我国大豆、豆油、豆粕、油菜籽、菜油、菜粕进口数据来看,2016 年我国大豆进口总量再创历史新高的概率很大,成品植物油脂的进口数量将出现较大幅度下滑。

(二) 2017 年粮食期货市场发展展望

2017 年,深入推进供给侧结构性改革、全面实施"一带一路"战略,实现"两个一百年"的奋斗目标,为我国期货市场打开了宏阔的发展空间,国内粮食期货市场的发展前景值得期待。

1. 宏观经济环境复杂多变,粮食期货市场发展将提速

从国际市场宏观经济环境来看,2017 年将是不平静的一年,宏观面有很多不确定的因素,如特朗普时代美国对全球经济与政治的影响、欧盟主要成员国的大选、恐怖主义、国际市场主要产油国减产协议的执行、南海与台海局势演变等均会对国内粮食期货市场产生重要影响。

具体到国内的宏观经济环境,粮食市场价格走势取决于供给侧改革的进展和国内经济的稳定发展,同时人民币汇率的变动也会对粮食期货价格等形成重要影响,尤其是国内外价差比较大的品种因汇率变动显著影响进出口成本时,相关品种期货价格会出现明显波动。

2017 年,随着我国 PPI、CPI 数据的进一步走高,工业企业利润率有所好转,年内通胀效应会发酵,市场看好粮食类、能源类等大宗商品价格。

2017年,为促进发挥市场在资源配置中的决定性作用,建设大宗商品国际定价中心,我国将从战略的高度进一步促进期货市场加快发展。创设农产品尤其是粮食期货品种、开展农产品期权试点,以及探索建立农业补贴、涉农信贷、农产品期货和农业保险联动机制,稳步扩大"保险+期货"试点等工作将持续加速进行。

2017年,白糖、豆粕两大商品期权的推出,生猪等大宗品种研发将取得重大进展,粮食品种创新将积极有序推进,这将根本性改变期货市场现有生态,推动期货市场进入到一个崭新时代,粮食期货市场服务产业将迈入更深层次。

2. 农业供给侧改革值得粮食期货市场投资者加倍重视

在2017年农业供给侧改革加大推进力度的过程中,粮食期货市场定会出现巨大变化,一方面粮食期货市场将发挥自身功能,积极促进农业供给侧改革,为农业领域的诸多产业企业提供改革的市场工具和平台,另一方面粮食期货市场的结构与格局等也发生较强变动,期货投资者应当加倍重视农业供给侧改革。因为其不但会让大部分粮食品种的生产、市场供需关系、价格等发生较大变化,而且还会改变市场原有的运行模式和格局,并会创造出很多市场机会。

3. 2017年投资粮食期货市场的关键

结合当前国内粮食市场形势,以及粮食价格涨跌规律,2017年在粮食期货市场进行投资时,关键要记住三句话,一要"讲政治",二要看政策,三要观供求。

"讲政治"是摸清整个农产品市场的政治经济大环境情况,看政策、观供求是从宏观层面回到微观层面看问题。

"讲政治"就是在粮食期货市场做投资时要务点虚,这个务虚是很有必要的,就是要多关注农业供给侧改革,掌握住粮食市场形势变化的大趋势和大方向。2017年,推动农业产业的发展是我国经济工作的一个重要任务,是需要稳步推进的,关系社会稳定、粮食供应安全等多个方面。在推进的过程中，粮食市场价格波动幅度有时会超出市场预期，但肯定会受到控制。

看政策、观供求是从宏观层面回到微观层面看问题。粮食市场有很多品种，每个品种的市场状况是不一样的，有时会相差千里，主要原因是当前我国粮食市场整体而言还是一个"政策市"，但具体到某一个品种又是不一样的。

玉米、玉米淀粉。2017年，这两个品种的市场价格仍具有一定的下行空间，两者能否再创新低主要看下一步有关机构的政策性收购行动。当前玉米市场仍是"政策市"，一些大型企业的市场话语权很强，在玉米和玉米淀粉期货市场投资时不要过度地看低或看高价格。

小麦、稻谷。小麦和稻谷市场的去政策化改革会快速推进，收储企业躺在粮堆上数钱的好日子将结束，小麦、稻谷期市将出现大发展机会，将如棉花、玉米期市那样复活。

大豆、豆粕、菜粕、植物油脂。目前，国内植物油料、油脂、蛋白饲料原料均依靠进口来满足，2017年国内油脂、油料和蛋白饲料原料的价格在很大程度上将由国际市场价格来决定，不过国产大豆的价格将由东北大豆产量来决定。从全球油料、油脂产量与影响价格的主要因素分析，2017年全球油籽产量继续上升，但增幅不及消费增速，全球油脂市场继续处于去库存状态。如果美国生物柴油政策落地，将加快油脂库存的消耗速度，油脂价格将整体表现较强。

(河南期货日报传媒有限公司　陈邦华　乔林生)

三、粮食电子商务发展状况及展望

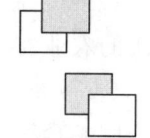

【内容提要】

2016年是"十三五"规划开局之年,是深入推进粮食流通改革转型和创新发展的攻坚之年,也是全面推进依法治粮、加快法治粮食建设的关键之年。随着我国经济发展步入新常态,以电子商务为代表的互联网经济迅速发展壮大,成为经济增长新引擎。在国家"互联网+"战略的推进下,电子商务已经成为提升粮食流通现代化水平、解决"三农"问题和扶贫攻坚的重要手段,也是粮食流通工作在新常态下贯彻落实五大发展理念和供给侧结构性改革的必然要求。

2017年,围绕粮食、农业范畴的市场争夺将继续成为电商间角力的战场;随着电商模式的日趋成熟,粮食电子商务逐渐呈现规模化趋势;涉农电子商务发展将越来越多样化;移动商务在推进新一代电商发展中发挥着越来越大的作用,粮食电子商务将实现智能化转变,并趋向于全渠道、个性化、定制化发展趋势。

(一) 2016年粮食行业电子商务发展现状

1. 国家政策引导粮食电商转型升级

作为民生之本,粮食政策向来备受关注。随着粮食行业"互联网+"的普及,国家出台一系列关于粮食电子交易平台建设以及农业、农村电子商务规划政策,成为粮食电子商务发展不可替代的风向标。2016年中央1号文件明确提出促进农村电子商务发展,农业部会同国家发改委、商务部制定的《推进农业电子商务行动计划》提出开展两年一次的农业农村信息化示范基地申报认定工作,并向农业电子商务倾斜;国家发改委、粮食局发布的《粮食行业"十三五"发展规划纲要》提出以全国粮食统一竞价交易平台为中心,辐射链接各省现货粮食批发市场信息化系统,通过粮食交易中心和现货粮食批发市场电子商务信息一体化平台建设,助力传统现货粮食批发市场经营模式转型升级;商务部、中央网信办、国家发改委联合发布的《电子商务"十三五"发展规划》提出电子商务与传统产业线上线下互动融合,完善农业基础设施,形成服务于现代农业发展的新型农村电子商务体系。2016年12月,《电子商务法草案》提请首次审议,《电子商务法》的推出将进一步加强粮食行业电子商务的监管,促进粮食电子商务健康发展。

2. 全国粮食统一竞价交易平台开启政策粮交易新局面

自2006年批准设立首个国家粮食交易中心以来,国家有关部门委托安徽粮食批发交易市场和郑州粮食批发市场代行中心市场职责,与各联网交易市场团结协作,通过全国联网粮食竞价交易系统,以电子竞价交易形式举办国家政策性粮食竞价销售交易会2 000余场次,实现了我国政策性粮油、大宗商品交易方式的历史性转变,对于实现国家粮食宏观调控、保障粮食安全、保障国家安全发挥了重要作用。2016年,全国粮食统一竞价交易平台正式上线运行,国家粮食局粮食交易协调中心具体组织国家政策性粮食竞价交易工作,承担中心市场职责。全国粮食统一竞价交易系统自2016年1月8日上线运行以来,在国家有关部门大力支持和25家联网省级交易中心共同努力下,全年平台累计成交各类粮油3 827万吨,成交金额848亿元,为国家粮食宏观调控和粮食"去库存"发挥了重要作用,进一步推动了公开、公平、公正的粮食市场交易环境的营造。

3. 粮食批发市场拥抱"互联网+"拓展市场职能

2016年,以开展国家政策粮食竞价交易为依托的全国粮食统一竞价交易系统联网交易中心,在积极引导地方储备粮和商品粮进场交易的同时,以"互联网+粮食"为契机,通过电子商务手段,拓展副营业务,推进多元化建设，破除发展"瓶颈"。南昌国家粮食交易中心与浙江国家粮食交易中心共同举办浙赣早籼谷网上竞价交易会，实现资源共享、合作共赢；山西省粮油交易中心委托中华粮网搭建山西杂粮交易网，开辟山西杂粮产、购、销的经营新模式；甘肃省粮油批发市场以实体店为依托，建设甘肃省粮油批发市场粮食电子商务平台，利用现代电子商务理念提升市场竞争力；黑龙江粮食交易市场开展黑龙江大米网建设，优化整合传统大米贸易供应链条和营销渠道，探索政策性业务向市场性业务的转型发展。

与此同时，以郑州粮食批发市场为代表的商流粮食批发市场和成品粮批发市场也没有停下创新发展的脚步，积极推动传统粮食产业与互联网技术的深度融合，通过抢先实践，主动作为，实现转型。2016年，郑州粮食批发市场持续推广场际交易，并积极研究新的大宗农产品交易机制，着力搭建更大更高的农产品交易平台；吉林市粮油批发市场搭建吉林粮油特产网，在淘宝平台开设企业店铺，在苏宁易购平台开设苏宁——吉林市馆，以自营平台和第三方平台相结合的方式，布局本地区域电商；苏州市粮食批发市场创建良粮网，利用电商平台丰富市场交易模式。

4. 社会化粮食电商平台发展势头强劲

在"互联网+"的时代背景下，社会化粮食电子商务平台之间的竞争愈演愈烈。2016年11月，中粮集团和招商局集团携手培育的"粮达网"上线一周年，累计注册会员4 105家，交易数量1 025万吨，交易额达224亿元。"粮达网"通过组建包括技术、运营、推广的专业化团队，提供交易、结算、物流、金融、资讯、保障等多种服务，"互联网+农粮"生态圈的建设初见规模。作为中储粮打造"互联网+粮食"金字招牌，打开粮食流通的新渠道建设的中储粮电子商务平台，自上线以来引起了行业内的广泛关注，平台2016年全年成交数量超420万吨，成交金额逾73亿元。2016年6月中储粮电子商务平台更名"中储粮网"重装上阵，进一步扩大行业影响力。随着互联网技术的发展，粮食电子商务平台之间下一步的竞争必将在吸引资源与提升服务方面展开。

5. 农资、成品粮配送电商崭露头角

互联时代的到来深刻改变了粮食的种植、收储、加工、销售、服务等产业环境，一些粮食电子商务平台开始转移目光，通过互联网、大数据、信息服务力求在农资电子商务、成品粮配送环节等寻求商机。2016年，云农场成功建立了线下测土配肥定制服务加线上平台高效支撑加整体解决方案的服务矩阵，提供智能测土配肥、专业化定制；田田圈通过整合上游农资厂商、中游经销零售商，提供下游消费者入口，打造开发专业种植指导人和农业金融的线上线下一体化的O2O服务平台；集加工、配送于一体的专业化农产品O2O公司小农女2016年上线SAAS软件在线租用服务，通过整合，提升农业供应链效率。整体来看，农资、粮油生鲜配送市场规模庞大，各路资本争相涌入，发展迅速，但只有真正突破产品整合、物流配送、售后服务等方面的桎梏，才能在行业中立足，获得长久发展。

6. 金融服务成为粮食电商业务增长点

粮食网络金融是传统的粮食和金融行业与互联网精神相结合的新兴领域，基于互联网开放、平等、协作、分享的精神，越来越多的粮食电子商务平台开始探索涉足网络金融领域，希望通过提供融资贷款吸引粮食企业。全国粮食统一竞价交易系统升级改版为国家粮食电子交易平台后，不仅增加协商交易与物流服务，还计划开发线上融资功能，增加平台竞争力；粮达网与招商银行、建设银行等6大银行合作，推出仓单融资与订单融资服务，解决会员资金难题；与田田圈同属诺普信投资的农业互联网金融平台农发贷，成立不到2年，业务已覆盖全国27个省及自治区、2 000余万亩耕地面积，为种植户提供超过30亿元金融借贷服务。粮食电子商务网站面对激烈的市场竞争，纷纷通过免交易手续费，甚至提供交易补贴的形式吸引客户，可以预见，粮食网络金融服务未来将成为粮食电子商务平台发展的主要盈利手段。

（二）2017年粮食行业电子商务发展展望

1. 互联网继续抢滩粮食行业新蓝海

在各大电商纷纷谋求拓展粮食行业新市场的同时，粮食以及农村电商概念开始深入人心，2017年，围绕粮食、农业范畴的市场争夺成为电商间角力的新战场。相关数据显示，自2015年以来，粮食以及农村电商迎来发展高峰，农村网民数量突破千万，网店数量高达数百万，不少以粮食以及农村电商定位的互联网创业项目层出不穷。在电商规模疯长的同时，同样也存在不少问题：传统农业作业区往往习惯于中间商线下收购模式，即使在互联网冲击下也愿意选择更为熟悉的中间商，而中间商往往能以赊欠等方式采购并有固定渠道走货，导致电商在采购阶段需要付出大量现金流，只能等完成网上销售动作后才能回笼资金。此外，农村地理环境偏僻、交通欠发达都导致物流成本居高不下，大宗农产品往往还会推高仓储等隐性成本，在此形势下，农业电商需要一群有互联网思维、网络营销、农业生产等诸多范畴的技能人才加入。处于发展拐点的粮食以及农村电商们应冷静和坚守广大的粮食以及农业市场，把控质量、拓展销售渠道、多样化经营、降低企业资金风险才是制胜之道。

2. 粮食电子商务呈现规模化发展趋势

随着电商模式的日趋成熟，粮食电子商务交易额越来越大，涉及原粮、农副产品以及生鲜等各个方面，逐渐呈现规模化趋势。据统计，未来5年，我国涉农产品电商交易额将占总交易额的5%，涉外农产品电商交易额将占1%，移动商务交易额将占2%。同时，我国农资电商、农村日用工业品电商、农村再生资源电商也将得到较大发展。2017年，农村供销合作社、邮政、电信等部门在农村领域的持续发力，将对粮食行业电子商务的发展起到重要的推动作用。

3. 涉农电商发展逐渐多样化

从平台角度来看，目前涉农产品电商的模式主要有5种：政府农产品网站、农产品期货市场网络交易平台、大宗商品电子交易平台、专业性农产品批发交易网站、农产品零售网站等。从驱动的角度看电商模式，主要有供应链驱动型、营销驱动型、产品驱动型、渠道驱动型、服务驱动型五大类型。从生鲜农产品角度看网上供应链模式，从最基本的B2C模式，后来发展衍生出来F2C（农场直供）模式、C2B（消费者定制）模式、C2F（订单农业）模式、O2O模式和CSA（社区支持农业）模式等。从市场体系角度来看涉农电商模式，包括网络期货交易市场、大宗商品交易市场、一般网络现货交易市场。未来涉农电子商务发展将越来越多样化，成功的模式也将主要表现为6个方面的特征，即有效性、整体性、差异性、适应性、可持续性、生命周期性。

4. 粮食电商实现智能化转变

随着"三网融合"+物联网、大数据以及云计算等新技术的应用，移动商务在推进新一代电商发展中发挥越来越大的作用。微博、微信、微店的"三微"营销，也将促进粮食行业电商进入一个精准营销新阶段，手机下单、手机销售、手机采购、手机管理、手机发布、手机交流、手机寻找物流都将实现，并成为一种新的趋势。智能粮食采购、智能粮食交易、智能粮食市场、智能粮食支付、智能粮食通关、智能粮食物流、智能粮食仓配一体化、智能快递也就将成为粮食行业电子商务的发展趋势，新的信息技术革命将给粮食行业电子商务带来新的机遇和挑战。

5. 全渠道、个性化、定制化是未来发展方向

未来粮食电商发展更趋向于全渠道、个性化、定制化发展趋势。从源头上为新粮人提供从土地价格评估、土地流转，到农产品生产规划、农技三方服务、农业科技三方服务，再到农业金融、批发直销、农业生产资料以及农业物流等全产业链问题的解决方案。再通过专业平台提供各类优质粮油种植农户推荐以及特色农产品购买服务，满足消费者对休闲农庄采摘、农家乐、住宿等各项活动的体验以及对高端有机粮油产品的需求。为用户提供的不仅仅是农产品也不是一次农庄旅行，而是一种健康绿色的生活方式。未来的粮食电商将远远不同于现在的粮食电商，而是服务从种植者、农场主到消费者，从田间到餐桌，从农资到销售，全渠道的一种个性化定制服务。

（中华粮网　傅宏）

第七部分

中国粮食市场资料

一、统计数据汇编

表 7-1-1　　全国粮食作物播种面积、粮食总产量

年份	粮食作物播种面积（万公顷）	粮食总产量（万吨）	谷物	稻谷	小麦	玉米
1978	12 058.7	30 476.5		13 693.0	5 384.0	5 594.5
1980	11 723.4	32 055.5		13 990.5	5 520.5	6 260.0
1985	10 884.5	37 910.8		16 856.9	8 580.5	6 382.6
1990	11 346.6	44 624.0		18 933.1	9 822.9	9 681.9
1991	11 231.4	43 529.0	39 566.3	18 381.3	9 595.3	9 877.3
1992	11 056.0	44 265.8	40 169.6	18 622.2	10 158.7	9 538.3
1993	11 050.9	45 648.8	40 517.4	17 751.4	10 639.0	10 270.4
1994	10 854.4	44 510.1	39 389.1	17 593.3	9 929.7	9 927.5
1995	11 006.0	46 661.8	41 611.6	18 522.6	10 220.7	11 198.6
1996	11 254.8	50 453.5	45 127.1	19 510.3	11 056.9	12 747.1
1997	11 291.2	49 417.1	44 349.3	20 073.5	12 328.9	10 430.9
1998	11 378.7	51 229.5	45 624.7	19 871.3	10 972.6	13 295.4
1999	11 316.1	50 838.6	45 304.5	19 848.7	11 388.0	12 808.6
2000	10 846.3	46 217.5	40 522.4	18 790.8	9 963.6	10 600.0
2001	10 608.0	45 263.7	39 648.2	17 758.0	9 387.3	11 408.8
2002	10 389.1	45 705.8	39 798.7	17 453.9	9 029.0	12 130.8
2003	9 941.0	43 069.5	37 428.7	16 065.6	8 648.8	11 583.0
2004	10 160.6	46 946.9	41 157.2	17 908.8	9 195.2	13 028.7
2005	10 427.8	48 402.2	42 776.0	18 058.8	9 744.5	13 936.5
2006	10 495.8	49 804.2	45 099.2	18 171.8	10 846.6	15 160.3
2007	10 563.8	50 160.3	45 632.4	18 603.4	10 929.8	15 230.0
2008	10 679.3	52 870.9	47 847.4	19 189.6	11 246.4	16 591.4
2009	10 898.2	53 082.1	48 156.3	19 510.3	11 511.5	16 397.4
2010	10 987.6	54 647.7	49 637.1	19 576.1	11 518.1	17 724.5
2011	11 057.3	57 120.8	51 939.4	20 100.1	11 740.1	19 278.1
2012	11 120.5	58 958.0	53 934.7	20 423.6	12 102.4	20 561.4
2013	11 195.6	60 193.8	55 269.3	20 361.2	12 192.6	21 848.9
2014	11 272.3	60 702.6	55 740.7	20 650.7	12 620.8	21 564.6
2015	11 334.0	62 144.0	57 225.0	20 825.0	13 019.0	22 458.0
2016	11 302.8	61 623.9	56 516.5	20 693.4	12 885.0	21 955.4

资料来源：《中国统计年鉴》，中国统计出版社；国家统计局网站。

表 7-1-2　　　　　　全国油脂、油料播种面积与产量

年份	精制食用植物油总产量（万吨）	油料播种面积（万公顷）	油料总产量（万吨）	花生	油菜籽	芝麻
1978		622.2	521.8	237.7	186.8	32.2
1980		792.8	769.1	360.0	238.4	25.9
1985		1 180.0	1 578.4	666.4	560.7	69.1
1990	544.1	1 090.0	1 613.2	636.8	695.8	46.9
1991	644.3	1 153.0	1 638.3	630.3	743.6	43.5
1992	660.7	1 148.9	1 641.2	595.3	765.3	51.6
1993	965.4	1 114.2	1 803.9	842.1	693.9	56.3
1994	723.0	1 208.1	1 989.6	968.2	749.2	54.8
1995	1 144.5	1 310.1	2 250.3	1 023.5	977.7	58.3
1996	946.5	1 255.6	2 210.6	1 013.8	920.1	57.5
1997	893.7	1 238.1	2 157.4	964.8	957.8	56.6
1998	602.5	1 291.9	2 313.9	1 188.6	830.0	65.6
1999	733.8	1 390.6	2 601.2	1 263.9	1 013.2	74.3
2000	835.3	1 540.0	2 954.8	1 443.7	1 138.1	81.1
2001	1 383.2	1 463.1	2 864.9	1 441.6	1 133.1	80.4
2002	1 531.2	1 476.6	2 897.2	1 481.8	1 055.2	89.5
2003	1 584.3	1 499.0	2 811.0	1 342.0	1 142.0	59.3
2004	1 682.6	1 443.1	3 065.9	1 434.4	1 318.2	70.4
2005	2 071.0	1 431.8	3 077.1	1 434.4	1 305.2	62.5
2006	2 335.2	1 173.8	2 640.3	1 288.7	1 096.6	66.2
2007	2 637.0	1 131.5	2 568.7	1 302.7	1 057.3	55.7
2008	2 805.1	1 282.5	2 952.8	1 428.6	1 210.2	58.6
2009	3 433.4	1 365.4	3 154.3	1 470.8	1 365.7	62.2
2010	3 878.5	1 389.0	3 230.1	1 564.4	1 308.2	58.7
2011	4 331.8	1 385.5	3 306.5	1 604.6	1 342.6	60.5
2012	5 172.97	1 393.0	3 436.8	1 669.2	1 400.7	63.9
2013	5 590.55	1 402.3	3 517.0	1 697.2	1 445.8	62.3
2014	6 534.10	1 404.3	3 507.4	1 648.6	1 477.2	63.0
2015	6 734.30	1 406.0	3 547.5	1 644.0	1 493.1	64.0
2016	6 907.50	1 412.0	3 613.0			

资料来源：《中国统计年鉴》《中国统计摘要》，中国统计出版社；国家统计局网站。

表 7-1-3　　　　2016 年我国主要农产品产量及其增长速度　　　　单位：万吨

产品名称	产量	比上年增长（%）
粮　食	61 624	-0.8
夏　粮	13 920	-1.2
早　稻	3 278	-2.7
秋　粮	44 426	-0.6
油　料	3 613	2.2
棉　花	534	-4.6
糖　料	12 299	-1.6
茶　叶	241	7.4

资料来源：《2016 年国民经济和社会发展统计公报》。

表 7－1－4　我国谷物、油料进口数量　单位：千吨

年份	2003	2004	2005	2006	2007	2008	2009	2010	2011	2012	2013	2014	2015	2016
小麦	424.18	7 233.15	3 510.13	584.09	83.42	31.87	893.71	1 218.72	1 248.82	3 688.62	5 507.05	2 971.39	2 972.74	3 374.28
大米	257.00	761.46	514.18	718.99	470.53	295.57	337.54	366.17	578.38	2 344.62	2 244.32	2 556.55	3 349.98	3 534.54
玉米	0.12	2.32	3.90	65.13	35.12	49.07	83.47	1 572.14	1 752.74	5 207.38	3 264.88	2 598.04	4 730.04	3 166.95
大麦	1 362.72	1 707.21	2 179.21	2 140.59	913.43	1 076.26	1 738.49	2 367.16	1 775.52	2 527.65	2 335.28	5 413.47	10 731.27	5 005.13
大豆	20 741.11	20 229.92	26 590.23	28 269.88	30 821.43	37 435.89	42 551.65	54 796.82	52 639.55	58 383.82	63 375.15	71 398.98	81 740.34	83 230.17
豆油	1 884.36	2 516.51	1 694.33	1 542.64	2 822.91	2 585.67	2 391.22	1 340.91	1 143.19	1 826.11	1 157.59	1 135.47	817.88	560.23
豆粕	1.79	55.45	202.56	674.18	104.91	220.30	132.83	187.74	224.25	45.42	16.68	22.60	59.68	18.08
棕榈油	3 324.81	3 856.57	4 330.14	5 081.92	5 095.13	5 282.33	6 441.28	5 696.11	5 912.23	6 341.16	5 979.07	5 323.89	5 909.66	4 478.53
油菜籽	166.71	424.01	296.24	738.00	833.10	1 302.46	3 285.85	1 599.85	1 262.27	2 929.59	3 662.41	5 081.04	4 469.66	699.75
菜籽油	151.58	352.93	177.56	44.00	374.78	269.79	467.53	985.32	550.90	1 175.82	1 526.83	809.96	815.06	699.75

资料来源：国家粮油信息中心。

表 7－1－5　我国谷物、油料出口数量　单位：千吨

年份	2003	2004	2005	2006	2007	2008	2009	2010	2011	2012	2013	2014	2015	2016
小麦	2 237.48	783.93	260.26	1 114.08	2 336.62	125.95	8.40	0.00	39.79	0.00	2.52	0.96	5.30	10.54
玉米	16 389.45	2 317.86	8 610.84	3 070.40	4 913.60	252.32	129.03	127.16	136.00	257.26	77.63	20.01	11.07	3.89
大米	2 588.88	881.92	657.33	1 221.18	1 304.52	946.72	760.76	596.19	515.50	279.09	478.40	419.07	285.94	394.98
大豆	270.00	330.00	400.00	380.00	460.00	470.00	350.00	163.60	208.26	320.10	208.97	207.07	133.60	127.23
花生及花生仁	490.00	400.00	450.00	320.00	290.00	230.00	240.00	190.00	170.0	150.0	130.0	138.2		
粕	770.62	656.46	552.95	381.54	850.06	534.89	1 123.21	1 016.01	406.32	1 232.67	1 070.11	2 090.95	1 695.71	1 876.12
菜籽粕	182.26	124.90	84.93	48.52	93.72	49.84	335.01	56.31	9.96	73.60	72.99	36.56	10.94	106.92

资料来源：《中国统计年鉴》，中国统计出版社；国家粮油信息中心。

表 7-1-6　　全国居民消费价格指数（上年=100）

年份	全国居民消费价格指数	粮食	油脂
1993	114.7		
1994	124.1	150.7	161.3
1995	117.1	136.8	116.0
1996	108.3	106.5	92.1
1997	102.8	91.1	101.5
1998	99.2	96.9	100.0
1999	98.6	96.9	94.5
2000	100.4	88.6	86.8
2001	100.7	99.3	91.7
2002	99.2	98.3	98.7
2003	101.2	102.3	112.6
2004	103.9	126.4	118.2
2005	101.8	101.4	94.3
2006	101.5	102.7	98.6
2007	104.8	106.3	126.7
2008	105.9	107.0	125.4
2009	99.3	105.6	81.7
2010	103.3	111.8	103.8
2011	105.4	112.2	113.4
2012	102.6	114.0	115.1
2013	102.6	104.6	100.3
2014	102.0	103.1	95.1
2015	101.4	102.0	96.8
2016	102.0	100.5	

资料来源：《中国统计年鉴》，中国统计出版社；《2016年国民经济和社会发展统计公报》。

表 7-1-7　2016年全国主要粮油批发市场价格指数（月度综合指数）

月份	1	2	3	4	5	6	7	8	9	10	11	12
粮食类	213.50	212.80	210.64	209.47	208.82	209.72	211.76	210.29	210.59	196.85	200.18	211.11
食油类	107.73	107.92	106.70	104.87	104.67	105.31	105.85	105.68	107.36	107.91	107.69	113.10
粮油综合类	209.10	208.43	206.31	205.11	204.48	205.36	207.35	205.93	206.29	193.14	196.32	207.03

资料来源：中华粮网。
基期：1994年6月=100。

表 7-1-8　全国主要粮油批发市场价格指数（年度综合指数）

年度	2000	2001	2002	2003	2004	2005	2006	2007	2008	2009	2010	2011	2012	2013	2014	2015
粮食类	89.24	95.87	90.65	97.47	131.29	125.37	127.17	141.74	151.72	159.45	176.42	200.19	219.17	226.46	231.27	224.47
食油类	74.86	65.46	68.57	87.80	96.19	82.06	81.63	117.76	159.81	114.56	123.63	147.82	146.69	141.73	124.36	114.66
粮油综合类	88.64	94.60	89.73	97.07	129.83	123.57	125.27	140.74	152.06	157.57	174.21	198.00	216.15	222.94	226.81	219.89

资料来源：中华粮网。
说明：1994年6月=100。

表 7-1-9 2016 年全国主要粮油批发市场年度平均交易价格　　单位：元/吨

品种	等级	本期平均价	上期平均价	本期与上期比%
白小麦（普通）	三	2 320.12	2 398.86	-3.28%
黄玉米	二	1 793.12	2 188.67	-18.07%
大豆（油脂业）	三	4 001.45	4 288.77	-6.69%
豆粕	二	3 054.2	2 986.78	2.26%
花生仁	二	8 878.13	8 995.59	-1.30%
早粳米	标一	4 783.41	4 609.77	3.77%
早籼米	标一	3 856.74	3 828.08	0.75%
晚籼米	标一	4 138.07	4 170.87	-0.78%
白小麦（优质）	西农 979	2 618.88	2 698.67	-2.95%

资料来源：中华粮网。

说明：以上价格均为卖方火车板交货价格，包装另计。

表 7-1-10　2009—2016 年粮食批发市场交易国家政策粮油情况

单位：万吨，元/吨

品 种	2009 年 成交量	2009 年 成交均价	2010 年 成交量	2010 年 成交均价	2011 年 成交量	2011 年 成交均价	2012 年 成交量	2012 年 成交均价	2013 年 成交量	2013 年 成交均价	2014 年 成交量	2014 年 成交均价	2015 年 成交量	2015 年 成交均价	2016 年 成交量	2016 年 成交均价
小麦	3 980.00	1 807	4 006.00	1 873	1 427.00	1 906	1 447.00	2 144	3 467.97	2 320	2 008.95	2 364	759.54	2 525	422.44	2 493
超标小麦					161.00	1 810	4.31	1 856					76.09	1 747		
稻谷	924.00	2 116	1 338.00	2 026	790.00	2 017	24.45	2 397			98.70	3 020	536.14	2 981	358.32	2 711
粳稻	852.00	2 126	331.00	2 270	21.00	2 465	6.37	2 983			98.70	3 020			185.42	2 604
早籼稻	3.00	1 955	189.00	1 910	206.00	1 948									12.62	2 655
中晚籼稻	69.00	1 997	818.00	1 955	563.00	2 026	18.08	2 190							160.28	2 840
超期存储粳稻															109.97	1 347
玉米	1 632.00	1 622	2 745.00	1 774	360.00	1 895	375.83	4 255	242.93	4 024	2 965.02	2 259	586.79	2 299	2 477	2 010
大豆	14.00	3 764			1.60	3 959					248.13	4 145			54.50	3 307
食用油			50.00	9 854	90.00	9 453			0.66	10 256			23.47	5 675	198.35	5 851

资料来源：2015 年之前数据来自郑州粮食批发市场、安徽粮食批发市场，2016 年数据来自中华粮网。

表 7-1-11　　2016 年全国期货市场交易情况

交易所名称	品种名称	2016 年累计成交总量（手）	2015 年同期成交总量（手）	2016 年累计成交总额（亿元）	2015 年同期成交总额（亿元）
上海期货交易所	铜	72 394 915	88 318 558	138 872.04	175 913.80
	铝	44 391 785	22 900 691	27 547.66	12 741.35
	锌	73 065 922	45 237 435	62 985.07	32 178.85
	铅	4 561 200	1 310 106	3 981.09	845.40
	锡	3 168 348	515 789	3 768.84	562.37
	镍	100 249 941	63 590 118	77 530.96	52 047.12
	黄金	34 759 523	25 317 200	93 425.60	59 919.53
	白银	86 501 561	144 786 451	51 471.16	76 151.47
	天然橡胶	97 371 256	83 067 547	123 631.68	102 448.18
	燃料油	2 922	3 875	5.17	5.75
	石油沥青	186 814 247	32 397 823	36 696.23	7 358.81
	螺纹钢	934 148 409	541 035 860	217 871.90	114 949.40
	线材	61	327	0.01	0.08
	热轧卷板	43 281 751	2 012 366	11 987.50	430.52
	总　额	1 680 711 841	1 050 494 146	849 774.91	635 552.63
郑州商品交易所	棉花	80 527 489	22 612 511	55 013.09	14 349.44
	早籼稻	2 000	3 545	1.09	1.75
	甲醇	136 734 721	314 747 394	28 255.32	69 470.49
	菜籽油	27 310 246	7 775 243	17 925.53	4 537.73
	油菜籽	18 748	44 179	7.75	16.72
	菜籽粕	246 267 758	261 486 104	57 754.76	55 808.38
	白糖	117 257 359	187 306 805	69 642.04	100 611.77
	PTA	172 652 380	231 498 305	41 816.75	55 657.68
	普麦	173	1 175	0.21	1.46
	强麦	499 721	457 594	281.09	252.92
	玻璃	67 648 313	41 548 298	14 913.78	7 419.24
	动力煤 TC	50 297 215	2 651 572	24 017.63	1 648.19
	粳稻	342	99	0.22	0.06
	晚籼稻	334	1 059	0.18	0.59
	硅铁	659 485	39 406	173.93	7.62
	锰硅	1 364 525	50 439	493.78	10.68
	总　额	901 240 809	1 070 223 728	310 297.11	309 794.68

续表

交易所名称	品种名称	2016年累计成交总量（手）	2015年同期成交总量（手）	2016年累计成交总额（亿元）	2015年同期成交总额（亿元）
大连商品交易所	黄大豆一号	32 570 158	18 810 903	12 241.22	7 722.09
	黄大豆二号	1 834	4 936	0.66	1.50
	胶合板	8 157	182 704	4.43	103.73
	玉米	122 362 964	42 090 235	19 101.34	8 276.02
	玉米淀粉	67 445 264	27 053 680	13 057.55	5 835.30
	纤维板	710	68 271	0.21	20.08
	铁矿石	342 265 309	259 572 085	144 780.32	98 963.68
	焦炭	50 461 050	15 662 329	56 346.93	13 162.74
	鸡蛋	22 474 739	14 718 738	8 072.88	5 936.41
	焦煤	41 077 427	15 706 560	22 047.94	5 932.84
	LLDPE	100 931 133	119 856 998	44 404.91	52 741.03
	豆粕	388 949 970	289 496 780	111 768.06	76 963.61
	棕榈油	139 157 899	111 515 010	75 669.15	52 496.48
	聚丙烯	123 768 347	107 513 311	43 534.08	38 965.30
	聚氯乙烯	11 242 993	1 566 571	3 658.64	407.89
	豆油	94 761 814	92 504 264	59 364.65	51 831.06
	总　　额	1 537 479 768	1 116 323 375	614 052.98	419 359.74
中国金融期货交易所	10年期国债期货	6 176 803	1 683 921	61 271.36	16 511.76
	沪深300股指期货	4 225 566	277 101 989	40 142.63	3 419 065.91
	5年期国债期货	2 757 209	4 403 572	27 742.32	43 594.99
	上证50股指期货	1 624 386	35 483 920	10 472.62	306 922.81
	中证500股指期货	3 551 891	22 195 929	42 562.18	391 509.24
	总　　额	18 335 855	340 869 331	182 191.10	4 177 604.71
全国期货市场交易总额		3 577 910 580	4 137 768 273	3 577 910 580	1 956 316.09

资料来源：中国期货业协会。

表 7-1-12　芝加哥期货交易所农产品期货交易量情况

单位：张

年份 品种	2005	2006	2007	2008	2009	2010	2011	2012	2013	2014	2015	2016
小麦期货合约	10 114 098	16 224 871	19 582 706	19 011 928	17 677 547	23 090 255	24 283 331	27 379 403	24 993 158	31 722 024	38 460 544	40 750 542
小麦小型期货合约	32 295	67 637	79 282	70 971	61 355	91 560	149 102	95 600	125 944	101 124	82 987	74 698
玉米期货合约	27 965 057	47 239 893	54 520 152	59 957 118	50 948 804	69 841 420	79 004 801	73 184 337	64 322 600	69 437 304	83 094 271	85 625 219
玉米小型期货合约	102 292	162 545	156 210	219 562	203 474	237 394	363 832	267 428	206 491	172 411	132 596	143 840
燕麦期货合约	351 539	427 315	432 741	441 588	314 305	344 587	349 316	279 570	254 958	200 531	194 575	225 230
大豆期货合约	20 216 137	22 647 785	31 726 316	36 373 096	35 758 855	36 933 960	45 143 755	52 041 615	46 721 081	49 169 361	54 095 051	61 730 753
大豆小型期货合约	459 313	581 047	540 940	475 231	466 367	412 732	394 119	359 324	299 308	316 771	229 208	296 336
豆粕期货合约	8 324 616	9 350 043	12 213 315	13 354 174	12 880 767	14 052 845	16 920 194	18 187 433	20 237 181	20 637 382	24 315 276	25 953 938
豆油期货合约	7 676 130	9 488 524	13 170 864	16 928 361	17 132 082	20 791 164	24 156 509	27 627 590	23 805 912	23 769 391	28 897 275	29 429 298
稻合期货合约	228 502	321 330	358 905	362 565	277 065	448 724	555 854	388 936	280 048	225 694	316 315	305 045

资料来源：芝加哥期货交易所。

说明：小麦、玉米、大豆、燕麦、大豆期货合约单位为 5 000 蒲式耳，小型小麦、玉米、大豆期货合约单位为 1 000 蒲式耳，其中小麦、大豆 1 蒲式耳约等于 0.0272 吨，玉米 1 蒲式耳约等于 0.0254 吨，燕麦 1 蒲式耳约等于 0.0172 吨；豆粕期货合约单位为 100 短吨（约 90.72 吨）；豆油期货合约单位为 60 000 磅（约 2.72 吨）；稻合期货合约单位为 2 000 英担（约 101.6 吨）。

表 7-1-13　　美国农业部世界谷物统计与预测　　　　　　　　单位：百万吨

品种	分类	2010/2011年度	2011/2012年度	2012/2013年度	2013/2014年度	2014/2015年度	2015/2016年度（预估）	2016/2017年度（预测）
小麦	产量	652	697.3	658.3	715.4	728.3	735.6	748.2
	消费	654	688.9	686.9	690.8	700.4	709.6	735.9
	期末库存	197.9	199	177	194	217.5	240.8	248.6
	贸易量	133.7	153.8	147.1	165.9	161.8	172.1	178.3
大米	产量	449.1	465.8	472.5	478.4	478.6	472	480.1
	消费	443.6	456.5	466.1	478.2	475	468.4	475.7
	期末库存	98.7	104.4	110.5	107.4	115	116.5	118
	贸易量	36.2	39.1	39.5	43.4	42.6	40.3	41.5
全部粗粮	产量	1 099.4	1 151.3	1 136.50	1 279.58	1 307.63	1 248.63	1 329.03
	消费	1 130.2	1 133.6	1 134.49	1 232.48	1 271.81	1 249.45	1 324.39
	期末库存	165.8	165.4	163.94	211.04	246.86	246.03	250.67
	贸易量	116.2	132.40	132.40	165.25	173.92	185.17	180.10
全部谷物（包括大米）	产量	2 200.5	2 314.4	2 267.30	2 473.38	2 514.53	2 456.23	2 557.33
	消费	2 227.8	2 279	2 287.49	2 401.48	2 447.21	2 427.45	2 535.99
	期末库存	462.4	468.8	451.44	512.44	579.36	603.33	617.27
	贸易量	286.1	326.4	319.00	374.55	378.32	397.57	399.90

资料来源：美国农业部。

说明：（1）贸易数据为 7 月/6 月，其他为各国市场年度数据的加总。

（2）贸易量的统计不包括欧盟内部贸易，包括前苏联各加盟共和国间的贸易。

二、2016年中国粮食市场大事记

1月

4日，国务院办公厅发布《农村三产融合指导意见》，主要目标是到2020年，农村产业融合发展总体水平明显提升，产业链条完整、功能多样、业态丰富、利益联结紧密、产城融合更加协调的新格局基本形成，农业竞争力明显提高。为此，需发展多类型农村产业融合方式，培育多元化农村产业融合主体，建立多形式利益联结机制。

5日，中粮集团有限公司召开中层以上管理人员大会。中共中央组织部副部长王京清宣布了党中央、国务院关于中粮集团有限公司主要领导变动的决定：赵双连任中粮集团有限公司董事长、党组书记，免去其中国储备粮管理总公司董事长、党组书记职务；宁高宁同志另有任用。同日，中化集团举行的会议上则宣布，宁高宁接任到龄退休的刘德树，担任中化集团董事长、党组书记一职。

8日至9日，全国粮食流通工作会议在京召开。会议强调，2016年是"十三五"开局之年，"十三五"时期粮食系统要围绕引领经济新常态、落实发展新理念，抓住机遇，自我革新，处理好部分品种阶段性过剩与供求总量紧平衡、完善粮食价格形成机制和保护种粮农民积极性、粮食供给侧与需求侧、国内市场与国际市场4个关系，把全面建成小康社会、全面深化改革、全面依法治国、全面从严治党的各项要求落到实处，推动粮食流通工作迈上新台阶。一是深入贯彻落实全面建成小康社会战略部署，切实提升粮食流通能力，努力确保粮食卖得出、收得进、供得上，群众食得安、吃得好。二是全面深化粮食流通领域改革，激发行业发展内生动力，围绕处理好中央储备和地方储备、产区和销区、政府和市场、国企和民企的关系，着力破除发展障碍。三是全面推进依法治粮，为行业发展提供法治保障。进一步推进管理理念、管理职能、管理方式、管理作风转变,提高法治化、规范化水平。四是全面加强粮食系统从严治党,统筹融合业务党务队伍建设。

8日,全国粮食统一竞价交易平台正式上线运行,国家粮食局粮食交易协调中心(以下简称"国家粮食交易中心")具体组织国家政策性粮食竞价交易工作,承担中心市场职责。全国粮食统一竞价交易平台的上线运行将有助于进一步优化粮食流通环节,提高粮食流通效率,降低粮食交易成本,增强企业竞争力;有助于粮食行政管理部门全面准确掌握粮食交易信息,实施更加精准科学高效的市场调控;有助于加快建设统一开放、竞争有序、协同发展的现代粮食市场体系,营造更加公开、公平、公正的市场交易环境。

13日,国家粮食局网站发布《国家粮食局关于在全国粮食系统开展向河北省柏乡粮库学习活动的决定》。决定指出,开展向柏乡粮库学习活动,为保障国家粮食安全提供强大精神动力。学习柏乡粮库先进事迹,可以强化粮食人全心全意为人民服务的宗旨意识,强化粮食人保障国家粮食安全的使命感、责任感,强化粮食人践行"三严三实"的自觉性、持久性。

13日,国家粮食局办公室发布通知,经全国粮食行业技能拔尖人才评审委员会评审、社会公示,国家粮食局决定确定高玉树等14名同志为"全国粮食行业技能拔尖人才",并同意其建立"全国粮食行业技能拔尖人才工作室"。希望高玉树等14名同志珍惜荣誉,积极进取,在技术攻关、技能创新和传技带徒方面发挥领军作用,做出更大的贡献。

17日,京粮集团古船米业公司与吉林省松原粮食集团、梅河米业公司签署战略合作协议,"吉林大米"的两个子品牌"查干湖圆粒香"、"梅河秋田小町"正式借"古船"登陆北京市场。这标志着京吉探索粮食供给侧结构改革、着力打造惠及城乡居民的优质健康粮油产品供应体系迈出了坚实的一步。

19日,为切实保护玉米种植农户利益、让农户手中霉变超标玉米有处可卖,辽宁省率先出台《2015年生霉粒超标玉米收购工作预案》,由省内玉米生霉高发地区的粮食购销企业和玉米深加工企业作为霉变超标玉米的收购主体,按市场价挂牌收购,粮权归属收购企业,地方政府给予70

元/吨的整理费用补贴。《预案》指出，收购企业按照国家临储玉米收购操作规程，以市场价挂牌敞开收购农民手中生霉粒含量在2%~5%（含5%）的玉米，收购期内收购的超标玉米，可享受70元/吨的整理环节费用补贴。收购期分为两个阶段。第一阶段从2016年1月至2月底，第二阶段从2016年3月至4月底，收购视市场价格、收购进展和农民余粮生霉等情况分阶段启动。

19日，从粮油市场报获悉，为把生态承受力弱、不适宜耕种的地尽快退下来种树种草，日前，财政部等7部门联合印发了《关于扩大新一轮退耕还林还草规模的通知》，退耕还林每亩补助1 500元，退耕还草每亩补助由800元提高到1 000元。通知要求由各有关省研究拟定区域内扩大退耕还林还草的范围，从2016年起，退耕还林还草重点向扶贫开发任务重、贫困人口较多的省倾斜。退耕还林还草的范围在陡坡耕地梯田、重要水源地15~25度坡耕地的基础上，增加"严重污染耕地退耕还林还草"的需求。2014年和2015年，全国退耕还林任务分别为483万亩和940万亩。截至2015年12月21日，2014年退耕还林计划任务已全面完成。

20日，农发行召开专家委员会成立大会，来自农业部、水利部、住建部等政府部门研究机构和对外经贸大学、中央财经大学等院校的16位专家学者，以及长期在农发行总行、省级分行担任领导职务的14名同志出席会议。专家委员会是农发行党委决策的重要智库，主要职责是围绕农发行贯彻落实政策、服务国家战略、改革发展、业务经营等方面提供决策咨询。

22日，国家粮食局下发《关于进一步加强国家政策性粮食出库管理工作的通知》，要求各相关单位督促和指导粮食企业严格执行国家政策性粮食销售的有关规定，依法治理各种形式的"出库难"，确保国家通过粮食交易中心拍卖的粮食按照合同约定的数量、质量及时投放市场。

27日，2016年中央"1号文件"由新华社受权发布。这份文件题为《关于落实发展新理念加快农业现代化实现全面小康目标的若干意见》，全文约15 000字，共分6个部分30条。"供给侧结构性改革"一词今年首次写入了中央"1号文件"。文件要求，改革完善粮食等重要农产品价格形成机制和收储制度。坚持市场化改革取向与保护农民利益并重，采取

"分品种施策、渐进式推进"的办法，完善农产品市场调控制度。继续执行并完善稻谷、小麦最低收购价政策。深入推进新疆棉花、东北地区大豆目标价格改革试点。按照市场定价、价补分离的原则，积极稳妥推进玉米收储制度改革，在使玉米价格反映市场供求关系的同时，综合考虑农民合理收益、财政承受能力、产业链协调发展等因素，建立玉米生产者补贴制度。按照政策性职能和经营性职能分离的原则，改革完善中央储备粮管理体制。深化国有粮食企业改革，发展多元化市场购销主体。科学确定粮食等重要农产品国家储备规模，完善吞吐调节机制。

2月

3日，国务院公布2016年稻谷主产区最低收购价政策。2016年生产的早籼稻（三等，下同）、中晚籼稻和粳稻最低收购价格分别为每50千克133元、138元和155元。早籼稻最低收购价下调2元，中晚籼稻和粳稻保持2015年水平不变。

5日，从财政部获悉，日前，财政部、国家发改委等八部门下发了关于扩大新一轮退耕还林还草规模的通知。通知表示，将确需退耕还林还草的陡坡耕地基本农田调整为非基本农田；加快贫困地区新一轮退耕还林还草进度；及时拨付新一轮退耕还林还草补助资金；认真研究在陡坡耕地梯田、重要水源地15~25度坡耕地以及严重污染耕地退耕还林还草的需求。通知规定，国家按退耕还林每亩补助1 500元（其中，中央财政补助1 200元、种苗造林费300元）、退耕还草每亩补助1 000元（其中，中央财政补助850元、种苗种草费150元）。

15日，从农业部网站获悉，日前，农业部印发《2016年种植业工作要点》指出，稳定黄淮地区冬小麦，适当恢复北方春小麦。在发展目标上，农业部要求提升"三个能力"。一是提升粮食等主要农产品供给能力。夯实谷物基本自给、口粮绝对安全的基础，棉花、食用植物油和糖料等农产品供给稳定。二是提升农业质量效益和竞争力。三是提升可持续发展能力。《要点》强调，今年种植业发展的首要任务是稳定粮食生产，保持粮食产量基本稳定，防止出现滑坡。重点任务是稳定小麦水稻面积，守住"口粮绝对安全"的底线。强化政策引导，落实小麦、稻谷最低收购价等政策，指导农民安排好种植结构，确保小麦、水稻面积稳定在8亿亩以上。稳定黄淮地区冬小麦,适当恢复北方春小麦。巩固提升东北粳稻,稳定南方双季稻。积极发展优质稻米和强筋弱筋小麦,满足消费需求。会同发改委等部门,实施《粮食安全省长责任制考核办法》,细化指标,落实责任,加强督查,调动地方重农抓粮积极性。

16日,国家粮食局发布"关于请抓紧推荐参与超期储存粮食定向销售加工企业初步名单的函",使年前盛传多日的临储陈粮定向销售传闻终于有了新的进展,引发市场关注。虽然目前有关定向销售的范围、具体价格、启动时间、粮源质量等细节均未知,但该文件的发布算是"迈出了实质性的一步",而从文件发布次日玉米及玉米淀粉期货价格大幅下跌,也可见政策效应已快速发散。结合目前国家玉米库存粮源年份结构等因素综合考虑,预计首批参与定向销售的粮源以2012年产东北玉米可能性为最大,当年临储累计收购总量1 170万吨,其中927万吨玉米通过跨省移库方式转出东北,分散存储于华北、华南等各地粮库储存。2012年东北临储玉米收购价格(三等粮)2 100~2 140元/吨,省际价差20元/吨。

23日,新华社消息,为贯彻落实中央"1号文件"精神和新形势下国家粮食安全战略部署,农业部把马铃薯作为主粮产品进行产业化开发,打造小康社会主食文化,引领农业供给侧结构性改革,促进稳粮增收、提质增效和农业可持续发展。近日,农业部下发《关于推进马铃薯产业开发的指导意见》,对有关工作进行具体安排部署。据悉,我国推进马铃薯产业开发的目标是,力争到2020年马铃薯种植面积扩大到1亿亩以上,适宜主食加工的品种种植比例达到30%,主食消费占马铃薯总消费量的30%。农业部推进马铃薯产业开发,在思路上重点是"实施一个战略、树立一个理念、突出三个重点"。

3月

1日,从粮油市场报获悉,近日,国家质检总局发布《进出境粮食检验检疫监督管理办法》(以下简称《办法》),将于7月1日起正式施行。《办法》要求,质检总局对进境粮食实施检疫准入制度;向我国境内出口粮食的境外生产、加工、存放单位,要经质检总局注册登记。出境粮食应当符合我国政府与输入国家或者地区签订的检疫协议、议定书、备忘录等规定,输入国家对向其输出粮食的境外生产企业有注册登记要求的,出口生产企业要经直属检验检疫局注册登记。

2日，从有关方面获悉，近日，国务院总理李克强签署第666号国务院令，公布《国务院关于修改部分行政法规的决定》（以下简称《决定》）。该《决定》指出，为了依法推进简政放权、放管结合、优化服务改革，国务院对取消和调整行政审批项目、价格改革和实施普遍性降费措施涉及的行政法规进行了清理，决定对《粮食流通管理条例》等66部行政法规的部分条款予以修改，自公布之日起施行。其中《粮食流通管理条例》中的第九条第一款修改为："依照《中华人民共和国公司登记管理条例》等规定办理登记的经营者，取得粮食收购资格后，方可从事粮食收购活动。"第四十一条修改为："未经粮食行政管理部门许可擅自从事粮食收购活动的，由粮食行政管理部门没收非法收购的粮食；情节严重的，并处非法收购粮食价值1倍以上5倍以下的罚款；构成犯罪的，依法追究刑事责任。"

3日，消息人士称，中粮集团香港有限公司已经签署4亿美元5年期贷款，用于支持收购新加坡来宝集团旗下的来宝农业有限公司。上年12月23日，中粮香港表示计划收购其尚未拥有的来宝农业49%股权，收购价为7.48亿美元。

5日，国务院总理李克强作政府工作报告时说，要引导农民适应市场需求调整种养结构，适当调减玉米种植面积。按照"市场定价、价补分离"原则，积极稳妥推进玉米收储制度改革，保障农民合理收益。要多措并举消化粮食库存，大力支持农产品精深加工，延伸农业产业链条；制定新一轮退耕还林还草方案，今年退耕还林还草1 500万亩。

17—18日，全国粮食调控与统计工作会议在福建福州召开。会议强调，2016年各地粮食部门要开拓创新、履职尽责，确保全面完成粮食调控和统计工作各项任务。一是全力以赴打好粮食收储攻坚战；二是积极稳妥做好粮食库存消化工作；三是切实提高粮食储备管理水平；四是扎实提升统计信息服务能力。

25日，国家发展和改革委员会、国家粮食局、财政部、中国农业发展银行联合发布通知，对安徽、山东、河南、湖北、四川等5个省的粮食库存进行重点检查。检查范围包括所有中央储备粮、国家临时存储粮（含最低收购价粮、国家临时储存粮和国家临储进口粮）、地方储备粮，以及国有粮食企业的商品粮库存。检查内容包括粮食库存账实相符、账账相符情况，库存粮食质量安全情况，储备粮轮换情况，储粮安全和安全生产情况，中央储备粮代储资格及粮食收购资格情况，国家粮食购销政策执行情况，政策性粮食补贴拨付使用情况。

23—25 日，国家粮食局在甘肃兰州召开全国粮食质量安全监管工作会议。会议指出，各地粮食部门要深刻认识粮食质量安全监管工作的重要性和紧迫性，坚定信心，抢抓机遇，以"五大发展理念"为引领，强化粮食质量安全保障能力建设，深化粮油标准化改革工作，进一步提升粮食质量安全监管工作水平。2016 年重点做好以下工作：一是积极探索，进一步完善粮食质量安全制度机制建设；二是不遗余力，继续抓好粮食质量检验监测体系建设工作；三是未雨绸缪，重点做好超标粮食收购处置准备工作；四是聚焦关键，做好库存和新收获粮食质量安全监测工作；五是完善体系，抓好粮食标准化工作；六是强化基础，扎实推进党风廉政和质量监管队伍建设。

28 日，粮油市场报记者从国家发改委召开的新闻发布会上获悉，2016 年，东北三省和内蒙古自治区的玉米临储政策调整为"市场化收购"加"补贴"的新机制。一方面，玉米价格由市场形成，反映市场供求关系，调节生产和需求，生产者随行就市出售玉米，各类市场主体自主入市收购；另一方面，建立玉米生产者补贴制度，对东北三省和内蒙古自治区给予一定财政补贴，中央财政补贴资金拨付到省区，由地方政府统筹补贴资金兑付到生产者，以保持优势产区玉米种植收益基本稳定。

4 月

1 日，从国家发改委获悉，2016 年国家继续在东北三省和内蒙古自治区开展大豆目标价格改革试点。统筹考虑大豆市场供求、生产成本收益等因素，经国务院批准，国家发改委发布 2016 年大豆目标价格水平为每吨 4 800 元。2014 年、2015 年大豆目标价格皆为每吨 4 800 元。

6 日，国家粮食局发布通知，对小麦、稻谷托市收购做出具体部署，同时明确油菜籽继续由地方政府负责组织、引导和鼓励各类企业按照依质论价、优质优价的原则，积极开展市场化收购。《小麦和稻谷最低收购价执行预案》发布时间比上年提前一个多月，油菜籽政策提前 2 个多月。

根据《小麦和稻谷最低收购价执行预案》，执行本预案的小麦主产区为河北、江苏、安徽、山东、河南、湖北6省；早籼稻主产区为安徽、江西、湖北、湖南、广西5省（区）；中晚稻（包括中晚籼稻和粳稻）主产区为辽宁、吉林、黑龙江、江苏、安徽、江西、河南、湖北、湖南、广西、四川11省（区）。预案规定的小麦最低收购价执行时间为当年5月21日至9月30日；早籼稻最低收购价执行时间为当年7月16日至9月30日；中晚稻最低收购价执行时间为：江苏、安徽、江西、河南、湖北、湖南、广西、四川8省（区）当年9月16日至次年1月31日，辽宁、吉林、黑龙江3省当年10月10日至次年2月末。执行最低收购价的企业为：中储粮总公司及其有关分公司，受中储粮总公司委托的中粮、中纺、中航工业、农垦集团所属企业及有关地方骨干企业；各主产省地方储备粮管理公司（或单位）以及北京、天津、上海、浙江、福建、广东、海南等7个主销区省级地方储备粮管理公司（或单位）。

14日，国家粮食局在安徽合肥召开全国夏粮收购工作会议，研究分析小麦、油菜籽和早籼稻生产、购销形势，安排部署夏季粮油收购工作。会议要求，各级粮食部门和粮食企业要迅速行动、多措并举，狠抓落实，确保圆满完成夏粮收购各项工作任务。一是抓紧做好收购各项准备，二是严格执行国家粮食收购政策，三是积极引导各类企业开展市场化收购，四是切实加强组织领导。

19—20日，国家粮食局在山东济南召开全国粮食财会工作会议，要求各级粮食财会部门要贯彻好粮食行业"十三五"规划纲要，把各项规划任务落到实处；要服务粮食收储制度改革，抓好收购资金筹措和管理；要指导企业搞活经营，大力支持粮食产业经济发展；要加强沟通协调，积极推动"粮安工程"实施；要树立服务意识，保障行政事业运行和部门自身建设。他还强调，粮食财会部门和财会人员要贯彻落实全面从严治党的各项要求，使党章党规党纪内化于心、外化于行，切实打造忠诚干净担当的粮食财会"铁算盘"。

21日，中国国土资源部发布的《2015中国国土资源公报》显示，2015年中国耕地面积20.25亿亩，年内净减少耕地面积99万亩。数据显示，2015年全国因建设占用、灾毁、生态退耕、农业结构调整等原因减少耕地面积450万亩，通过土地整治等增加耕地351万亩，年内净减少耕地面积99万亩。

22日,国家粮食局下发《关于规范粮食行业信息化建设的意见》,对规范粮食行业信息化建设做出具体部署。"十三五"期末,粮食企业信息化应用比较普遍,数据采集利用和业务协同能力明显增强,粮食装备和库存管理信息化、智能化水平显著提高,粮食信息服务更加高效,以信用为基础的新型监管方式得到广泛应用,信息技术在粮食行业现代化进程中发挥重要作用。意见提出,信息化建设的指导思想是,顺应信息技术发展趋势,抓住信息化快速发展历史机遇,加强顶层设计和统筹协调,以涉粮企业信息化为基础,以标准规范为指引,以数据采集和应用为核心,以信息技术与粮食业务深度融合和管理创新为手段,消除"数据孤岛",积极培育粮食信息化发展环境,促进新业态、新模式、新技术快速发展,推动"大众创业、万众创新",促进粮食流通产业转型升级,全面提升粮食流通能力现代化水平,为确保国家粮食安全奠定更加坚实的基础。

26日,据悉,农发行扶贫金融事业部日前获得银监会正式获准设立。根据银监会批复,农发行将发挥政策性金融对扶贫开发的支持作用,持续加大扶贫资金投入,完善工作机制,加强信贷管理,切实做好扶贫开发金融服务。同时,加强对扶贫金融事业部管理,制定并完善扶贫金融各项规章制度,确保其依法合规运营,有效管控风险。

28日,农业部印发了《全国种植业结构调整规划(2016—2020年)》,对当前和今后一个时期种植业结构调整进行安排部署。《规划》强调,在种植业结构调整的目标方面,主要是"两保、三稳、两协调"。"两保",即保口粮、保谷物。到2020年,粮食面积稳定在16.5亿亩左右。其中稻谷、小麦面积稳定在8亿亩,谷物面积稳定在14亿亩。"三稳",即稳定棉花、食用植物油、食糖自给水平。

5月

5日,国家有关部门在河南省郑州市举办全国粮食库存检查部门联合抽查动员培训会,部署2016年粮食库存检查部门联合抽查工作。会议要求认真搞好抽查培训,使检查人员全面掌握抽查技能和方法。培训和抽查突出问题导向,高度聚焦国家政策性粮食收储和销售出库过程中可能存在的各种违规问题。严查重大涉粮案件,依法依规严肃处理。全体抽查人员要密切配合协作,加强安全防护,高标准、严要求、高质量地完成抽查任务,切实守住"数量真实、质量良好、储存安全"的监管底线。

9日,中国储备粮管理总公司召开中层以上管理人员大会。中共中央组织部主持常务工作的副部长(正部长级)陈希同志宣布了党中央、国务院关于中国储备粮管理总公司主要领导变动的决定:吕军同志任中国储备粮管理总公司董事长、党组书记,免去其中国储备粮管理总公司总经理职务。上述职务任免按有关法律和程序办理。

12日,从农业部获悉,农业部、国家发展与改革委员会、中央网信办、科技部等8部门近日联合印发《"互联网+"现代农业三年行动实施方案》。方案提出,到2018年,农业在线化、数据化取得明显进展,管理高效化和服务便捷化基本实现,生产智能化和经营网络化迈上新台阶。在生产方面,重点突出种植业、林业、畜牧业、渔业,强调农产品质量安全;在经营方面,重点推进农业电子商务。推动"互联网+"与农业生产经营管理服务深度融合,以"互联网+"引领驱动农业现代化加快发展。当前与未来较长时期,改造传统农业就要加快推动农业与互联网的深度融合,"互联网+"将全面改造传统农业的基础设施、技术装备、经营模式、组织形态与产业生态,是自绿色革命以来中国传统农业实现赶超发展的重大机遇。

12—13日,全国粮食系统军粮供应工作会议在湖南长沙召开。会议强调,2016年军粮供应工作要按照全国粮食流通工作会议的总体部署,紧贴军队改革,搞好配套创新;围绕能打胜仗,提供精准保障;借力部队支持,打造军供铁军。各地粮食部门要认真践行"以兵为本"服务宗旨,以确保圆满完成军粮供应保障任务为目标,以优化应急应战网络体系为重点,以加强基础设施建设改造为抓手,加快推进军粮供应、应急供应、成品粮储备、放心粮油、主食产业化"五位一体"融合发展,不断提升军粮供应综合保障水平。

15日,由科技部、中国科协等11个国家部委和内蒙古自治区政府共同主办的"科技列车赤峰行暨2016年内蒙古自治区科技活动周"在赤峰全面启动。本次活动以"创新引领,共享发展"为主题,国家粮食局联合内蒙古自治区粮食局向赤峰捐赠100套新型储粮仓,并派出6位专家通过讲座及现场答疑的方式为当地粮食企业提供技术咨询服务,向农户普及爱粮节粮知识。

17—18 日，粮食科技活动周期间，首届粮食科技成果转化对接推介活动在武汉轻工大学举行。活动现场展示了近 300 项粮食科技创新成果，61 组科研机构和粮食企业达成签约。其间还举办了粮食科技大讲堂。

17—18 日，由国家粮食局、中国科学技术协会主办，湖北省粮食局和武汉轻工大学承办，中国粮油学会、国家粮食局科学研究院等单位协办的"2016 年粮食科技活动周——首届粮食科技成果转化对接推介活动"在武汉轻工大学金银湖校区成功举办。该活动围绕"加快粮食科技成果转化，促进粮食产业经济发展"的主题，组织 107 家粮食科研机构及科技型企业举办了粮食行业科技成果展（展位 152 个）及"十二五"获国家科技奖 11 项重大成果展；推介了粮食仓储物流、玉米深加工转化、油脂加工及粮食加工方面 25 项优秀科技成果，以及国家重点科研机构及创新团队。

18 日，据国家粮食局网站消息，为充分利用社会粮食仓储设施，缓解部分地区国有或国有控股粮食企业仓容不足的矛盾，防范发生农民卖粮难，确保国家粮食收购政策落实和政策性粮食储存安全，国家发展与改革委员会、国家粮食局、财政部和农发行对《租赁社会粮食仓储设施收储国家政策性粮食的指导意见（试行）》进行了修订。国家粮食局网站于当日发布了该意见。

19 日，世界首个以水稻为主题的博物馆———隆平水稻博物馆亮相湖南长沙。整个博物馆的外观由多个形似"稻粒"的建筑组成，建筑排列成绽放的稻花形状。馆内有水稻历史与文化、水稻科技、袁隆平与杂交水稻等展厅。该馆于当日免费对外开放。

19 日，中粮集团全资子公司中粮农业在乌克兰投资 7 500 万美元建设的 DSSC 码头正式投产。这是中国在乌克兰物流开发方面最大的投资，为周边国家粮食物流体系打造出重要的支点。该码头位于尼古拉耶夫海运商业港，由中粮农业全资持有和运营，出口经营品种为玉米。码头总吞吐量为 250 万吨/年，仓储能力 14.3 万吨。DSSC 码头建成投产后将成为乌克兰最先进的农产品中转设施。目前，中粮集团在乌克兰进行玉米、小麦、大麦等品种的粮食收购和贸易，出口至北非和地中海、伊朗、东南亚、欧洲，年经营量 150 万~200 万吨，市场份额约 8%。在乌克兰当地建设葵花籽加工厂，年压榨量 30 万~40 万吨，市场份额约 4%。中粮农业是乌克兰第二大植物油出口商，年经营量 30 万吨，市场份额 25%。

23—25 日，国家主席习近平在黑龙江考察调研时强调，粮食安全是国家安全的重要基础，要创新粮食生产经营模式，优化生产技术措施，落实各项扶持政策，保护农民种粮积极性，着力提高粮食生产效益。习近平指出，黑龙江是农业大省和粮食主产区，要统筹抓好现代农业产业体系、生产体系、经营体系建设，因地制宜推进多种形式规模经营，用规模经营提升农业竞争力、增加农民收入。

24 日，国家粮食交易中心公告称，根据《国家发展与改革委　国家粮食局　财政部关于做好超期储存和蓆茓囤储存粮食定向销售有关工作的通知》文件精神，经国家有关部门批准，定于 2016 年 5 月 27 日开始每周在国家粮食局粮食交易协调中心及联网的各省（区、市）国家粮食交易中心举行超期储存和蓆茓囤储存国家政策性粮食（玉米、稻谷）定向竞价销售交易会。

29 日，2016 第二届中国优质麦产业发展论坛于河北省邢台市隆尧县举行。该论坛围绕优质麦生产种植、优质小麦深加工、优质小麦与营养均衡等相关问题进行了深入讨论。与会专家呼吁通过推广优质麦的产业化规模种植，带动优质麦从种植到加工的产业链条建立与发展。作为本次论坛的承办单位，今麦郎面品有限公司近年来致力于对优质麦的推广，迄今为止，今麦郎优质麦工程共带动近 40 万农户种植 100 万亩优质麦，按优质小麦与普通小麦每千克差价 0.40 元计算，农户预计每年多收入 1.65 亿元。

30 日，国家粮食局粮食交易协调中心定于 6 月 1 日在中心及联网的各省（区、市）国家粮食交易中心举行国家临时存储大豆竞价销售交易会。此次交易会计划投放临时存储大豆 30.04 万吨，其中 2010 年产大豆 12.04 万吨；2011 年产大豆 18 万吨。

31 日，国家粮食安全政策专家咨询委员会在京成立并召开第一次全体会议。成立国家粮食安全政策专家咨询委员会，建设服务国家粮食安全的"智库"，是保障国家粮食安全的客观要求，是完善粮食决策咨询制度的重要途径，是提升粮食安全软实力的必然选择，是加快粮食流通事业改革发展的内在需要。专家咨询委员会 2016 年将重点加强粮食"价补分离"制度改革、粮食储备机制创新、粮食产区利益补偿机制等方面的课题研究；就制定粮食行业"十三五"规划、落实粮食安全省长责任制、完善粮食收储政策、推进《粮食法》出台等重大问题，提出咨询意见和建议；举办粮食安全论坛系列报告会。

31日，国家发展与改革委召集农业部、国家粮食局、财政部、国土资源部、环境保护部、水利部、工商总局、质检总局、食品药品监管总局、国家统计局、中国农业发展银行等12家单位有关负责同志召开了国家粮食安全省长责任制考核工作组第一次联席会议。会议强调，粮食安全省长责任制考核虽然是一项全新工作，无现成经验和模式可循，但要采取有效措施保证顺利推进。一是要加强组织领导和协调配合，二是考核要坚持简便易行、务实管用，三是要充分调动地方政府积极性，四是要妥善处理好原则性和灵活性的关系、过程考核和结果考核的关系，五是要加强对粮食安全省长责任制考核重大问题的研究。考核工作组各成员单位要共同努力，把考核的作用发挥得更好、更科学，把党中央、国务院保障国家粮食安全的总体要求变成可操作、可衡量、可检验的具体行动，确保国家粮食安全战略目标的顺利实施。

31日，据国家粮食局网站消息，根据《国务院办公厅关于做好行政法规部门规章和文件清理工作有关事项的通知》部署和要求，国家粮食局对2000年至2016年1月底发布的政策性文件进行了清理。经商国务院有关部门，决定废止13件政策性文件，并予公告。

6月

15日，农业部网站发布大豆绿色高效技术集成示范项目实施方案，期望通过该项目促进非转基因高蛋白食用大豆发展，进一步提高大豆单产品质，降低大豆生产成本，发挥大豆生态效应。上述项目共计安排560万元，用于28个示范方建设补助。其中，每个示范方补助资金20万元，并力争每个示范方平均亩产达到200千克以上。在东北春大豆和黄淮海夏大豆主产区，选择生产基础好、种植规模大、机械化水平高、示范带动强的县，集中开展大豆绿色高效模式示范。其中，东北地区在第四、五积温带选择6个县（黑龙江省3个，内蒙古自治区2个，吉林省1个），黄淮海地区选择1个县（安徽省），每县各建4个2 000亩大豆绿色高效技术集成示范方。

16—17日上午，国家粮食局在陕西省西安市召开全国粮食局长座谈会。会议要求，全国粮食系统要深入学习贯彻习近平总书记系列重要讲话精神，认真落实中央关于保障国家粮食安全的战略部署，紧紧围绕中央加快推进供给侧结构性改革的战略要求，履职尽责、攻坚克难，扎实抓好粮食收购，全力防止出现农民"卖粮难"；扎实抓好安全储粮，确保不发生严重霉粮坏粮事故；扎实推进粮食供给侧结构性改革，突出抓好粮食"去库存"和补短板，大力发展粮食产业经济；认真贯彻落实全国科技创新大会精神，扎实推进科技兴粮人才兴粮；扎实抓好"两学一做"学习教育，推进粮食行业全面从严治党，努力开创粮食流通改革发展的新局面。

17日下午，国家粮食局在陕西省西安市召开专题座谈会，听取"一带一路"18个重点省份粮食局和相关大中型粮食企业对贯彻落实中央"一带一路"战略的意见建议，对粮食行业贯彻落实中央"一带一路"战略作进一步安排。会议强调，要找准粮食流通改革发展和"一带一路"建设的结合点，统筹谋划、重点发力、有序推进，在积极参与"一带一路"建设中谱写保障国家粮食安全、维护全球粮食安全的新篇章。要重点抓好五个方面工作：一是扎实推进重要物流通道和节点建设，为粮食资源跨区域、长距离、大规模、高效率流通打下坚实的硬件基础；二是积极推动粮食产业集群发展，形成优势互补、互利互惠、合作共赢的产业经济发展新格局；三是着力优化粮食进出口布局和品种结构，不断健全多边多元、稳健可靠的粮食对外贸易格局；四是加快培育一批具有国际竞争力的大粮商，稳步提升国际粮食市场影响力和话语权；五是进一步加强粮食流通国际合作交流，加快形成开放包容、互利共赢的多边合作关系。

17日，6·18中国·海峡项目成果交易展暨第十二届粮食产销协作福建洽谈会召开之前，由吉林省粮食局组织的"2016吉林大米福州推介会"在福州举行，定位高端的"吉林大米"赢得了众多经销商的青睐，而不少跨界经销商的到来更成为推介会的一大亮点。

18日，6·18中国·海峡项目成果交易会暨第十二届福建粮食产销合作洽谈会，在福州海峡国际中心隆重开幕，本届洽谈会到会粮企数量、代表人数均创历届新高，现场共达成粮食购销631万吨。同期召开的粮食供给侧改革论坛、"一带一路"经贸6·18洽谈会等系列活动,也给本届粮洽会增色不少。据介绍,此次洽谈会由福建、山东、江西、吉林、安徽、河南、黑龙江、湖南、江苏、湖北、内蒙古等11省(区)政府和中粮集团共同举办。据了解,本届粮洽谈会共有来自全国各地1 138家粮食企业和科研院校的3 208人参会,福建省企业与主产省(区)粮食企业共签订粮食购销合同(协议)301项,数量达631万吨,同比增加8万吨;征集粮食科技项目成果295项,同比增加92项,对接科技项目26项,同比增加6项。

22日,2016中国玉米市场及标准化高层论坛在吉林省长春市召开,由玉米流通领域相关部门、企业、商业银行、保险机构、估值机构、评级机构、检测机构和法律服务机构共同发起的中国玉米储运联盟,正式宣布成立。为有效提升玉米仓储服务及玉米运输服务的标准化业务能力,中国粮食行业协会玉米分会和易储仓储服务有限公司、营口港务集团、广州港集团、平安保险财产保险有限公司、中华联合财产保险有限公司、中国检验认证集团、威那评值(上海)财务咨询有限公司、吉林粮食资产管理有限公司以及相关银行和相关专业评级机构共同发起设立了中国玉米储运联盟。中国玉米储运联盟的成员单位将联合开展玉米仓储标准化及规范化研究与实践、玉米运输标准化及规范化研究与实践、相关专业服务内容及流程的研究与实践、相关金融业务的研究与实践、相关数据的研究与应用、组织相关论坛和研讨会、组织相关培训与考察。

24日,中国证监会党委决定,熊军任郑州商品交易所党委副书记、总经理,委派其任郑州商品交易所非会员理事。郭晓利不再担任郑州商品交易所党委副书记、总经理、非会员理事。王凤海任大连商品交易所党委副书记、总经理,委派其任大连商品交易所非会员理事。冯博不再担任大连商品交易所党委副书记、总经理、非会员理事。许强任大连商品交易所党委委员、副总经理。之前4日获悉,中国证监会党委决定,陈华平同志任郑州商品交易所党委书记,提名为郑州商品交易所理事会理事长人选,张凡同志不再担任郑州商品交易所党委书记、理事长职务。按照法定程序,郑州商品交易所召开第五届理事会第18次会议,选举陈华平同志为郑州商品交易所理事会理事长。

29日,新华社受权发布《探索实行耕地轮作休耕制度试点方案》,明确了试点区域和补助标准，重点在东北冷凉区、北方农牧交错区等地开展轮作试点，按照每年每亩150元的标准安排补助资金。休耕试点区补助的原则是，与原有的种植收益相当，不影响农民收入。河北省黑龙港地下水漏斗区季节性休耕试点每年每亩补助500元，湖南省长株潭重金属污染区全年休耕试点每年每亩补助1 300元（含治理费用），所需资金从现有项目中统筹解决。贵州省和云南省两季作物区全年休耕试点每年每亩补助1 000元，甘肃省一季作物区全年休耕试点每年每亩补助800元。

7月

4日，为保护种粮农民利益，规范粮食收购市场秩序，优化粮食市场环境，严防发生农民"卖粮难"，国家粮食局网站发布了《关于规范粮食收购秩序 做好2016年粮食收购监督检查工作通知》。通知指出，要以问题为导向加大粮食收购监督检查工作的力度。相关执行主体要扛起执行国家粮食收储政策的责任，带头执行好国家粮食收购政策，加大粮食收购资金筹措力度，及时足额兑付农民售粮款，不得出现压级压价、"打白条"等损害售粮群众利益和任何形式的以陈顶新、"转圈粮"等坑害国家利益的违法违规行为。

4日，从国家粮食局获悉，为确保粮油安全储存，国家粮食局制定了《粮油储存安全责任暂行规定》。《暂行规定》称，粮油仓储单位是安全储粮第一责任主体，对本单位安全储粮工作负主体责任。县级以上地方政府粮食行政管理部门安全储粮工作不作为乱作为、履责不力的，由上级粮食行政管理部门约谈，责令改正，给予通报，计入所在地粮食安全责任制考核结果；根据情节严重程度和失职、渎职行为情况，依纪依规对直接负责的主管人员和其他直接责任人员给予相应的纪律、行政处分。

5日，国家粮食局发出"关于切实做好受灾地区夏粮收购工作的紧急通知"，要求在政策性小麦收购中，要准确理解、正确把握小麦收购质量标准和质价政策，防止操作执行过严损害农民利益。"通知"要求，执行最低收购价政策的地区，各委托收储库点必须按照执行预案的规定全面启动政策性收购工作，方便农民就近卖粮，收购中不得搞变通、打折扣，不得以优先安排储备粮轮换等各种理由拒收符合政策性收购质量要求的粮食，切实把中央的强农惠农富农政策不折不扣落到实处。

8 日，国家粮食局在内蒙古通辽市召开东北地区粮食"去库存"和秋粮收储工作专题座谈会，分析东北地区秋粮生产、收购和市场形势，听取东北三省和内蒙古自治区粮食局关于加大粮食"去库存"力度、解决今年秋粮收储矛盾、引导企业开展市场化收购等方面的政策措施建议，提前部署秋粮收储准备工作。会议要求，要牵住粮食"去库存"这个牛鼻子，坚决守住"种粮卖得出"的粮食行业职责底线；早谋划、早部署、早动手，抓紧推进粮食"去库存"，及早做好秋粮收储准备。

8 日，粮油市场报记者获悉，黑龙江省2015年度大豆目标价格补贴资金发放工作正式启动，补贴标准为每亩130.87元，比2014年的价格补贴标准高出一倍多。近两年在大豆价格补贴政策以及镰刀弯地区玉米结构调整政策的影响下，黑龙江省大豆种植面积正在恢复性增长。

9 日，全国粮油标准化技术委员会油料及油脂分技术委员会成立大会在武汉轻工大学召开，油料及油脂标准工作组仅用10年时间，基本建立了我国油料油脂标准体系，完成了128项国家标准和66项行业标准的制、修订工作，并每年举办多次标准制、修订研讨会和油脂营养、健康、安全和产业发展论坛，规范和引领油脂行业的技术进步，推动我国油脂工业的健康发展。

12 日，《国家粮食局关于加快推进粮食行业供给侧结构性改革的指导意见》要求全面贯彻落实党的十八大和十八届三中、四中、五中全会精神，深入学习贯彻习近平总书记系列重要讲话精神，牢固树立并认真贯彻"五大发展理念"，深入贯彻国家粮食安全战略，紧紧围绕中央关于推进供给侧结构性改革的决策部署，以推动粮食流通领域转方式、调结构、去库存、降成本、强产业、补短板为方向，以全面落实粮食安全省长责任制、改革完善粮食流通体制和收储制度、发展粮食产业经济、加快粮食流通能力现代化为重点，促进粮食产品和服务供给质量效率的大力提升，促进粮食行业向现代发展模式的积极转变，促进粮食供需平衡向高水平的快速跃升，着力构建动态开放、稳健可靠、运转高效、调控有力的粮食安全保障体系。提出了加快推进粮食行业供给侧结构性改革、促进粮食流通事业持续健康发展、切实保障国家粮食安全的总体要求、重点任务和保障措施。

15 日，国资委官网发布消息称，经报国务院批准，中国中纺集团公司整体并入中粮集团有限公司,成为其全资子企业。中国中纺集团不再作为国资委直接监管企业。至此,两家央企合并传言最终落实。资料显示,中纺集团是中国最大的棉花贸易商和大豆贸易商,截至2015年9月底,中纺资产总额243.47亿元。目前,中粮集团资产超过719亿美元,336个分公司和机构覆盖140多个国家和地区,全球仓储能力3 100万吨,年经营总量近1.5亿吨,年加工能力8 950万吨,年港口中转能力5 400万吨。最近10年左右的时间里,中粮集团是央企整合的最大受益者之一。2004年,中国土畜并入中粮集团。2006年,中谷粮油集团公司并入中粮集团。2013年,中国华粮物流集团公司并入中粮集团。2014年,中国华孚贸易发展集团公司整体并入中粮集团。

20—21日,全国粮油信息工作座谈会在江苏苏州召开。会议强调,要正确把握粮油信息工作的功能定位,把为政府、部门和社会提供公共信息服务放在第一位;着力打造灵敏准确专业权威的信息网络体系;着力提升粮油信息产品的质量和水平;着力为粮食行业信息化建设提供服务保障;着力加强信息服务能力和人才队伍建设。

25日,据国家粮食局网站消息,为进一步做好粮食安全省长责任制考核工作,该局将建立完善考核工作联络机制和信息报送机制。为加强粮食安全省长责任制考核工作信息采集报送,及时了解和掌握考核工作进展情况,总结交流经验,推动工作落实,各省(区、市)考核工作机构办公室每月向粮食安全省长责任制考核工作组办公室报送工作信息。

25日,粮油市场报记者从安徽省粮食局举行的新闻发布会获悉,为保护受灾地区农民利益,该省7月26日起启动省级小麦临时收储执行方案。这是继2015年之后,安徽省再次在全国率先启动小麦省级临时收储。根据安徽省2016年小麦临时收储执行方案,每个县(市、区)原则上5个收储库点,每个库点总仓容不少于1万吨、现有空仓容不少于5 000吨、单体仓容不小于2 000吨,每个收储库点必须能够满足10%~15%和15%~20%两种不完善粒含量的小麦分仓储存条件。

26日,"鲁花食用油价格指数"在"中国花生油之乡"山东莱阳上线运行。该指数是我国食用油行业的第一个价格指数。这一指数的发布,有利于解决食用油市场价格信息不对称问题,稳定市场价格,促进供求平衡;有助于为油料种植户、生产企业和消费者及时提供价格行情,使其根据市场变化，调整生产结构、市场布局及价格策略；同时也为政府决策提供了数据支持。

8月

9日，据财政部网站消息，财政部发布玉米目标价格补贴公告，中央财政拨付第一批玉米生产者补贴资金3 003 860万元，其中内蒙古662 515万元、辽宁省457 788万元、吉林省726 306万元、黑龙江省1 157 251万元。据悉，单就农产品品种来看，300亿元是目前国家出台最高的单项补贴。

11日，"2016年中国粮油财富论坛·查干湖夏季峰会"暨"吉林省粮食产销协作洽谈会"在吉林省松原市举行。作为贯彻落实玉米收储制度改革、粮食安全省长责任制的重要举措，大会不仅向种粮农民传达了今秋玉米将更加市场化的信号，同时也提前为吉林省近千万吨秋粮找到了"买家"。加强产销协作，是缓解粮食主产区收储压力的重要手段。玉米市场化收购的到来，不仅为产区玉米向销区市场流通创造了条件，也为进一步加强粮食产销合作提供了更有利的市场环境。

22日，商务部发布2016年第41号公告，公布对原产于美国的进口白羽肉鸡反补贴措施的期终复审调查结果，裁定自美国进口白羽肉鸡产品受到的补贴可能继续或再度发生，如果终止反补贴措施，对中国国内产业造成的损害可能继续或再度发生，并决定维持该反补贴措施，为期5年。

24—26日，亚太经合组织（APEC）粮食安全政策伙伴关系机制框架内"APEC粮食标准互联互通研讨会"及"APEC小农和中小企业粮食减损技术、经验和有关行动研讨会"在京召开。本次会议是落实APEC2014领导人北京宣言、APEC面向2020年粮食安全路线图、增强APEC粮食质量安全与标准互通行动计划以及APEC减少粮食损失和浪费行动计划的一项具体行动。会议期间，各经济体代表将围绕"推动APEC经济体粮食标准互联互通""粮食减损技术经验""粮食产业链实践有关行动"等议题进行交流。

26日，国家发展与改革委称，新的社会救助和保障标准与物价上涨挂钩联动机制于近日发布，将启动机制的临界值指标从原来的"CPI涨幅3%～4%""粮食价格涨幅10%"调整为"CPI同比涨幅3.5%""食品价格同比涨幅6%"。同时，允许各地适当降低临界值。根据新机制，将原来以CPI为主，辅以粮食价格指数作为启动依据，调整为在继续锚定CPI的同时，以食品价格指数替代粮食价格指数。同时将原来"连续3个月达到临界值"方可启动联动机制和"按季度发放价格临时补贴"修改为"单月达到临界值"，并规定当CPI和食品价格指数任一指标达到临界值即启动联动机制。相应的，价格临时补贴实行"按月测算、按月发放"。

30日，从财政部获悉，农业部、国家发展与改革委、科技部、财政部、国土资源部、环境保护部、水利部、国家林业局八部委联合印发《国家农业可持续发展试验示范区建设方案》，旨在加快农业现代化、促进农业可持续发展。建设方案还提出了产业重点，依据试验示范区内种植业、畜牧业、渔业等农业产业发展基础，突出发展重点，转变发展方式，推进产业转型升级，促进产业融合发展。《方案》提出到2020年，试验示范区的农业产业布局与资源环境承载力逐步匹配，转变农业发展方式取得积极进展，农业资源保护水平与利用效率逐步提高，农业环境突出问题治理取得阶段性成效。

30—31日，全国放心粮油供应网络建设经验交流会暨首届内蒙古粮食产销协作洽谈会在呼和浩特召开。据了解，本次洽谈会现场签约项目12个，粮食贸易量223万吨。会议期间，还举办了宏观经济形势与粮食流通改革高峰论坛等活动。来自各省区市粮食行业协会和放心粮油示范企业代表共200余人参加了会议。

31日，粮食安全省长责任制考核工作组办公室在吉林省长春市召开了粮食安全省长责任制考核工作座谈会。各省（区、市）考核工作组办公室负责人及联络员参加了会议。会议要求，各地要高度重视这项工作，把考核工作做实做好，切实维护国家粮食安全。各地积极推进落实考核工作，取得了初步成效，但进展还不平衡，要相互借鉴好的经验和做法，共同做好考核工作。国务院决定实行粮食安全省长责任制考核，这是确保国家粮食安全的一项重要举措。

9月

2日，据国家发改委网站消息，为进一步提高我国大宗油料生产能力,增加食用植物油有效供给,保持一定的国内自给水平,国家发改委和农业部、国家林业局编制了《全国大宗油料作物生产发展规划(2016—2020 年)》。《规划》围绕油菜籽、花生、大豆、油茶四种主要大宗油料作物,通过打造核心产区、强化科技支撑、完善支持政策等措施,着力突破生产瓶颈制约,引导各地抓好油料生产。规划要求,到 2020 年,油菜籽、花生、大豆、油茶籽四大油料播种面积力争达到 4 亿亩左右,总产量 5 980 万吨,分别比 2014 年增加 6 242 万亩、1 440 万吨。其中,油菜籽面积、产量分别力争达到 1.2 亿亩、1 620 万吨,增加的区域主要是长江流域稻油轮作区;花生面积、产量分别力争达到 7 200 万亩、1 870 万吨,增加的区域主要是黄淮海玉米花生轮作区和东北农牧交错区;大豆面积力争恢复到 1.4 亿亩,总产量 1 890 万吨,增加的区域主要是东北玉米大豆轮作和黄淮海地区低产玉米改种大豆;油茶籽面积扩大到 7 000 万亩,油茶籽产量 600 万吨。主要油料作物耕种收综合机械化率提高 5 个百分点以上,其中油菜籽机械化收获水平显著提升。通过四大油料作物产能提升,增产食用植物油约 230 万吨,食用植物油自给率提高 3~5 个百分点,力争达到 40%。

12 日上午,中国储备粮管理总公司召开领导班子扩大会议。受中组部领导委托,中组部有关干部局负责同志宣布了党中央、国务院关于中国储备粮管理总公司总经理任职的决定:邓亦武同志任中国储备粮管理总公司总经理,免去其国家粮食局副局长、党组成员职务。同时,国务院国资委党委决定:邓亦武同志任中国储备粮管理总公司董事、党组副书记。

13 日,第九届中国玉米产业大会在辽宁大连召开。与会专家和企业负责人以"临储政策市场化改革中的发展机遇"为主题,对宏观经济政策、市场供求情况、玉米深加工和饲料养殖发展以及期货、保险等金融市场服务粮食市场化改革等热点话题进行了探讨和交流,当年 4 月,东北三省和内蒙古自治区玉米开始执行"市场化收购"加"补贴"的新机制,拉开了玉米政策改革的序幕。在国家收储制度市场化改革、玉米和玉米淀粉现货价格出现大幅下跌的背景下,未来政策发展和市场供需形势成为业内关注的焦点。自 2007 年举办以来,大连商品交易所已举办了 8 届玉米产业大会。本次会议演讲包括"收储制度市场化改革对玉米及相关市场的影响""国际玉米供需格局及价格运行情况分析"等 9 个主题。同时还设置"发展场外衍生工具服务实体经济"和"中国玉米市场价格走势及发展展望"两个专题对话。

14 日，大连商品交易所发布《关于增加玉米交割区域的通知》，增设黑龙江省、吉林省和内蒙古为交割区域。市场分析，此次玉米增加交割区域后，将玉米交割区域覆盖到东北四省玉米产区，便利了更多玉米市场主体参与。据通知，大商所增设黑龙江省、吉林省和内蒙古自治区为玉米交割区域，首批将于黑龙江省绥化市，吉林省长春市（榆树市）、松原市，内蒙古通辽市设立玉米期货交割仓库。上述交割区域所设交割库将于 C1709 合约开始启用。其中，绥化市所设交割库与玉米基准交割库贴水为 195 元/吨；长春市（榆树市）所设交割库与玉米基准交割库贴水为 130 元/吨；松原市所设交割库与玉米基准交割库贴水为 135 元/吨；通辽市所设交割库与玉米基准交割库贴水为 100 元/吨。

14 日，商务部发布公告，决定自 9 月 16 日起，对原产于欧盟的进口马铃薯淀粉所适用的反补贴措施进行期终复审调查。商务部于 2011 年 9 月 16 日决定对原产于欧盟的进口马铃薯淀粉征收反补贴税，实施期为 5 年。2016 年 7 月 15 日，中马铃薯淀粉产业申请对原产于欧盟的进口马铃薯淀粉所适用的反补贴措施进行期终复审调查，并继续维持该反补贴措施。商务部审查后决定立案调查。

19 日，国家发展改革委、国家粮食局、财政部、农业部、中国人民银行、中国银行业监督管理委员会联合发布《关于切实做好今年东北地区玉米收购工作的通知》，要求各相关地区要采取有效措施，统筹组织辖区内中央企业分支机构和地方骨干粮食企业带头入市收购，鼓励引导多元市场主体积极入市，调动和保护企业积极性；农业发展银行要发挥好主渠道作用，根据玉米收购贷款需求，对中央大型粮食企业、地方国有及其控股企业，以及信用状况好、产品有销路、符合贷款条件的购销贸易和加工企业，积极给予支持；新粮收购期间，地方政府和相关部门负责同志要深入基层靠前指挥，随时掌握新情况，及时解决问题，确保收购工作顺利进行。要制定和落实好玉米生产者补贴实施方案，把补贴真正兑付给实际种植者，保障优势产区农民种粮收益基本稳定，积极促进种植结构调整；新粮上市期间，国家有关部门将暂停相应地区库存玉米销售，2017 年 5 月玉米收购结束后再安排库存玉米销售，将按照不打压市场原则确定销售价格,并合理把握销售时机、节奏,维护市场平稳运行。

19日,吉林大米产业联盟正式成立,发布了优质大米的企业标准,此举标志着吉林大米"五个一"工程建设取得实效。近年来,"吉林大米"品牌建设在商标注册、可追溯体系建设、对外宣传推介以及直营店商超建设等方面取得了显著成效,品牌知名度显著提升。吉林大米产业联盟成立及4个优质吉林大米品种的企业标准发布,将有力助推"五个一"工程的推进和《吉林大米品牌建设规划(2016—2020)》实施,开创"吉林大米"品牌建设的新局面。

20日,国家粮食局在吉林长春召开全国秋粮收购工作会议。会议认为,今年秋粮生产形势总体较好,预计收购量将继续保持较高水平,收储任务艰巨繁重。会议要求,要落实好稻谷最低收购价政策,认真组织玉米市场化收购,采取有效措施引导企业积极入市收购,激发市场活力。同时,各地要抓紧落实地方储备增储规模,确保按时完成增储任务。

21日,国家粮食局发出通知,要求提早谋划、综合施策,充分发挥各方面积极性,积极稳妥推进玉米收储制度改革,切实做好今年东北地区玉米收购工作。今年是玉米施行"市场化收购"加"补贴"新机制的第一年,做好新机制下的玉米收购工作至关重要。通知指出,要积极引导多元市场主体开展市场化收购。各相关地区要采取有效措施,统筹组织辖区内中央企业分支机构和地方骨干粮食企业带头入市收购,鼓励引导多元市场主体积极入市,调动和保护企业积极性。中储粮总公司要在新粮上市后有序轮入中央储备和国家一次性储备玉米。中粮集团、中航工业集团等有关中央企业要充分利用自身渠道和优势开展市场化收购,力争不低于去年政策性收购量,发挥好引领带动作用。

21日,交通运输部令第62号《超限运输车辆行驶公路管理规定》等一系列治超新政将正式施行。新规中对超限超载的认定标准进行了调整,6轴车车货总重由55吨变为49吨;新规明确交通、公安部门将实现常态化联合执法,对超限超载运输车辆将严格实施"一超四罚"。从9月21日起,将全面禁止"双排车"通行。汽车运费上涨幅度在30%以上,将直接增加制粉企业的购粮成本和销售成本。

23日,商务部发布公告,公布对原产于美国的进口干玉米酒糟反倾销调查的初裁裁定。商务部初步裁定原产于美国的进口干玉米酒糟存在倾销。根据裁定，自 2016 年 9 月 23 日起，进口经营者在进口原产于美国的干玉米酒糟时，应依据裁定所确定的各公司倾销幅度（均为 33.8%）向中华人民共和国海关提供相应的保证金。

28 日，国家粮食局在北京召开全国粮食行业对口援藏工作会议。会议对进一步做好对口援藏工作做出安排部署，一是进一步明确支持西藏粮食流通能力建设的主攻方向，二是进一步强化对口援藏项目资金支持，三是进一步加大人才培养交流力度，四是进一步强化保障措施；强调要进一步把思想和行动统一到中央关于西藏工作的决策部署上来，立足粮食行业自身特点，凝聚全行业的智慧和力量，扎实做好全国粮食行业对口援藏工作。

28 日，国家粮食局在北京召开全国粮食行业对口援藏工作会议。会议总结了"十二五"期间全国粮食行业对口援藏工作，研究新形势下进一步加大支持西藏粮食流通事业发展的措施办法，并对"十三五"时期粮食行业对口援藏工作做出安排部署。

10 月

8 日，国家粮食局网站发布通知表示，《粮食质量安全监管办法》已于 9 月 8 日印发，将于 10 月 8 日起实施，要求各地认真组织宣传培训贯彻落实。该办法适用于粮食质量安全监管活动；开展粮食收购、储存、运输、加工和销售等经营活动，应当遵守本办法。

8 日，国家粮食局网站发布通知表示，为指导各地做好粮食安全省长责任制考核工作，已印发 2016 年度考核指标、年度考核目标任务和评分标准等有关内容解读材料，要求各地结合实际认真贯彻执行，扎实做好 2016 年度粮食安全责任制考核工作，确保考核工作顺利推进。

8 日，国务院召开国务院常务会议，确定进一步精简政府核准的投资项目，以深化改革更大释放市场活力；通过《全国农业现代化规划》，促进农业升级农村发展农民增收。会议指出，要贯彻新发展理念，加快转变农业发展方式，提高质量效益和竞争力。要优化农业产业布局，依靠科技创新调整农业生产结构，提高机械化、信息化水平，增强粮食等重要农产品安全保障能力。

14 日，中国粮食行业协会批发市场分会三届五次理事（扩大）会议在黑龙江省哈尔滨市举行,会议听取了年度工作报告和有关调研成果汇报,讨论了《中国粮食行业协会分支机构管理制度(修正案)》,针对粮食批发市场的下一步发展和分会的未来工作进行了分组交流。据介绍,过去一年来,粮食批发市场分会在国家粮食局、中国粮食行业协会等有关部门、领导的悉心指导下,认真学习贯彻习近平总书记重要讲话精神,以服务会员单位、服务粮食批发市场行业为己任,不断加强自身建设,积极倡导市场间的交流与合作,各项工作稳步推进,成效显著。

15 日,粮油市场报消息,发改委近日发布《2017 年粮食进口关税配额申领条件和分配原则》。明确 2017 年粮食进口关税配额量为:小麦 963.6 万吨,国营贸易比例 90%;玉米 720 万吨,国营贸易比例 60%;大米 532 万吨(其中:长粒米 266 万吨、中短粒米 266 万吨),国营贸易比例 50%。

16 日,2016 年世界粮食日和全国爱粮节粮宣传周主会场活动在江苏南京举行。面对气候变化带给农业生产和粮食带来的严峻挑战,国家粮食局联合多部委发起"积极应对气候变化,促进粮食减损增效"主题活动,不断提升国家粮食安全保障能力。16 日是第 36 个世界粮食日,所在周是第 26 个全国爱粮节粮宣传周。今年世界粮食日的主题是"气候在变化,粮食和农业也在变化",全国爱粮节粮宣传周活动的主题是"积极应对气候变化,促进粮食减损增效"。16 日上午,国家粮食局、农业部、教育部、科技部、中国气象局、全国妇联和联合国粮农组织、江苏省人民政府在南京联合主办主会场活动。宣传周期间,国家粮食局等主办单位在全国范围内组织开展了粮食减损增效"三进"系列活动。一是粮食减损增效进农村,二是粮食减损增效进学校,三是粮食减损增效进家庭。

17 日,据国家粮食局网站消息,该局定于 11 月上旬在安徽省合肥市召开全国粮食行业人才兴粮工作会议,总结"十八大"以来粮食行业人才工作情况,推进"人才兴粮"工程和粮食行业人才发展体制机制改革,大力培养和选好用好科技创新人才,为确保国家粮食安全提供人才保障。

18 日,北大荒集团的上市子公司北大荒股份发布公告称,黑龙江北大荒农业股份有限公司拟通过全资子公司黑龙江北大荒投资管理有限公司出资与中航国际粮油贸易有限公司、黑龙江省卓信粮食储备管理有限公司共同设立黑龙江中航北大荒现代农业有限公司(拟设名),注册资金

5 000 万元。其中：中航粮油以货币出资 2 550 万元，占 51%，投资公司以货币出资 1 750 万元，占 35%，卓信粮储以货币出资 700 万元，占 14%。中航北大荒拟定主要经营范围为：农业技术开发、培训、服务、咨询；粮食及副产品的收购、仓储、调运、加工和销售；粮食收储、销售、信息咨询服务等。

20 日，国务院印发《全国农业现代化规划（2016—2020 年）》，对"十三五"期间全国农业现代化的基本目标、主要任务、政策措施等做出全面部署安排。《规划》提出，到 2020 年，全国农业现代化取得明显进展，国家粮食安全得到有效保障，农产品供给体系质量和效率显著提高，农业国际竞争力进一步增强。据规划目标，到 2020 年，在粮食供给保障类别，粮食（谷物）综合生产能力目标值要达到 5.5 亿吨，年均增速 0.5%，小麦稻谷自给率要维持在 100%；在农业结构类别，玉米种植面积目标值调减至 5 亿亩，年均增速 -0.7%，大豆种植面积增加至 1.4 亿亩，年均增速 0.42%，油料种植面积调减至 2 亿亩，年均增速 -0.1%。

21 日，国家发改委公布 2017 年小麦最低收购价格。为保护农民利益，防止"谷贱伤农"，2017 年国家继续在小麦主产区实行最低收购价政策。综合考虑粮食生产成本、市场供求、国内外市场价格和产业发展等各方面因素，经国务院批准，2017 年生产的小麦（三等）最低收购价为每 50 千克 118 元，保持 2016 年水平不变。

21 日，国粮局发出关于印发《国家粮食流通统计制度》及其实施细则的通知。通知指出，为进一步深化粮食流通统计制度改革，促进统计工作的规范化和科学化，保障统计资料的真实性、准确性、完整性和及时性，更好地发挥统计工作在服务粮食宏观调控和指导粮食产业经济发展中的重要作用，国家粮食局修订完善了《国家粮食流通统计制度》，并报经国家统计局审核批准。

26 日，国家粮食局网站消息，为加强粮油安全储存和行业安全生产指导，该局编制了《粮油安全储存守则》《粮库安全生产守则》，与《粮油储存安全责任暂行规定》共同形成粮食行业安全储粮和安全生产的问责制度与行为准则。为严防严控重特大粮油储存和生产安全事故发生，国家粮食局将开展全国秋季粮油安全大检查。

30 日，中共中央办公厅、国务院办公厅正式发布《关于完善农村土地所有权承包权经营权分置办法的意见》。实行农地所有权、承包权、经营权"三权分置",这是继家庭承包制后农村改革的又一大制度创新。《意见》指出,现阶段深化农村土地制度改革,顺应农民保留土地承包权、流转土地经营权的意愿,将土地承包经营权分为承包权和经营权,实行所有权、承包权、经营权分置并行,着力推进农业现代化,是继家庭联产承包责任制后农村改革又一重大制度创新,是农村基本经营制度的自我完善。为确保"三权分置"有序实施,《意见》提出,要扎实做好农村土地确权登记颁证工作,确认"三权"权利主体,明确权利归属,稳定土地承包关系;建立健全土地流转规范管理制度,完善工商资本租赁农地监管和风险防范机制,确保土地经营权规范有序流转;构建新型经营主体政策扶持体系;加快农村土地承包法等相关法律修订完善工作。

11月

2日,国家发展与改革委、国家粮食局印发《粮食行业"十三五"发展规划纲要》(以下简称《规划》),对"十三五"时期我国粮食行业发展指导思想、发展理念、发展指标和主要发展目标等方面做出全面部署和安排。

《规划》制定了"十三五"时期粮食行业发展主要指标。到2020年,粮食应急加工企业数量达到6 000家,应急供应网点数量5万个,改建区域性配送中心数量531个;消除露天存粮比例达到95%以上,原粮跨省散运比例达到50%;粮油加工业主营业务收入4.1万亿元,面制主食品工业化率达到30%,米制主食品工业化率达20%;年减少粮食产后流通环节损失浪费1 300万吨。

《规划》提出了"十三五"期间粮食行业七大主要发展目标:粮食宏观调控能力显著增强;粮情预警和应急保障能力明显提升;粮食产业经济活力全面释放;粮食仓储物流能力不断优化;粮食流通现代化水平稳步提高;粮食质量安全保障能力持续加强;粮食行业治理能力显著增强。

《规划》提出,要继续执行并完善稻谷、小麦最低收购价政策,积极稳妥推进玉米收储制度改革,调整完善大豆目标价格政策,完善油菜籽收购政策。稳步推进粮食收购资金来源多元化,满足粮食收购资金需求。适应粮食生产组织方式变化,创新粮食收购方式,引导企业与种粮大户、家庭农场、农民合作社等新型粮食生产经营主体对接，开展订单收购、预约收购、代收代储、代加工等个性化服务，构建渠道稳定、运行规范、方便农民的新型粮食收购网络体系。依法开展粮食收购资格审核，规范收购秩序。

2—3日，国家发改委经贸司在北京举办了粮棉进口关税配额管理业务培训班。此次培训内容主要包括当前粮棉供需和贸易形势、配额申请受理和转报工作中需要注意的事项、加强配额管理事中事后监管以及配额管理系统操作技能等方面的内容。培训强调，各授权机构要按照国务院关于取消粮棉进口关税配额地方初审的新要求，简化工作程序，减少事前形式化工作安排。

3日，财政部网站消息，中央财政拨付第二批玉米生产者补贴资金90亿元，加上此前第一批玉米生产者补贴资金3 003 860万元，累计金额已超过390亿元。第二批玉米生产者补贴分配结果为：内蒙古自治区204 520万元、辽宁省141 320万元、吉林省224 211万元、黑龙江省329 949万元。

4日，由中国粮食行业协会主办的第十四届中国国际粮油产品及设备技术展示交易会，在江西南昌国际会展中心盛大开幕。现场展出的新产品、新设备、新技术给本届展会增色不少，而专业观众到会数量的倍增，更是成为本届展会的一大亮点。

6日，由国家粮食局、中国就业培训技术指导中心和中国财贸轻纺烟草工会共同主办，安徽粮食工程职业学院承办的2016年全国技能大赛——第四届全国粮食行业职业技能竞赛总决赛在安徽合肥举行。

6日，为期3天的第14届中国国际粮油产品及设备技术展示交易会在江西南昌闭幕。展会现场成交粮油产品、机械设备总金额达1.37亿元，159种产品获评金奖产品。现场成交额达1.37亿元，其中粮油产品交易量16 143.3吨，交易额8 205.338万元；粮油机械设备交易量10 390台，交易总金额5 549.79万元。众多知名粮机企业还达成21 512台意向协议，意向交易金额14 352.7万元。

7—8日，国家粮食局在安徽合肥召开全国粮食行业人才兴粮工作会议。会议旨在聚焦行业科技创新，大力实施科技兴粮和人才兴粮工程，推动行业人才发展体制机制改革，为确保国家粮食安全提供坚实的人才保障。会议同期举办了"全国粮食行业院校人才培养成果展"。34所院校集中展示了"十二五"期间，突出行业办学特色，打造粮食学科品牌，培养造就科技创新人才、技术技能人才等方面的成果。

9日，中国农业发展银行、财政部、中国银行业监督管理委员会和国家粮食局4家单位联合发文明确要求，在内蒙古、辽宁、吉林和黑龙江四省（区）范围内建立东北地区玉米收购贷款信用保证基金，探索形成银行、地方政府、有关部门和企业互利共赢、风险共担的收购资金供应和贷款风险防范新机制，提高地方粮食企业增信和抗风险能力。

9日，从国家发改委网站获悉，为贯彻落实党中央、国务院关于推进简政放权、放管结合、优化服务改革系列精神，结合近年中央储备粮代储资格认定工作实践，国家粮食局起草了《中央储备粮代储资格管理办法（征求意见稿）》，向社会公开征求意见。

10日，从《粮油市场报》获悉，东北四省区玉米深加工补贴政策陆续出台，玉米市场化收购有序推进。吉林和内蒙古给予符合条件的玉米深加工企业200元/吨的补贴，辽宁省补贴标准为100元/吨。黑龙江省也将出台补贴政策，针对年加工能力10万吨以上或销售收入2 000万元以上的玉米深加工企业，给予300元/吨的补贴。

16日，从国粮局获悉，该局决定对各省（区、市）粮食行政管理部门落实2016年粮食质量安全重点工作的有关情况进行评估考核。考核内容包括：粮食质量安全保障机制建设情况；粮食质量安全检验监测体系建设情况；粮食质量安全监测监管工作开展情况；粮油标准化工作开展情况；粮食质量安全信息报送情况；监管工作成效；科学规划"十三五"期间整体布局，研究制定落实"十三五"期间粮食质量安全工作发展规划的细化方案情况。

17日，国家发展改革委印发《全国农村经济发展"十三五"规划》，就进一步做好"十三五"时期农村经济工作做出部署。规划指出，到2020年，我国的农产品供给保障体系要更加健全有效，农村经济发展更加繁荣协调，农民生活水平和质量普遍提高，生态环境质量总体改善，农村经济体制更加成熟定型。

19日，在广东省梅州兴宁市龙田镇环陂村，"华南双季超级稻年亩产3 000斤全程机械化绿色高效模式攻关"项目测产验收组测产后宣布，该项目年亩产量达到1 537.78千克，创造了水稻亩产量新的世界纪录。袁隆平表示，这次不仅产量有突破，这个品种的大米质量也可以与日本的越光米媲美。

21日,农业部发布《关于北方农牧交错带农业结构调整的指导意见》,推动该区域加快调整农业结构,构建科学合理的农牧业产业新体系、资源利用新模式、生产生态新景观,促进北方农牧交错带农牧业可持续发展。力争通过5~10年时间,北方农牧交错带畜牧业增加值占农业增加值的比重达到50%左右。

23日,国务院国资委官网发布公告称,经报国务院批准,中国储备棉管理总公司整体并入中国储备粮管理总公司,成为后者的全资子企业,同时中储棉不再作为国资委直接监管企业。至此,中央企业的数量由目前的103家进一步降低至102家。

24日,国务院办公厅印发《关于完善支持政策促进农民持续增收的意见》。意见指出,随着经济发展进入新常态,农业发展进入新阶段,支撑农民增收的传统动力逐渐减弱,农民收入增长放缓,迫切需要拓宽新渠道、挖掘新潜力、培育新动能。意见要求,到2020年,农民收入增长支持政策体系进一步完善,农业支持保护制度更加健全,农民就业创业政策更加完善,农村资源资产要素活力充分激发,农村保障政策有力有效,农民收入持续较快增长、城乡居民收入差距进一步缩小,确保实现农民人均收入比2010年翻一番的目标。

28日,国家发展改革委组织召开全国主要产销区玉米收购工作电视电话会议,深入学习贯彻党中央、国务院关于推进玉米收储制度改革的重要精神,对进一步做好玉米收购工作进行部署。

会议指出,改革玉米收储制度,在东北三省和内蒙古自治区将临时收储政策调整为"市场化收购"加"补贴"的新机制,是党中央、国务院立足保障国家粮食安全和推动"三农"工作全局,审时度势做出的一项重要决策部署,意义重大,影响深远。各有关部门和地方按照国家统一部署,提前谋划、精心准备、密切配合、扎实工作,玉米市场化购销稳步推进,多元主体入市收购局面初步形成,市场价格总体平稳,生产者补贴等政策得到较好落实,玉米收储制度改革和收购工作起步顺利、开局良好。

会议强调,实施玉米收储制度改革是推进农业供给侧结构性改革的重要举措,是完善粮食价格形成机制的客观要求,是保护种粮农民利益的长久之策。各方面要进一步统一思想,提高认识,深刻领会玉米收储制度改革的重大意义,把抓好东北地区玉米收购作为今冬明春"三农"工作的重中之重,坚定改革方向,密切跟踪市场形势变化,进一步落实和完善相关政策,及时有针对性地研究解决突出问题,切实做到有人收粮、有钱收粮、有仓收粮、有车运粮,确保玉米收储制度改革平稳有序实施。

30日,在埃塞俄比亚举行的联合国教科文组织保护非物质文化遗产政府间委员会第11届常会通过审议,批准中国申报的"二十四节气"列入联合国教科文组织人类非物质文化遗产代表作名录。"二十四节气"指导着传统农业生产和日常生活,是中国传统历法体系及其相关实践活动的重要组成部分。在国际气象界,这一时间认知体系被誉为"中国的第五大发明"。

12月

2日,由粮油市场报主办的"2016中国粮油财富论坛"在北京举办。围绕"供给侧改革下的创新发展"主题,来自全国各地的粮油企业家和业界专家200余人共聚一堂,共同探讨粮食行业转型升级之路。第六届中国粮油榜颁奖典礼同日盛大举行。现场对2016年度中国百佳粮油企业、中国十佳粮油集团、中国十佳粮油成长型企业、中国十佳粮油创新引领企业、中国十佳粮油(食品)品牌、中国十佳粮油区域领导品牌、中国十佳粮油创业风云人物以及特别奖中国粮油最受尊敬企业、中国粮油最佳标杆地理品牌和中国粮机最具影响力品牌等获奖者进行了颁奖。"淮安大米杯·稻香千年"征文大赛也举行了颁奖活动。

6日,国家粮食局粮食交易协调中心发布《贸易粮交易细则》,旨在为维护正常的交易秩序,规范粮食交易主体行为,保障交易各方的合法权益。本细则适用于在统一平台贸易粮交易板块组织的粮食交易活动和国家粮食交易中心、省级交易中心、粮源地粮食行政管理部门、交易会员、监管银行、交收库、实际存储库点、粮食检验机构、物流服务企业等参与单位及其工作人员。

7日,国家发改委官网发布消息,国家发改委、商务部会同有关部门对2015年版《外商投资产业指导目录》进行了修订,并向社会公开征求意见。本次《目录》修订的主要特点和变化是:一是继续扩大对外开放。其中制造业重点放开食用油脂、玉米深加工、燃料乙醇等生产制造领域准入限制。此外，稻谷、小麦、玉米收购与批发仍在限制系列。

8日，从国家统计局网站获悉，2016年全国粮食总产量61 623.9万吨（12 324.8亿斤），比2015年减少520.1万吨（104.0亿斤），减少0.8%。其中谷物产量56 516.5万吨（11 303.3亿斤），比2015年减少711.5万吨（142.3亿斤），减少1.2%。

全国粮食播种面积113 028.2千公顷（169 542.3万亩），比2015年减少314.7千公顷（472.1万亩），减少0.3%。其中谷物播种面积94 370.8千公顷（141 556.2万亩），比2015年减少1 265.1千公顷（1 897.7万亩），减少1.3%。与谷物种植面积减少相比，2016年豆类种植面积9 710.5千公顷，比2015年增加858.9千公顷；薯类种植面积8 946.9千公顷，比2015年增加106.9千公顷。

单产方面，全国粮食单位面积产量为5 452.1千克/公顷（363.5千克/亩），比2015年减少30.7千克/公顷（2.0千克/亩），减少0.6%。其中谷物单位面积产量5 988.8千克/公顷（399.3千克/亩），比2015年增加4.8千克/公顷（0.3公斤/亩），增长0.1%。

在全国31个省（区、市）中，黑龙江、河南、山东三省粮食产量位居前三位，分别为6 058.6万吨、5 946.6万吨、4 700.7万吨。

9日，中共中央政治局召开的会议对明年经济工作做出部署，明确要求积极推进农业供给侧结构性改革。据了解，明年的农业农村经济工作将围绕贯彻落实新发展理念、加快推进农业现代化、大力推进农业供给侧结构性改革来谋划和展开，着力推进结构调整、推进绿色发展、推进创新驱动、推进农村改革、稳定粮食生产。

12日，"全国玉米市场化电子交易暨黑龙江省农民粮食购销专场"在黑龙江省哈尔滨市启动。这是国内第一个直接面向种粮农民的国家级粮食网上购销平台，是粮食行业利用互联网+推进粮食收储制度改革的一次有益尝试。当日共组织投放农户粮源26万吨，玉米成交量4.8万吨。国家粮食交易中心与黑龙江省粮食局及地方政府联合举办此次活动，通过"全国粮食统一竞价交易平台"为种粮农民开设销售专场，引导产销网上对接，对于促进玉米收储制度改革，全面落实玉米"市场化收购"加"补贴"新机制，利用"互联网+"手段构建安全可靠、运行规范、方便农民的粮食网络购销体系，更好地发挥市场化配置粮食资源中的决定性作用，更好地服务于国家粮食宏观调控，更好地帮助农民解决"卖粮难"，切实维护种粮农民利益具有十分重要的意义。

12日，全国玉米市场化电子交易暨黑龙江省农民粮食购销专场启用。这是国内第一个直接面向种粮农民的国家级粮食网上购销平台，对促进产销有效衔接，解决农民卖粮难，具有积极的现实意义。据介绍，"全国粮食统一竞价交易平台"2016年1月正式运行以来，在25家省级交易中心和全国2.6万家会员的大力支持下，累计成交国家政策性粮食3 616万吨，成交金额777亿元，为粮食"去库存"工作和确保粮食安全发挥了主渠道、主战场作用，已成为国家粮食宏观调控的重要抓手和载体。

12日，国家粮食局办公室发出进一步加强粮食市场监测工作的通知，要求各省、自治区、直辖市粮食局，中粮集团有限公司高度重视粮食市场监测工作，调整充实粮食市场监测点，加强对粮食市场监测点的指导，做好粮食市场信息服务。

14—16日，中央经济工作会议在北京举行。会议强调，稳中求进工作总基调是治国理政的重要原则，也是做好经济工作的方法论，明年贯彻好这个总基调具有特别重要的意义。稳是主基调，稳是大局，在稳的前提下要在关键领域有所进取，在把握好度的前提下奋发有为。要继续实施积极的财政政策和稳健的货币政策。财政政策要更加积极有效，预算安排要适应推进供给侧结构性改革、降低企业税费负担、保障民生兜底的需要。货币政策要保持稳健中性，适应货币供应方式新变化，调节好货币闸门，努力畅通货币政策传导渠道和机制，维护流动性基本稳定。要在增强汇率弹性的同时，保持人民币汇率在合理均衡水平上的基本稳定。要把防控金融风险放到更加重要的位置，下决心处置一批风险点，着力防控资产泡沫，提高和改进监管能力，确保不发生系统性金融风险。要坚持基本经济制度，坚持社会主义市场经济改革方向，坚持扩大开放，稳定民营企业家信心。要加强预期引导，提高政府公信力。按照守住底线、突出重点、完善制度、引导舆论的思路，深入细致做好社会托底工作，扩大人民群众获得感，维护社会和谐稳定。

19—20日，中央农村工作会议在北京召开。会议全面贯彻落实党的十八大和十八届三中、四中、五中、六中全会以及中央经济工作会议精神，总结"十三五"开局之年"三农"工作，分析当前农业农村形势，部署 2017 年农业农村工作。

会议强调，推进农业供给侧结构性改革，要在确保国家粮食安全的基础上，紧紧围绕市场需求变化，以增加农民收入、保障有效供给为主要目标，以提高农业供给质量为主攻方向，以体制改革和机制创新为根本途径，优化农业产业体系、生产体系、经营体系，提高土地产出率、资源利用率、劳动生产率，促进农业农村发展由过度依赖资源消耗、主要满足"量"的需求，向追求绿色生态可持续、更加注重满足"质"的需求转变。

会议指出，推进农业供给侧结构性改革，首先要把农业结构调好调顺调优。要适应市场需求，优化产品结构，把提高农产品质量放在更加突出位置；发展适度规模经营，优化经营结构，把促进规模经营与脱贫攻坚和带动一般农户增收结合起来；立足比较优势，优化区域结构，重点建设好粮食生产功能区、重要农产品生产保护区、特色农产品优势区；加快科技创新，增强农业发展动能，调整农业科技创新方向和重点，调动科技人员的积极性；促进融合发展，优化产业结构，着眼提高农业全产业链收益，努力做强一产、做优二产、做活三产；推行绿色生产方式，促进农业可持续发展，把该退的坚决退下来，把超载的果断减下来，把该治理的切实治理到位，把农业节水作为方向性、战略性大事来抓。

19 日，从国家粮食局网站获悉，《2016 中国粮食发展报告》已于 11 月中旬正式出版发行，《2016 中国粮食年鉴》即将正式出版发行。《报告》介绍了我国上年度粮食发展情况，针对当前粮食生产和流通领域的热点、难点问题进行对策研究，收录了较为完备的粮食行业统计资料。《年鉴》由综述、专文、全国粮食工作、各地粮食工作、粮食政策与法规文件、附录等六部分组成，总计 40 万余字。

26 日，为深入推进粮食行业供给侧结构性改革，落实《粮食行业"十三五"发展规划纲要》（发改粮食〔2016〕2178 号），加快发展粮食产业经济，增加绿色优质粮油产品供给，推进产业转型升级，国家粮食局印发《粮油加工业"十三五"发展规划》，要求各省、自治区、直辖市及新疆生产建设兵团粮食局、中国储备粮管理总公司、中粮集团有限公司、中国航空工业集团公司认真组织实施。《粮油加工业"十三五"发展规划》分为五个部分：（1）面临的形势，（2）指导思想、基本原则和发展目标，（3）主要任务，（4）产业布局，（5）保障措施。

三、2016年中国粮食经济重要论著索引

（一）2016年中国粮食经济重要论文索引

1月

1. 于旭波：《粮食安全：要开放，更要自强》，《粮油市场报》。
2. 高艳、高巍、刘新红：《黑龙江垦区有机粮食物流协同模型构建研究》，《中国农机化学报》。
3. 徐振伟：《石油欧佩克与粮食欧佩克》，《厦门大学学报（哲学社会科学版）》。
4. 钱永兰、毛留喜、周广胜：《全球主要粮食作物产量变化及其气象灾害风险评估》，《农业工程学报》。
5. 张旭青：《农业劳动力短缺对粮食生产的影响——基于13个粮食主产区的实证分析》，《淮阴师范学院学报（哲学社会科学版）》。
6. 徐刘芬：《我国粮食安全的水资源支撑问题研究》，《山东农业工程学院学报》。
7. 付莲莲、朱红根：《基于GED—GARCH模型的中国粮食价格波动特征研究》，《统计与决策》。
8. 梁姝娜、公丽君、张友祥：《粮食安全影响因素的国际比较分析——以中国、印度、泰国、乌干达四国为例》，《当代经济研究》。
9. 潘竟虎、张建辉、胡艳兴：《近20年来甘肃省县域人均粮食占有量时空格局及其驱动力研究》，《自然资源学报》。
10. 苗珊珊：《粮食生产技术进步的农户福利效应分析》，《科技管理研究》。
11. 周少榕：《转基因作物商业化的现状及对粮食安全的影响与启

示》,《粮食流通技术》。

12. 张宏义、李成军、何文涛、朱秀森:《中国粮食综合生产能力现状、制约因素及对策》,《中国种业》。

13. 赵予新:《"一带一路"框架下中国参与区域粮食合作的机遇与对策》,《农村经济》。

14. 韩一军:《对国家粮食安全省长责任制的认识与思考》,《粮食问题研究》。

15. 汪文忠:《我国城镇化进程中土地流转与粮食安全问题研讨》,《粮食问题研究》。

16. 韩俊:《农业供给侧改革要求提高粮食产能》,《农村工作通讯》。

17. 钟甫宁:《正确认识粮食安全和农业劳动力成本问题》,《农业经济问题》。

18. 李月、孔祥斌、张安录、张雪靓、祁凌云:《基于 LMDI 模型的我国省域粮食生产变化影响因素分析》,《中国农业大学学报》。

19. 李潇帅:《基于 ARIMA 模型的湖南省人均耕地面积与粮食单产预测》,《现代经济信息》。

20. 张小瑜:《粮食安全视角下的中国粮食贸易展望》,《农业展望》。

21. 李幸子、马恒运:《粮食大省要素投入结构调整及经济效果估价——以河南省为例》,《农业技术经济》。

22. 赵玉、严武:《市场风险、价格预期与农户种植行为响应——基于粮食主产区的实证》,《农业现代化研究》。

23. 汪来喜、赵金霞:《基于粮食金融化的我国粮食安全思考》,《农业经济》。

24. 徐艳:《我国粮食目标价格制度的构建路径分析》,《农业经济》。

25. 张瑞娟、任晓娜:《粮食价格形成和波动机制研究——文献综述与评析》,《中国农业大学学报》。

26. 李京福:《发达国家粮食储备管理制度的经验》,《世界农业》。

27. 李立辉、曾福生:《新常态下中国粮食安全面临的问题及路径选择——基于日本、韩国的经验和启示》,《世界农业》。

28. 刘东阁:《城镇化与粮食生产效率》,《重庆文理学院学报(社会科学版)》。

29. 喻胜华、龚尚花：《基于 Lasso 和支持向量机的粮食价格预测》，《湖南大学学报（社会科学版）》。

30. 毛学峰、刘冬梅、刘靖：《中国大规模粮食进口的现状与未来》，《中国软科学》。

31. 徐建玲、钱馨蕾：《国际与国内粮食价格联动关系研究》，《价格理论与实践》。

32. 王玉茹：《"十三五"时期我国粮食安全保障策略研究》，《经济纵横》。

33. 辛翔飞、张怡、王济民：《中国产粮大县的利益补偿——基于粮食生产和县域财政收入的视角》，《技术经济》。

34. 赵勤：《粮食主产区利益补偿现状调查与思考——以黑龙江省为例》，《经济论坛》。

35. 张振华：《粮食安全背景下我国粮食价格波动及影响因素分析》，《价格月刊》。

36. 刘阿会：《我国粮食产量影响因素的回归分析》，《经营管理者》。

37. 刘海英、谢建政：《政府补贴、农户收入和城镇化对粮食生产效率的影响》，《江西师范大学学报（自然科学版）》。

38. 王少芬、赵昕东：《基于 SVAR 模型的国际粮食价格波动成因分解研究》，《江西师范大学学报（自然科学版）》。

39. 米长虹、刘书田、郑宏艳、李敬亚、黄治平、侯彦林、王农、蔡彦明、王铄今、侯显达：《粮食生产潜力短期预测的"趋势—波动模型"的验证》，《农业资源与环境学报》。

40. 魏洪斌、吴克宁、赵华甫、孙亚彬：《我国两大粮食主产区耕地等别空间分布特征分析》，《江苏农业科学》。

41. 邢莹：《中国省际粮食贸易中的虚拟水生态补偿——基于粮食净调出省（区）数据》，《江苏农业科学》。

42. 张倩玉：《淮安市粮食专业合作社发展研究——以江苏省淮安市 5 县（区）为典型调查样本》，《农村经济与科技》。

43. 于德运、曲会朋：《新常态下我国粮食生产能力安全的多维度变化及政策取向》，《中共宁波市委党校学报》。

44. 陈瑞婷：《基于粮食政策视角下的 20 世纪 50 年代台湾土地改革

经验探析》，《传承》。

45. 管金宇：《基于区域竞争视角的我国粮食安全与制度创新》，《现代经济信息》。

46. 夏永侠：《审计视角下国有粮食购销企业发展问题探究》，《商场现代化》。

47. 周艺霖、宋易倩：《耕地流转"非粮化"的形成原因与化解对策——基于国家粮食安全视角》，《广东农业科学》。

48. 朱承全、毕鹏、王欣兰：《粮食主产区融资渠道多样化研究》，《商场现代化》。

49. 任娟妮、林涛、文丽娟：《粮食种植成本调查与收益分析》，《乡村科技》。

50. 杨进、钟甫宁、陈志钢、彭超：《农村劳动力价格、人口结构变化对粮食种植结构的影响》，《管理世界》。

2月

1. 辛翔飞、张怡、王济民：《我国粮食补贴政策效果评价——基于粮食生产和农民收入的视角》，《经济问题》。

2. 郭贯成、丁晨曦：《土地细碎化对粮食生产规模报酬影响的量化研究——基于江苏省盐城市、徐州市的实证数据》，《自然资源学报》。

3. 王睿：《建三江地区粮食家庭农场主产经营情况调研》，《黑龙江科技信息》。

4. 周洲、李光泗：《基于国家粮食安全新战略视角分析我国谷物供需状况》，《粮食科技与经济》。

5. 吴志华、吴雯、陈其清：《"一带一路"粮食物流战略制定与实施——关于编制由大企业主导的"一带一路"粮食物流通道建议》，《粮食科技与经济》。

6. 曲峻岭、孔凡丕：《粮食产业化经营是稳定粮食生产 增加粮农收入的重要途径——河北金沙河面业集团调研报告》，《农业经济问题》。

7. 彭代彦、文乐：《农村劳动力老龄化、女性化降低了粮食生产效率吗——基于随机前沿的南北方比较分析》，《农业技术经济》。

8. 辛岭、蒋和平：《产粮大县粮食生产与农民收入协调性研究——以河南省固始县为例》,《农业技术经济》。

9. 金藏玉、林慧龙、王成纲:《从我国居民肉类与粮食产量和消耗量分析农业结构调整的必要性》,《草业科学》。

10. 李睿:《我国粮食主产区农业生产要素投入的产出效应分析》,《南方农业学报》。

11. 金广、程红莉、宋宝清:《粮食安全·农户行为与发展对策研究——基于湖北省农户的调研数据分析》,《安徽农业科学》。

12. 扈映、龚银烈:《开放的粮食安全观视角下玉米进口策略研究》,《重庆交通大学学报(社会科学版)》。

13. 王燕青、李隆玲、武拉平:《农民种粮是否有利可图?——基于粮食种植成本收益分析》,《农业经济与管理》。

14. 张学彪、徐继峰、李化、曲春红、朱增勇:《我国粮食单产发展特点及国际比较》,《中国食物与营养》。

15. 李雪、郝晓燕:《近年国内外粮食价格比较及原因分析》,《农业展望》。

16. 崔奇峰、蒋和平、吴颖宣:《我国粮食"十一连增"背后的问题及对策建议》,《农村经济》。

17. 杨羽宇、胡小平:《我国粮食储备垂直管理制度相关问题博弈分析》,《农村经济》。

18. 朱帅蒙、陈伟强、程道全、赵彦峰:《河南省可实现粮食生产潜力研究》,《河南农业大学学报》。

19. 朱远洋:《关于深化粮食收储体制改革问题的研究》,《农业发展与金融》。

20. 陈会玲、祁华清、王新华:《印度粮食储备管理制度改革及其对中国的借鉴》,《世界农业》。

21. 张杰飞:《农业劳动力转移与粮食产量——基于中国三大类粮食产量区面板数据的经验研究》,《社会科学家》。

22. 李练军、徐平:《适度规模经营:粮食主产区现代农业发展模式的现实选择》,《当代经济》。

23. 刘旭、王济民、王秀东、宋莉莉、闫琰:《粮食作物产业的可持续发展战略研究》,《中国工程科学》。

24. 张振霞：《粮食金融化视角下粮食安全问题思考》，《中国农业资源与区划》。

25. 罗翔、张路、朱媛媛：《基于耕地压力指数的中国粮食安全》，《中国农村经济》。

26. 王岱、万相昱、唐亮：《复杂适应系统下的粮食安全问题研究——基于 Agent 的农户模型模拟》，《价格理论与实践》。

27. 翁鸣：《TPP 对中国粮食安全的潜在影响——基于贸易规则和市场价格的分析》，《国际经济合作》。

3月

1. 赵德余：《1966—1976 年间我国粮食统购统销政策的制定及其效益》，《华南农业大学学报（社会科学版）》。

2. 田红宇、祝志勇、刘魏：《粮食"十一连增"期间生产区域格局的变化及成因》，《华南农业大学学报（社会科学版）》。

3. 丁声俊：《对以粮食"供给侧"改革为主线、"两侧"同步发力的思考》，《价格理论与实践》。

4. 陈印军、易小燕、方琳娜、杨瑞珍：《中国耕地资源与粮食增产潜力分析》，《中国农业科学》。

5. 邓明君、邓俊杰、刘佳宇：《中国粮食作物化肥施用的碳排放时空演变与减排潜力》，《资源科学》。

6. 赵丽平、侯德林、王雅鹏、何可：《城镇化对粮食生产环境技术效率影响研究》，《中国人口·资源与环境》。

7. 薄晓峰：《转基因农作物与粮食安全的关联分析》，《科技与创新》。

8. 李福夺、杨兴洪：《1999—2014 年山东省粮食生产变化及增产驱动力研究》，《浙江农业学报》。

9. 刘松：《推进粮食供给侧结构性改革要统筹把握六大关键点》，《中国粮食经济》。

10. 刘笑然、张成彦、曹乐乐：《2015 年全国粮食形势分析与 2016 年展望》，《中国粮食经济》。

11. 周丽、匡远配：《"五化"视角下的粮食安全问题研究——以湖南省为例》,《中国农学通报》。

12. 陈珏、程宪伟、倪维秋:《东北粮食主产区农户宅基地流转意愿及影响因素分析——基于依安县 300 户农户的调查》,《中国农学通报》。

13. 顾乃杰:《基于粮食安全视角下的中国种子产业发展战略》,《农业开发与装备》。

14. 陈锡文:《推进粮食供给侧结构改革势在必行》,《农村工作通讯》。

15. 马俊亚:《近代淮北粮食短缺与强势群体的社会控制》,《清华大学学报(哲学社会科学版)》。

16. 陈菁、孔祥智:《我国粮食主产区农户种粮状况分析——基于 13 个粮食主产区农户调查的数据》,《理论探索》。

17. 曾晓昀:《坚守粮食定价权:中国应对国际粮价波动之法律机制研究》,《河北法学》。

18. 姚万军:《经济增长与粮食需求:国际经验及对中国的启示》,《社会科学辑刊》。

19. 董雪薇、逄艳波:《黑龙江省粮食应急物流仓储的现状分析》,《中国商论》。

20. 吴丽丽、李谷成、周晓时:《中国粮食生产要素之间的替代关系研究——基于劳动力成本上升的背景》,《中南财经政法大学学报》。

21. 赵涤非、杜晓旭、王月玲:《粮食价格非对称性传导——基于阈值非对称误差修正模型的实证研究》,《价格月刊》。

22. 胡逸文、霍学喜:《农户禀赋对粮食生产技术效率的影响分析——基于河南农户粮食生产数据的实证》,《经济经纬》。

23. 公茂刚、王学真:《国际粮价波动规律及对我国粮食安全的影响与对策》,《经济纵横》。

24. 李沛文:《加快推进马铃薯主食化战略对我国粮食安全的意义与建议》,《发展》。

4 月

1. 栾健、周玉玺:《自然灾害对山东省粮食生产影响的实证分析》,《干旱区资源与环境》。

2. 钟钰、李光泗、果文帅：《中国粮食市场调控效率的实证检验——基于粮食价格波动分析》，《经济问题》。

3. 尹朝静、李谷成、葛静芳：《粮食安全：气候变化与粮食生产率增长——基于 HP 滤波和序列 DEA 方法的实证分析》，《资源科学》。

4. 张灿强、王莉、华春林、金书秦、刘鹏涛：《中国主要粮食生产的化肥削减潜力及其碳减排效应》，《资源科学》。

5. 袁鹏、潘琤、马天红、袁育芬：《关于"十三五"粮食物流发展的几点思考——从粮食流通世行项目建设谈起》，《中国粮食经济》。

6. 吴志华、陈其清、吴雯：《中国粮食物流回顾与 2016 年展望》，《粮食科技与经济》。

7. 张士杰、孙芮：《河南省粮食作物保险的现状与对策研究》，《粮食科技与经济》。

8. 陈来柏、曹宝明、高兰：《中国粮食物流发展现状及存在问题分析》，《粮食科技与经济》。

9. 王雅鹏、李俊睿、马林静、杨志海：《农村劳动力选择性转移对粮食生产技术效率的影响》，《黑龙江粮食》。

10. 李福夺、杨兴洪：《我国城镇化与粮食安全生产关系研究》，《统计与决策》。

11. 马琼、赵予新：《"四化同步"与粮食综合生产能力建设协调发展研究——以河南省为例》，《粮食科技与经济》。

12. 贺平：《东亚的粮食安全与大米储备——日本的实践与启示》，《农业经济问题》。

13. 童玉娥、徐明、宋雨星、贾娟琪：《美国粮食物流体系现状研究》，《世界农业》。

14. 刁秀华、郭连成：《中国、俄罗斯粮食安全问题分析》，《东北亚论坛》。

15. 刘慧、张俊：《未来中国粮食增产的影响因素研究——基于粮食主产区面板数据的实证分析》，《太原理工大学学报（社会科学版）》。

16. 罗玉辉、侯亚景：《关于我国取消粮食价格直补的思考》，《中国物价》。

17. 万举：《国家粮食不安全因素的削减——基于农地权利视角》，

《郑州航空工业管理学院学报》。

18. 蔡胜勋：《期货市场嵌入粮食银行的运行机制研究》，《海峡科技与产业》。

19. 刘书田、李敬亚、米长虹、郑宏艳、黄治平、侯彦林、王农、蔡彦明、王铄今、侯显达：《粮食生产潜力中长期预测的验证》，《农业资源与环境学报》。

20. 张祝宁、章欢欢：《农业补贴对我国农户粮食生产的影响》，《南方农业》。

5 月

1. 郭修平：《我国粮食自给率波动分析与粮食安全的保障》，《中国农机化学报》。

2. 蒋文杰：《我国粮食安全问题及对策》，《河南农业》。

3. 曾文革、原兴男：《WTO 巴厘一揽子协定粮食安全条款谈判：背景、进展与对策》，《北京理工大学学报（社会科学版）》。

4. 李福夺、张健、杨兴洪：《我国粮食安全时空格局与安全形势预测研究》，《人口学刊》。

5. 彭佳颖、谢锐、赖明勇：《国际粮食价格对中国粮食价格的非对称性影响研究》，《资源科学》。

6. 常远、夏朋、王建平：《水—能源—粮食纽带关系概述及对我国的启示》，《水利发展研究》。

7. 刘俊：《以"互联网＋粮食"推动粮食行业"三个创新"》，《中国粮食经济》。

8. 尚强民：《论我国粮食市场的周期性变化》，《中国粮食经济》。

9. 吕明、范俊楠、王雅鹏：《湖北省粮食生产时空变动的实证研究——基于 LMDI 分解法》，《浙江农业学报》。

10. 周伟、Boulanger Mathieu、吴先明：《农业跨国公司垄断对我国粮食安全的影响》，《西北农林科技大学学报（社会科学版）》。

11. 陈菁、孔祥智：《土地经营规模对粮食生产的影响——基于中国十三个粮食主产区农户调查数据的分析》，《河北学刊》。

12. 赵丽平、王雅鹏、何可：《我国粮食生产的环境技术效率测度》，

《华南农业大学学报（社会科学版）》。

13. 王国敏、周庆元：《我国粮食综合生产能力影响因素的实证分析》，《四川大学学报（哲学社会科学版）》。

14. 芦千文：《关于调整粮食安全保障思路的思考》，《山西农业大学学报（社会科学版）》。

15. 肖怡文：《跨国粮商对我国粮食产业的控制战略及我国的应对措施》，《长春大学学报》。

16. 罗海平、吕晞：《粮食主产区的产量结构、增长效益与粮食安全的实证研究》，《统计与决策》。

17. 邱雁、李越：《生产、收入与成本：中国粮食补贴政策绩效分析》，《财经科学》。

18. 丁铁锋、曹前程：《"粮食银行"十年发展的探索与思考》，黑龙江粮食》。

19. 唐黎标：《粮食安全概念的演变与重要意义》，《粮食问题研究》。

20. 戴化勇、钟钰：《高库存背景下的粮食安全与政策改革研究》，《农村经济》。

21. 金涛、钱俊熹、黄丽艳、倪军、陆建飞：《我国粮食台阶增长的构成因素分解》，《农业现代化研究》。

22. 晁娜娜、原瑞玲、张莹、龙文军：《促进粮食目标价格保险发展的思考——基于庆阳农场、二九〇农场的调研》，《农业展望》。

23. 余志刚：《我国粮食宏观调控的效率及影响因素》，《南通大学学报（社会科学版）》。

24. 王文涛、王富刚：《大豆在国家粮食安全中战略地位的转变及调控》，《中国经贸导刊》。

25. 国家发展和改革委员会产业经济与技术经济研究所课题组：《构建我国新的粮食价格支持政策框架的建议》，《经济纵横》。

26. 朱喜安、李良：《粮食最低收购价格通知对粮食价格的影响——基于事件分析法的研究》，《社会科学家》。

27. 丁声俊：《把握深化粮改新特点 完善粮食市场和价格体系》，《价格理论与实践》。

28. 陈帅、徐晋涛、张海鹏：《气候变化对中国粮食生产的影响——

基于县级面板数据的实证分析》,《中国农村经济》。

6月

1. 尹朝静、李谷成、高雪:《气候变化对中国粮食产量的影响——基于省级面板数据的实证》,《干旱区资源与环境》。
2. 张慧琴、韩晓燕、吕杰:《粮食生产支持补贴政策的宏观作用效果分析——基于动态面板数据模型》,《经济问题》。
3. 黄德林、李新兴:《适应气候变化的中国粮食安全及经济增长研究——基于静态多区域农业一般均衡模型》,《农学学报》。
4. 封志明、孙通、杨艳昭:《2003—2013年中国粮食增产格局及其贡献因素研究》,《自然资源学报》。
5. 柴玲欢、朱会义:《中国粮食生产区域集中化的演化趋势》,《自然资源学报》。
6. 曾志勇、刘颖:《长江中游地区耕地资源数量与粮食生产关系的实证分析》,《统计与决策》。
7. 崔奇峰、蒋和平、吴颖宣:《中国粮食"十一连增"的主要因素分析与政策建议》,《中国农学通报》。
8. 张永强、单宇、高延雷、张泽浩:《粮食安全背景下我国种子产业发展现状研究》,《农业经济》。
9. 祝洪章:《土地发展权交易与粮食生产利益补偿机制》,《学术交流》。
10. 小约翰·柯布、谢邦秀:《中国如何确保可持续的粮食安全》,《武汉理工大学学报(社会科学版)》。
11. 王洁蓉、何蒲明:《我国粮食消费结构对粮食进口贸易的影响研究》,《价格月刊》。
12. 公茂刚:《国际粮食价格影响因素实证分析》,《农业经济与管理》。
13. 李福夺:《粮食安全贡献度的测算实证》,《统计与决策》。
14. 徐斌、孙蓉:《粮食安全背景下农业保险对农户生产行为的影响效应——基于粮食主产区微观数据的实证研究》,《财经科学》。
15. 金涛、夏晴、岳蒙蒙、潘乔乔、佴军:《粮饲兼顾视角下江苏省粮食产需格局及其优化策略》,《经济地理》。

16. 黄德林、肖敬亮、李向阳:《人民币汇率升值对中国粮食安全影响的一般均衡金融模型分析》,《中国农学通报》。

17. 何友、曾福生:《长江流域粮食大省对粮食安全的贡献度特征分析》,《粮食科技与经济》。

18. 杨少文、彭如铮:《中国粮食进口与粮食安全的政治因素分析:1995—2012》,《南方农村》。

19. 徐鲜梅:《国家"粮食直补"推行种粮实名制的对策建议——兼论种粮资格化及职业化意义》,《农村经济》。

20. 孙蓉、李亚茹:《农产品期货价格保险及其在国家粮食安全中的保障功效》,《农村经济》。

21. 樊鹏飞、梁流涛、刘志丹、段朋辉、陈常优:《粮食生产核心区不同类型农户耕地保护的认知与行为》,《水土保持通报》。

22. 茹意鑫、母金荣、马志宏:《粮食最低收购价格政策的研究》,《农业与技术》。

23. 高军波、刘彦随、张永显:《1990—2012年淮河流域粮食生产的时空演进及驱动机制》,《水土保持通报》。

24. 秦子、闫庆华:《农户粮食补贴满意度调查分析——以湖北松滋市为例》,《农业展望》。

25. 曲晓波:《关于粮食供给侧改革的调查与思考》,《吉林人大》。

26. 祝洪章:《农地流转"非粮化"及对粮食安全影响研究述评》,《人民论坛》。

27. 黄恩、陈倬、陈会玲、叶金珠:《中国粮食安全生产的现状研究》,《湖北第二师范学院学报》。

28. 杨晶:《农田污染对粮食生产的影响研究——以四川为例》,《中国农业资源与区划》。

29. 王艺颖、刘春力:《陕西省主要粮食作物生产成本收益研究——以小麦、玉米为例》,《中国农业资源与区划》。

30. 宋戈、林彤:《东北粮食主产区农村土地承包经营权规模化流转定价机制研究——以黑龙江省克山县为例》,《中国土地科学》。

31. 赵迎军:《民工"流动"与粮食价格波动关联性分析》,《管理世界》。

7月

1. 李福夺、杨兴洪：《城镇化背景下贵州省耕地压力与粮食安全问题探讨》，《中国农机化学报》。

2. 高群、宋长鸣：《美国粮食价格突变及其对国内农业安全的启示》，《华南农业大学学报（社会科学版）》。

3. 宋洪远：《实现粮食供求平衡 保障国家粮食安全》，《南京农业大学学报（社会科学版）》。

4. 黄德林、李喜明、鞠劭芃：《气候变化对中国粮食生产、消费及经济增长的影响研究——基于中国农业一般均衡模型》，《统计与决策》。

5. 吴志华：《对接"一带一路"战略 加快建设粮食物流通道》，《中国粮食经济》。

6. 王少芬、赵昕东：《基于结构时间序列模型的国际粮食价格时间变化特征分析》，《世界农业》。

7. 马晓河：《新时期我国需要新的粮食安全制度安排》，《国家行政学院学报》。

8. 徐海燕：《构建丝路粮食通道的若干思考》，《国际问题研究》。

9. 汪希成、吴昊：《我国粮食供求结构新变化与改革方向》，《社会科学研究》。

10. 张婷：《基于 ARIMA 模型的国际粮食短期价格分析预测——以大豆为例》，《价格月刊》。

11. 江松颖、刘颖、金雅：《我国粮食综合生产能力影响因素及其变迁分析》，《统计与决策》。

12. 李旭辉、荆壮壮、郑丽琳：《商品燃料综合价格指数波动对我国粮食价格影响的传导效应检验》，《统计与决策》。

13. 姜长云：《关于解决当前粮食库存问题的思考》，《中国发展观察》。

14. 陈秧分、王国刚、王丽娟：《农户生产决策视角下我国粮食生产格局变化机制》，《经济地理》。

15. 程国强：《中国需要新粮食安全观》，《黑龙江粮食》。

16. 谢树春、朱建军、宋永永：《基于粮食安全的宁夏耕地需求量预测》,《农业现代化研究》。

17. 史常亮、郭焱、朱俊峰:《中国粮食生产中化肥过量施用评价及影响因素研究》,《农业现代化研究》。

18. 李腾飞、亢霞:《"十三五"时期我国粮食安全的重新审视与体系建构》,《农业现代化研究》。

19. 张晓山:《适应形势变化 创新粮食政策》,《农村工作通讯》。

20. 杨磊、王吉恒、李玉:《新一轮土地制度改革下的农村金融产品需求分析——以东三省粮食主产区为例》,《农村经济》。

21. 李国祥:《我国粮食价格形成机制沿革的历史回顾与探讨》,《北京工商大学学报(社会科学版)》。

22. 徐振宇、李朝鲜、李陈华:《中国粮食价格形成机制逆市场化的逻辑:观念的局限与体制的制约》,《北京工商大学学报(社会科学版)》。

23. 钟甫宁、陆五一、徐志刚:《农村劳动力外出务工不利于粮食生产吗？——对农户要素替代与种植结构调整行为及约束条件的解析》,《中国农村经济》。

8月

1. 彭珂珊:《粮食安全:世纪挑战与应对——为我国粮食总产量(2004—2015年)实现"12连增"而作》,《首都师范大学学报(自然科学版)》。

2. 李福夺、杨兴洪:《新疆粮食生产波动:波动特征与影响因素》,《干旱区资源与环境》。

3. 谢小蓉:《城镇化、耕地流失与粮食安全》,《新疆农垦经济》。

4. 陈诗波、谭鑫、余志刚、李伟:《粮食主产区耕地隐性撂荒的形式、成因及应对策略》,《农业经济与管理》。

5. 李腾飞、亢霞:《新常态下中国粮食安全的价值取向与保障体系分析》,《中国科技论坛》。

6. 牛海鹏、肖东洋、郤智方:《多层次作用边界下粮食主产区耕地保护外部性量化及尺度效应》,《资源科学》。

7. 余翔、李娜:《中国转基因粮食作物安全认证的法律与公信力争议初探》,《科技与经济》。

8. 贾培琪、吴绍华、李啸天、周生路：《中国省际粮食贸易及其虚拟耕地流动模拟》，《地理研究》。

9. 胡甜、鞠正山、周伟：《中国粮食供需的区域格局研究》，《地理学报》。

10. 仇景万：《提高粮食产量确保中国粮食安全的政策建议》，《中国人口·资源与环境》。

11. H·巴赫、靳润芳、孙言：《全球气候变化背景下跨界流域水、能源和粮食安全的合作》，《水利水电快报》。

12. 郑杰：《粮食主产区支持政策思考》，《中国粮食经济》。

13. 马立军、郭年冬、马悦：《基于粮食安全与生态安全双重视角的河北省耕地保护经济补偿分区》，《江苏农业科学》。

14. 雷裕经：《主销区粮食安全供给侧现状与保障措施》，《粮食科技与经济》。

15. 丁欣、杨洛新：《基于扩展 C–D 生产函数的安徽省粮食产量影响因素分析》，《粮食科技与经济》。

16. 常理：《加快改革粮食价格形成机制——陈锡文谈粮食安全面临的迫切问题》，《农村·农业·农民（B 版）》。

17. 伍启凤：《粮食安全视域下的农业金融抑制问题及化解对策》，《农业经济》。

18. 崔奇峰、蒋和平、蒋黎、吴颖宣：《主产区粮食生产与财政收入关联分析及政策建议——基于与主销区比较的视角》，《中国农业科技导报》。

19. 王宁：《我国粮食安全存在的问题与对策》，《农业科技与装备》。

20. 寇光涛、卢凤君：《我国粮食产业链增值的路径模式研究——基于产业链的演化发展角度》，《农业经济问题》。

21. 曾晓昀：《粮食质量安全：中国《粮食法》安全价值之实现》，《学术论坛》。

22. 姚成胜、邱雨菲、黄琳、李政通：《中国城市化与粮食安全耦合关系辨析及其实证分析》，《中国软科学》。

23. 钟昱、亢霞：《多维度视角下我国粮食运输的结构分析》，《中国流通经济》。

24. 耿华中：《粮食价格波动及调控方式探析》，《中国经贸导刊》。

25. 黄青青、胡亚光：《基于农户视角的粮食最低收购价政策效应研究——以江西为例》，《价格月刊》。

26. 李素琴：《金融资本下美国粮食武器战略对全球农业控制研究》，《现代经济探讨》。

27. 杨楠、祝洪章：《我国粮食主产区粮食银行转型发展问题分析——以黑龙江北大荒粮食银行为例》，《北方经贸》。

28. 张淑萍：《基于资源配置效率的粮食安全风险及其防控》，《农村经济》。

29. 董晓蕾、姜法竹、杨树果：《黑龙江省粮食生产结构演变与趋势分析》，《黑龙江八一农垦大学学报》。

30. 张学军：《流通贸易视角下中国粮食安全问题分析》，《世界农业》。

31. 钟昱、亢霞：《日本粮食生产、流通与消费发展趋势研究》，《世界农业》。

32. 周琰：《粮食直接补贴政策研究综述》，《安徽农业科学》。

33. 刘洲：《基于 SWOT 分析的黑龙江垦区粮食生产发展路径研究》，《统计与咨询》。

34. 祁华清、缪书超：《我国粮食加工业投资东南亚的机遇与实现路径》，《经济纵横》。

35. 魏昊、李芸、吕开宇、武玉环：《粮食种植户风险态度对信贷约束效果的影响——基于四省农户调查的实证分析》，《农林经济管理学报》。

36. 赵宏波、郑辉、苗长虹、邵田田、冯渊博：《东北粮食主产区农业生态系统健康格局与因子诊断——以吉林省为例》，《应用生态学报》。

37. 黄晓敏、陈长青、陈铭洲、宋振伟、邓艾兴、张俊、郑成岩、张卫建：《2004—2013 年东北三省主要粮食作物生产碳足迹》，《应用生态学报》。

38. 志宇、田贵良：《粮食产量影响因素的动态分析与预测——以福建省 1984—2013 年数据为例》，《湖北农业科学》。

39. 高鸣、宋洪远、Michael Carter：《粮食直接补贴对不同经营规模农户小麦生产率的影响——基于全国农村固定观察点农户数据》,《中国农村经济》。

9月

1. 史常亮、朱俊峰:《我国粮食生产中化肥投入的经济评价和分析》,《干旱区资源与环境》。
2. 张正斌、段子渊、徐萍、刘坤、李贵:《安徽省粮食安全及现代农业发展战略》,《中国生态农业学报》。
3. 陈玉洁、张平宇、刘世薇、谭俊涛:《东北西部粮食生产时空格局变化及优化布局研究》,《地理科学》。
4. 江松颖、刘颖、万晶:《湖北省粮食生产的时空特征演变研究——基于耕地因素分解的视角》,《长江流域资源与环境》。
5. 张佳宝、刘建立:《粮食主产区农田地力提升机理与定向培育对策研究立项报告》,《科技创新导报》。
6. 辛翔飞、张怡、王济民:《我国粮食补贴政策实施状况、问题和对策》,《农业经济》。
7. 田旭、于晓华、张晓恒:《中国粮食生产潜能分析:一个基于"俱乐部收敛"的视点》,《浙江大学学报(人文社会科学版)》。
8. 鄂施璇、雷国平、宋戈:《松嫩平原粮食主产区农村居民点格局及影响因素分析》,《农业工程学报》。
9. 张慧琴、韩晓燕、吕杰:《粮食补贴政策的影响机理与投入产出效应》,《华南农业大学学报(社会科学版)》。
10. 孙良顺:《水旱灾害、水利投资对粮食产量的影响》,《西北农林科技大学学报(社会科学版)》。
11. 袁梦烨、李晓云、黄玛兰:《营养视角下的食物消费与粮食需求——以湖北省城乡居民粮食消费为例》,《湖北社会科学》。
12. 钟昱、亢霞:《我国粮食流通企业成本收益结构分析——以经营规模、企业类型和粮食品种为视角》,《价格月刊》。
13. 李彬:《我国粮食流通生产与流通安全研究综述》,《江苏商论》。
14. 廖家惠、陈光燕、汪建:《我国粮食进口依存度影响因素分析》,《商业经济研究》。

15. 姬超：《农业新常态下粮价下跌与粮食安全的两难出路——基于河南省 25 个村庄 1 169 个农户的入户调查与研究》，《当代经济管理》。

16. 樊鹏飞、陈常优、梁流涛、李彦埔、王昊：《粮食主产区耕地保护规模研究——基于粮食需求与边际效益双视角》，《国土资源导刊》。

17. 姚成胜、李政通、易行：《中国粮食产量变化的驱动效应及其空间分异研究》，《中国人口·资源与环境》。

18. 张东辉、张辉：《河南省粮食生产现状、存在问题及建议》，《中国种业》。

19. 丁文恩：《新常态下粮食安全隐忧及保障机制研究》，《农村经济》。

20. 罗振军、兰庆高、于丽红：《粮食主产区种粮大户的借贷行为及影响因素——以黑龙江省为例》，《农村经济》。

21. 姜宇博、李爽：《粮食主产区农机合作社生产效率与适度规模经营研究——以黑龙江省玉米生产为例》，《农业现代化研究》。

22. 唐建、Jose Vila：《粮食生产技术效率及影响因素研究——来自 1990—2013 年中国 31 个省份面板数据》，《农业技术经济》。

23. 方远平、唐瑶、胡靖：《城镇化背景下粮食安全格局的时空演变及其影响因素分析——基于我国省域的空间计量分析》，《岭南学刊》。

24. 樊琦、祁华清、李霜：《粮食目标价格制度改革研究——以东北三省一区大豆试点为例》，《宏观经济研究》。

25. 孔令成：《基于综合效益视角的家庭农场土地适度规模研究》，《西北农林科技大学》。

10 月

1. 赵爱栋、许实、曾薇、马贤磊、饶芳萍：《不稳定耕地利用困境：基于粮食安全、农民收入和生态安全间的权衡——以甘肃省景泰县为例》，《资源科学》。

2. 庞文渌、路飞：《我国粮食安全现状及保障机制探讨》，《粮食加工》。

3. 李玉：《粮食信息化技术发展现状与趋势分析》，《粮食加工》。

4. 张宏明：《吉林省的"北粮南运"及粮食去库存》，《中国粮食经济》。

5. 李首涵、杨萍、周林、孙万刚：《中国粮食生产降本增效潜力——基于中美日的比较分析》，《世界农业》。

6. 孙玉竹、王旋、吴敬学、宗义湘、杨念：《OECD成员国粮食作物支持水平及政策比较》，《世界农业》。

7. 杨晋：《"胃的战争"：粮食危机的另类解读》，《世界知识》。

8. 白梦娇、贾利军：《我国粮食结构波动的分解与预测——基于EMD模型的分析》，《管理学刊》。

9. 彭斌：《大学生消费观念与节约粮食问题研究》，《管理学刊》。

10. 廖富洲：《粮价下跌背景下粮食生产的新问题与新思路》，《中州学刊》。

11. 高昕：《新常态下我国粮食主产区综合利益补偿机制创新研究》，《中州学刊》。

12. 李娟、武舜臣：《主产区农户粮食供给反应差异研究——基于粮食品种和农户非农收入视角的分类比较》，《湖南农业大学学报（社会科学版）》。

13. 贾娟琪、李先德、王士海：《中国粮食价格支持政策对国内外粮食价格溢出效应的影响研究——基于 VEC-DCC-GARCH 模型的分析》，《华中农业大学学报（社会科学版）》。

14. 吴海霞、葛岩：《粮食托市收购政策效应评估——以玉米临储政策为例》，《华中农业大学学报（社会科学版）》。

15. 李援亚、祁华清、王锐：《粮食金融化：维度、主体与趋势》，《现代经济探讨》。

16. 陈秧分、李先德：《粮食连年增产背景下我国三大主粮的成本变化与差异分解》，《农林经济管理学报》。

17. 袁斌、陈超：《中国粮食生产的范围经济实证研究》，《财贸研究》。

18. 赵丽平、李邦熹、王雅鹏、何可：《城镇化与粮食生产水土资源的时空耦合协调》，《经济地理》。

19. 梁流涛、翟彬、樊鹏飞：《基于环境因素约束的农户土地利用效率及影响因素分析——以河南省粮食生产核心区为例》，《地理科学》。

20. 蒋辉、张康洁：《粮食供给侧结构性改革的当前形势与政策选择》,《农业经济问题》。

21. 常少恒:《浅析我国粮食进出口状况》,《农村经济与科技》。

22. 朱险峰、巫成方:《中美粮食种植成本比较及中国粮食政策取向》,《农业展望》。

23. 陈江:《粮食安全观视阈下粮食主产区利益补偿新思路》,《学术交流》。

24. 李友华、毕家豪:《构建与完善国家粮食安全战略体系及其实施对策》,《农业经济与管理》。

25. 吴石磊、王学真、高峰:《国际粮食供给和国际粮食需求波动影响因素分析》,《统计与决策》。

26. 李爽、王瑞峰:《基于DEA模型的中国粮食对外贸易安全度评价》,《农业经济与管理》。

27. 葛玲:《稻改、粮食减产与饥荒——以皖西北地区为中心》,《中国农史》。

28. 刘振滨、林丽梅、郑逸芳:《粮食价格补贴政策改革:基于直接补贴与价格补贴的辨析》,《上海经济研究》。

29. 郑旭媛、徐志刚:《资源禀赋约束、要素替代与诱致性技术变迁——以中国粮食生产的机械化为例》,《经济学(季刊)》。

30. 陈晓勇、杨俊、宋振江:《城镇化进程中长江中下游粮食主产地市耕地生态安全评价》,《中国发展》。

31. 封志明、肖池伟、李鹏:《中国-东盟自由贸易区粮食生产与贸易的时空格局演变》,《自然资源学报》。

11 月

1. 刘玹泽、王曙光、张宽、杨启智:《供给侧改革视角下我国粮食生产、流通的思考建议》,《地理与地理信息科学》。

2. 祝华军、田志宏、楼江:《粮食生产型家庭农场:临界经营规模与发展愿景分析》,《中国农业大学学报(社会科学版)》。

3. 朱晶、晋乐:《论农业基础设施与粮食生产成本的关联度》,《改革》。

4. 田祖庆:《推进农业供给侧结构性改革的方法与措施探讨——以安乡县粮食生产为例》,《作物研究》。

5. 刘鹏、丁乐：《关于当前我国粮食储备现状与问题的思考》，《农村经济与科技》。

6. 周建高：《论日本粮食安全保障政策》，《日本学刊》。

7. 王大为、蒋和平：《我国粮食安全与粮食储备关系研究——以玉米为视角》，《河南工业大学学报（社会科学版）》。

8. 李铜山、刘庆庆：《论中国粮食产业发展的消费政策体系》，《河南工业大学学报（社会科学版）》。

9. 普蓂喆、郑风田：《粮食储备与价格调控问题研究动态》，《经济学动态》。

10. 李波、张吉献：《粮食主产区县域农业机械动力投入时空演变分析——以河南省108个县（县级市）为例》，《农机化研究》。

11. 田旭、王善高：《中国粮食生产环境效率及其影响因素分析》，《资源科学》。

12. 王锐、祁华清、陈倬：《我国粮食进口增长的风险后果及对策分析》，《当代经济管理》。

13. 郝瑞彬：《2003—2014年中国粮食单产变化驱动力灰色关联分析》，《资源开发与市场》。

14. 宋香平、马守臣、张合兵、秦伟霞：《基于粮食安全的河南省耕地压力动态分析及预测》，《中国农学通报》。

15. 刘其涛：《低碳经济视域下中国粮食全要素生产率变化实证研究》，《江苏农业科学》。

16. 王琦：《东盟与中日韩（10＋3）粮食安全与农业投资》，《世界农业》。

17. 吴彩容、罗锋：《4大国际粮食品种长期价格波动及影响因素比较分析——基于ARCH类模型研究》，《世界农业》。

18. 曾晓昀：《应对粮食金融化：中国粮食期货立法之粮农客户权益保护研究》，《浙江工商大学学报》。

19. 杨朝丹：《粮食大县县域经济发展比较分析》，《长白学刊》。

20. 尹靖华：《国际能源对粮食价格传导的生产成本渠道研究》，《华南农业大学学报（社会科学版）》。

21. 郑风田、普蓂喆：《我国粮食储备主体结构及其优化研究》，《价格理论与实践》。

12月

1. 王欧、唐轲、郑华懋:《农业机械对劳动力替代强度和粮食产出的影响》,《中国农村经济》。

2. 李凤廷、侯云先、邵开丽、钱向明:《突发事件下的粮食物流——基于情景应对的储备粮紧急调运决策框架》,《中国农村经济》。

3. 叶明华、汪荣明:《收入结构、融资约束与农户的农业保险偏好——基于安徽省粮食种植户的调查》,《中国人口科学》。

4. 王晓雪、张莉琴:《补贴方式对农户粮食补贴政策满意度的影响——基于22省2 460份农户数据的分析》,《湖南农业大学学报(社会科学版)》。

5. 尚清、杨辉:《粮食出口限制措施的应用及其规制的发展》,《国际贸易问题》。

6. 李伟:《以供给侧结构性改革 提升中国粮食和食品安全保障能力》,《中国经济报告》。

7. 余欣荣:《调整优化粮食结构 引领农业供给侧结构性改革》,《中国经济报告》。

8. 吴思:《深化农业供给侧结构性改革——"2016(第四届)中国粮食与食品安全战略峰会"综述》,《中国经济报告》。

9. 罗翔、曾菊新、朱媛媛、张路:《谁来养活中国:耕地压力在粮食安全中的作用及解释》,《地理研究》。

10. 陈俊聪、王怀明、汤颖梅:《气候变化、农业保险与中国粮食安全》,《农村经济》。

11. 赵霞、刘云、易山姣:《粮食托市收购政策的增产效应研究》,《粮食科技与经济》。

12. 闫琰、宋莉莉、王秀东:《我国粮食"十一连增"主要因素贡献分析及政策思考》,《中国农业科技导报》。

13. 韩磊:《中国粮食价格波动规律及周期性特征》,《开发研究》。

14. 李丰、胡舟:《粮食最低收购价政策对农户种植行为的影响分析——以稻谷主生产区为例》,《价格理论与实践》。

15. 贾帅帅、张旭辉：《新形势下中国粮食安全战略调整的现实逻辑——基于粮食、谷物与口粮自给率的分析》，《价格理论与实践》。

16. 王大为、蒋和平：《我国粮食安全与粮食价格关系研究——以小麦为视角》，《天津商业大学学报》。

17. 杨皓天、刘秀梅、句芳：《粮食生产效率的随机前沿函数分析——基于内蒙古微观农户层面 1 312 户调研数据》，《干旱区资源与环境》。

18. 卫晓梅、吴健生、黄秀兰、刘洪萌：《基于县域尺度的京津冀地区粮食产需时空格局及安全研究》，《中国农业大学学报》。

19. 张超群、王立群：《我国供给侧结构改革下的粮食价格形成机制研究——基于 PLS 结构方程模型的实证分析》，《价格理论与实践》。

20. 孙致陆、李先德：《"一带一路"沿线国家粮食发展潜力分析》，《华中农业大学学报（社会科学版）》。

21. 王锐、王新华、李援亚：《我国粮食进口需求增长及弹性分析——基于大豆和谷物的比较》，《经济问题探索》。

22. 高利伟、许世卫、李哲敏、成升魁、喻闻、张永恩、李灯华、王禹、吴晨：《中国主要粮食作物产后损失特征及减损潜力研究》，《农业工程学报》。

23. 马馨悦：《我国粮食种植面积影响因素分析》，《宜宾学院学报》。

24. 陈倬、景琦、王锐：《大型粮商主导的粮食供应链整合研究——基于 SIR 模型的实证分析》，《江苏农业科学》。

25. 王永亮、王琦、杨治平、郭军玲、郭彩霞、张建杰：《山西省主要粮食作物节肥增产潜力研究》，《中国农学通报》。

26. 李铜山、韩苏玉《论粮食产业发展的流通政策体系》，《河南工业大学学报（社会科学版）》。

（二）2016 年中国粮食经济重要著作索引

1. 威廉·恩道尔：《粮食危机（增订版）》，中国民主法制出版社 2016 年 1 月版。

2. 普罗斯珀·B. 马通迪、谢尔·海威尼维克、阿塔基尔·贝耶内：《生物燃料、土地掠夺和非洲的粮食安全》，民主与建设出版社 2016 年 1 月版。

3. 王志丹：《辽宁省粮食生产发展问题研究》，辽宁科学技术出版社 2016 年 1 月版。

4. 卢新海，韩璟：《中国海外耕地投资战略与对策——基于粮食安全的视角》，科学出版社 2016 年 1 月版。

5. 周慧秋：《粮食经济学》，科学出版社 2016 年 1 月版。

6. 金鹏辉：《我国粮食安全问题研究：兼论耕地保护、农业现代化和对外开放》，中国金融出版社 2016 年 1 月版。

7. 杨建利：《完善我国粮食直补政策研究》，科学出版社 2016 年 2 月版。

8. 经济合作与发展组织、联合国粮食及农业组织：《经合组织—粮农组织 2015—2024 年农业展望》，中国农业科学技术出版社 2016 年 2 月版。

9. 曹宝明、徐建玲：《中国粮食发展报告 2015——中国的粮食安全》，经济管理出版社 2016 年 3 月版。

10. 关付新、张改清：《中部粮食主产区现代农户发展问题研究》，经济管理出版社 2016 年 3 月版。

11. 李光泗：《市场化、国际化趋势下中国粮食市场调控绩效研究》，经济管理出版社 2016 年 4 月版。

12. 毛学峰：《中国粮食经济研究》，中国农业出版社 2016 年 4 月版。

13. 中国小康建设研究会：《居安思危——中国粮食安全的忧思与出路》，清华大学出版社 2016 年 5 月版。

14. 李经谋：《2016 中国粮食市场发展报告》，中国财政经济出版社 2016 年 5 月版。

15. 孙致陆：《中国农产品出口结构及其比较优势研究——基于出口技术附加值的视角》，中国农业出版社 2016 年 5 月版。

16. 赵剑峰、刘丽艳、李建华：《生物能源发展及粮食安全影响——国际动态·中国实践》，化学工业出版社 2016 年 6 月版。

17. 郭庆海：《粮食主产区建设与发展——基于一个粮食大省的视角)》，中国农业出版社 2016 年 6 月版。

18. 罗丹、陈洁 等：《新常态时期的粮食安全战略》，上海远东出版社 2016 年 7 月版。

19. 尤利群：《中国粮食国际贸易政府管制研究（第二版）》，经济管理出版社 2016 年 5 月版。

20. 辛翔飞、王济民：《我国粮食补贴政策效果评价及政策优化研究》，中国社会科学出版社 2016 年 7 月版。

21. 杨进：《劳动力价格上涨对中国粮食生产的影响研究》，中国社会科学出版社 2016 年 7 月版。

22. 丁家云：《基于结构优化的我国农产品国际竞争力研究》，经济科学出版社 2016 年 7 月版。

23. 钟钰：《我国粮食进口风险防控与策略选择》，经济科学出版社 2016 年 8 月版。

24. 蔡一鸣：《中国对东盟农产品出口市场结构的优化研究——以早期收获产品为例》，中国发展出版社 2016 年 8 月版。

25. 刘颖：《新时期我国粮食储备政策与调控体系研究》，人民出版社 2016 年 8 月版。

26. 张建杰、张改清：《粮食主产区农户农地投入行为研究》，社会科学文献出版社 2016 年 9 月版。

27. 姚成胜：《中国城市化进程中的粮食安全态势及其区域差异比较研究》，科学出版社 2016 年 9 月版。

28. 武文：《民以食为天：粮食生产和粮食安全》，中国民主法制出版社 2016 年 9 月版。

29. 曹阳：《国际法视野下的粮食安全问题研究：可持续性国际粮食安全体系的构建》，中国政法大学出版社 2016 年 9 月版。

30. 王士海：《中国粮食价格调控的政策体系及其效应研究》，中国农业科学技术出版社 2016 年 9 月版。

31. 李凤荣：《日本农产品"地产地消"理论与实证研究）》，中国社会科学出版社 2016 年 9 月版。

32. 徐维：《技术性贸易壁垒对我国农产品出口的影响效应》，中国经济出版社 2016 年 9 月版。

33. 廖杉杉：《新常态下农产品电商发展的理论与实证研究》，中国社会科学出版社 2016 年 9 月版。

34. 于江:《农产品价格风险预警及风险管理模式研究——以鸡蛋价格为例》,中国金融出版社 2016 年 10 月版。

35. 王溶花:《大国经济安全视角的粮食进口规模与结构　从规模—结构—供求角度分析中国粮食进口安全战略》,格致出版社 2016 年 10 月版。

36. 廖杉杉:《农产品价格基本稳定的长效机制构建及调控模式创新研究》,中国社会科学出版社 2016 年 10 月版。

37. 刘健:《供给侧结构性改革　互联网+重塑农业产业链》,人民邮电出版社 2016 年 10 月版。

38. 吴海鹏:《粮食安全的背后——(美国"粮食战略"对我国农业产业发展的影响)》,中国社会科学出版社 2016 年 11 月版。

39. 洪涛:《2016 年中国农产品电子商务发展报告》,中国物资出版社 2016 年 11 月版。

40. 潘义勇:《家庭农场化:现代农业之路》,暨南大学出版社 2016 年 11 月版。

41. 赵涤非:《中国农产品贸易开放过程中的若干问题及治理研究》,经济科学出版社 2016 年 11 月版。

42. 李炳军:《粮食安全与粮食生产——基于灰色模型技术的分析》,科学出版社 2016 年 12 月版。

43. 冷志杰、刘永悦:《粮食供应链利益补偿协调机制优化研究》,科学出版社 2016 年 12 月版。

44. 顾莉丽:《吉林省粮食生产适度规模经营模式与效率研究》,中国农业出版社 2016 年 12 月版。

45. 刘明:《农产品价格波动、通胀预期与货币政策》,人民出版社 2016 年 12 月版。

四、小麦、稻米、玉米、大豆价格走势图

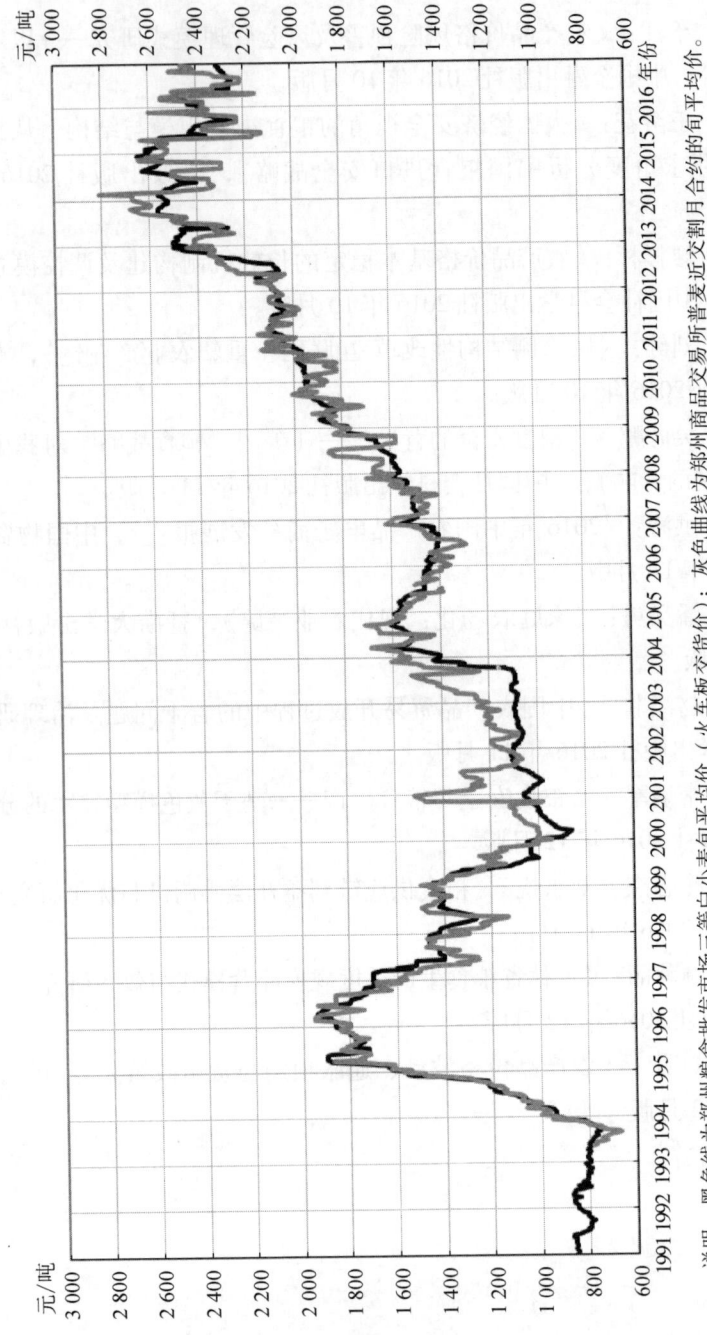

图 7-4-1 1991—2016 年郑州粮食批发市场小麦价格历史走势图

说明：黑色线为郑州粮食批发市场三等白小麦旬平均价（火车板交货价）；灰色曲线为郑州商品交易所普麦近交割月合约的旬平均价。

第七部分 中国粮食市场资料 *319*

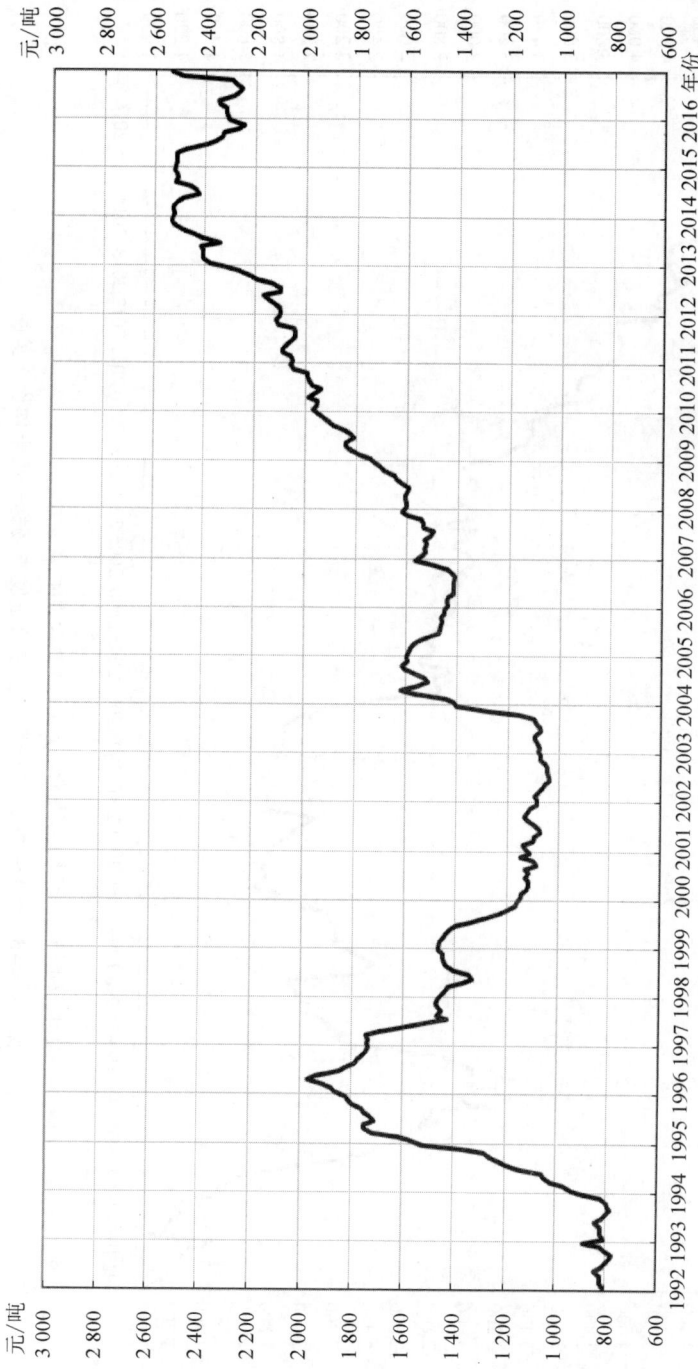

说明：价格为全国主要粮食批发市场三级硬冬白小麦月平均价（当地火车板交货价）。

图 7-4-2 1992—2016 年全国主要粮食批发市场三级白麦均价走势图

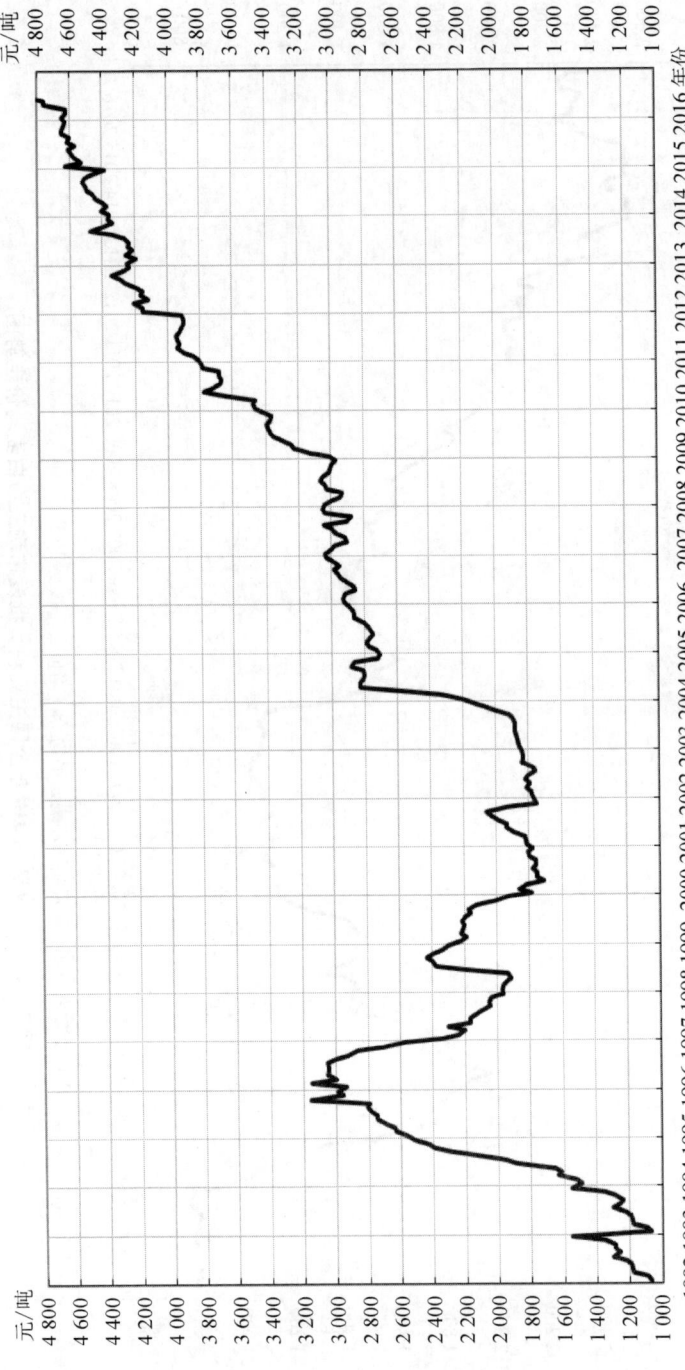

说明：价格为全国主要粮食批发市场标一粳米月平均价（当地火车板交货价）。

图 7-4-3　1992—2016 年全国主要粮食批发市场标一粳米均价走势图

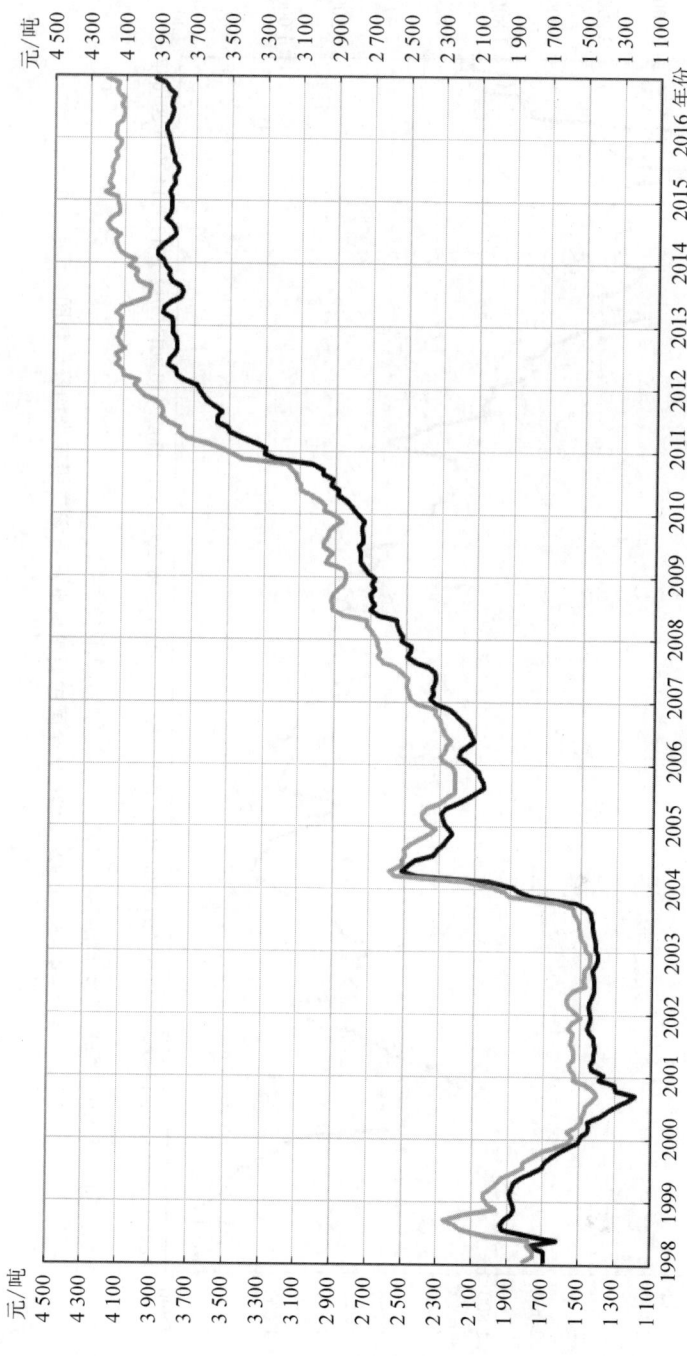

图 7-4-4 1998—2016 年全国主要粮食批发市场标—早籼、晚籼均价走势图

说明：价格为全国主要粮食批发市场标—早籼米（黑色曲线）、晚籼米（灰色曲线）月平均价（当地火车板交货价）。

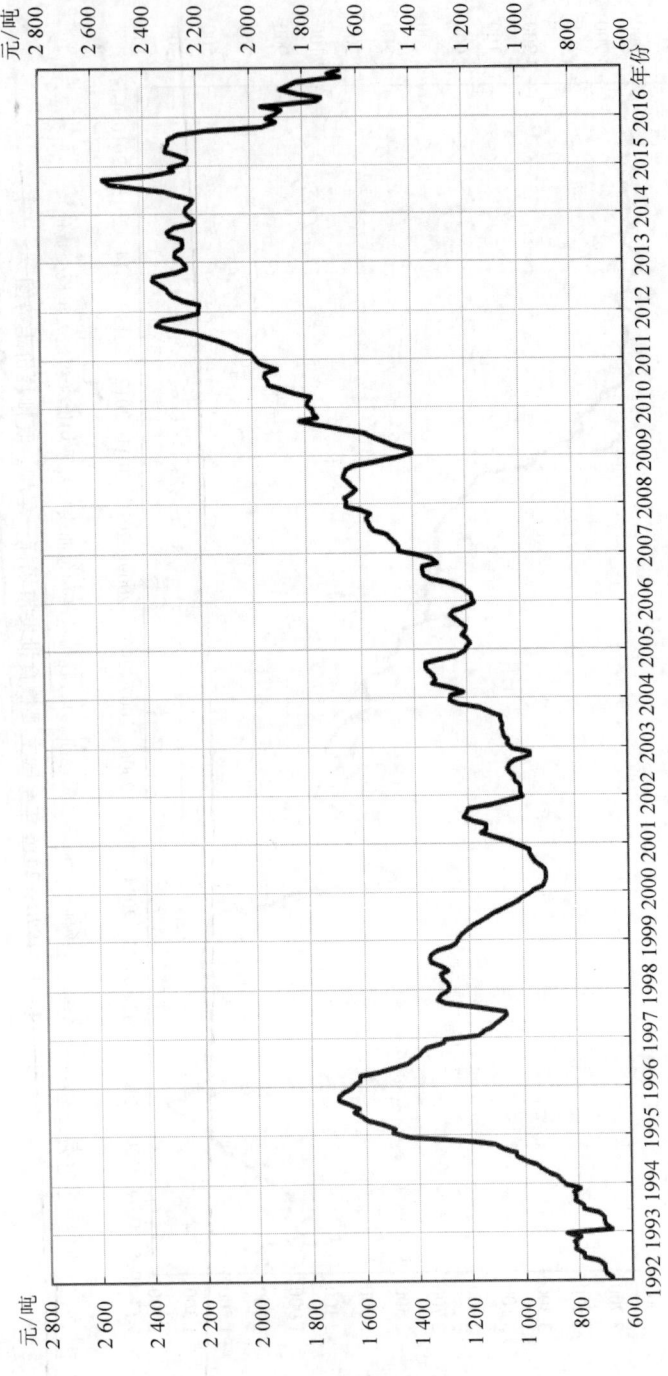

说明：价格为全国主要粮食批发市场二级玉米月平均价（当地火车板交货价）。

图 7-4-5 1992—2016 年全国主要粮食批发市场二级玉米均价走势图

第七部分 中国粮食市场资料 323

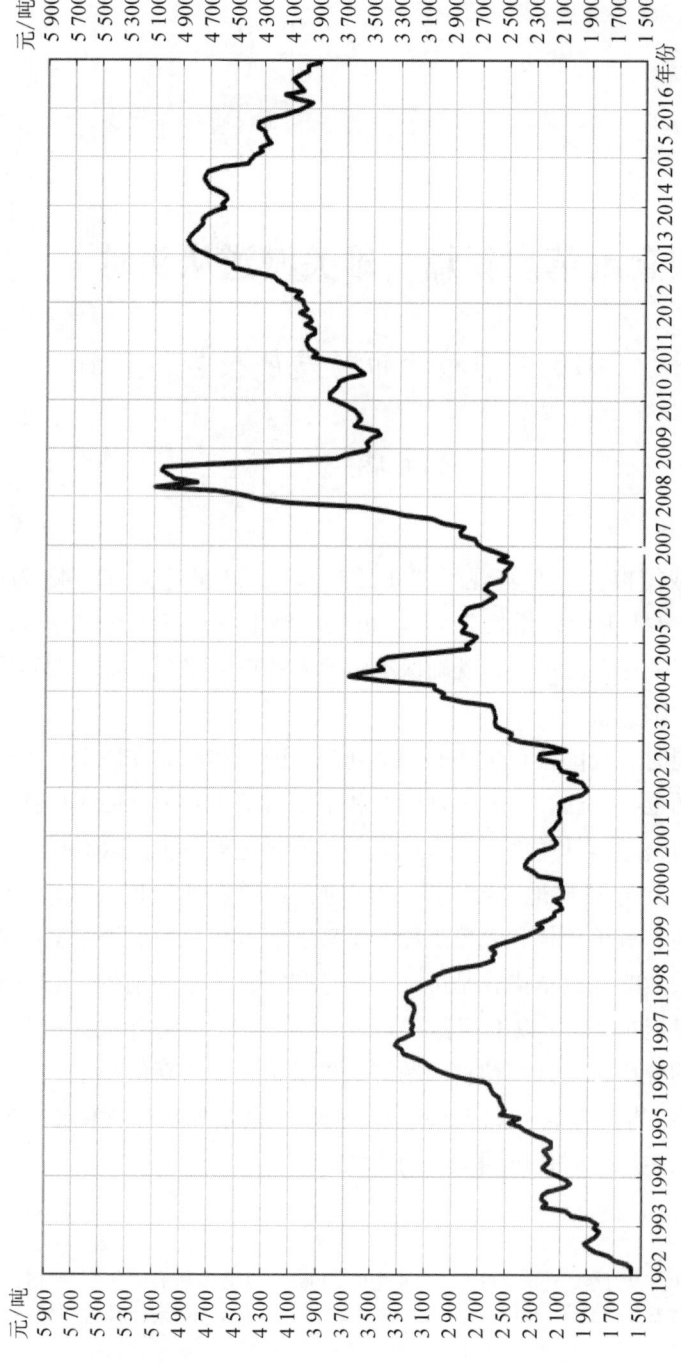

图7-4-6 1992—2016年全国主要粮食批发市场三级大豆均价走势图

说明：价格为全国主要粮食批发市场三级大豆月平均价（当地火车板交货价）。

附 录

粮食改革启新篇　雄关漫道从头越
——《2016中国粮食市场发展报告》简评

万宝瑞[①]

2015年我国粮食生产实现了"十二连增",产量达到62 143万吨,比上年增加1 441万吨,增长2.4%。粮食连年丰收,谷物基本自给,实现把饭碗牢牢端在自己手上,既确保了中国人的粮食安全,也为世界粮食安全贡献了中国力量。

但与此同时,我国粮食生产的一系列制约因素和农业发展中一系列深层矛盾和问题也日益凸显,如粮食生产和市场需求不匹配、国内粮食库存压力骤增、粮食进口日益增多、农业生态环境恶化等。中国政府提出粮食安全新战略,在守住耕地"红线"的同时,加快农业发展方式的转变,确保藏粮于地、藏粮于技和藏粮于民,实现农业可持续发展等。全面科学理解这些重大战略和改革措施是进一步推进和完善改革的前提,《2016中国粮食市场发展报告》(以下简称"报告")的面世为我们理解上述问题提供了科学的分析,为推动粮食问题解决提供了一个崭新的视角。

第一,《报告》序言"雄关漫道从头越",紧紧抓住粮食供给侧和流通体制改革的主题,时代鲜明,言简意赅。

[①] 男,1940年9月生,辽宁海城人,中共党员,1963年9月参加工作,大学学历,研究员。国家农业部原常务副部长、全国人大农业与农村委员会副主任委员,现任国家食物与营养咨询委员会主任委员。

在中国粮食市场发展系列报告中,李经谋先生执笔的序言部分向来是神来之笔。今年"雄关漫道从头越"的序言聚焦粮食供给侧和目标价格改革等问题,应时应景,高屋建瓴,切中肯綮,提出了对中国粮食流通体制改革的新思考、新对策。

序言指出,当前,粮食阶段性、结构性供过于求和粮价多重扭曲所面临的困境,成为当前我国粮食安全可持续发展的新隐患。因此,必须把准"市场脉",打好"调整牌",做好"加减法",坚定不移推进"供给侧结构性改革",提高农业供给体系的质量和效率,进而全面提高农业效益和竞争力。补短板,强基础,三藏并举,厚植发展优势,走内涵式现代农业发展道路;藏粮于地,确保产能,高标准建设"口粮田",保住子孙"饭碗田";藏粮于技,加大农业科技投入、创新与推广,让科技成果落地生根,开花结果;藏粮于民,积极发展多种形式农业适度规模经营,培育扶持新型经营主体,解农业后继乏人之忧。

序言强调,应逐步完善粮食价格形成机制,未来或构建由目标价格补贴与目标价格保险共同组成,保障农民基本收益的安全网。改革完善粮食收储制度,发展多元化市场购销主体,提高储备粮管理水平,保障国家粮食安全。健全现代粮食市场体系,加快粮食批发市场升级改造。粮食期货市场要"创设农产品期货品种,开展农产品期权试点""稳步扩大'保险+期货'试点";农产品批发市场要"加快升级改造"等。

序言还针对运用互联网思维,创新营销理念,提振粮食经济;促进国内外市场深度融合,建立多元稳定的农产品国际贸易体系;大力支持农产品出口和开展农产品加工、储运、贸易等多种形式的跨国经营;培育具有国际竞争力的粮商和农业企业集团,赢得国际竞争的主动权等战略做了相应探讨。

在新常态下,要秉持"坚守战略、稳中有变、激活市场"的原则,序言针对我国粮食管理存在的部门分割、职能分散的现状,提出应当强化顶层设计,建立权威的、专家型的国家粮食安全委员会和国家粮食宏观调控中心,以协调相关部门的政策,建立权威的监测预警体系,对粮食供求、粮食价格等实施监测和预测,对粮食及食品安全形势进行评估和预警。

第二,撰稿团队具有较强的权威性,《报告》兼具实用性和学术性。

经过多年的编撰出版历练,《报告》的撰稿人队伍日益壮大,作者来源多元,汇聚了来自政府主管部门和知名企业的管理者、高校及科研机构的知名专家。作者们理论素养深厚,视野广阔,长期关注粮食领域动态,或直接活跃在粮食市场第一线,他们注意理论联系实际,所论所述不但基于经验,更依赖数据和数据分析,结论客观、观点深刻、政策建议明确,具有较强的实用性和学术性。

第三,《报告》结构完整、逻辑合理、内容丰富。

《报告》紧紧围绕粮食市场这一主题开展谋篇布局。从中国粮食市场到世界粮食状况;从主要粮食品种形势分析到粮食政策法规;从粮食批发市场、粮食期货市场到粮食电子商务市场;从粮食领域焦点问题的深度分析,到各种统计资料、数据以及相关信息的翔实汇总等,涵盖广泛,内容丰富。《报告》为人们在全球背景下认识中国粮食市场提供了独特视野、厚实基底和综合平台。

《报告》的各部分各具特色,自成一体。

第一部分,中国及世界粮食市场概述。《报告》首先从总体上对中国及世界粮食市场进行描述,"中国粮食市场"部分全面梳理 2015 年我国粮食市场新动向,着重分析收储政策稳中有变,粮油进口激增,市场结构性矛盾突出等问题;"世界粮食市场"部分主要从粮食生产、消费、贸易、库存以及价格等角度对过去一年的变化进行详尽描述和分析。一书在手,读者可一览国内外粮食市场概况及最新变化,把握中国粮食市场在全球的地位,更加清醒认识中国的粮食安全问题。

第二部分,主要粮食品种分析。本部分系统分析我国主要粮油品种生产、消费、进出口、政策变化、过去一年行情走势以及展望,主要覆盖小麦、稻米、玉米、大豆及豆油、油菜籽及菜籽油、花生及花生油等品种。这些来自市场最前沿的品种分析报告,以官方正式公布的数据及作者的实地调研为依据,分析视角独到,分析力度和深度到位,能够为政府的宏观调控、粮油企业及农民的生产经营提供决策依据。本部分的品种分析在其他类似的发展报告中较少见到,堪称本书的一大亮点。

第三部分,专题研究。该部分围绕 2015 年中国粮食市场热点、焦点问题进行了深度剖析和解读,《报告》就粮价政策改革、"十三五"价格支持政策、农业补贴政策和粮油产品电商营销模式等问题展开专题研究,高屋建瓴，进行理论上的分析和总结，极大地增强了《报告》内容的理论性和厚重感。

第四部分，政策法规分析。该部分对推进农业供给侧结构性改革，贯彻发展新理念，加快种植业结构调整，促进种植业转型升级等政策进行了深入分析。

党的十八大以来，新一届领导集体高度重视生态文明建设，在粮食连续增产的形势下，从战略高度提出了"在重视粮食数量的同时，更加注重品质和质量安全；在保障当期供给的同时，更加注重农业可持续发展"的新要求。2015年国务院正式批准了《农业环境突出问题治理总体规划》和《农业可持续发展规划》。

第五部分，"中国粮食市场体系发展状况"内容广泛，对我国2015年粮食批发市场、粮食期货市场及粮食电子商务发展状况展开分析。

从粮食批发市场看，在新形势下，国家加大对粮食批发市场建设的政策和资金扶持力度，全国粮食统一竞价交易系统实现平台整合、并网运行，宏观调控的精准性、有效性显著增强。一年来，各地粮食行政管理部门在全面完成"十二五"粮食市场体系规划任务的同时，抓紧编制粮食行业"十三五"规划，进一步完善粮食批发市场体系建设。2016年是"十三五"规划的开局之年，国家将进一步加大政策扶持力度，加强粮食批发市场建设，完善市场功能，充分发挥粮食批发市场在保障国家粮食宏观调控、促进粮食市场流通、保障城市粮食供应和价格稳定方面的重要作用。

从电子商务市场看，2015年，"互联网+"行动计划的提出，为粮食行业创造出新的生态，助推粮食产业的新升级；粮食电子商务平台蓬勃发展，大型国企、粮食批发市场、粮食企业等积极参与电子商务的建设和发展；政策性粮食网上交易仍然是国家宏观调控的重要手段，有力地保障了国家的粮食安全；粮食行业网络融资实现零的突破，为粮食企业的发展注入新的活力；传统的供销合作社开始拥抱互联网，成为推动农村电子商务发展的中坚力量；着眼整条产业链的云农场模式颠覆和改变了传统的农业思路，开启了智慧农业的新篇章。2016年，国家进一步对托市粮收购进行改革，各级粮食批发市场将加快市场化步伐；在政策的扶持下，农村电商蓝海市场即将爆发；互联网技术、移动电商在粮食行业的深度应用，将引领粮食行业的新变革；粮食众筹不断创新，积极探索粮食产销合作的新模式。

从粮食期货市场看，期现结合的"交易商"模式正在形成，很多涉粮企业凭借对现货市场十分熟悉的优势，利用在产业链上下游均有合作伙伴的便利条件，使用期货市场工具，很好地完成了对价格波动的风险规避操作，对企业原材料采购、成品库存管理、产品销售、订单保值等进行了相应的期货市场操作，为粮食期货市场服务实体企业，特别是服务中小微和涉农企业等进行了积极探索。2016 年，国内外政治、经济环境将发生更为复杂的变化，局部政治与经济形势不稳会对全球商品价格尤其是粮食期现货价格产生重大影响，涉粮企业参与期货交易和利用期货市场工具的需求可能更加强烈。

第六部分，主要参考资料。主要包括近年来中国粮食市场统计数据、2015 年中国粮食市场大事记、2015 年中国粮食经济重要论著索引以及主要粮食品种的价格走势图等。该部分是全书的一个有益和必要的补充，为读者使用本书提供了诸多便利。值得一提的是，作为"郑州价格"重要组成部分的主要粮食价格走势资料，尤其是小麦价格走势图是郑州粮食批发市场多年积累的结晶并为其独有。

第四，《报告》专题研究学术色彩浓厚，涌现了诸多创新性观点，是本书的又一亮点。

粮价政策改革必须系统谋划、顶层设计，关键在于必须纠正价格支持政策对各粮食品种价格的过度干预，消除市场扭曲机制，建立以市场定价为基础的粮食价格形成机制。

推进粮价政策改革，必须在改革中统筹兼顾，配套建立粮价改革利益补偿机制，使种粮农民在改革中利益不受损，收益不减少，种粮积极性得到有效保护。逐步退出粮价支持政策的市场扭曲机制，配套实施"种粮收益补贴"，创新粮食市场调控体系，妥善解决好粮食临储库存问题，既是当前推进粮价政策改革的重要保障，更是当务之急。应按"价补统筹、水平适度、一品一策、精准发力、分步实施、央地分担"的总体思路，重构"十三五"时期的粮食价格支持政策框架。

按照"创新、协调、绿色、开放、共享"的发展理念，通过休耕推进粮食供给侧结构性改革是必然选择。在科学设定休耕政策目标、原则的基础上，正确制定休耕试点总体方案，合理确定休耕补贴标准与补贴方式，与新一轮退耕还林规划协同联动，进一步完善国家粮食对外开放战略，是休耕制度试点的基本路径选择。

农业补贴政策对农业增产增收、农产品价格稳定和农业发展方式转变发挥了重要作用。我国农业补贴水平低、结构不合理、精准度不高、代价大；按照"扩总量、优结构、转方式、提效率"的思路，扩大农业补贴总量，优化调整"四项补贴"政策，新设农户基础设施投资补贴制度，分步实施目标价格制度，探索土地休耕补贴试点，大幅增加农业保险补贴。

为实现 APEC 各经济体持久的粮食安全，解决亚太地区低收入群体的粮食安全与营养可持续显得十分迫切。亚太经合组织及其经济体正在采取积极行动，加强低收入群体粮食安全与营养可持续发展的研究和实践，推动落实和巩固亚太经合组织关于粮食安全宣言、路线图、行动计划成果，增强粮食供应链互通，提高效率，减少产后损失和浪费，畅通贸易渠道，改善粮食体系结构，保障低收入群体买得起安全、营养的粮食。

诚然，《2016 中国粮食市场发展报告》的编写是由一个多学科的团队执行，作者背景各异，写作风格不同，所用数据来源也不相同，因此，各自独立成篇汇总之后会出现文风脉络差异，甚至个别地方运用数据参考点不一致的情况。但整体来看，《报告》是一部难得的优秀著作，学术和实践价值兼备，对于从事粮食安全的政策决策和规划者、企业管理者以及国内、国际从事粮食安全研究的人员都有极好的参考价值，值得认真品读。

主要参考资料

1. 聂振邦:《世界主要国家粮食概况》,中国物价出版社2003年版。
2. 国家粮食局课题组:《中国粮食批发市场发展研究报告》,经济管理出版社2004年版。
3. 李经谋:《2003中国粮食市场发展报告》,中国财政经济出版社2003年版。
4. 李经谋:《2004中国粮食市场发展报告》,中国经济出版社2004年版。
5. 李经谋:《2005中国粮食市场发展报告》,中国财政经济出版社2005年版。
6. 李经谋:《2006中国粮食市场发展报告》,中国财政经济出版社2006年版。
7. 李经谋:《2007中国粮食市场发展报告》,中国财政经济出版社2007年版。
8. 李经谋:《2008中国粮食市场发展报告》,中国财政经济出版社2008年版。
9. 李经谋:《2009中国粮食市场发展报告》,中国财政经济出版社2009年版。
10. 李经谋:《2010中国粮食市场发展报告》,中国财政经济出版社2010年版。
11. 李经谋:《2011中国粮食市场发展报告》,中国财政经济出版社2011年版。
12. 李经谋:《2012中国粮食市场发展报告》,中国财政经济出版社2012年版。
13. 李经谋:《2013中国粮食市场发展报告》,中国财政经济出版社

2013 年版。

14. 李经谋：《2014 中国粮食市场发展报告》，中国财政经济出版社 2014 年版。

15. 李经谋：《2015 中国粮食市场发展报告》，中国财政经济出版社 2015 年版。

16. 李经谋：《2016 中国粮食市场发展报告》，中国财政经济出版社 2016 年版。

17. 任正晓：《农业与粮食热点问题研究》，中国经济出版社 2006 年版。

18. 邓亦武：《粮食宏观调控论》，经济管理出版社 2004 年版。

19. 黄汉权、蓝海涛：《中国粮食综合生产能力研究》，中国计划出版社 2007 年版。

20. [美] 威廉·恩道尔：《粮食危机》，知识产权出版社 2008 年版。

21. 张晓涛、王扬：《大国粮食问题：中国粮食政策演变与食品安全监管》，经济管理出版社 2009 年版。

22. [英] 拉查·帕特尔：《粮食战争》，东方出版社 2008 年版。

23. 唐风：《粮食新战争》，中国商业出版社 2008 年版。

24. 农业部课题组：《现代农业发展战略研究》，中国农业出版社 2008 年版。

25. 聂振邦：《现代粮食流通产业发展战略研究》，经济管理出版社 2008 年版。

26. 马晓河、蓝海涛：《中国粮食综合生产能力与粮食安全》，经济科学出版社 2008 年版。

27. 聂振邦：《2008 中国粮食发展报告》，经济管理出版社 2008 年版。

28. 聂振邦：《2009 中国粮食发展报告》，经济管理出版社 2009 年版。

29. 聂振邦：《2010 中国粮食发展报告》，经济管理出版社 2010 年版。

30. 聂振邦：《2011 中国粮食发展报告》，经济管理出版社 2011 年版。

31. 聂振邦：《2012 中国粮食发展报告》，经济管理出版社 2012 年版。

32. 国家粮食局：《2013 中国粮食发展报告》，经济管理出版社 2013 年版。

33. 国家粮食局：《2014 中国粮食发展报告》，经济管理出版社 2014 年版。

34. 国家粮食局：《2015 中国粮食发展报告》，经济管理出版社 2015 年版。

35. 国家粮食局：《2016 中国粮食发展报告》，经济管理出版社 2016 年版。

36. 中华人民共和国农业部：《2008 中国农业发展报告》，中国农业出版社 2008 年版。

37. 中华人民共和国农业部：《2009 中国农业发展报告》，中国农业出版社 2009 年版。

38. 中华人民共和国农业部：《2010 中国农业发展报告》，中国农业出版社 2010 年版。

39. 中华人民共和国农业部：《2011 中国农业发展报告》，中国农业出版社 2011 年版。

40. 中华人民共和国农业部：《2012 中国农业发展报告》，中国农业出版社 2012 年版。

41. 中华人民共和国农业部：《2013 中国农业发展报告》，中国农业出版社 2013 年版。

42. 中华人民共和国农业部：《2014 中国农业发展报告》，中国农业出版社 2014 年版。

43. 中华人民共和国农业部：《2015 中国农业发展报告》，中国农业出版社 2015 年版。

44. 中华人民共和国农业部：《2016 中国农业发展报告》，中国农业出版社 2016 年版。

45. 张冬平、魏仲生：《粮食安全与主产区农民增收问题》，中国农业出版社 2006 年版。

46. 尹成杰：《粮安天下——全球粮食危机与中国粮食安全》，中国经济出版社 2009 年版。

47. 刘斌、张兆刚、霍功：《中国三农问题报告》，中国发展出版社 2004 年版。

48. 丁声俊、杨振海：《粮食——新阶段及对策》，中国商业出版社 2002 年版。

49. 肖春阳、熊本国：《国有粮食企业改革》，经济管理出版社 2005

年版。

50. 游宏炳：《温饱之后的中国粮食安全研究》，中国言实出版社 2009 年版。

51. 柯炳生：《入世以来中国农业发展与新一轮谈判》，中国农业出版社 2005 年版。

52. 林毅夫：《制度、技术与中国农业发展》，上海人民出版社 2008 年版。

53. 郭宏宝：《中国财政农业补贴：政策效果与机制设计》，西南财经大学出版社 2009 年版。

54. 国家发展和改革委员会、国家粮食局：《全国粮食现代物流规划》（征求意见稿），2005 年 4 月。

55. 肖国安、王文涛、朱有志、唐之享：《中国粮食安全报告：预警与风险化解》，红旗出版社 2009 年版。

56. 洪涛：《中国粮食市场化大趋势经济》，经济管理出版社 2004 年版。

57. 鲁靖：《粮食经济中的和谐——中国粮食市场与政府宏观政策的耦合》，东南大学出版社 2006 年版。

58. 何蒲明：《粮食安全与农产品期货市场发展研究》，中国农业出版社 2009 年版。

59. 蓝海涛、王为农：《中国中长期粮食安全重大问题》，中国计划出版社 2008 年版。

60. 刘颖：《基于国际粮荒背景下的中国粮食流通研究》，中国农业出版社 2008 年版。

61. 程国强：《中国农业补贴制度设计与政策选择》，中国发展出版社 2011 年版。

62. 丁声俊、王耀鹏等：《反饥饿 反贫困》，中国农业出版社 2012 年版。

63. 丁声俊：《中国有能力养活中国》，中国农业出版社 2014 年版。

64. 国家统计局：《中国统计年鉴》，中国统计出版社 1990—2016 年各版。

65. 国家统计局农村社会经济调查总队：《中国农村统计年鉴》，中国统计出版社 2000—2016 年各版。

66.《中国财政年鉴》(2016),中国财政杂志社 2016 年版。

67.《粮油市场报》,2016 年有关各期。

68.《期货日报》,2016 年有关各期。

69.《中国粮食经济》,2016 年有关各期。

70.《调研世界》,2016 年有关各期。

71.《农业经济问题》,2016 年有关各期。

72.《粮食经济研究》,2016 年有关各期。

73.《中国农村经济》,2016 年有关各期。

74. 中华人民共和国国家统计局:《中华人民共和国 2008 年国民经济和社会发展统计公报》。

75. 中华人民共和国国家统计局:《中华人民共和国 2009 年国民经济和社会发展统计公报》。

76. 中华人民共和国国家统计局:《中华人民共和国 2010 年国民经济和社会发展统计公报》。

77. 中华人民共和国国家统计局:《中华人民共和国 2011 年国民经济和社会发展统计公报》。

78. 中华人民共和国国家统计局:《中华人民共和国 2012 年国民经济和社会发展统计公报》。

79. 中华人民共和国国家统计局:《中华人民共和国 2013 年国民经济和社会发展统计公报》。

80. 中华人民共和国国家统计局:《中华人民共和国 2014 年国民经济和社会发展统计公报》。

81. 中华人民共和国国家统计局:《中华人民共和国 2015 年国民经济和社会发展统计公报》。

82. 中华人民共和国国家统计局:《中华人民共和国 2016 年国民经济和社会发展统计公报》。

83. 新华网:《中共中央 国务院关于促进农民增加收入若干政策的意见》(2004 年中央 1 号文件)。

84. 新华网:《中共中央 国务院关于进一步加强农村工作 提高农业综合生产能力若干政策的意见》(2005 年中央 1 号文件)。

85. 新华网:《中共中央 国务院关于推进社会主义新农村建设的若干意见》(2006年中央1号文件)。

86. 新华网:《中共中央 国务院关于积极发展现代农业 扎实推进社会主义新农村建设的若干意见》(2007年中央1号文件)。

87. 新华网:《中共中央 国务院关于切实加强农业基础建设 进一步促进农业发展农民增收的若干意见》(2008年中央1号文件)。

88. 新华网:《中共中央 国务院关于促进农业稳定发展农民持续增收的若干意见》(2009年中央1号文件)。

89. 新华网:《中共中央 国务院关于加大统筹城乡发展力度 进一步夯实农业农村发展基础的若干意见》(2010年中央1号文件)。

90. 新华网:《中共中央 国务院关于加快水利改革发展的决定》(2011年中央1号文件)。

91. 新华网:《中共中央 国务院关于加快推进农业科技创新 持续增强农产品供给保障能力的若干意见》(2012年中央1号文件)。

92. 新华网:《中共中央 国务院关于加快发展现代农业 进一步增强农村发展活力的若干意见》(2013年中央1号文件)。

93. 新华网:《中共中央 国务院关于关于全面深化农村改革 加快推进农业现代化的若干意见》(2014年中央1号文件)。

94. 新华网:《中共中央 国务院关于加大改革创新力度 加快农业现代化建设的若干意见》(2015年中央1号文件)。

95. 新华网:《中共中央 国务院关于落实发展新理念 加快农业现代化实现全面小康目标的若干意见》(2016年中央1号文件)。

96. 新华网:《中共中央 国务院关于深入推进农业供给侧结构性改革 加快培育农业农村发展新动能的若干意见》(2017年中央1号文件)。

97. 新华网:《国务院关于完善粮食流通体制改革政策措施的意见》(国发〔2006〕16号)。

98. 新华网:《中共中央关于完善社会主义市场经济体制若干问题的决定》,2003年10月。

99. 新华网:《中共中央关于制定"十二五"规划的建议》,2010年10月。

100. 新华网:《中华人民共和国国民经济和社会发展第十二个五年规

划纲要》,2011年3月。

101. 新华网:《中共中央关于全面深化改革若干重大问题的决定》,2013年11月。

102. 郑州粮食批发市场:《中国粮油市场月度分析报告》,2016年各期。

103. 郑州粮食批发市场:《2015中国粮油市场年度分析报告》,2016年1月。

104. 国家发展和改革委员会网站:http://www.sdpc.gov.cn/。

105. 财政部网站:http://www.mof.gov.cn/。

106. 国家粮食局网站:http://www.chinagrain.gov.cn/。

107. 中国农业信息网:http://www.agri.gov.cn/。

108. 国家统计局网站:http://www.stats.gov.cn/。

109. 国土资源部网站:http://www.mlr.gov.cn/。

110. 中国海关网站:http://www.customs.gov.cn/。

111. 新华网:http://www.xinhuanet.com/。

112. 中华粮网:http://www.cngrain.com/。

后 记

律回岁晚冰霜少，春到人间草木知。

经过编撰队伍的紧张工作，《2017中国粮食市场发展报告》（第十五卷）如期与广大读者见面了。在此，向多年来支持《中国粮食市场发展报告》编撰和出版工作的领导、专家、学者及社会各界人士表示由衷的感谢！

过去的2016年，我国经济发展进入了新常态，经济增速、经济发展方式、经济结构、经济发展动力都正在发生重大变化，但中国经济长期向好的基本面没有改变，中国也成为世界经济缓慢复苏中的重要支撑。

过去的这一年，面对粮食产量、库存量以及进口量"三量齐增"的严峻挑战，党中央、国务院决定从改革玉米临储政策入手，完善小麦、稻谷最低收购价政策，全面推进粮食供给侧结构性改革。可以肯定的是，2017年，在中国粮食市场化改革的进程中，将会有更多的关于品牌、市场、特色的活剧频繁上演。

乱云飞渡，本色不忘，初心不改。

《2017中国粮食市场发展报告》仍然延续历年来一直秉持的年度性、专业性、民间性、国际性特色，约请业内外权威的专家、学者，解析2016年粮食市场的热点、焦点问题，力求完整再现2016年粮食市场运行特点，并对2017年粮食市场进行预测展望。

《2017中国粮食市场发展报告》（第十五卷），按照写作内容的先后顺序，作者分别为：

第一部分：一、杨京，二、刘桂才；第二部分：一、申洪源，二、胡锋，三、冯利臣，四、刘兆福，五、陈艳军，六、李娜；第三部分：一、程国强，二、程郁、叶兴庆，三、李国祥，四、杨光焰，五、黄汉权、涂圣伟，六、亢霞，七、张峭，八、王涛；第四部分：一、张春良，二、郑红明，三、朱勇生，四、高艳滨；第五部分：一、方言，二、张顺喜，三、鲍建安；第六部分：一、姚秀敏，二、陈邦华、乔林生，三、傅宏；第七部分：一、杨京，二、石金功，三、杨京，四、刘佳；附录：万宝瑞。

  本书在出版过程中得到了众多专家、学者及相关单位的大力支持和帮助。国家发展和改革委员会经济贸易司刘小南副司长对中国粮食市场概述一章提出了修改意见，《粮油市场报》承担了该书的总纂工作，南京财经大学朱行研究员翻译了序言和目录，中国财政经济出版社刘瑞思编审精心编校。正是由于他（她）们的鼎力相助，使得报告的质量不断提升，影响不断扩大。在此，对所有支持和帮助我们的同志致以诚挚的谢意。

编者

2017 年 5 月

图书在版编目（CIP）数据

2017 中国粮食市场发展报告／李经谋主编. —北京：中国财政经济出版社，2017.6
ISBN 978－7－5095－7493－5

Ⅰ.①2… Ⅱ.①李… Ⅲ.①粮食市场－研究报告－中国－2017 Ⅳ.①F724.721

中国版本图书馆 CIP 数据核字（2017）第 115467 号

责任编辑：樊　闽　　　　　　　　　责任校对：李　丽
封面设计：汪俊宇

中国财政经济出版社 出版

URL：http：//www.cfeph.cn

E－mail：cfeph@cfeph.cn

（版权所有　翻印必究）

社址：北京市海淀区阜成路甲 28 号　邮政编码：100142
营销中心电话：88190406　北京财经书店电话：64033436　84041336
北京中兴印刷有限公司印刷　各地新华书店经销
787×1092 毫米　16 开　23.25 印张　314 000 字
2017 年 6 月第 1 版　2017 年 6 月北京第 1 次印刷
定价：52.00 元
ISBN 978－7－5095－7493－5
（图书出现印装问题，本社负责调换）
本社质量投诉电话：010－88190744
打击盗版举报热线：010－88190414　QQ：447268889